Fantastisch

11. Augsburger Lesebuch

Herausgegeben vom
Schulreferat der Stadt Augsburg

Projektleitung: Gertrud Hornung
Umschlaggestaltung: Lisa Schwenk
Covermotiv: © Elena Schweitzer
Benutzung je unter Lizenz von shutterstock.com

Bibliografische Information der Deutschen Nationalbibliothek
Die Deutsche Nationalbibliothek verzeichnet diese Publikation in der Deutschen Nationalbibliografie; detaillierte bibliografische Daten sind im Internet über http://dnb.d-nb.de abrufbar.

ISBN 978-3-95786-005-7
© Wißner-Verlag Augsburg 2015

Das Werk und seine Teile sind urheberrechtlich geschützt.
Jede Verwertung in anderen als den gesetzlich zulässigen Fällen bedarf deshalb der vorherigen schriftlichen Einwilligung des Verlags.

Vorwort des Bildungs- und Schulreferenten der Stadt Augsburg

Die fantastischen elf! Kaum zu glauben: Das elfte Augsburger Lesebuch liegt vor. Dank der ungebrochenen Schreibfreude unserer Schülerinnen und Schüler bleibt der Augsburger Schreibwettbewerb eine feste Größe im Schuljahr. Beim diesjährigen Thema „FANTASTISCH!" denkt man zuerst an Märchenwelten, in denen Gut und Böse gegeneinander stehen, oder an galaktische Abenteuer in fremdartigen Sphären, aber unsere jungen Autoren schreiben auch von begeisternden Erlebnissen und tollen Erfahrungen oder schauen in ihren Alltag, bei dem sie viel Faszinierendes entdecken.

Hinzu kommt die Besonderheit, dass beim 11. Schreibwettbewerb zum ersten Mal die Schülerinnen und Schüler aus Augsburgs Partnerstädten eingeladen waren mitzuschreiben. So finden sich im Buch deren Beiträge in der Originalsprache und in der Übersetzung. Zu einem einzigartigen Partnerschaftstreffen im Juli sind dann sogar Lehrer und Schüler aus den teilnehmenden Partnerstädten für eine Woche in Augsburg zu Gast, um bei der Präsentation des 11. Augsburger Lesebuchs dabei zu sein.

Umsetzbar wird Bewährtes wie Innovatives nur mit den richtigen Partnern, die hier mit viel Enthusiasmus zusammenarbeiten und denen außerordentlicher Dank gebührt: Das Fundament bildet dabei Herr Thomas Hausfeld, Vorstandsvorsitzender der psd-Bank und somit Hauptsponsor des Projekts, der den Wettbewerb von Anbeginn mit großem inhaltlichen Interesse und seinem Engagement als Juror begleitet. Unsere nimmermüde Projektleiterin, Frau Gertrud Hornung, hat mit unendlicher Energie und Fachkenntnis auch die zusätzliche globale Herausforderung geschultert, die Partnerstädte in das Projekt einzubinden. Meine Mitarbeiter Frau Andrea Unglert und Herr Bernd Karl leisteten mit großem persönlichen Einsatz unverzichtbare Detailarbeit. Mit Frau Ute Haidar, Lektorin beim Wißner-Verlag, geduldige Ansprechpartnerin zu jeder Zeit, kann so ein Projekt nur gelingen. Die knifflige Arbeit der Juroren darf nicht vergessen werden, denn sie geben die Antwort auf die spannende Frage: „Bin ich drin?" Viel mehr Schreiber als hier Platz finden hätten darauf ein kräftiges „Ja!" verdient. Noch wichtiger ist aber: Du warst dabei! Du schreibst! Fantastisch!

Hermann Köhler
Bildungs- und Schulreferent der Stadt Augsburg

Wir danken unserem Hauptsponsor, der diese Buchveröffentlichung ermöglicht hat:

München eG
Sitz Augsburg

Hier ist günstig sicher.

Augsburger Allgemeine
Alles was uns bewegt

Inhalt

Ist diese Welt fantastisch? _____ 13
  Alexander Haag

Sofias fantastisches Weihnachtsfest _ 13
  Lena Kuchenbaur

Ein neuer Freund für Paul _____ 16
  Marie Sadremoghaddam

Aber manchmal… _____ 17
  Magdalena Munding

Fasantia _____ 18
  Pia Schuhmacher

Was ist nur fantastisch? _____ 26
  Alicia Hepke

Bringt denken was? _____ 27
  Zümra Kumru

Der Schmetterlingstraum _____ 27
  Muhammed-Safa Akalin

Fantastische Wendung _____ 28
  Max Annertzok

Steini und Steino auf Abenteuerreise 29
  Mario Schuler

Meine Aufweckmaschine _____ 31
  Fynn Eichner

Der Drache und die Fee _____ 32
  Celina Hammer

Das Geheimnis der Fabelwesen ____ 33
  Emilia Gaul und Sarah Gaul

Das Finale _____ 34
  Josef Still und Tim Schmidt

Das Amulett des Bösen _____ 35
  Leoni Winkler und Marilen Oberdörfer

Der fliegende Teppich _____ 36
  Gina Maria Voswinkel

Der Schutzengel _____ 37
  Jasmin Wehowsky

Fantastisch _____ 39
  Yannik Ssykor

Die geheime Botschaft _____ 40
  Laila Bourhaila

Der Hund, der immer schon
fliegen wollte _____ 41
  Neven Klasic

Der Donut und der Hamburger
machen eine große Reise _____ 42
  Emina Jasarevic

Mama _____ 47
  Vladimir Djajic

Eine fantastische Erfindung _____ 48
  Franca Sauerwald

Der magische Ring _____ 49
  Caroline Bültmann

Pings Mutprobe _____ 50
  Korbinian Rittler

Unerfüllte Hoffnung _____ 51
  Laura Heidenreich

Herzenswunsch _____ 51
  Alina Keilbach

Der Bäcker, der gegen den
Drachen kämpfte _____ 54
  Luca Suerbaum

Abenteuer im Schnee _____ 54
  Magdalena Hüter

Fantastisch, neues Element entdeckt 55
  Lukas Baum

Die Zauberwesen _____ 55
  Eda Vardar

Stimme des Todes _____ 56
  Anita Fixel, Anika Demski und
  Corinna Wiedemann

Mein Haushalts-Roboter _____ 58
  Julian Schaefer

Das verfluchte Dorf _____ 58
  Carolin Bienroth

Fantasy _____ 61
  Jona Scheele

Fantastisch ist… _____ 62
  Mia Spiess

Fantastisch _____ 62
  Vildan Atay

Das Auge des Todes _____ 62
  Helena Ruf

Mein Abenteuer mit der Lava-Kobra _ 67
  Andi Cukaj

Unser Freund, der Schneemann ____ 68
  Dilan Tiras

Total verdreht! _____ 68
  Amelie Brunner

Meine fantastische Gitarre _____ 70
  Johannes Thies

Ein fantastisches Waldabenteuer — 70 Stefan Spielvogel	Mein fantastischer Inselurlaub — 102 Merve Parlakbudak
Der Wald der Geheimnisse — 73 Tamara Rizvani	Rondell: Mein Papa — 103 Tayfun Sancak
Die gefährliche Suche nach meinem Kuscheltier Lissiloa — 74 Luisa Hüber	Fantastiquus — 103 Catherine Quach
Juri Pinguin — 76 Judith Zaus	Die Flucht aus dem Königreich — 104 Joshua Zaus
Zeitsprung — 76 Anton Krüger	War das alles wirklich? — 105 Verena Wiedemann
Der kleine Prinz Kratos — 77 Mehmet Sancak	Der Fluch des bösen Trolls — 106 Annika Böck
Das wäre fantastisch — 78 Nils Schupp	Die Zauberschuhe — 107 Aylin Spengler
Eine eisige Begegnung — 79 Deniz Can Yildiz	Die fantastische Welt der magischen Wesen — 108 Nadja Lukic
Die Rosenwächter — 80 Anna-Lena Müller, Leonie Scherer und Lena Köber	Monster — 109 Nuhra Abnoel
Im Wald erwachen Schatten — 82 Alexandra Eisenbeil	Fantastisch – weltweit anders und doch gleich — 110 Elodie Walling
Fantastisch — 83 Karen Betty Kuntze	Die Einhörner in Gefahr — 110 Carla von Mirbach
Eigentlich fällt mir nichts ein zu fantastisch… — 83 Alina Dossena	Lachende Drachen — 111 Leon Speer
Pravo und ich — 84 Felicitas Schmölz und Florian Pischel	Der gefährliche Drache — 112 Jost Rittner
Unglaublich — 85 Darius Leonte	Die Krokodile mit den blauen Schuhen 113 Sarah Abstreiter
Elfenliebe — 85 Denise Stelzer	Freundschaft ist fantastisch! — 113 Johanna Herold
Dein Lachen im Wind — 87 Jennifer Reif	Der gestohlene Käse — 114 Manuel Albrecht
Aber eines Tages — 96 Kathrin Vogg	Das Land ohne Farben — 115 Daniel Brand
Als wir die Nacht zum Tag machten 96 Christina Düll	Freundschafts-Elfchen — 117 Berdan Dalyan, Klemens Kefale, Jemy Pham, Leticia Bastos u. Michelle Stetter
Der Zwerg aus dem Buch — 100 Laurin Oehmichen	Die Welt der Fantasie — 118 Lisa Schmidt
Die magische Eisblume — 101 Vanessa Pfeiffer	Drei magische Elemente — 118 Jona Kitzinger
Fantasie — 101 Leticia Bastos	Der Fahrradmensch — 119 Stefan Dempf

Die Reise _____ 120
  Tuana Güngör

Mein größter Wunsch _____ 120
  Carolin Welkner

Der kleine Zwurg _____ 121
  Felix Weinkamm, Raphael
  Wannenwetsch u. Daniel Müller

Geheimnis auf dem Dachboden __ 121
  Laura Mutz und Greta Toth

Das Geheimnis der Kobra _____ 122
  Marie-Christin Koppold

Lila Wolken _____ 123
  Luisa Sako

Der Zauberstein _____ 124
  Lena Pfahler

Das geheime Treffen _____ 126
  Maximilian Sprenzinger

Sundancer _____ 126
  Gabriel Keplinger

Fantastische Termine _____ 128
  Sebastian Horn

Laura und der Wunsch-
Weihnachtsbaum _____ 128
  Lea Özdemir

Feenglanzversuche _____ 129
  Giulia Scarcia

Blackwoods Geheimnis _____ 129
  Heiko Baumheyer

Flugschuhe _____ 130
  Pietro Bua

Das Weihnachtsfest _____ 131
  Lars Tyroller

Der Weg zum Drachenland _____ 131
  Mervan Yusuf Tunc

Das kleine silberne Glöckchen _____ 133
  Larisa Todor

Die Reise zu meinem wahren Ich __ 134
  Helena Wilsdorf, Katherina Diek,
  Yaren Kaskaya u. Marco Cvetanovic

Das Interview _____ 135
  Lelia Colgan

Überraschung im Schnee _____ 135
  Melanie Golovanov

Jungsein – fantastisch sein _____ 136
  Lajla Jahovic

Wenn es doch so wäre, bevor alles
zerstört ist _____ 137
  Marie Doser

Der Drache im Verließ der Finsternis 137
  Nick Nauruschkat

Wunderland _____ 138
  Hanna Herwanger und
  Miriam Trneny

Der Drache Ringelschwanz _____ 139
  Emma Mahler

Fantastisch, das kann vieles sein ___ 141
  Franziska Mertl

Die Rache der Schlangen _____ 141
  Mehmet Sahin

Ein junger Prinz _____ 145
  Elias Yildiz

Der New Yorker Löwe _____ 146
  Julian Stender, Tolga Bozkurt, Steven Franusz
  Muhammed Dogan, Dennis Schöb

Verrückter Vergnügungspark _____ 147
  Ronald Bbaale

Die Mondscheinjagd _____ 149
  Samuel Hendler

Ein Spiel mit Folgen _____ 150
  Dominik Balk

Die Elfen und der böse Zauber _____ 152
  Carlotta Reichle

Elfchen zum Einhorn _____ 153
  Nadine Heider

Die Prinzessin im Schloss _____ 153
  Angela Covella

Die fantastischen Nächte _____ 154
  Amelie Rottländer

Ein Planet wie ein Schlaraffenland _156
  Benjamin Kalousek

Jahr 3010 _____ 156
  Marcel Willié

Ein aufregendes Erlebnis mit der
Zaubermuschel _____ 158
  Julia Weimer, Melanie Kovalenko
  und Dana Pecher

Das Wolfsmädchen _____ 158
  Marion Treffler

Der glückliche Fluch _____ 164
  Elias Ludwig

Unbekannte Helfer _____ 164 Selina Kreutzmann	Wahre Liebe _____ 186 Natalie Thoma
Elfis lebendiges Geheimnis _____ 165 Elena Plockross	Traumwelt _____ 189 Sara Niedermaier
Ein fantastischer Schulbeginn nach den Ferien_____ 166 Veronika Scheuch	Staubfänger _____ 189 Verena Ott
Meine Gedanken _____ 166 Paul Odendahl	Fliegen _____ 191 Tony Kern
Der Kleine Ritter Link _____ 167 Ömer Khaled Ismael	Behindert – jetzt erst recht! _____ 191 Sophie Marie Scheuffele
Schmetterling _____ 168 Franziska Neitzel	Reise _____ 193 Remzi Haxhani und Albesa Dugolli
Der Prinz und der Drache _____ 169 Carlotta Friedrich	Mein bester Freund, der Schneemann _____ 193 Aleyna Göksu und Alina Akgül
Der Lavadrache _____ 170 Sebastian Mokros	Freundschaft _____ 194 Stefanie Mailinger
So wird mein Leben: von A bis Z fantastisch _____ 170 Teresa Kinzler	Das Abenteuer mit den geflügelten Pferden _____ 195 Selin Demir
Die geheimnisvollen Schuhe _____ 171 Felix Sigl	Eine Birne, die fantastisch war _____ 196 Katharina Wörle
Das Glück, das aus der Tasche fiel _____ 171 Alexander Georgi und Nadja Kiermeier	Fantastisch _____ 197 Anna-Lucia Winiger
Ein zuerst langweiliger Nachmittag 173 Niklas Eichberger	Der kleine Drache _____ 197 Georg Merklinger
Fantastisch ist _____ 175 Lea Nowak	Das erste Haustier _____ 197 Hannah Bartl
Die Mission _____ 175 Laurin Wittmann	Anfangsbuchstabengedicht _____ 198 Sebastian Sroka
Elfenmusik _____ 177 Iris Held	Das tragische Schicksal der Träumerin _ 198 Johanna Workneh
Annabell auf der Suche nach den verlorenen Buchstaben _____ 180 Elena Heckl, Melanie Rohde und Theresa Teifelhart	Fantasie _____ 200 Anouk de Beisac
Die Zeitreise _____ 182 Bruno Bühnert	Alles nur ein Traum _____ 200 Marlene Willadt
Fantastisch! _____ 183 My Huyen Dang	Das ist fantastisch _____ 201 Josie Wojtas
Das Land der Träume _____ 184 Luciana Lariccia	Mein Traum _____ 201 Lisa Weiche
Puerta 18 _____ 185 Jose David Cardenas	Geträumtes _____ 202 Dilon Azemi
Das Drachen-Elfchen _____ 186 Michael Rimbach	Sturmpfeil _____ 202 Ksenia Kechele
	Die magische Flasche _____ 203 Emilie Oks

Fantastische Liebe 204
  Alina Suffner
Rudi, der Roboter 204
  Jakob Kretschmer u. Alexander Meyer
Der Wolkenzeichner 205
  Maya Ashmore Finney
Der Fluch des Bösen 205
  Selin Eksen
Anfangsbuchstabengedicht:
Schmetterlinge 206
  Veronika Scheuch und Xenia Velikan
Die Hexe und der Geist 207
  Albina Smajli
In der alten Mine 207
  Selin Catalano
Der arme Müller und der Drache ... 208
  Elias Zwiener
Lotta und die Wunderbohne 209
  Amelie Paula
Der bunte Drache im Wald 210
  Annika Müller
Als der Weihnachtsmann einen
Unfall hatte 211
  Markus Dick
Die fantastische Fantasie 211
  Carolin von Dohlen
Die Kartoffelwelt 212
  Maik Langolf, Oliver Ramser, Simon
  Knab und Alexander Wagner
Was Fantasie ist und macht 213
  Noah Englhart
Eine Fabel der Spezies Wort 213
  Fabian Schubert
Der schönste Tag meines Lebens _ 214
  Emma Lehn
Angriff der Vampirbonbons 215
  Johanna Förg, Sophie Förg und
  Amelie Schmid
FANTASTISCH 216
  Cem Akcaglar und Teoman Özer
Die lustigen Fantasiekämpfe 216
  Vincent Sessing
Mein Stein 217
  Yannick Gewitz

Mein besonderes Erlebnis
mit meinem Delfin 217
  Dominic Zeise
Die Zeitreise 218
  Enes Duran, Jonathan Friedrich
  und Mario Vuletic
Fantastisches Denken 218
  Anna Nerlich
Die fantastischen Schmetterlinge __ 220
  Ben Burkart
Die reale Comicwelt 220
  Sunny Steinke und Joshua Fischer
Aufräummaschine 221
  Faye-Iris Craig
Unglaublich 221
  Rudolf Tim Kessler
Ein großer Freund 222
  Daniela Peintinger
Das Monster Kralle 223
  Jakob Maximilian Peters
Der verzauberte Drache 223
  Elisa Niedermaier
Ein Familiengeheimnis 224
  Madita Cara Reinke
Alles Fantastisch! 226
  My Linh Pham Dang
Der Tänzer 226
  Nur Mohamad
Die fantastische Fantasie 227
  Isabell Sirch, Antonia Roth, Alina
  Dzaek und Laura Bikic
Die fünf fantastischen Fragen 227
  Jan Werner
Ein fantastischer Traum
mit Wirklichkeit 228
  Sonja Hagenbuch
Das zauberhafte „R" 230
  Johanne Freienstein und
  Christina Schwenk
Das Fantastische 231
  Julian Gschwilm
Eine neue Freundschaft 232
  Lena Herrmann
Das Haus am See 233
  Simon Goll

Noel – der Fußballelch _____ 235 Luca Marcroft	Die dunkle Fee _____ 260 Esma Yildirim
Urlaub mit Umwegen _____ 236 Jannik Möller	Die Sage der Ulrichshöhe _____ 261 Lara Höppner
Der Totenacker _____ 237 Adrian Bogner	Feuervogel _____ 261 Lisa Gebauer
Die Sonne hilft _____ 238 Rania El-Hammoud	Eine große Leidenschaft und jede Menge Unkraut _____ 264 Stefanie Altmannshofer
Ein ungewöhnlicher Freund _____ 238 Sarah Dietlein und Marco Dietlein	Keberios _____ 265 Elena Kerler
Glück und Schmerz _____ 240 Denise Jäger	Gestatten, Fantasie _____ 266 Selin Duran
Dieses fantastische Gefühl _____ 241 Reyhan Sahin	Fantastisch – 11 Elfchen _____ 267 Lena Egger
Die geheimnisvolle Welt _____ 241 Amelie Celine Bleicher	Der Drachenspiegel _____ 268 Juliane Liehr
Fantasie _____ 242 Giulia Stranieri	Erster Kuss _____ 270 Amidala Spitzer
Der kleine Drache _____ 243 Klemens Kefale	Worte um Worte und viel mehr _____ 271 Leonie Michelle Di Leo
Der Schatz der Liebe _____ 243 Susanne Zander	Das Monster im Schrank _____ 271 Victoria Beisecker
Das Fantas-Tier _____ 246 Sara Schneider und Emily Schneider	Manyko _____ 273 Irem Iscioglu
Silberne Hufe _____ 246 Lars Scheuffele	Der kleine Spind _____ 274 Laurita Ismaili
Das Hamsterquad _____ 248 Simon Klopner	Der Zauberesel _____ 275 Charlotte Reiswich
Anfangsbuchstabengedicht: Fantastisch _____ 249 Gemeinschaftsarbeit Klasse 2c	Wie ich zu einem Drachen kam _____ 275 Simon Oppel
Die Nacht auf dem Friedhof _____ 249 Luca Schelle	Der Rabe und das Schwein _____ 276 Carolin Weinbender
Die besten Freunde der Welt _____ 250 Hannah Epple	Die wundersame Reise nach Avar _____ 277 Leon Spatz
Das Lummerland _____ 250 Fabian Titze, Kevin Bez, Adonis Muhaxeri und Simon Pulczynski	Ein Traum? _____ 280 Mandy Wartenberg
Fantastisches Leben! _____ 256 Julia Akgüc und Amanda Saraiva Lohre	Die Rettung _____ 280 Vanessa Buchmann
Marco – sein großer Traum _____ 257 Bastian Endres	Besuch in Afrika _____ 281 Nadja Erdhofer, Nicola Lieder, Michelle Schäfer, Leticia Bühler und Lisa-Marie Sofarin
Der magische Wald _____ 259 Alexander Simon Hörner	Antonio _____ 281 Sina Bücklers

Fantastisch — 286	Die Welt in der Fee-Erde — 300
Rebecca Feeß und Michelle Krugljak	Angelina Müller
Das Spukschloss — 286	Die faule Prinzessin — 302
Matthias Hofmann	Maximilian Engler
Fantastisch — 287	Das purpurrote Tagebuch — 303
Julia Kuhn	Marie Schuster
Fantastisch — 287	Schätze dieser Welt – wie der
Veronika Langer	Diamant zu seinem Namen kam — 304
Akrostichon — 289	Tobias Berchtold
David Langer und Michael Peter	Ein fantastischer Fund — 307
Aufregendes Eishockeyspiel — 289	Felix Ehrenberg
Max Schmid	Jede Fantasie ist anders — 307
WhatsApp — 290	Jessica Kuru
Nicole Lieder, Nadja Erdhofer und Michelle Schäfer	Die Wahrheit über Hexen, Geister und Vampire — 308
Die Welt der Bücher — 290	Collin Albrecht
Anna-Lena Münch	Aberglaube bringt Unglück — 311
Fantastisch — 291	Ethel Angeles Domínguez
Svenja Oehler und Sarah Drotleff	Fantastisch! — 313
Was für ein Traum — 291	Julian Romanowsky
Julia Schuster	Ich fass es nicht — 313
Fantastisch wäre … — 292	Teresa Grüner
Anna Scherer und Chalina Kiefl	Abitur-Gefühle (ein Akrostichon) — 314
Benni online — 293	Sarah Steinmeier
Benjamin Winckler	Ein Drilling kommt selten allein –
Das blaue Geheimnis — 293	eine wahre Geschichte — 314
Lena Griechbaum, Habiba El Karimy, Yelda Isler und Laura Yörg	Fabienne Baltazar Castillo und Vivienne Baltazar Castillo
Mail — 294	Begegnung mit Wesen des Lichts — 318
Malte Winter	Fulya Karin Yarasir
Osterhase online — 295	Was ist Fantasy? — 319
Lara Ziegler	Rebekka Schlosser
Der Ozean in Gefahr — 295	Sophie und der Faden der Ariadne — 319
Luise Lantzsch, Annika Kastner, Luisa Schelhorn, Sara Yilmaz und Tabitha Schröder	Leonie Prillwitz
	Die Aufwachmaschine — 322
	Timo Engelmann
How I met your father — 296	Drachtastisch — 323
Anna Stuhler, Chiara Carbone und Amine Sarikaya	Melanie Stöwe
Ein großes Abenteuer — 299	Meine fantastische Eismaschine — 326
Ivan Jurcevic, Niklas Rodemer und Mert Kula	Valentina Ensenmeier
	Die Erbin Iridias — 326
Der reiche Prinz – das Gedicht — 299	Elena Slansky
Sabina Sodel	Eine Weihnachtsgeschichte — 334
Das verzauberte Band — 299	Etienne Dame
Damian Abt	Wunderwelt — 335
	Zita Mödl

Die drei Trolle und die Aufgaben
des Drachen _____ 335
  Brian Broyld, Berkhan Canser
  und Daniel Riffert

Der Junge, der eine
Riesenmuschel findet _____ 336
  Sequoia Konietschke

Mintgrün _____ 336
  Caroline Kappler

Das Einhorn und die kleine Fee ___ 337
  Theresa von Mirbach

Zwei Freunde _____ 339
  Luca David Bernhard

La poulpe _____ 340
  Antoine Barberon (14 ans)

Der Oktopus _____ 340
  Antoine Barberon (14 ans)

Etre sois-même _____ 341
  Sarah Linget (12 ans)

Ich selber sein _____ 341
  Übersetzung: Lisa Schmidt (13 Jahre)

Les animaux fantastique _____ 341
  Cléméntine Bausson (12 ans)

Die fantastischen Tiere _____ 342
  Übersetzung: Theresa Baur (13 Jahre)

Histoire Fantastique_____ 342
  Elisa Chagnon (13 ans)

Fantastische Geschichte _____ 343
  Übersetzung: Dara Alifa (13 Jahre)

Les fées _____ 343
  Flavic Maintenant (13 ans)

Die Feen _____ 343
  Übersetzung: Luisa Glaser (12 Jahre)

Fantastique _____ 344
  Remi Picard (14 ans)

Les amies sont comme les étoiles _ 344
  Eloise Cabanne (14 ans)

Freundinnen sind wie Sterne ____ 344
  Übersetzung: Larissa Sailer (13 Jahre)

Fantastique _____ 345
  Mathieu Clairenbeaud (15 ans),
  Luis Römer (14 Jahre)

Fantastic! _____ 345
  蔡久悦

Fantastisch!_____ 352
  Jiuyue Cai

ジェムとドラゴンの旅 _____ 359
  Takehito Nakamura (12 Jahre)

Jems Reise mit dem Drachen_____ 362
  Takehito Nakamura (12 Jahre)

Zauberland_____ 364
  Honomi Takayama (12 Jahre)

Zauberland_____ 365
  Honomi Takayama (12 Jahre)

炎の昆虫レース世界一月物語__ 365
  Shunnosuke Kuretake (11 Jahre)

Heißes Wettrennen – eine Geschichte
über die Weltreise eines Insekts ___ 366
  Shunnosuke Kuretake (11 Jahre)

Mein Leben als Hirschkäfer _____ 367
  Junsei Nakagawa (10 Jahre)

Mein Leben als Hirschkäfer _____ 367
  Junsei Nakagawa (10 Jahre)

Sonnenschirm _____ 368
  Chiyu Yoshii (10 Jahre)

Sonnenschirm _____ 368
  Chiyu Yoshii (10 Jahre)

繭姫 _____ 369
  Ayaka Hasegawa (15 Jahre)

Die Kokon-Prinzessin _____ 371
  Ayaka Hasegawa (15 Jahre)

Die Worinru _____ 373
  Mo Miyaki (12 Jahre)

Die Worinru _____ 376
  Mio Miyaki (12 Jahre)

Fantastic _____ 378
  Chloe Cooper (15)

Inverness _____ 378
  Eilidh Stewart (15)

Fantastic _____ 379
  Laura Ozola (15) and
  Caitlin Aitkinhead (14)

My dog _____ 379
  Seren Jones (15)

Jurymitglieder _____ 380
Schulen und Klassen _____ 381

Ist diese Welt fantastisch?

Wir können zu den Sternen fliegen
mit Kräften, die uns selbst obliegen.
Auch Wolkenkratzer groß und mächtig
zeigen unsere Städte zukunftsträchtig.
Sogar die Post wird immer schneller,
durch Drohnen aus dem Tüftelkeller.
Doch wird in 100 Jahren noch alles blüh'n
und sind die Wiesen noch saftig grün?
Werden dann Computer regieren,
die uns're Aktionen genau datieren?
Hoffentlich kommt es nicht so drastisch,
denn jetzt ist die Welt noch fantastisch!

Alexander Haag
Maria-Theresia-Gymnasium, Klasse 8a

Sofias fantastisches Weihnachtsfest

Sofia kauerte in der schmalen Ecke zwischen Schrank und Tür, sorgsam darauf bedacht, keine Geräusche zu machen. Ängstlich behielt sie den Mann im Blick, der auf der Couch lag, die Füße auf dem Tisch, eine Flasche Wodka in der Hand. Auf dem Tisch herrschte ein entsetzliches Chaos aus Zigarettenschachteln, alten Fernsehzeitschriften und leeren Bierdosen. Der Aschenbecher quoll beinahe über. Sofia konnte im Dämmerlicht des laufenden Fernsehers nicht erkennen, ob der Mann schlief oder wach war. Es lief gerade irgendein Dauerwerbesender, das Telefon lag neben dem Mann. Wahrscheinlich hatte er wieder Dinge bestellt, die sie sich gar nicht leisten konnten und Mama würde mehr arbeiten müssen und Sofia wäre wieder allein mit dem Mann in der Wohnung.
Er wollte, dass sie ihn „Papa" nannte, aber sie brachte das Wort nicht über die Lippen, wenn er vor ihr stand.
Aus der Küche ertönte ein lautes Scheppern, ein unterdrückter Fluch und schließlich leises Schluchzen. „Mama!", wisperte Sofia verzweifelt. Sie wäre so gerne in die Küche gelaufen, hätte ihre Mutter in den Arm genommen und sie getröstet, doch dafür hätte sie an dem Mann vorbei gemusst. Während sie noch mit sich rang und versuchte, irgendwoher den Mut zu nehmen aufzustehen, erhob sich der Mann knurrend und schlurfte in die Küche. Tränen schossen Sofia in die Augen, sie wusste schon, was jetzt kommen würde. Zitternd biss sie sich auf die Lippe und drückte die Hände auf die

Ohren, trotzdem hörte sie deutlich das Geräusch, als der Gürtel des Mannes auf das Gesicht ihrer Mutter traf, hörte ihre Schreie und sein Gebrüll.
Wimmernd rollte sie sich zusammen und betete, dass es bald vorbei war. Doch der Mann hörte lange Zeit nicht auf und anstatt danach wie sonst die Wohnung zu verlassen, kehrte er zurück ins Wohnzimmer. Sofia erstarrte, drückte sich noch enger gegen die Wand und versuchte, sich unsichtbar zu machen, doch er hatte sie schon gesehen.
„Was guckst du so, Quälgeist?", fragte er drohend. „Ich, ich…", stammelte Sofia. „Was ist?", fragte er erneut mit drohendem Unterton. „N…nichts." Er trat mit dem Fuß nach ihr. „Lüg mich nicht an!"
Sofia schnappte nach Luft. Es tat entsetzlich weh. „Tue ich doch nicht", beteuerte sie verzweifelt. Wie in Zeitlupe sah sie, wie der Mann seine Wodka-Flasche hob und ihr gegen die Schläfe knallte. Bevor sie den Schmerz spürte, versank sie in eine gnädige Dunkelheit.
„Sofia, wach auf!" Eine sympathisch klingende Stimme drang in Sofias Bewusstsein. Als sie sich aufrappelte, schoss ein stechender Schmerz durch ihren ganzen Körper. Wimmernd sank Sofia zurück auf den kalten Boden. „Meine arme Kleine." Eine warme, weiche Hand legte sich auf ihren Kopf und schien Wärme in ihrem ganzen Körper zu verteilen. Der Schmerz flaute ab, bis nur ein gutes Gefühl zurück blieb. Nun konnte Sofia den Kopf heben und das Gesicht zu der Stimme betrachten.
Es gehörte zu einer wunderschönen jungen Frau. Sie hatte langes, blondes Haar und gütig blickende braune Augen. Sie trug ein langes, goldenes Gewand. Doch irgendetwas war seltsam an ihr. Sie wirkte … durchscheinend, so, als wäre sie gar nicht richtig da.
„Heute ist Weihnachten, weißt du das, Sofia?", fragte die Frau. Sofia nickte zaghaft. Ja, sie wusste das, allerdings hatte sie nicht zu hoffen gewagt, dieses Jahr mit ihrer Mutter Weihnachten feiern zu können, nicht solange der Mann bei ihnen lebte. Wo war der eigentlich? Ängstlich suchte Sofia die Wohnung ab, aber soweit sie erkennen konnte, war sie allein mit der Frau. „Hier sind nur wir beide.", bestätigte diese da auch schon. „Um deine Mutter musst du dir keine Sorgen machen, es geht ihr gut. Jetzt geht es ihr gut. Ich bin übrigens Maria." Maria reichte ihr die Hand und Sofia ergriff sie. Wieder durchflutete sie diese wunderbare Wärme. „Nun,", fuhr Maria fort, „möchtest du jetzt mit mir Weihachten feiern?" Erneut nickte Sofia, diesmal heftiger. „Dann solltest du zuerst etwas zum Anziehen bekommen, wie wäre es beispielsweise hiermit?" Maria hielt plötzlich ein traumhaft schönes, rosafarbenes Kleid in der Hand, ebenso wie dazu passende Schuhe. „Ist das für mich?" Als Maria nickte, konnte Sofia ihr Glück kaum fassen.

Vorsichtig zog sie sich das Kleid über und drehte sich anschließend mehrmals um ihre eigene Achse. Sie fühlte sich wie eine Prinzessin! „Was gehört für dich noch zu Weihachten?", wollte Maria wissen. Sofia überlegte. „Ein geschmückter Tannenbaum. Ein Entenbraten. Lebkuchen und Plätzchen als Nachspeise. Und ein Teddybär." – „Ein Teddybär?", fragte Maria ein wenig erstaunt. Sofia sah beschämt zu Boden. „Ich habe mir so sehr einen gewünscht", sagte sie leise. Maria lächelte. „Komm mit mir." Sie reichte Sofia die Hand und gemeinsam verließen sie die Wohnung, das Treppenhaus, das ganze Haus.
„Fahren wir mit der Straßenbahn?", wollte Sofia draußen wissen. „Wir gehen nur ein kurzes Stück.", antwortete Maria. Schweigend liefen sie die menschenleere Straße entlang, niemand war unterwegs, alle saßen zu Hause, mit ihrer Familie beim Essen oder beim Geschenke auspacken.
Sofia spürte erneut einen Kloß im Hals, doch sie schluckte ihn entschlossen herunter. Sie gingen nun etwas abseits, auf ein kleines Waldstück zu. Obwohl Sofia schon lange in der Stadt lebte, hatte sie dieses Wäldchen noch nie gesehen. „Wo sind wir hier?", wollte sie wissen, doch Maria gab ihr keine Antwort. Auf einer kleinen Lichtung blieben sie schließlich stehen. In der Mitte stand ein kleiner Tannenbaum. „Ich denke, du solltest ihn schmücken", sagte Maria. „Aber wie?", fragte Sofia ratlos. „Hier gibt es keine Dekoration." – „Stell es dir vor", gab Maria zur Antwort. Sofia dachte nach. „Eine Lichterkette wäre toll. Rote Kugeln. Und kleine Figuren. Schneemänner. Lebkuchenmänner. Zuckerstangen. Und Sterne."
Zunächst passierte gar nichts. Doch dann wurde der Baum von Zauberhand geschmückt und alles, was Sofia beschrieben hatte, entstand genauso, wie sie es sich vorgestellt hatte. Maria lächelte. „Du hast einen tollen Geschmack. Und nun brauchen wir einen Tisch für zwei, gedeckt mit dem besten Geschirr, das es gibt, mit vielen Kerzen. Zum Hauptgang gibt es Ente und zur Nachspeise Lebkuchen und Plätzchen in allen Variationen, so viele wir nur essen können." Alles erschien und Sofia genoss das beste Essen ihres Lebens. Als alles bis auf den letzten Krümel verputzt war, klatschte Maria in die Hände, der Tisch verschwand und an seiner Stelle lag ein Geschenk. „Es ist für dich", sagte Maria. „Wirklich?" Sofia trat vor und öffnete das Paket vorsichtig. Darin lag ein kleiner, schneeweißer Teddybär mit schwarzen Knopfaugen. Freudig begann Sofia zu weinen. Maria nahm sie in die Arme. „Danke, danke, danke", schniefte Sofia. „Der Abend war fantastisch, das beste Weihnachten, das ich jemals hatte!" – „Nun ist es Zeit zu schlafen", erwiderte Maria und deutete auf das große Himmelbett unter dem geschmückten Weihnachtsbaum, das Sofia die ganze Zeit übersehen

hatte. Sie schlüpfte hinein, kuschelte sich in die Kissen und Decken, küsste ihren Teddy und schloss glücklich die Augen.
Am nächsten Morgen fand eine Rentnerin, die mit ihrem Hund spazieren ging, den gefrorenen Körper eines kleines Mädchens, das zusammengerollt unter einer dürren Tanne schlief, ein seliges Lächeln auf den blau angelaufenen Lippen, einen kleinen weißen Teddybär im Arm.

Lena Kuchenbaur
Reischlesche Wirtschaftsschule, Klasse 11 ZC

Ein neuer Freund für Paul

Alles begann an einem wunderschönen Nachmittag in den Sommerferien. Ich saß draußen auf der Terrasse und streichelte meine Katze Mila.
Ich träumte so vor mich hin und stellte mir vor, wie ich in einer grünblauen Rakete durchs All flog. Neben mir hockte ein grünes Wesen, das die Rakete steuerte. Es sagte zu mir: „Wir sind bald bei – …!"
„Paul, kannst du bitte reinkommen und den Tisch decken?", riss mich meine Mutter plötzlich aus meinen Gedanken. „Ja, ich komme", rief ich zurück. Dann streichelte ich meiner Katze noch einmal liebevoll über den Kopf und ging in die Küche.
Nach dem Essen dämmerte es draußen schon. Ich lief schnell in mein Zimmer, um noch lange lesen zu können. Also schnappte ich mir mein Buch und kuschelte mich in meinen blauen Lesestuhl. Ich konnte aber nicht in Ruhe lesen. Durch das gekippte Fenster kamen immer wieder komische Geräusche. Vorsichtig tapste ich ans Fenster. Vom Garten her kam ein Geräusch, das sich so anhörte, als wäre eine Mülltonne umgekippt. Ich lugte über den Fensterrand.
Plötzlich ertönte aus einer Rakete, die gerade gelandet war, eine piepsende Stimme: „Hallo! Du bist ein Zweibeiner, oder?" Ich entdeckte ein grünes Wesen mit drei kugelrunden gelb-grünen Augen und fünf langen glibberigen Armen. An den Händen hatte es nur vier Finger! Sein Körper war ganz grün. Mir fiel die Kinnlade herunter und ich rang nach Luft. Das Wesen wiederholte noch einmal: „Hallo! Du bist doch ein Zweibeiner, oder?" – „Ja!", klapperte ich mit den Zähnen.
„Ich bin übrigens Green – der beste und erfahrenste Raketenführer vom ganzen All!", gab das grüne Wesen an. „Toll …", stammelte ich und beruhigte mich wieder ein bisschen. Green sagte: „Gut, dass ich dich treffe!" – „Wieso?", fragte ich. „Na, weil nur ein Menschenkind mir helfen kann!" – „Helfen wobei?", fragte ich ein bisschen aufgeregt.

„Black, unser schlimmster Feind, bedroht unser Dorf! Und du kannst mir helfen! Denn wenn ein Menschenkind in unserer Rakete ist, kann sie nicht zerstört werden!", erklärte Green. „Aber wir dürfen keine Zeit verlieren! Wir müssen los! Sprich mir nach, damit du mit mir in meiner Rakete fliegen kannst." Green flüsterte: „Siru laru kling klang, öffne dich schwing schwang Tür ram." Ich unterdrückte mein Lachen und flüsterte ihm nach: „Siru klaru schling schlang, öffne dich kling klang Tür ram." Ich spannte meine Muskeln an, um jeden Moment in die Höhe fliegen zu können. „Nein, so nicht! Der Spruch war falsch! Mach schnell!", rief Green. Ich dachte mir: „Ok, jetzt oder nie! Noch einmal gut konzentrieren! Siru laru kling klang, öffne dich schwing schwang Tür ram!" Ich hörte ein Rauschen und ein Quietschen, ein Poltern und ein Zischen. Plötzlich saß ich in einer Rakete mit vielen Knöpfen und Hebeln. Neben mir saß in einem großen Sessel Green. Er brüllte: „Gut festhalten! Es geht los!" Wusch! Da flog die Rakete in den Nachthimmel.
„Wow! Das ist ja toll!", staunte ich und schaute aus dem großen Fenster vor mir. Der Scheinwerfer der Rakete leuchtete uns den Weg. Plötzlich schrie Green: „Da ist er! Black steuert mit seiner gefährlichen Rakete unser Dorf Colour an und will es zerstören! Halt dich fest!" Green flog geschickt eine Kurve um Black herum und verfolgte ihn.
Auf einmal hielt Black an. Wir rasten in ihn hinein! Bum! „Aaaah!", schrie ich, aber wie versprochen ging unser Raumschiff nicht kaputt. Green rief laut: „Pistolen aktivieren!" Ein lautes Zischen und Knallen ertönte. Blacks Rakete war zerstört! „Wir haben es geschafft!" Green war überglücklich und lachte: „Mein Dorf ist endlich gerettet! Ich danke dir, Zweibeiner!" Ich jubelte mit ihm. Dann sagte Green: „Du magst nach der Aufregung bestimmt wieder in dein Zimmer, oder?" – „Ja!", antwortete ich erschöpft und mit Wackelpudding in den Beinen drückte ich Green noch einmal ganz fest.
Diesmal hatte ich den Spruch direkt richtig gesagt und auf einmal fand ich mich wieder in meinem Zimmer. Ich hörte Schritte im Flur. Meine Mutter schaute zur Tür herein und sagte: „Gute Nacht, Paul! Schlaf schön und träum was Schönes!" – „Gute Nacht, Mami! Ich schlüpfte unter meine Bettdecke und träumte in dieser Nacht von Green und seinen Freunden.

Marie Sadremoghaddam
Rudolf-Diesel-Gymnasium, Klasse 5d

Aber manchmal...

Es kommt vor, dass ich nach der Schule vor meinen Hausaufgaben sitze und keine Lust habe, sie zu machen. Ich starre auf die Bücher und kann mich nicht konzentrieren. Stundenlang drehe ich mich dann auf meinem

Schreibtischstuhl und blicke mich in meinem Zimmer um. Bücherregale, Schrank, Poster – immer dasselbe.

Aber manchmal, manchmal stelle ich mir vor, dass in meinem Zimmer ein Urwald wächst. Zunächst sind nur ganz kleine Sprösslinge zu sehen. Doch dann werden sie immer größer und größer, rasend schnell, bis plötzlich Hunderte von Urwaldriesen vor mir stehen. Ich schaue mich in meinem Zimmer um, aber da ist kein Zimmer mehr. Um mich herum faucht, zischt, piepst, rauscht und tschilpt es. Ich lausche und blicke staunend umher. Rote, gelbe und grüne Farne umwehen mich. Manche Zweige der Bäume berühren fast den Boden. Riesige Blüten duften betörend und ich lege mich auf dieses Blütenmeer, schließe meine Augen und schlafe beinahe ein. Doch da stupst mich etwas Feuchtes an meinem Fuß. Ich schrecke hoch und sehe erleichtert, dass nur eine kleine Echse auf meinem Bein sitzt. Es sieht fast so aus, als würde sie mich angrinsen. Ich beschließe, mir den Dschungel genauer anzusehen und stehe auf. Die kleine Echse krabbelt einfach an meiner Hose hinauf bis zu meiner Schulter und lässt sich dort nieder. Wir ziehen zusammen durch das Meer der Baumriesen, als es plötzlich irgendwo gleich neben uns leise, ganz leise, knackt. Ich habe es trotzdem deutlich gehört und auch die kleine Echse ist zusammengezuckt und hat ihr Köpfchen in meinem T-Shirt vergraben. Da raschelt es wieder und ich drücke mich mit dem Rücken an den Baum, der hinter mir steht. Auf einmal springt ein kleiner, frecher Totenkopfaffe aus dem Gebüsch und schneidet mir eine Grimasse. Ich lache und auch die kleine Echse scheint erleichtert zu sein. Wir laufen weiter und der Affe folgt uns. Plötzlich stoße ich gegen eine Tür, die hinter wilden Farnen, Lianen und Blättern verborgen liegt. Als ich sie öffne, sitze ich wieder in meinem Zimmer und bin ein bisschen traurig. Aber nur ein bisschen. Denn ich weiß ja, dass ich jederzeit in die Welt der Fantasie zurückdenken kann. (In Anlehnung an Susanne Kilian: "Aber manchmal")

Magdalena Munding
Holbein-Gymnasium, Klasse 5c

Fasantia

In einer früheren Zeit, als Könige und Königinnen noch alle Länder regierten und nur der Adel etwas zu sagen hatte und die armen Bürger und Bauern unterdrückt wurden, lebte ein ärmlicher Bürger namens Michael in einem Land namens Fasantia. Michael war 17 Jahre alt und war eigentlich schon ein recht kräftiger, braunhaariger, gutaussehender junger Bursche. Seine Eltern waren tot. Sie hatten den letzten Winter in der alten baufälligen Hütte nicht überlebt.

Michael hatte jetzt nur noch seine kleine Schwester Celine, um die er sich zu kümmern versuchte. Sie war erst 12 und etwas kränklich und konnte daher nicht irgendwo arbeiten und Geld verdienen. Michael arbeitete bei einem Schmied, um sie am Leben zu erhalten. Dort verdiente er aber nicht genug, um wirklich gut zu leben. Deshalb versuchte er sich als Dieb bei den Reicheren, im oberen Teil der Stadt. Doch er war nicht sonderlich gut als Dieb: Entweder er wurde erwischt, musste fliehen und die Beute zurücklassen oder er erwischte etwas Wertloses.

Er versucht es wieder und wieder und jedes Mal entkam er nur ganz knapp. Mittlerweile kannte er sich im Stadtteil weiter oben bestens aus und war Experte im Flüchten. Im Stadtteil weiter oben lebten eigentlich nur die Reichen, der Adel, die, die im Land etwas zu sagen hatten und eben viel Geld hatten. Die ärmlichen Bürger hatten hier nichts zu sagen, die wurden sofort vertrieben, wenn sie hier gesehen wurden. Michael versuchte es trotzdem weiter als Dieb. Warum er nicht bei den Armen stahl? Weil sie eh nichts hatten und er es ungerecht fand, wie reich die im oberen Teil der Stadt waren.

Eines Tages war Michael gerade wieder auf einer Diebestour, er wollte dieses Mal etwas riskieren, weil sie sehr knapp bei Kasse waren. Auf dem Weg zum Schloss war er schon etwas nervös, aber voller Tatendrang. Einen kurzen Moment später rannte ein Typ mit Kapuze in ihn hinein. Der Mann drückte Michael etwas in die Hand und flüsterte: „Beschütz es mit deinem Leben und rette uns." Die vermummte Gestalt rannte weiter, hinter ihm kamen ein paar zornige Wachen her. Einer hatte eine Armbrust: „Bleib stehen, du verdammter Dieb, oder du stirbst!" Der Mann ignorierte die Drohung. Der Wachmann legte an: „Na schön, du hast es nicht anders gewollt." Er zielte und schoss dem Kapuzenmann mitten durch das Herz. Der Pfeil durchbohrte ihn, er fiel auf die Knie, spuckte eine Menge Blut und starb letztendlich.

Die Wachen hoben den Mann aus einer Blutlache und trugen ihn weg. Die Menschen am Marktplatz beobachteten das traurige Schauspiel. Michael war zwar noch immer etwas geschockt, musste sich aber jetzt verstecken, bevor die Wachen ihn bemerkten. Ins Schloss einzubrechen hatte er sich anders überlegt – er hatte ja gesehen, was mit Leuten passierte, die das versuchten. Er kehrte nach Hause zurück zu seiner kleinen Schwester. „Willkommen zurück, Bruderherz", begrüßte ihn Celine. „Danke." Er streichelte ihr über den Kopf. „Na, wie geht's dir?" Michael sah sie etwas bedrückt an. „Auf dem Marktplatz wurde gerade jemand erschossen." Celine rief geschockt: „Was? Wieso?!" – „Er hat irgendwas gestohlen", antwortete ihr Bruder. „Stehlen tut man ja auch nicht, da ist er selber schuld daran", meinte sie rechtschaffen. Michael konnte ihr nicht sagen, dass er ein Dieb war, das hätte sie nur verletzt, denn sie war ein gutherziger, rechtschaffener Mensch. Deshalb erwiderte er nur: „Ja, da hast du recht. Na ja, was willst du essen, Schwesterchen?" Celine rief freudig: „Kartoffelbrei!" Michael holte ein wenig Wasser, stellte den Topf über das Feuer und kochte ein paar Kartoffeln. „Ruh dich noch etwas aus bis das Essen fertig ist", meinte er zu ihr. „Okay", gab sie zurück und legte sich noch etwas hin. Jetzt hatte Michael endlich Zeit nachzusehen, was ihm der Dieb vorhin in die Hand gedrückt hatte. Er holte ein kleines Säckchen aus seiner Hosentasche, schnürte es auf, fasste hinein und hielt eine weiße, von innen leuchtende Perle in der Hand. „Wow, sie ist wunderschön", dachte Michael und betrachtete die Perle. „Die muss bestimmt wertvoll sein. Ob man die verkaufen kann?" Dann erinnerte sich Michael an die Worte des Räubers: „Beschütze es mit deinem Leben und rette uns." Was er wohl damit meinte? Er war etwas verwirrt und unsicher. Was sollte er jetzt tun mit der Perle? „Sie sieht so wertvoll aus, aber ich sollte sie besser erstmal behalten, irgendwas müssen ja die Worte des Mannes bedeuten", dachte er nach.

Das Essen war jetzt fertig und die beiden aßen zusammen zu Abend. Seine Schwester wollte sich mit ihm unterhalten, aber er hatte die ganze Zeit nur die Perle im Kopf und hörte ihr nicht richtig zu. „Hey Bruderherz, du hörst mir gar nicht zu", meinte sie schmollend. „Oh, tut mir leid, Celine, ich war gerade in Gedanken. Na ja, es ist schon spät, du solltest langsam ins Bett. Die Sonne geht schon unter", sagte er zu ihr und lächelte sie an. Nachdem er Celine ins Bett gebracht hatte, legte er sich auch hin, doch er konnte nicht einschlafen. Michael sah die ganze Zeit die Perle an und dachte über die Worte des Kapuzenmannes nach. „Wie soll ich damit jemanden retten? Vor was? Warum ist sie so wichtig, dass ich sie mit meinem Leben beschützen soll? Ob sie magische Kräfte hat? Ach Quatsch." Am nächsten Morgen schob er die Perle mit dem Beutel in die Hosentasche, verabschiedete sich von Celine und machte sich auf den Weg zu seinem Job in der Schmiede. In der Schmiede klopfte es einige Zeit später an der Tür. Der Meister machte auf und zwei Wachen kamen durch die Tür. „Was suchen Sie denn, meine Herren?", fragte der Schmied freundlich. Einer der beiden antwortete grimmig: „Wir suchen einen Dieb. Im Stadtteil weiter oben hat gestern ein Räuber etwas aus dem Schloss gestohlen und wurde dann hingerichtet. Er hatte den Gegenstand aber nicht mehr bei sich und muss ihn an einen Komplizen

während seiner Flucht weitergegeben haben. Deshalb durchsuchen wir jetzt die ganze Stadt." – „Aber Sir, uns ist es nur in besonderen Ausnahmen gestattet in den Stadtteil weiter oben zu gehen. Und dort oben ist alles so gut bewacht, niemand könnte es bis hierher zurückschaffen, ohne aufzufallen und entdeckt zu werden", beteuerte der Schmied.
Michael, der hinter einer Ecke stand und alles mitanhörte, machte sich etwas Sorgen: „Wenn rauskommt, dass ich den Gegenstand habe, dann werde ich wahrscheinlich hingerichtet. Wieso ist die Perle nur so wichtig?" Er fasste sich an die Hosentasche und überlegte, wo er das Ding verstecken könnte. „Das ist wohl wahr", stimmte die andere Wache zu, „aber dieser eine Dieb und auch einige andere schaffen es immer wieder. Deswegen werden wir jetzt alle überprüfen, die gestern in der Stadt oben gesehen wurden." – „Aber von meinen Leuten war niemand in der Stadt oben", beteuerte der Schmiedemeister. „Ach ja? Ihr Lehrlingsbengel wurde gestern und ein, zwei Mal davor im Stadtteil weiter oben gesehen", antwortete der erste Wachmann schnippisch. „Mein Lehrling?", fragte der Schmied verdutzt. „Okay, warten Sie kurz, ich hole ihn. Michael! Komm sofort hierher!", schrie er durch die Schmiede. „Was mache ich nur?", überlegte Michael nervös. Er nahm das Säckchen mit der Perle aus seiner Tasche, versteckte es schnell unter einer losen Bodendiele und rannte zu den Wachen. „Was ist denn los?", fragte er unschuldig. „Du wurdest gestern unerlaubt im oberen Teil der Stadt gesehen. Wir werden dich verhaften." Michael war etwas geschockt und ängstlich: „Aber ... aber ich wollte mich doch nur mal umsehen ... es tut mir leid." – „Ja ja, heb dir das für später auf", murrte eine der Wachen. Handschellen wurden Michael angelegt, danach wurde er abgeführt. Der Schmied schaute ihm enttäuscht hinterher.

„Da rein mit dir, du Wicht!" Man sperrte ihn in eine Zelle mit mehreren anderen Leuten. „Na toll, wie komme ich hier wieder lebend raus? Und wer sind die ganzen Leute? Sehen nicht so aus als kämen sie aus dem Armenviertel", überlegte er. „Wer seid ihr?", fragte er schließlich die anderen Häftlinge. Ein paar verrieten ihren Namen und erwähnten nebenbei, warum sie eingesperrt waren. Es waren Leute, die während der Flucht des Diebes noch spät abends in der Stadt unterwegs gewesen waren. Sie alle waren unschuldig, aber wurden für verdächtig gehalten. Michael hatte etwas Schuldgefühle, weil sie ja nur hier waren, weil er die Perle nicht zurückgebracht hatte. Aber er musste die Perle beschützen. Er wusste nicht ganz, wieso sie ihm so wichtig war, aber er wusste, dass sie etwas Besonderes war und in ihr ein verborgenes Geheimnis steckte.
Ein paar Stunden später kamen ein paar Wachen und zogen einen Mann

aus der Zelle. „Los, mitkommen!", rief eine der Wachen nur. Der Mann, den sie mitgeschleppt hatten, kam nie zurück. Die Wachmänner holten einen nach dem anderen und nie kam auch nur einer von ihnen zurück. Als Letztes holten sie Michael. „War ja klar, die Armen immer zuletzt. Aber was haben sie vor? Wo sind die anderen? Ich will nicht sterben!", rastete er innerlich aus. Zwei Wachmänner brachten ihn in einen abgeschotteten Raum, der ein bisschen wie eine Folterkammer wirkte. Gegenüber von ihm saß ein grimmig guckender Mann, Mitte 30, und fragte Michael: „Warum warst du gestern in der Stadt und die beiden Male davor? Du weißt, dass es für jemanden wie dich verboten ist sich dort herumzutreiben. Was wolltest du da?" Michael war nervös und stotterte etwas: „I... Ich war neugierig u... und wollte wissen, wie die Reichen so leben. Als armer Bürger kannte ich das ja nicht, d... deshalb hat mich das interessiert." – „Ach so, ja dann ...", entgegnete der Mann. „Verscheißerst du mich, du kleines Würstchen?! Wir beide wissen ganz genau, was du da oben wolltest. Du wolltest etwas stehlen, du kleiner, dreckiger Dieb!", schimpfte er Michael, packte ihn am Kragen und hob ihn hoch. „Es tut mir leid, ich habe nichts gestohlen! Ich schwöre es Ihnen!", flehte Michael den Mann an und versuchte mit den Füßen den Boden zu erreichen. „Sag mir, wo die Perle ist, du Bengel!", schrie ihn der Mann an. Mit leichten Tränen in den Augen antwortete Michael: „Ich weiß nicht, wovon Sie reden." – „Eigentlich sollte ich dir beide Hände abhacken, du verdammter, kleiner Dieb", drohte er Michael. Dieser flehte: „Nein, ich bitte Sie, tun Sie es nicht, ich muss doch meine kleine Schwester versorgen." Der Mann ließ ihn herunter. „Soso, eine kleine Schwester", überlegte er laut. „Lasst sie hierher bringen", ordnete er ein paar Wachen an. „Nein, bitte, Celine hat doch gar nichts damit zu tun!", bettelte Michael, besorgt um seine Schwester, die Männer an. „Na los, holt sie!", blieb der Mann stur. „Jawohl, Vizeadmiral Dinklage", salutierten die Männer und führten den Befehl aus.
Michael war sehr besorgt. Einige Zeit später kamen die Männer zurück. Einer von ihnen hatte Celine über seine Schulter hierher getragen und setzte sie auf den Boden. „Hier ist das Mädchen, Vizeadmiral Dinklage." – „Gut gemacht, ihr könnt jetzt wegtreten." Die Soldaten salutierten und warteten dann draußen vor der Tür. „Celine!", rief Michael und nahm seine kleine Schwester in den Arm. Celine sah ihn ängstlich und verwirrt an. „Bruderherz, was ist hier los?" – „Keine Sorge, Schwesterchen, alles wird gut", versucht ihr Bruder sie zu beruhigen. Dinklage reißt Celine aus Michaels Armen und packt sie. „So, entweder du gestehst oder deiner kleinen Schwester passiert etwas ..." Er schaute fies, hielt der Kleinen

den Mund zu und ein Messer, das er aus einer Westentasche gezogen hatte, an den Kopf. Michael wollte auf keinen Fall, dass seiner Schwester etwas passierte, sie war das Wichtigste auf der ganzen Welt für ihn, aber er wollte die Perle nicht verlieren. Er war mittlerweile fest davon überzeugt, dass sie eine wichtige Bedeutung hatte. Sonst würden die nicht so einen Aufstand machen. Aber er konnte das Leben von Celine nicht aufs Spiel setzen. „Okay. Lassen Sie sie los, ich bringe Sie zu dem Ort, an dem ich die Perle versteckt habe. Aber bitte lassen Sie Celine gehen, sie ist erst 12 und hat damit nichts zu tun", gestand Michael wiederwillig. „Na also, ich wusste, dass du kleine Ratte ein Komplize von diesem Gauner bist. Na los, du begleitest mich und führst mich zu der Perle", freute er sich und wollte sich sofort auf den Weg machen. „Wachen!", rief er nach draußen. „Sperrt die Kleine in die Zelle." Ein Wachmann kam, packte das Mädchen und sperrte sie weg. Michael wollte Celine noch greifen und beschützen, doch Dinklage ließ es nicht zu. „Wieso sperrt ihr sie weg? Sie hat nichts getan!", versuchte Michael sie zu retten. „Ich bin doch nicht von gestern, du Bengel. Wenn ich sie gehen lassen würde, würdest du fliehen. Na los, jetzt komm und zeig mir den Weg zu der Perle", sagte er ungeduldig.

Die beiden machten sich in Begleitung einiger Wachen auf den Weg zur Schmiede. Es war mittlerweile spät am Abend und die Sonne war schon am Untergehen, als sie an der Schmiede ankamen. Es war niemand mehr da. Eine der Wachen trat die Tür ein und Michael zeigte ihnen das Versteck. Dinklage riss das Säckchen mit der Perle an sich. „Los, sperrt ihn weg!", befahl Dinklage streng. Michael konnte schon ahnen, dass er wieder eingesperrt wurde, aber er wollte unbedingt, dass seine Schwester wieder frei kommt. „Hey, was ist mit Celine? Lasst sie frei. Ihr habt doch jetzt die Perle." Die Männer ignorierten Michaels Bitte, packten ihn und sperrten ihn wieder ins Gefängnis. Michael war verzweifelt, er musste seine Schwester irgendwie retten. Er versuchte aus der Zelle auszubrechen, aber ist sie wurde überwacht und er sah einfach keinen Ausweg. Kurze Zeit später wurde ein Urteil über seine Strafe gefällt. Für Diebstahl war die Strafe eigentlich der Verlust eines Armes, aber in so einem Fall erwartete ihn nun die Todesstrafe. Als Michael das erfuhr, war er geschockt, er wollte noch nicht sterben. „Was soll jetzt aus Celine werden? Ich muss sie finden und retten! Sie ist doch noch ein Kind", dachte er. Aber er hatte nicht mehr viel Zeit zum Überlegen.

Am nächsten Tag war schon seine Hinrichtung vorgesehen. In der Zwischenzeit war Dinklage mit der Perle zurück ins Schloss gegangen. Er hatte sich mit ihr in ein Zimmer zurückgezogen. Etwas später klopfte jemand an die Tür, um sich mit Dinklage zu treffen. Dinklage begrüßte ihn: „Willkommen, Admiral Schuck." Schuck war auch etwa 30 Jahre alt, blond, muskulös und der oberste Führer der Armee des Königreichs Fasantia. Er war angeblich ein guter Freund des Königs des Landes, König Salomon. „Dinklage? Hast du die Perle endlich wieder?", fragte Schuck leicht gereizt. „Ja, Admiral, hier ist die Perle", er zeigte auf sie und übergab sie ihm. „Es wurde auch Zeit. Morgen ist Vollmond, da ist es endlich soweit." Schuck hatte ein Grinsen im Gesicht, als er das sagte. „Bereite alles vor, Dinklage, ich will, dass morgen alles perfekt ist", befahl er. Keine Sorge, Admiral, es wird alles so ablaufen wie geplant", versicherte Dinklage. Schuck drohte: „Das will ich dir auch raten, sonst bist du dran."

Am nächsten Tag sollte nun die Hinrichtung von Michael stattfinden. Einen Ausweg, um zu entkommen und seine Schwester zu retten, wusste Michael immer noch nicht. Am Morgen kam kurz eine Wache zu seiner Zelle: „Heute Abend ist die Hinrichtung. Ich hol dich dann", sagte er und verschwand wieder. Die Verzweiflung von Michael wurde immer größer. Dann war es soweit, die Wache kam nach 23 Uhr und führte Michael auf den Marktplatz, wo das Podium für den Galgen schon aufgebaut war. „Tut mir leid, dass es so spät wurde, wir hatten heute viele Opfer", sagte die Wache scherzhaft und lachte etwas. Die Verzweiflung war Michael deutlich anzumerken, er hatte Angst um sich und seine Schwester. Er hatte eine Menge Schuldgefühle, weil es seine Schuld war, dass Celine in Gefahr war. Alle Leute beobachteten ihn, als er an seinem Platz auf dem Podium stand und der Henker schon den Hebel für die Hinrichtung in der Hand hielt.

In der gleichen Zeit hatten sich Admiral Schuck und der Vizeadmiral Dinklage mit ein paar Anhängern im großen Schlosskeller versammelt.

„In einer halben Stunde ist es soweit, Dinklage. Dann werden wir die Herrscher des Landes sein", sagte Schuck triumphierend. „Lass uns schon einmal anfangen. Hast du ein passendes Mädchen gefunden, das wir ihm als Opfer geben können?" – „Ja, hier ist es." Dinklage zeigte auf Celine, die gefesselt und geknebelt in der Ecke saß. „Ein reines Mädchen, würdig als Opfer", versicherte Dinklage Admiral Schuck. „Gut, dann stell sie auf den Altar", befahl Schuck. Im Keller war ein Altar vorbereitet für eine Zeremonie, die die beiden geplant hatten. Dinklage stellte Celine in die Mitte des Altars. Sie wehrte sich zwar, weil sie riesige Angst hatte, aber Dinklage fesselte sie an ein Steinkreuz. Dann steckte er über Celine in eine kleine Kuhle die Perle in das Kreuz. Celine sollte als Opfer zur Herbeirufung eines gewaltigen, starken Dämons dienen. Dieser sollte das Reich in Angst und Schrecken versetzen und König Salomon töten, damit Dinklage und Schuck Herrscher des Königreiches wurden. Die Zeremonie begann. Schuck stellte sich etwas abseits des Kreuzes und klappte ein dickes, altes, staubiges Buch über die Beschwörung von Geistern, Dämon und Untoten auf und fing an, daraus in einer merkwürdigen, mystischen, fremden Sprache vorzulesen. Sie hatten im Keller ein riesiges steinernes Tor errichten lassen, das während einer Vollmondnacht mit Hilfe der magischen Worte, der Perle, die die Energie dafür enthielt, und dem Opfer eines reinen Mädchens ein Portal zu einem gewaltigen Todesdämon namens Anjou werden sollte.

Während Schuck die Worte sprach, verdunkelte sich der Himmel draußen noch mehr, ein Wind kam auf und der Mond färbte sich blutrot. Es waren einige Leute draußen, die bei der Hinrichtung des Diebes Michael zusehen wollten. Der Richter verlas gerade die Anklagepunkte und wollte dem Henker den Befehl zur Vollstreckung geben, als die Leute sahen, dass sich der Vollmond rot verfärbte. Alle blickten hoch und waren abgelenkt, da bemerkte Michael seine Chance. Er sprang vom Podium und rannte so schnell er konnte Richtung Schloss. Da er sehr flink und schnell war, konnten die Wachen ihn nicht erwischen. „Celine! Ich werde dich finden!", schrie er und rannte vorbei an den Wachmännern ins Schloss, denn er wusste, dass sie nicht im Kerker war. Sie versuchten ihn zu fassen, doch Michael versteckte sich geschickt und suchte das ganze Schloss nach seiner Schwester ab. Plötzlich hörte er einen Schrei, der eindeutig aus dem Keller kam. Er erkannte die Stimme sofort, es war seine kleine Schwester. Es kamen noch mehr Schreie, denen er folgte.

Die Tür zum Keller war zugesperrt, doch er trat sie mit aller Kraft ein und lief eine lange Treppe hinunter. Als er schließlich ankam, sah er das Tor, den Altar und seine gefesselte Schwester, wie sie um Hilfe schrie. Ein Mann, wohl ein Anhänger von Schuck und Dinklage, hatte Michael bemerkt und ging mit einem Dolch auf ihn los. Michael konnte ausweichen, der Mann stolperte, flog hin und Michael konnte ihm den Dolch abnehmen. Plötzlich bebten der Boden und die Wände und man hörte ein Brüllen. Der Dämon war kurz davor zu erscheinen. Michael rannte den Altar hinauf. Schuck sah ihn kommen, aber er durfte nicht aufhören aus dem Buch vorzulesen, sonst wäre das Ritual unterbrochen. Deshalb gab er Dinklage ein Zeichen, er solle sich um den Jungen kümmern. Dinklage rannte Michael mit einem Schwert in der Hand entgegen, doch dieser war schon oben am Altar angekommen, rutschte unter Dinklages Beinen durch und schubste ihn die Treppe hinunter. Michael rannte zu Celine und schnitt mit dem Messer die Fesseln durch, bevor die anderen Anhänger kamen. Die Zeremonie war fast vorbei und der Todesdämon streckte schon seinen furchteinflößenden Kopf und einen seiner monströsen Arme durch das Portal. Der Dämon packte sich ein paar Anhänger, die endlich oben am Altar ankamen und fraß sie in einem Stück auf. Michael musste sich etwas einfallen lassen, sonst verschlang er ihn und seine Schwester auch noch. Da entdeckte er die Perle, holte sie, überlegte kurz und warf sie dem Dämon entgegen, als er sein Maul aufriss. Er verschluckte die Perle und auf einmal rumorte es im Magen des Monsters. Das Vieh fing an zu glühen und aus seinem Mund kam Rauch. Der Dämon verbrannte von innen und zerfiel schließlich zu Asche.

Das Portal schloss sich und auf einmal war es still. Schuck war stinkwütend und wollte Michael mit seinem Schwert erstechen, doch mittlerweile kamen schon die königlichen Wachen und nahmen Schuck und seine Anhänger fest. Michael nahm die weinende Celine in den Arm und war wieder glücklich mit ihr vereint. Schuck, Dinklage und die restlichen Anhänger bekamen wegen Hochverrats die Todesstrafe. Michaels Strafe wurde aufgehoben und er bekam viel Geld und eine Medaille von König Salomon überreicht – als Retter des Königreichs.

Pia Schuhmacher
Berufsschule V, Klasse VW 10A

Was ist nur fantastisch?

Verzweifelt saß ich an meinem Schreibtisch. Oh Gott, es war inzwischen schon 6 Uhr! Nun hatte ich tatsächlich die ganze Nacht hier verbracht. Ich legte meinen Kopf auf den Schreibtisch. Heute sollte ich doch den Aufsatz schon abgeben. Damit blieb mir nur noch eine Stunde, bis ich mit meiner fertigen Arbeit zur Schule aufbrechen musste. Ich stöhnte. Was sollte ich nur tun? Als Hausaufgabe musste ich eine Geschichte über etwas Fantastisches verfassen, doch mir fiel einfach nichts ein.

Ich begann nervös mit meinem Füller auf den Tisch zu klopfen. Um wieder munterer zu werden, setzte ich mich gerade hin, streckte mich und wollte mein Heft schließen. Dann musste ich mir halt eine mehr oder weniger fantasievolle Ausrede für den Lehrer einfallen lassen.

Gerade als ich über eine gute Entschuldigung, die lieber nicht zu fantastisch sein sollte, nachdachte, klopfte es an der Tür und meine Mutter kam herein. „Was ist denn hier los? Ich habe bei dir im Zimmer Licht gesehen. Warum bist du eigentlich schon wach?" Meine Mutter starrte mich an. Ich drehte mich zu ihr und antwortete: „Wir sollen für die Schule bis heute einen Aufsatz über etwas Fantastisches schreiben, doch mir fällt einfach nichts wirklich Gutes ein! Nur so komische Märchen, die ich aber kindisch finde und nicht schreiben möchte. Kannst du mir helfen, Mama?" Sie lächelte mich an, dann erklärte sie mir: „Es gibt so Vieles, das fantastisch sein kann! Natürlich kann man da erst einmal an die Märchen, Fabelwesen und Superhelden denken. Doch es können auch Momente, Gefühle, Dinge oder für dich wichtige Personen fantastisch sein. Nun überlege mal, was oder wer für dich fantastisch ist?" Ich dachte kurz über ihre Worte nach und auf einmal war mir alles ganz klar: „Du! Du bist immer für mich da, hilfst mir, sorgst für mich und ich hab dich lieb! Du bist das Fantastischste für mich!" Meine Mutter lächelte mich überrascht und voller Liebe an, umarmte mich und ging aus meinem Zimmer. Schnell fing ich an meinen Aufsatz zu schreiben und konnte ihn in einer wahrhaft fantastischen Zeit beenden.

Alicia Hepke
Gymnasium Maria Stern, Klasse 8b

Bringt denken was?

Ich dachte Tag und Nacht daran,
dass ich bald fliegen kann.
Doch Tag und Nacht geschah es nicht.
Ich wartete nur auf dieses Glück.
Ein Jahr verging, es kam nichts.
Wo bleibt denn dieses Glück?
Doch im Oktober sah ich es,
dieses Pulver ist für dich.
Danke, oh du liebe Zeit,
ich konnte nur fantastisch sein!

Zümra Kumru
Friedrich-Ebert-Grundschule, Klasse 3bgt

Der Schmetterlingstraum

Eines Tages wurde eine Raupe müde, nachdem sie sehr viele Blätter gefressen hatte. Sie legte sich auf einen Ast, um die Blätter zu verdauen. Sie fing an zu schlafen. Sie schlief für eine lange Zeit. Als sie aufwachte, sah sie, dass sie ein schöner und bunter Schmetterling geworden war. Der Schmetterling flog durch die Lüfte, bis er zu einem riesigen Ozean kam. Der Schmetterling dachte sich: „Wenn ich es schaffe, über diesen Ozean zu fliegen, dann bin ich bestimmt schon ein Meister im Fliegen!" Und so flog der kleine Schmetterling über den Ozean, bis ein riesiger Orca mit geöffnetem Maul aus dem Wasser schoss. Der Schmetterling wich geschickt aus und flog schnell weiter. Später zog ein Gewitter auf und die starken Winde erzeugten große Wellen. Das war nicht gut für den Schmetterling. Plötzlich türmte sich eine riesige Welle vor ihm auf. Der Schmetterling schrie um Hilfe und er versuchte, der gigantischen Welle auszuweichen, aber es war alles umsonst. Die Welle begrub den Schmetterling unter sich und er sank auf den Grund des Meeres. Dann wachte die Raupe auf und merkte, dass sie immer noch auf ihrem Ast war, welcher umgeben war von grünen Blättern. Es war alles nur ein Traum.

Muhammed-Safa Akalin
Jakob-Fugger-Gymnasium, Klasse 7b

Fantastische Wendung

Oh schaurig ist die Luft hinterm finsteren Wall,
um die nullte Stunde, wenn anfängt der Geisterball.
Hexen, Feen, Vampire und Zauberer kommen eingeflogen;
Riesen, Zwerge, Geister und Gnome werden in Streitwagen hereingezogen.
Sie stellen sich auf zu einem großen Reigen,
alle wollen ihrem Gebieter die Untergebenheit zeigen.
Schlag Mitternacht alle Gäste in einem Kreis verharren
und auf das Symbol in der Mitte mit ihren magischen Augen starren.
Rote, grüne, gelbe, blaue Blicke vereinen sich dort zu einem Feuer,
daraus entsteigt ein leuchtendes, furchterregendes Ungeheuer.
Alle Wesen vor ihm auf den Erdboden sinken,
jetzt nur noch die Augen des Herrschers weiß blinken.
Plötzlich er seine furchtbare Stimme erhebt,
alles um ihn schaurig erbebt.
„Ein Kindsopfer will ich haben heut,
damit meine Wunden heilen, welche verursacht von Menschenleut."
Mit viel Getöse alle sich gleich auf die Jagd begeben,
schnell wollen sie ihn glücklich machen mit einem jungen Leben.
Doch eine kleine Fee beim Herrscher stehen bleibt
und ihn mit ihren Fragen fast in die Verzweiflung treibt.
„Warum soll ein Kind hier bei uns darben,
deine Wunden heilen doch ohne Narben?"
„Die Menschen nicht wussten, was sie antaten dir,
du weißt doch Fantasie wird im Alter verdrängt von Gier."
Über Fragen und Worte erzürnte sich das Ungeheuer sehr,
doch bald erkannte es keinen Grund fürs Kindsopfer mehr.

Die kleine Fee doch die Wahrheit sprach.
In der Erwachsenen-Welt haben Märchen, Fabelwesen selten ein Dach.
Der Herrscher mit Blitz und Donner alle seine Untertanen holte zurück
und kein Kind erfuhr ein schreckliches Unglück.
Alle nun vereinten hier schnell erkannten,
dass die Menschen sie unbewusst aus ihrem Leben verbannten.
Wissen, Verantwortung, Macht sind weitere Gründe dafür,
dass sich mit den Jahren langsam schließt die fantastische Tür.
Darum ist es wichtig auf alle Kinder gut aufzupassen,
damit sie, wenn sie groß werden,
noch lange das Tor für Fantastisches auflassen.

Max Annertzok
Jakob-Fugger-Gymnasium, Klasse 7b

Steini und Steino auf Abenteuerreise

Eines Abends in der Familie Stein fragte Steini: „Du, Papa, ich möchte mal zu den Menschenkindern. Papastein schrie wütend: „Steinst du nicht mehr richtig? Du rollst niemals zu den Menschenkindern! Hast du mich verstanden?!!?" Geknickt ging Steini ins Steinbett.
Am nächsten Morgen regnete es. Steini, das Kind von Papastein und Mamastein, nahm den Steinrucksack und packte alles, was ihm einfiel, ein. Er packte Wolle, seine Steinzahnbürste und Seife zum Waschen ein. Dann schnappte er sich noch drei Steinbrötchen, belegt mit einer leckeren Scheibe Steinkäse, und sagte dann zu Mamastein, dass er mit seinem besten Freund Steino Steinfußball spielen würde. Danach rollte er so schnell er konnte zu Steino nach Hause und rief: „He Steino, schnell, wir müssen in unser Geheimversteck am Waldrand! Ich muss dir unbedingt was erzählen!" Also rollten Steini und Steino zu ihrem Geheimversteck. Das Versteck bestand aus einem Eingang aus – drei Mal darfst du raten – genau, aus Stein. Danach ging es tief in die Erde. Wenn man durch den kleinen Eingang rollte, kam ein riesengroßer Raum mit einem kleinen Steinsofa und einem lebenslänglichen Vorrat an Süßigkeiten. Leise flüsterte Steini: „Also Steino, ich muss dir was sagen … ich habe vor, zu den Menschenkindern zu rollen! Was sagst du? Bist du dabei?" – „Mmh, na ja, ich muss sagen, es hört sich aufregend an. Also, ich bin dabei!", sagte Steino mit einem dicken Grinsen im Gesicht.
In der Nacht konnten beide nicht schlafen. Um zwei Uhr kletterte Steini die Dachrinne am Haus herunter und rollte leise zu Steino. Der schlief noch tief und fest. Erst als Steini einen kalten Becher Wasser auf Steino schüttete, wachte er auf. Leise schlichen sie aus dem Haus und rollten schnell zu ihrem

Geheimversteck. Beide aßen noch Süßigkeiten, dann kletterten sie über den Zaun, der den Wald und ein Feld voneinander trennte. Leise rollten sie über das nasse Gras. Die Kuh, die dort schlief, wachte zum Glück nicht auf. Die Zeit, die sie rollten, kam ihnen wie eine halbe Ewigkeit vor. Doch zum Glück hat alles einmal ein Ende und so kamen die beiden an der anderen Seite vom Feld an.

Steini und Steino kletterten durch den Zaun und kamen an einem Bauernhof an. Alles schlief noch, doch plötzlich hörten die beiden ein Geräusch. Eine Katze näherte sich. Ihre Augen funkelten böse, da ja Steini und Steino in ihr Revier eingedrungen waren. Steini reagierte blitzschnell, holte seine Wolle heraus und warf sie der Katze zu. Einen Moment lang herrschte Spannung, dann sprang die Katze der Wolle entgegen. Als sie wieder auf dem Boden war, spielte sie friedlich mit der Wolle. Zum Glück hatte Steini die Wolle mitgenommen, sonst wäre bestimmt etwas Schlimmes passiert. Als sie sich von dem Schock erholt hatten, rollten sie weiter. Als die beiden an einem Stück Waldrand ankamen, stank es auf einmal ganz eklig! Plötzlich sahen die beiden ein Stinktier. „Kein Wunder, dass es hier so stinkt", sagte Steino zu Steini. Auf einmal hatte Steini eine ganz großartige Idee. Er hatte ja noch die Seife in seinem Rucksack! Steini holte die Seife heraus und rollte langsam auf das Stinktier zu. Jetzt war Steini nahe genug daran. Plötzlich schnappte Steini zu und gab das Stinktier Steino. In der Zwischenzeit suchte Steini einen kleinen See und rief Steino zu sich. Steini rollte mit dem Stinktier auf dem Arm in das flache Wasser. Er hielt sich mit der einen Hand die Nase zu und mit der anderen wusch er das Stinktier sauber. Es hustete ganz schrecklich, dann holte es Luft, glitschte Steini aus der Hand und rannte so schnell es konnte aus Steinis und Steinos Sichtweite.

Als sie weiter rollten, entdeckte Steino einen großen See. Sie rollten näher an den See heran und sahen, dass das Wasser kristallklar war. Aber auf einmal entdeckten die beiden Freunde einen RIESENGROßEN Stab, der aus der Erde ragte. Steini hatte den Mut hochzuklettern, während Steino unten Wache hielt. Schließlich war Steini oben angekommen und rief zu Steino hinunter: „Hier oben ist so eine komische Schrift. Ich glaube da steht, dass das hier ein Naturschutzgebiet ist! Aber egal, was auch immer das heißen soll, wir baden trotzdem in dem See. Wir haben zwar das Stinktier sauber gemacht, aber wir sind noch nicht von dem Gestank befreit!" Damit waren beide einverstanden. Sie sprangen den ganzen Tag ins Wasser und waren rundum glücklich. Als es schon dämmerte, fragte Steino: „He Steini, komm, wir müssen uns einen Platz zum Schlafen suchen. Da hinten unter dem Baum ist ein kleines, schönes, gemütliches Plätzchen!" Beide schliefen bald ein.

Am nächsten Morgen rollten die beiden Freunde weiter. Als sie schließlich ganz in der Nähe der Stadt ankamen, hörten sie einen grässlichen und lauten Lärm! Als sie um die nächste Ecke bogen, sahen sie einen riesengroßen Alligator, der laut rumorte! Ängstlich gingen die beiden weiter und fragten schüchtern: „Entschuldigung, Herr Alligator, was fehlt Ihnen denn?" Da antwortete das Krokodil: „Uuuuuuuhh, ich habe – aaaahhhhhh – Zahnweeeeeh!" – „Ach so!", rief Steini gegen den Lärm an. Steino rief zu Steini: „Steini, ich habe die beste Idee, die es jemals gab! Du hast doch noch die Zahnbürste in deinem Rucksack." Steini holte die Zahnbürste heraus und putzte dem Alligator die Zähne. Bei einem Zahn schrie der Alligator auf. Da holte Steino einen Stock und brach dem Alligator den Zahn heraus. Der schrie um sein Leben. Aber als er sich beruhigt hatte, war er den beiden Freunden sehr dankbar.

Der Rest der Reise in die Stadt verlief zum Glück ohne weitere Zwischenfälle. Schließlich waren sie da – in der Stadt, in der die Menschen wohnten. Die beiden konnten sich gar nicht satt sehen. Dort gab es: auf einem großen Platz versammelte Menschen, die eilig umher rannten; eine lange gerade Strecke, auf der sehr viele viereckige Teile auf vier Rädern umherrasten und noch Etliches mehr (das alles zu sagen würde zu lange dauern, damit könnte man ein ganzes Buch schreiben)!

Doch irgendwann hatten sie Hunger und jeder aß ein Brötchen. Beide waren so begeistert, dass sie sogar eine Nacht in der Stadt blieben. Steini und Steino waren so müde von der langen Reise, dass sie schnell einschliefen. Am nächsten Tag rollten beide zu einer Bäckerei und nahmen sich jeder ein Brötchen. Als sie die Brötchen aufgegessen hatten und der Magen voll war, brachen sie nach Hause auf. Am See machten die beiden Freunde eine Pause. Danach gingen sie heim. Die Eltern freuten sich eher als dass sie wütend waren und die Freunde hatten viele spannende und schöne Erlebnisse zu erzählen.

Und jetzt sage ich dir, jetzt ist die Geschichte von mir – Mario Schuler – zu Ende. Es freut mich, dass du die Geschichte zu Ende gelesen hast und ich hoffe, dass sie dir gefallen hat. Das war der erste Band, aber keine Angst, Fortsetzung folgt!

Mario Schuler
Staatliche Realschule Zusmarshausen, Klasse 5b

Meine Aufweckmaschine

Meine Maschine hat eine Alarmanlage = Wecker und sie wird von einem Tintenfisch angetrieben. Zuerst rutsche ich runter und dann werde ich durch die Waschanlage geschleudert. Danach lande ich auf einem Sitz, der mich durch die Frühstücksanlage nach oben fährt. Dann lande ich auf einem Polster und rutsche weiter nach unten auf das nächste Polster. Mit Saugnäpfen werde ich nach oben gezogen und da hängt meine Kleidung. Zum Schluss wird mir der Schulranzen umgehängt und dann kann ich zur Schule gehen.

Fynn Eichner
Franz-von Assisi-Schule, Klasse 1 grün

Der Drache und die Fee

Es war einmal ein wunderschönes Königreich. Darin waren ein König, eine Königin und die kleine, wunderschöne, süße Prinzessin.
Doch in diesem Land war auch ein gemeingefährlicher Drache, der die kleine, wunderschöne, süße Prinzessin mit in seinen wunderschönen Schlossturm entführen wollte. Doch er schaffte es nie, darüber ärgerte sich der Drache sehr. Doch eines Tages, als die kleine Prinzessin vier Jahre alt war, hat der Drache es dann doch geschafft. Er brachte eines Nachts die kleine, schlafende Prinzessin in seinen schönen Schlossturm. Und er hatte alles schön eingerichtet, damit sie sich dort wohl fühlte. Sie schaute sich um und war glücklich, dass ihr nichts passiert war. Plötzlich kam der Drache ans Fenster und stellte sich vor: „Hallo, ich bin der Drache Drago. Verrätst du mir auch deinen Namen?" Da erschrak die Prinzessin. „Hab' keine Angst, ich tue dir nichts, ich bin ein lieber Drache!", sagte er. „Na gut, dann verrate ich dir meinen Namen auch. Ich heiße Mirabella." – „Das ist ein schöner Name!", sagte der Drache. „Danke, dein Name ist aber auch schön!", sagte die Prinzessin. Der Drache brachte Mirabella zu dem Rosengarten. Mirabella pflückte ein paar Rosen und sagte dem Drachen: „Das sind aber schöne Rosen." Der Drache sagte: „Ich habe sie nur für dich eingepflanzt." Mirabella bekam langsam Hunger und sprach zum Drachen: „Hast du etwas zum Essen da?" – „Ja, du hast Recht", sagte der Drache mit finsterem Blick. Der Drache Drago nahm Mirabella in die Hände und öffnete sein Maul, da erschrak Mirabella. Plötzlich kam eine Blumenfee, sie schoss mit ihrer Magie so stark auf den Drachen Drago, dass er Mirabella fallen ließ. Mirabella schrie laut, die Fee hörte es auch und fang Mirabella auf. Nun war Mirabella in Sicherheit und die Fee konnte sich endlich vorstellen: „Hallo Mirabella, ich habe von dir schon gehört. Ich heiße Flora, deine Eltern vermissen dich sehr." – „Meine Eltern?", fragte Mirabella. „Ja, soll ich dich zu ihnen bringen?", fragte Flora. „Ja, bitte, ich vermisse sie schon", sagte Mirabella mit

trauriger Stimme. Flora nahm Mirabella in die Arme und sie flogen zum Schloss. Mirabella hatte vergessen, wie schön es in dem Schloss war. Plötzlich hörten sie ein Schluchzen, es war Mirabellas Mutter Antonia. Sie kam gerade aus ihrem Schafzimmer und sah ihre unverletzte Tochter Mirabella. Sie rief den König Siranus. Die beiden Eltern freuten sich so sehr, dass sie ein Fest veranstalteten und alle aus dem Dorf einluden. Sie tanzten, sangen und freuten sich, dass die kleine Prinzessin Mirabella wieder da war. Der Drache Drago war aber nicht glücklich, denn er hatte solche Schmerzen, dass er nur noch heulte und jaulte. Doch wenn sie nicht gestorben sind, dann leben sie noch heute!

Celina Hammer
Albert Einstein Mittelschule, Klasse 6aGT

Das Geheimnis der Fabelwesen

Ich heiße Luisa, bin 10 Jahre alt und wohne in Kriegshaber. Meine Freunde nennen mich auch Lu. Ich habe eine ältere Schwester, sie heißt Marie. An sich verstehen wir Schwestern uns gut, aber manchmal streiten wir uns so richtig und an genau so einem Tag spielt diese Geschichte.
„Ich hasse dich", schrie meine große Schwester, rannte in ihr Zimmer und knallte die Tür hinter sich zu. „Ich dich auch!", war das Einzige, das ich antwortete. Ich ging langsam in mein Zimmer und schloss leise die Tür hinter mir. Wir hatten uns so richtig gestritten und das nur wegen eines blöden Spiels. Wir hatten gemeinsam Schattenspiele gemacht mit echten Wesen, die es wirklich gibt und da das Einzige, was mir einfiel, ein Drache gewesen war, fing meine Schwester an zu zetern und ich behauptete, dass es Drachen wirklich gäbe, doch sie wollte mir nicht glauben. So kam es dazu, dass Marie wütend in ihr Zimmer lief und ich jetzt allein in meinem Zimmer saß und mich langweilte. Plötzlich fiel mir das Buch ein, das mir neulich unter das Bett gefallen war. Ich schaute darunter, doch was ich dort sah, ließ mich zurückschrecken: ein kleines Wesen, das zusammengekauert unter dem Bett saß. Ich kroch hinunter und holte es hervor. Das Wesen zitterte. Ich fragte es: „Wie heißt du?" Es blickte nach oben und sah mich an. „Ich heiße Lilli und bin eine Fee." Ich sah Lilli erstaunt an. „Es gibt Feen?" Sie blickte mich trotzig an. „Na klar, ich könnte dich genauso gut fragen, ob es Menschen gibt, aber jetzt lass uns nicht so dumm dasitzen und lieber losgehen. Ich bin schließlich nicht umsonst hierhergekommen. Also los, gib mir deine Hand!" Ich drückte sie und plötzlich waren wir in einem großen Wald. Ich staunte über das, was sich mir darbot. Direkt vor mir stand ein großer Baum, der aussah, als ob darin lauter kleine Fenster

und Balkone eingelassen wären. „Los, los, der Drachenkönig wartet nicht gerne." Lilli sprintete los. „Na komm schon, ich will nicht ewig hier rumstehen!" Ich riss mich von dem Anblick des Baumes los und lief ihr hinterher. „Ich komme schon!" Und es ging los: Wir rannten über Steine, Moos und dicke Wurzeln. Nach einer Weile meinte Lilli: „Wir sind da." Ich bekam ganz große Augen. „Wow, ist der riesig!", staunte ich. Vor mir stand ein großer Drache mit schillernden Schuppen. Er schaute von mir zu Lilli und wieder zurück. „Das ist also das Mädchen, das an Fabelwesen glaubt?", fragte er Lilli. „Ja, mein Meister." – „Ich hatte sie mir ganz anders vorgestellt." – „Tja ich war auch ein bisschen überrascht", gab Lilli zu. Ich errötete. Der Drache schaute mich dankbar an. „Vielen Dank", sprach er, „dank dir können wir nun für weitere 10.000 Jahre existieren. Als Dankeschön kriegst du diese Kette hier." Er hielt mir eine Kette mit Drachenanhänger entgegen. „Danke, die ist aber schön!" – „So nun musst du aber wieder zurück. Lilli, würdest du bitte dafür sorgen, dass unser Gast sicher und wohlbehalten zu Hause ankommt?" – „Jawohl, mein Meister! Komm, Lu!" Ich folgte ihr und bald darauf kamen wir wieder an dem Baum an, an dem wir gestartet waren. „Hier trennen sich unsere Wege", meinte Lilli mit Tränen in den Augen. Ich nahm mit traurigem Herzen von ihr Abschied und ehe ich mich versah, war ich wieder zu Hause in meinem Zimmer. Kurz darauf klopfte es an meiner Zimmertür. „Luisa?"
„Was ist?" – „Kommst du nach unten weiterspielen?" – „Ok, Marie. Bin gleich da!" Ich zog die Kette an, deren Anhänger geheimnisvoll funkelte, und machte mich auf den Weg nach unten zu Marie, um mich mit ihr zu versöhnen.

Emilia Gaul und Sarah Gaul
Grundschule Kriegshaber, Klasse 4e, Peutinger-Gymnasium, Klasse 8b

Das Finale

Es ist der 13. Juli 2014. Für mich als Fußballfan ist es der Tag aller Tage. Zum ersten Mal werde ich bewusst miterleben, wie unsere Mannschaft ein Endspiel um die Fußballweltmeisterschaft bestreitet. Ich bin schon sehr gespannt und ziemlich aufgeregt. Genauso wie unsere Spieler habe ich mich auf die WM vorbereitet. Ich habe Paninibilder gesammelt und getauscht und so nach und nach mein Heft gefüllt. Immerhin konnte ich alle deutschen Spieler ergattern. Außerdem habe ich die Spielpläne durchgearbeitet, alle möglichen Ergebnissituationen durchleuchtet und so wusste ich, dass diese Weltmeisterschaft keine günstige Spielkonstellation hat. Hauptsache wir spielen nicht gegen Italien, denn gegen die haben wir noch kein Pflichtspiel gewonnen.

Wir sahen uns bei dieser Weltmeisterschaft alle Spiele Deutschlands mit Freunden an. Wir litten und feierten zusammen. Fußball verbindet eben. Das Halbfinale haben wir mit unseren Nachbarn angeschaut. Was war das für ein Spiel! 7:1 stand es am Ende für uns. Das brachte zwar keinen Titel, war aber sicher eines der glorreichsten Spiele der deutschen Fußballgeschichte.

Heute Abend sehen wir das Finale zu Hause an – natürlich mit Freunden. Alle erwarten den Abend voller Vorfreude. Wir tragen alle unsere Trikots und Schals und können kaum noch still sitzen. Um 18 Uhr geht es endlich los. Der Ball fliegt hin und her, Verletzungen bei unserem Team, Torchancen für Argentinien. Alle sind emotional sehr aufgeladen. Papa schimpft, Mama tippelt nervös mit den Füßen. Es geht in die Verlängerung. Jeder Spieler gibt jetzt Vollgas. Plötzlich schießt Götze in der 125. Minute das entscheidende Tor. Wir sind Weltmeister! Alle jubeln, feiern und tanzen vor Freude. Nur Paul, ein Jahr alt, der Sohn von Freunden, ist einfach eingeschlafen. Fantastisch.

Josef Still und Tim Schmidt
Maria-Theresia-Gymnasium, Klasse 8a und 5c

Das Amulett des Bösen

Alles begann vor langer Zeit mit einem Fußballspiel. Es stand 2:1 gegen Svens Mannschaft. Dies war der entscheidende Freistoß, Sven durfte schießen. Der Schiri pfiff, Sven schoss, doch der Ball verfehlte das Tor um knapp einen Meter. Das Spiel war zu Ende. Svens Mannschaft ärgerte sich und schob die ganze Schuld auf Sven. Er war traurig und rannte los. Er wollte einfach nur weg und lief immer weiter. Als plötzlich ein Schneesturm aufzog, sah Sven nichts mehr und suchte einen Unterschlupf für die Nacht.

In seinem Unterschlupf traf er einen alten Mann, der mit rauer Stimme keuchte: „Du siehst abgemagert aus, komm mit mir in mein Schloss und ich werde für dich sorgen." Der alte Mann brachte ihn in eine Kammer seines Schlosses. Dort schlief Sven sofort ein.

Als er erwachte, wusste er zuerst gar nicht, wo er war. Doch dann erinnerte er sich an gestern Abend. Als Sven die Tür öffnen wollte, hörte er etwas knacken. Er sah sich um, doch es war nur eine Maus, die den Boden entlanglief. Da kam der Eiskönig ins Zimmer und brachte Sven sein Frühstück. Sven fragte: „Warum lebst du hier so allein?" Der alte Mann sagte eine Weile lang gar nichts, dann fing er an zu erzählen: „Alles begann, als meine Frau vor langer Zeit ein Amulett mit einem roten Edelstein darin fand. Sie legte sich das Amulett an und veränderte sich von Tag zu Tag. Sie wurde immer böser und verbrachte immer mehr Zeit allein. Ein paar Tage später wollte ich sie in ihrem Zimmer besuchen, doch die Tür war verschlossen. Ich sagte: „Schatz, öffne die Tür, ich will mit dir reden." Doch die Tür blieb verschlossen. Nach ein paar Minuten erklang eine finstere Stimme aus dem Zimmer: „Ich bin nicht mehr dein Schatz und ich möchte nicht mit dir sprechen." Plötzlich schoss ein Blitz durch die Tür, die unversehrt blieb, doch bei mir bildete sich eine Narbe am Arm, die heute noch zu sehen ist."

Sven starrte den König an, als könnte er nicht glauben, was er ihm gerade erzählt hatte. „Dann müssen wir deiner Frau dieses Amulett abnehmen!", sagte Sven. Sie liefen in den Turm. Es wurde kälter und kälter. Mit jedem Schritt, den sie machten, bekam Sven mehr Angst. Die Stimme wiederholte immer und immer wieder ihre Namen. Schließlich standen sie vor der Zimmertür. Ein Windstoß kam, wie aus dem Nichts und öffnete quietschend die Tür. Als Sven sie ganz öffnen wollte, spürte er einen kalten Atem in seinem Nacken. Der Atem war kalt, sehr kalt. Er drehte sich langsam um und stotterte: „Die Königin!" Da erblickte Sven das Amulett: Es leuchtete rot. Der König nahm vorsichtig die Hände der Königin. Sven sagte mit beruhigender Stimme: „Du musst das Amulett ablegen, es steckt voller böser Macht, die dich angreift. Du bist noch nicht verloren." Die Königin schrie ihn an: „Nein! Ich werde es niemals ablegen!" Da sprang die Königin auf und rannte weg, Sven folgte ihr. Er holte auf und versperrte ihr den Weg. Der König kam von der anderen Seite, die Königin war umzingelt. Der König riss ihr das Amulett vom Leib, die Königin stürzte sich auf ihn, doch es war zu spät: Das Amulett war zerbrochen und der Zauber gebannt. Nun fing die Königin an sich zu verändern. Sie bekam schöne, blonde Haare und blaue Augen. Sie fragte: „Was ist passiert?" Der König antwortete: „Ach, nichts."

König und Königin waren wieder vereint und Sven ging zurück zu seiner Familie. Als alle fragten, wo er gewesen sei, sagte er nur: „Das ist eine lange Geschichte."

Leoni Winkler und Marilen Oberdörfer
Friedrich-Ebert-Grundschule, Klasse 4c

Der fliegende Teppich

An einem kalten Winterabend saßen Nick, Gina und deren Katze Tigi vor dem Kamin auf dem Lieblingsteppich ihrer Oma, bis die Mutter das Abendessen vorbereitet hatte. Nick übte Trompete, Gina las ein Buch über Teppiche und Tigi schlummerte selig. „Hör mal zu, wie dieses Stück klingt", sagte Nick plötzlich. „Es heißt ‚Das Tagträumen'." Als Nick begann das Lied zu spielen, fühlte Gina, wie sich der Teppich langsam erhob und in der Luft zu schwimmen begann. Sie traute ihren Augen nicht. Als sie von oben herabsah, erblickte sie ihr Haus und die schneebedeckte Wiese. Sie dachte sich: „Wie werde ich wohl wieder nach Hause kommen?", als sie plötzlich Nicks Stimme hörte: „Gina, wach auf, das Abendessen ist fertig!"

Gina Maria Voswinkel
Jakob-Fugger-Gymnasium, Klasse 5c

Der Schutzengel

Hallo, ich heiße Mirabell und war ein Straßenkind. Ich erzähle euch kurz von meinem Leben.
Ich war allein und lebte einsam auf einem Feld, am Straßenrand. Eines Tage war es wieder ganz besonders still um mich herum, als ich ein leises Rascheln hörte. Ich stand auf und ging, bis ich an einen Bach kam. Dort sah ich mein Spiegelbild: Ich trug dreckige, zerfetzte Kleidung. Eine Träne rollte mir die Wange herunter, dann noch eine und dann fing ich richtig an zu weinen. Ich sagte zu mir selbst: „Wieso bin ich nur so allein, wieso ist niemand bei mir? Oh bitte, einmal wieder Freude spüren." Als ich mich beruhigt hatte, sah ich wieder auf den Bach. Plötzlich entdeckte ich eine Gestalt, die sich auf dem Wasser spiegelte. Die Gestalt sagte: „Hallo, Mirabell." Ich grüßte zurück: „Hallo, woher kennst du meinen Namen? Und seit wann bist du hier?" Die Gestalt breitete plötzlich Engelsflügel aus. Sie sah wunderschön aus. Ich staunte und dann fing die Gestalt an zu reden: „Ich heiße Sun und bin ein Engel. Ich begleite dich schon dein Leben lang. Du konntest mich nur nicht sehen. Ich musste mir erst meine Flügel verdienen, damit du mich sehen kannst. Man kann seinen Schutzengel nämlich nur sehen, wenn er seine Flügel bereits hat. Und da ich dich schon dein Leben lang begleite, kenne ich natürlich deinen Namen."
Ich lächelte und sagte: „Dann war ich ja doch nie alleine." Sie lächelte mich an und zum ersten Mal in meinem Leben war ich glücklich. Sun, der Engel, fragte: „Hast du Hunger?" Ich antwortete: „Ja, und wie!" Sun breitete ihre Flügel aus und flog dreimal ganz schnell im Kreis; dabei sprach sie: „Ein kaiserliches Mittagessen bitte für Mirabell und mich." Einen kurzen Moment flogen viele kleine goldene Funken umher. Als die Funken verschwunden waren, stand ein Tisch mit Stühlen auf der Wiese. Auf dem Tisch gab es Suppe, Fleisch, Gemüse, Spätzle und einen Schokobrunnen

mit Erdbeeren. Wir setzten uns. Sun sagte: „Guten Appetit." Ich sagte erstaunt: „Wow, vielen Dank. Ich wünsche dir auch einen Guten Appetit."
Als wir gegessen hatten, ließen wir uns auf den Boden fallen. Ich sagte: „Das Essen war so lecker. Ich glaube, ich platze gleich." – „Oh ja, ich platze auch gleich", erwiderte Sun. „Du hast Recht, das Essen war superlecker". Wir mussten lachen.
Sun stand auf und sagte: „Komm mal mit, ich muss dir was zeigen." Ich stand auf und ging Sun hinterher. Wir gingen auf einer kleinen Brücke über den Bach. Dann blieb Sun stehen. „Bleib du kurz hier stehen und lass dich überraschen", forderte Sun mich auf. Ich nickte. Sun ging fünf Meter vor, drehte sich zu mir und flog in die Höhe. Sie flog dreimal einen großen Kreis, Goldstaub wirbelte herum und sie sprach: „Die lange Zeit als Straßenkind ist vorbei, komm liebes Haus, komm herbei." Sun flog zurück zu mir. Als sie wieder da war, verschwand der Goldstaub plötzlich. Mein Mund stand offen, denn dort, wo gerade noch Wiese war, stand jetzt ein Haus. Sun fragte mich: „Na, wie findest du unser neues beziehungsweise dein neues Zuhause?" – „Unglaublich, ich habe noch nie so ein schönes Haus gesehen. Vielen Dank, das ist das erste Mal, dass ich ein richtiges Zuhause habe. Vorher war ich ja nur ein paar Jahre im Kinderheim." Sun sagte: „Ja, ich weiß. Das habe ich sehr gerne für dich gemacht. Ich freue mich, dass es dir gefällt. Aufgeregt fragte ich Sun: „Wollen wir reingehen, um uns das Haus anzuschauen? Dann kann ich auch endlich nach so langer Zeit wieder mal duschen gehen!" – „Ja klar, das machen wir", antwortete Sun. „Komm, lass uns das Haus erkunden!"
Als Erstes gingen wir durch einen Gang mit Garderobe, wo schon Jacken hingen. Danach gingen wir durch die Küche. Ich schaute gleich in den Kühlschrank, ob es etwas zu essen gab und war sehr erleichtert, dass es auch so war. Anschließend gingen wir durch ein Wohnzimmer, was sogar einen Kamin hatte. Weiter ging es dann eine Treppe hinauf in den ersten Stock. Als wir oben ankamen, standen wir schon im Schlafzimmer mit einem riesigen Bett, einem Fernseher, einem gefüllten Kleiderschrank, einem Bücherregal und einem bequemen Sessel. Anschließend gingen wir ins Bad, wo neben Toilette, Waschbecken und Dusche sogar eine Badewanne vorhanden war. Ich konnte es kaum fassen: „Wow! Ist das alles für mich?" Sun antwortete: „Ja, das ist alles für dich." Völlig gerührt antwortete ich: „Vielen, vielen Dank, Sun. Ich hätte nie gedacht, dass ich jemals in so einem schönen Haus wohnen darf." Sun blickte mich freundlich an und sagte: „Gerne, es freut mich sehr, wenn es dir hier gefällt. Du hast es wirklich verdient!" Voller Freude sagte ich: „Jetzt gehe ich als Erstes duschen und ziehe mir was Frisches an."

Als ich zurückkam, sagte Sun: „Übrigens, ich habe etwas vergessen zu erzählen, unten gibt es noch fünf weitere leere Zimmer. Mit ihnen kannst du machen, was du möchtest." Glücklich antwortete ich: „Danke, ich weiß schon, was ich mit den fünf Zimmern mache." Sun fragte: „Schön, was hast du für eine Idee?" Ich antwortete: „Ich möchte andere Straßenkinder in den Zimmern wohnen lassen. Darf ich dich noch was fragen?" Sun sagte: „Das ist ja eine super Idee. Klar, schieß los!"
„Könntest du mir vielleicht die Zimmer einrichten? Das wäre mir eine große Hilfe!" Sun antwortete: „Natürlich, liebend gerne." Wir gingen die Treppe herunter und Sun sagte: „Warte besser draußen, bis gleich." Ich nickte und wir lächelten beide. Sun flog durch die Zimmer und sprach: „Zimmer, Zimmer rein und fein, bist jetzt nicht mehr leer und allein!" Goldene Funken wirbelten umher. Sun flog zurück und die Goldfunken verschwanden. Wir schauten uns die fünf Zimmer an, alle hatten ein Bett, einen Schrank, einen Tisch mit Stuhl, ein Bücherregal und einen Sessel. Sun fragte: „Gefallen dir die Zimmer?" Überglücklich antwortete ich: „Ja, richtig schön, vielen Dank"! Wir lächelten uns an. Sun sagte: „Komm mal kurz, draußen wartet noch jemand auf dich." Ich sagte: „Ok, da bin ich ja mal gespannt". Ich ging Sun nach draußen hinterher. Dort saßen zwei Babykatzen mit Flügeln. Ich nahm die Katzen sofort in meine Arme und sagte: „Wow, die sind ja süß, sind die für mich?" Sun antwortete: „Ja, die beiden sind für dich. Sie können sogar reden." Ich sagte: „Cool, vielen Dank. Ich nenne euch Jing und Jang." Die Katzen schnurrten auf meinem Arm. Die Katzen sagten: „Danke, das sind schöne Namen. Dürfen wir drinnen im Haus spielen?" Ich antwortete: „Klar, natürlich."
Ich fragte Sun: „Wollen wir nun ins Dorf gehen, dann frage ich andere Straßenkinder, ob sie bei mir wohnen wollen?" Sun antwortete: „Ja gerne, so werden die übrigen Zimmer auch ganz toll genutzt und dein Traum, Kinder von der Straße zu holen, wird erfüllt." Wir gingen ins Dorf und fragten andere Straßenkinder, ob sie bei mir wohnen wollten, natürlich wollten sie. Von diesem Tag an, waren die anderen Straßenkinder und ich nie wieder allein und wir führten ein schönes und glückliches Leben.

Jasmin Wehowsky
Montessorischule Dinkelscherben, Klasse 7

Fantastisch

Fantastisch ist:
Eine wunderbare Welt für dich.

Ein kurzer Gedanke, der jetzt schon wieder weg ist.
Fantastisch ist:
Deine eigene Fantasie.

Yannik Ssykor
Friedrich-Ebert-Grundschule, Klasse 4c

Die geheime Botschaft

Das ist der Schlüssel zu einer längst vergessenen Welt, er wird aktiviert, wenn die Erbin des Rings ihn liest ... Doch gib Acht! Er sollte nur eingesetzt werden mit Bedacht! Denn wenn er in die falschen Hände kommt, bedeutet das den Untergang beider Welten! Deswegen muss er geheim gehalten werden.
An die Erbin des Rings, Rufus

Was hat das zu bedeuten? Was um Himmels willen sucht diese „Botschaft" hier bei mir? Und wer ist dieser Rufus? So viele Fragen und keine Antworten. Ich bin Claire, zwölf Jahre alt und habe mir über solche Dinge eigentlich keine Sorgen gemacht. Das dachte ich zumindest, bis ich vor Kurzem diesen mysteriösen Brief hier gefunden habe und wie ich ... ähm, ich kann es eigentlich selber nicht erklären. Also erzähl ich einfach, was passiert ist.

Alles fing an einem ganz „normalen" Mittwochnachmittag an. Ich wollte nach der Schule nach Hause gehen, als ich plötzlich einen Brief fand. Zuerst dachte ich, dass es ein ganz normaler Brief sei und ließ ihn einfach liegen, doch ich fand denselben Brief vor meiner Haustür wieder! Da wurde er mir irgendwie unheimlich. Ich las ihn laut vor, da kam ein Wirbelwind und trug mich irgendwo hin. Als ich die Augen dann aufmachte, fand ich mich in einer völlig fremden Welt wieder. Zuerst dachte ich, das wäre das Paradies, weil an den Bäumen Süßigkeiten hingen, das Straßenpflaster aus Lebkuchen bestand und aus einem Springbrunnen Limonade kam ... Ich wurde aber bald aus meinen Gedanken gerissen, als ich einen lauten Schrei hörte. Ich versteckte mich schnell hinter einem Zuckerwattebusch. Natürlich konnte ich mir nicht verkneifen kurz zu schauen, wer da geschrien hatte, ich konnte meinen Augen nicht glauben! Wie kann eine so wunderschöne Welt so grausam sein! Zwei grässliche Kobolde, die zwei kleine Elfen festhielten. Ich wusste, dass ich etwas tun musste, ich ging auf die beiden Kobolde zu und forderte sie auf die beiden Elfen loszulassen. Sie lachten jedoch nur und sagten: „Wie willscht du uns denn aufhalten? Kannscht nich' mal disch selbst verteidigen? Wärscht 'n tolles G'schenk für uns're Königin." Und sie nahmen mich fest. Wie konnte ich so dumm sein zu glauben, dass ich allein mit ihnen fertig werden würde? Ich wurde durch einen eiskalten Wind aus meinen Gedanken gerissen. Vor mir erstreckte sich eine riesige Burg mit Türmen aus purem Eis. Das musste wohl das Werk der Königin sein, dachte ich. Wir traten ein und wurden von mehreren noch grimmiger dreinblickenden Kobolden empfangen. Vier von ihnen führten die zwei Elfen in einen engen Gang und mich führten vier andere in einen riesigen Raum. Dort erschien wie aus dem Nichts ein eiserner Thron, auf dem eine bildhübsche Frau mit silbernem Haar saß. Als sie anfing zu sprechen, wunderte ich mich über ihre Stimme, die so gar nicht zu ihrem Körper passte. Sie fragte mich: „Was sucht ein so unschuldiges, junges Kind in meinem eisigen Reich?" Ich wusste nicht, was ich antworten sollte, weil ich die Antwort eigentlich selber nicht kannte und sagte einfach nichts. Sie ärgerte sich und sagte in einem bedrohlichen Ton: „Strapaziere meine Geduld nicht zu sehr!" Da ich immer noch nicht in der Lage war zu antworten, wurde sie richtig wütend und schrie ihren Wachen zu: „Steckt dieses ungehorsame Kind auf der Stelle in den Kerker!" Dort angekommen, wurde mir eigentlich erst richtig klar, was passiert war. „Dieser verfluchte Brief!", dachte ich. Wenn es den nicht gegeben hätte, wäre ich jetzt gar nicht hier, sondern könnte zu Hause sitzen wie ein normales Mädchen. Ich war so wütend, dass ich den Brief fast zerrissen hätte, wäre da nicht dieser mysteriöse, alte Mann, der einen langen, weißen Bart hatte, aufgetaucht. Hätte er mich nicht davon abgehalten, hätte ich nämlich den schlimmsten Fehler meines Lebens gemacht. Zuerst hatte ich mich natürlich erschreckt, als ich ihn sah, aber dann erklärte er mir: „Ich war derjenige, der diesen Brief zu dir geführt hat, damit du ihn mir bringen kannst. So bin ich endlich in der Lage die böse Schneekönigin zu besiegen. Und ich muss sagen, du hast deine Aufgabe sehr gut gemacht. Als ich darauf dann etwas erwidern wollte, unterbrach er mich und sagte einen merkwürdigen „Zauberspruch", worauf ein Wirbelwind erschien (es war der gleiche, der mich in diese Welt trug), dann wachte ich in meinem Bett auf und alles war wieder verschwunden. Ich war irritiert und dachte: „War das jetzt alles nur ein Traum?"

Laila Bourhaila
Rudolf-Diesel-Gymnasium, Klasse 7e

Der Hund, der immer schon fliegen wollte

Eines Tages an einem schönen Sommertag lief der Streunerhund Dickie die Straße entlang. Immer wieder nahm er Anlauf und wollte in die Luft gehen. Sein größter Wunsch war schon immer das Fliegen. Das hatte er nämlich den Vögeln abgeschaut. Er hatte sie schon immer beobachtet und sich gefragt: „Wie machen die das bloß? Wie können diese Vögel nur fliegen?" Er probierte es immer wieder, aber leider landete er am Ende immer auf der Schnauze. Dickie gab aber nicht auf. Er wollte es unbedingt können. Deshalb ging er in einen Waschsalon, nahm sich ein großes Tuch und band es sich um den Hals, so wie Superman. Dann kletterte er auf ein hohes Gebäude und sprang einfach herunter. Und siehe da – auf einmal flog er. Er hatte es geschafft! Er war in der Luft, so wie er es sich schon immer gewünscht hatte. Er war so glücklich und deshalb flog er zu den Vögeln und zeigte ihnen, dass ein Hund auch fliegen kann. Die Vögel staunten nicht schlecht, als sie den fliegenden Hund sahen. Vor Angst flatterten sie davon und kamen eine Zeitlang nicht mehr zurück. Dickie aber flog und flog und flog ...

Neven Klasic
Goethe-Mittelschule, Klasse 6c

Der Donut und der Hamburger machen eine große Reise

Vor sehr, sehr langer Zeit lebten in den USA ein kleiner Donut und ein großer Hamburger. Sie verbrachten Tag für Tag zusammen und waren die besten Freunde auf der ganzen Welt. Bis die beiden eines Tages eingefangen worden waren. Sie wurden an ein Restaurant in New York verkauft und auch gleich zum Essen vorgesetzt. Alles ging so schnell und schon waren sie auf dem Teller. Von einem Kellner transportiert, landeten der Donut und der Hamburger auf dem gedeckten Tisch. Plötzlich sahen die zwei das Schlimmste, was sie sehen konnten – nämlich Besteck. Der Donut sagte leise: „Na super, wir brauchen irgendeinen Plan." Natürlich fiel dem Hamburger wieder etwas ein. „Wenn der Gast gerade die Gabel in die Hand nehmen will, stößt du gegen ein Glas. Dann holt er natürlich einen Kellner und währenddessen rennen wir schnell hinaus." Als es soweit war, stolperte der Hamburger aber über das Tischtuch. Oh nein! Schnell rannte der Donut zu seinem Freund und half ihm hoch. Aber da kamen schon der Kellner und der Gast wieder angelaufen. Mit allerletzter Kraft liefen Donut und Hamburger aus der Tür.
An der Straße angelangt, brauste gerade ein Auto vorbei. „Achtung!", rief der Hamburger. Schnell wich der Donut dem Auto aus. „Das war knapp!" – „Schau mal!", sagte da der Hamburger. „Da ist ein LKW. Wenn der vorbeifährt, springen wir schnell rein. Da steht sogar St. Afra drauf, da wollte ich schon immer mal hin." Als es soweit war, sprangen die beiden in letzter Sekunde hinauf. Aber sie mussten noch die Tür des LKWs öffnen. Zum Glück fiel keiner der beiden dabei herunter. Endlich war der Donut

drinnen und mit viel Mühe zog er den schweren Hamburger hinein: „Du könntest wirklich ein bisschen abnehmen!" Nach einer Stunde Fahrt bemerkte der Hamburger jedoch, dass er sich verlesen hatte. Anstatt Alaska hatte er St. Afra gelesen. „Oh je!", rief er. „Ich habe mich aus Versehen verlesen." – „Was steht denn da?", fragte der Donut. „In aller Eile habe ich St. Afra gelesen, eigentlich steht da aber Alaska." – „Das heißt, wir fahren gerade an den kältesten Ort der Welt?", rief der Donut entsetzt. „Genau!", antwortete der Hamburger geknickt.

Es war inzwischen spät geworden, die beiden schliefen ein und träumten von Pommes, heißer Schokolade und einem warmen Kaminfeuer mit einer kuschelig warmen Couch. Als der wunderbare Traum zu Ende war, zog ihnen ein kalter Windstoß um die Ohren. Da erwachte der Donut und fragte den Hamburger, warum es plötzlich so kalt war. „Hast du das schon vergessen? Wir sind in Alaska", antwortete der Hamburger ein bisschen genervt. „Sieh doch!", rief da der Donut. „Der Lastwagen ist stehengeblieben. Jetzt haben wir genügend Zeit, unbemerkt zu verschwinden und nach Essen zu suchen." Als sie auf leisen Sohlen entkommen waren, flüsterte der Donut: „Ich höre dort etwas hinter dem Stein." Sie gingen noch leiser als vorher. Und was sahen sie dort? Einen sehr kräftigen Seehund. Der Hamburger bat um Gastfreundschaft und der Seehund willigte ein. Bei einem gemütlichen Essen fragte der Hamburger: „Wie heißt du eigentlich?" – „Mein Name ist Andy und wie heißt ihr?" – „Ich heiße eigentlich Emil, aber jeder nennt mich Donut und das ist Oskar. Er wird Hamburger genannt." – „Coole Namen", fand Andy. „Kannst du eigentlich schwimmen?", fragte da der Donut nachdenklich. „Na klar!" – „Kannst du uns dann nach Amerika zurückbringen?" – „Ja, das könnte schon klappen." – „Hurra!", schrie der Donut so laut er konnte. „Auf geht's!"

Gleich am nächsten Tag schwammen sie los. Die Reise dauerte über einen Monat. Endlich waren sie in einem anderen Land angekommen. Aber irgendetwas stimmte nicht, denn es war hier richtig, richtig heiß. Der Donut und der Hamburger dankten dem Seehund trotzdem recht herzlich und verabschiedeten sich von ihm. Dann schwamm Andy wieder zurück nach Alaska. „Es ist schon ein bisschen traurig, dass er gehen musste", meinte der Donut. „Das ist im Leben nun einmal so", sprach der Hamburger weise. „Sei nicht so angeberisch!", erwiderte daraufhin der Donut verstimmt. Als sie mit ihrem kleinen Streit fertig waren, gingen die beiden Freunde endlich los. Nach ein paar Stunden bekam der Hamburger großen Durst. Da sagte der Donut müde: „Die letzte Flasche ist dir vorhin auf den Boden gefallen!" – „Na super, was sollen …" – „Schau mal!", unterbrach ihn da der Donut. „Dort ist eine Oase voller Palmen und einen wunderbaren türkisen Teich gibt es da sogar auch!" – „Komm!", rief der Hamburger, „wir bauen uns ein großes und gemütliches Haus." – „Gute Idee, aber woher nehmen wir das Werkzeug?", fragte der Donut. „Ich habe alles dabei. Los, wir fangen an!", antwortete der Hamburger.

Die beiden Freunde hackten, lachten, hämmerten, sägten und tranken nebenbei frisches Quellwasser. Als sie endlich ihr Paradieshaus fertig gebaut hatten, behauptete der Hamburger stolz: „Mein Meisterwerk ist aber schön geworden." Da sprach der Donut leicht ärgerlich: „Wie bitte? Ich hoffe, ich habe mich gerade verhört." – „Nein, hast du nicht!", entgegnete der Hamburger schon etwas lauter. „Ich kann es dir gerne wiederholen." – „Nein, brauchst du nicht!", sprach der Donut beleidigt. „Was ist mit dir?", fragte jetzt der Hamburger verunsichert. „Was mit mir ist?", schrie nun der Donut laut. „Du weißt es nicht? Dann sage ich es dir", antwortete der Donut noch lauter. „Du behauptest, dass du unser Paradieshaus allein gebaut hast." – „Das stimmt ja auch", entgegnete der Hamburger selbstsicher. Und so kam es zu einem großen Streit. Es wurde Nacht. Die Sonne ging und der Mond kam. Die vielen kleinen Sterne zeigten sich gerne im Mondlicht. Die beiden Freunde hatten sich inzwischen wieder vertragen. Da sagte der Donut plötzlich: „Du, Hamburger, es tut mir schrecklich leid, dass ich so gemein zu dir war." Der Hamburger schaute dem Donut in die Augen und sprach leise: „Es tut mir auch leid, denn ich war auch nicht so nett zu dir." Und in diesem Augenblick, als der Donut dasselbe sagen wollte wie der Hamburger, fiel eine Sternschnuppe vom Himmel und die beiden wünschten sich genau das Gleiche. Wisst ihr, was es war? Dass sie für immer Freunde sein wollten. Die beiden legten sich in ihre Betten und schliefen ein. Sie träumten von ihrem Zuhause in den USA. Leider war ihr Traum aber wieder schnell vorbei. Der Mond und die Sterne waren verschwunden, dafür konnte man nun den klaren blauen Himmel sehen.

Der Donut wachte als Erster auf und sah in der Ferne im weißen Sand der Sahara zwei Kamele stehen. Er rief: „Hamburger, Hamburger! Wach doch auf! Komm, schnell, schnell! Wir können die zwei Kamele einfangen, dann wären wir endlich aus dieser heißen Wüste heraus." – „Wie, was, wo?", murmelte der Hamburger noch verschlafen. „Ach Hamburger, sieh doch nach vorne. Da stehen zwei Kamele. Mit ihnen können wir schneller aus dieser Wüste heraus. Das habe ich doch schon vorhin gesagt. Wir müssen sie nur noch einfangen." – „Ja, ja, ich habe es verstanden. Lass mich nur noch etwas ausschlafen", sprach der Hamburger immer noch müde. „Nein, nein, dafür ist jetzt keine Zeit. Beweg dich! Komm jetzt! Wir müssen die Kamele einfangen, sonst rennen sie uns noch weg." – „Okay, okay", entgegnete der Hamburger geschlagen. Sie fingen die Kamele ein, bevor sie weglaufen konnten. Aber ein Missgeschick ist ihnen dabei wieder passiert. Wisst ihr wem? Dem Hamburger! Wem denn sonst! Also die beiden hatten auch Seile dabei. Der Donut wollte wieder ganz cool sein und nahm ein Seil, schwang es wie ein Cowboy durch die Gegend und ging auf die Kamele zu, nur ohne Pferd. Der Hamburger wollte das natürlich auch so machen und auch ein Seil nehmen, aber er bemerkte dabei nicht, dass die Schüssel mit dicken Spaghetti direkt daneben stand. Was hat der Hamburger wohl gemacht? Er hat in die Spaghettischüssel reingelangt und hatte dann letztendlich ein Spaghetti-Lasso in der Hand. Das war natürlich für den Hamburger blöd, für den Donut aber witzig. Am Ende lachten sie dann beide und ritten in hohem Tempo los.

Nach zwei Stunden Herumirrens in Ägypten sahen sie in der Ferne etwas Dreieckiges. Sie ritten näher und näher und standen plötzlich vor einem riesigen Ding. „Was ist das?", fragte der Donut etwas ängstlich. „Das ist eine Pyramide", antwortete der Hamburger. „Genau das habe ich nicht gehofft", meinte der Donut noch ängstlicher. „Komm, wir gehen rein!", entgegnete der Hamburger mutig. „Spinnst du? Ich gehe da nicht rein!", sagte der Donut. „Und außerdem sehe ich keinen Eingang." Sie gingen ein paar Schritte nach hinten. Und plötzlich, ja ganz plötzlich bewegte sich die Platte, auf der sie standen. Dann zersprang sie in viele Teile und die beiden Freunde fielen in ein Loch. Dort sahen sie drei verschiedene Wege, die in die Pyramide führten. „Jetzt hast du ja deinen Eingang bekommen", meinte der Hamburger. Danach war es lange still, bis der Donut sich meldete: „Na großartig, wie kommen wir hier wieder heraus?" – „Siehst du doch", sprach der Hamburger ruhig und zeigte auf die Wege. „Und woher sollen wir wissen, welcher der richtige ist?" – „Überlegen", sagte der Hamburger schließlich und die Stille kehrte wieder zurück. Mittlerweile war es schon eine ganze Weile still, einfach nur mucksmäuschenstill. Aber dann ging alles ganz schnell und der Hamburger und der Donut wurden mit einem kräftigen Stoß in eine der drei Gänge hineingeschubst. Die zwei waren so schockiert und verwirrt, dass sie nicht einmal Hilfe schreien konnten. Nach drei Minuten Zittern flüsterte der Donut endlich: „Was war das?" Aber niemand antwortete. Der Hamburger war plötzlich weg. Dem Donut ging es nun ganz und gar nicht gut. Seine zwei kleinen Beine zitterten, sein Herz klopfte so laut und so schnell wie noch nie in seinem Leben. Dem Donut lief ein eiskalter Schauer über den Rücken, er war wie erstarrt. Er schaute über seine linke Schulter und über seine rechte Schulter. Und plötzlich gingen auch noch alle Fackeln aus. Es war kalt, dunkel, düster und noch stiller als bisher. Bald war es jedoch nicht mehr so leise. Ein Scharren und

Quietschen war in der stickigen Luft zu hören. Der Donut wollte mit einem lauten „Ahhh!" wegrennen, aber er konnte nicht. Irgendjemand hielt ihn fest, presste seine Hand auf seinen Mund und sagte nur: „Psst!" Der Donut konnte sein Gesicht nicht erkennen, weil die dunkle Gestalt in einen modrigen Mantel gehüllt war. Er konnte nur hoffen, dass sie ihm nichts tat. Doch dann zog diese schauerliche Gestalt den armen Donut in eine finstere Höhle. Und dort sah der Donut etwas, was er gar nicht glauben konnte – den Hamburger. Er wollte gleich vor Freude aufschreien, aber der Hamburger machte so ein verschrecktes Gesicht. Da! Die modrige Gestalt nahm ihren Mantel ab. Der große Moment war gekommen. Es war ein KIND! Das Kind hatte eine dunkle Haut und schwarze Haare. Es trug ein T-Shirt und kurze Hosen, hatte aber keine Schuhe an. „Salam Aleikum!" Er wartete. Der Hamburger plapperte einfach darauf los: „Hallo! Wir sprechen nur deutsch. Ich heiße Hamburger und das ist Donut. Wie heißt du?" Der Junge antwortete nicht, sondern sah sie nur mit großen Augen an. Mist! Er verstand sie nicht. Daraufhin versuchte der Donut ihm mit Händen und Füssen zu zeigen, dass sie aus dieser Pyramide heraus wollten. Er sah aus, als wolle er in weite Ferne blicken, gleichzeitig lief er auf der Stelle. Wäre diese Situation nicht so beängstigend gewesen, hätte man sich kringeln können vor Lachen. Was der Junge dann auch tat. „Keine Sorge, ich verstehe euch. Mein Name ist Tarik. Wo kommt ihr denn her?", wollte er wissen. „Wir sind in ein Loch gefallen, aber eigentlich kommen wir aus den USA", antwortete der Hamburger. „Gibt es hier irgendwo noch einen Ausgang?", fragte der Donut. „Selbstverständlich! Ich bringe euch hin!" Tarik sprach immer ein paar Worte, die Türen und Geheimgänge öffneten, aber leider waren alle auf Arabisch, so dass sie nichts verstehen konnten. Plötzlich erblickten sie ein helles Licht und eine mächtige Treppe nach oben war zu sehen. Die beiden Freunde konnten ihr Glück dann kaum fassen, da am Eingang ein Doppeldecker-Flugzeug stand. Sie wollten sich gerade bei Tarik bedanken, aber da war der Junge schon wieder verschwunden. Der Flug konnte also losgehen.

Der Donut flog das Flugzeug. Es wackelte sehr, schließlich war er vorher noch nie geflogen. Aber die zwei Freunde haben es überlebt. Leider stürzte ihr Flugzeug dann jedoch irgendwann ab, weil sie keinen Treibstoff mehr hatten, und sie landeten unbemerkt auf einem leeren Feld. Da sie nicht wussten, wo sie gelandet waren, machten sie sich auf den Weg zu einer Ortschaft. Endlich kamen sie an ein Schild mit der Aufschrift: Markt Mering – Gemeinde St. Afra. „Jetzt bin ich doch noch nach St. Afra gekommen", meinte der Hamburger erfreut. „Schon, aber was sollen wir hier?", fragte der Donut. „Lass uns Hilfe holen!", erwiderte der Hamburger.

Schließlich standen sie auf dem Parkplatz eines großen Geschäftes. „Ich will ja nicht nerven, Hamburger, aber was nun?" – „Wir müssen uns irgendwie eine Mitfahrgelegenheit besorgen", bestimmte der Hamburger. Da sahen sie schon einen offenen Kofferraum eines silbernen Autos. Die zwei sprangen hinein und der Kofferraum ging zu. Der Donut sprach: „Wir haben es gerade so geschafft, aber wo fahren wir jetzt hin?" – „Einfach abwarten und ein kleines Nickerchen machen!", meinte der Hamburger müde. Nach dem Mittagsschläfchen machten sie jedoch eine schlimme Entdeckung. Sie waren in einem Kühlschrank gelandet. Als der Donut gerade etwas sagen wollte, ging die Kühlschranktür auf und ein Mädchen holte den Hamburger und den Donut heraus. Sie nahm die beiden mit in ihr Zimmer. Sie wollte gerade in den Hamburger hineinbeißen, als der Donut seinen ganzen Mut zusammennahm und höflich sagte: „Hallo, könntest du freundlicherweise meinen Freund loslassen?" Das Mädchen erschrak und wollte aus ihrem Zimmer rennen. Aber der Donut sprach: „Bleib doch bitte hier, wir tun dir doch nichts!" Das Mädchen kam etwas näher und fragte dann: „Ihr könnt wirklich reden?" – „Na klar!" – „Wie heißt ihr denn?", wollte das Mädchen wissen. „Ich bin Donut und das ist Hamburger!" – „Mein Name ist Emina", stellte sich das Mädchen vor. Da platzte es aus dem Donut heraus: „Kennst du die USA? Kannst du uns dorthin zurückbringen?" Emina musste kurz überlegen und antwortete dann: „Hinbringen kann ich euch nicht, aber ich weiß trotzdem, wie ihr hinkommt." Da fing Emina an, ihren Plan zu erzählen. „Mein Bruder Iljas hat ganz viele Autos mit Fernbedienung. Wir könnten uns eins ausleihen und ich könnte euch mit meinem Fahrrad bis nach Haunstetten bringen. Ihr könnt dann mit dem Rennauto zu meiner Oma fahren, die in Haunstetten wohnt. Ich werde sie bitten, euch nach Amerika mitzunehmen, da sie zufällig in drei Tagen ihren Urlaub dort verbringen wird. Da meine Oma auch viel von Fantasie hält, wird es bestimmt klappen." So kam es, dass der Donut und der Hamburger mit Eminas Hilfe wieder in die USA zurückkehren konnten und dort glücklich und noch immer abenteuerlustig ihr Leben weiterlebten.

Emina Jasarevic
Amberieu Grundschule Mering, Klasse 4c

Mama

Kennst du diese eine Person, mit der du über alles reden kannst? Natürlich kennst du sie. Sie ist deine allerbeste Freundin, denn sie ist immer auf deiner Seite, immer für dich da, sie lässt dich niemals im Stich und stärkt dir den Rücken. Neben ihr fühlst du dich geborgen, geliebt, sicher und verstanden. Da du diese Person schon sehr lange kennst, hast du ein Urvertrauen zu ihr aufgebaut. Sie war es, die dich von klein auf erzogen hat, die mit dir im Sandkasten gespielt hat, die dich geliebt hat, bevor sie dich überhaupt sah. Du bist abhängig von ihr und könntest dir ein Leben ohne sie nicht vorstellen. Du denkst jeden Tag mindestens 1000-mal an diese Person. Wenn ich sie mit einem Wort beschreiben müsste, wäre es „fantastisch".

Vladimir Djajic
Maria-Theresia-Gymnasium, Klasse 10d

Eine fantastische Erfindung

An einem nebligen Herbsttag saß der kleine Erfinder Jakobus in der Werkstatt seiner Villa und arbeitete an seiner neuen Erfindung. Er wollte eine Lampe entwickeln, die ohne Batterie funktionierte. Dazu hatte er allerlei Kram gesammelt, wie zum Beispiel Scheibenwischergummi und Büroklammern.
Eifrig machte er sich an die Arbeit. Alles klappte wie am Schnürchen, aber es war sehr anstrengend. Ihm tropfte der Schweiß von der Stirn. „Ich muss dringend etwas trinken", dachte er und stand auf, um in die Küche zu laufen. Er musste aufpassen, wo er hintrat, denn seine Werkstatt war recht unordentlich. Hektisch schaute er auf die Uhr, er wollte um 19 Uhr fertig sein, denn sein Freund Peter hatte ihn zum Essen eingeladen. Also hatte er noch 30 Minuten Zeit. „Oje – ob ich das schaffe?", dachte er sich. Schnell goss er sich ein Glas Limonade ein und hetzte zu seinem Arbeitstisch zurück. Doch leider übersah er bei all dem Durcheinander ein kleines Rollbrett, das im Weg lag. Er wollte darüber springen, blieb aber mit dem rechten Fuß am Rollbrett hängen, so dass er der Länge nach mit dem Glas in der Hand nach vorne fiel. Unglücklicherweise landete er mitten auf der Arbeitsplatte. Die ganze Limonade floss über seine Erfindung. Er schrie auf. Neben der Arbeitsfläche lag ein kleines Handtuch. Dies schnappte er sich und versuchte, so viel wie möglich von der Limonade aufzuwischen. Danach arbeitete er ganz normal weiter und war richtig stolz, als er um fünf Minuten vor Sieben mit seiner Erfindung fertig war. Die Lampe sah sehr hübsch aus, fast so goldig wie seine Enkelin Klara.
Rasch zog er sich um, wusch sich und fuhr zu seinem Freund. Das Essen schmeckte köstlich. Jakobus kam erst kurz nach Mitternacht wieder nach Hause. Nachdem er die Tür aufgeschlossen hatte, ging er ins Bad und putzte sich die Zähne. Auf dem Weg ins Schlafzimmer bemerkte er, dass

noch Licht in der Werkstatt brannte. „Ich muss wohl vergessen haben, das Licht auszumachen", dachte er. Hundemüde schleppte er sich in die Werkstatt. Als er näher kam, klapperte etwas. Vorsichtig lauschte er an der Tür. Sein Herz pochte wie wild. Langsam öffnete er die Tür einen kleinen Spalt. Auf den ersten Blick erkannte er nichts Besonderes, doch dann sah er, wo das Geräusch herkam: von seinem Arbeitsplatz.

Ihm blieb der Mund offen stehen. Da stand seine Lampe, wackelte mit dem Kopf und drehte sich und dabei flackerte das Licht. Kaum hatte die Lampe Jakobus bemerkt und hüpfte sie schon zu ihm. „Hallo!", flötete sie, „ich bin Lotta und ich habe hier eine Menge Spaß!"

Jakobus wollte sich gerne mit ihr unterhalten, er hatte so viele Fragen. Aber da merkte er, wie alles um ihn herum verschwamm und dunkel wurde. Er war eingeschlafen und träumte von Abenteuern mit Lotta, seiner lebendigen selbstleuchtenden Lampe. Hatte die Limonade etwas mit seiner neuen Erfindung zu tun? Egal – das Ergebnis war einfach fantastisch!

Franca Sauerwald
Realschule Maria Stern, Klasse 5c

Der magische Ring

Mein Schultag war eine Katastrophe. In Mathe bekam ich eine Fünf, meine Bio-Hausaufgaben hatte ich vergessen und die Straßenbahn fuhr mir vor der Nase weg. Dabei hatte ich es doch so eilig. Laura feierte heute ihren Geburtstag und ich wollte pünktlich mit ihr feiern. An der Haltestelle regnete es und ich setzte frustriert meine Kapuze auf. Um nicht nass zu werden, senkte ich den Kopf und sah nach unten. Neben dem Fahrkartenautomaten lag im Dreck etwas Metallisches. Eigentlich interessierte es mich nicht, aber vielleicht war es ja eine Münze oder so etwas. Ich hob es schnell auf und sah, dass es ein Ring war. Na prima, jetzt habe ich einen billigen Ring vom Kaugummiautomaten gefunden. Das passte zum Tag und ich wollte den Ring weit weg werfen. Die Inschriften waren zwar kaum zu lesen, aber ich beschloss ihn zu Hause genauer anzusehen. Erst einmal steckte ich ihn mir an den Finger. Kaum hatte ich den Ring an, da hörte der Regen schon auf. „Jetzt müsste ich nur noch schnell nach Hause kommen", dachte ich. Wie aus dem Nichts stand plötzlich eine Straßenbahn direkt vor meiner Nase und ich erschrak richtig. Laut Anzeige sollte die nächste Bahn eigentlich erst in elf Minuten kommen. Die Straßenbahn war sogar leer, und als sich die Türen öffneten, hörte ich von innen meine Lieblingsmusik. Vorsichtig ging ich hinein und der Straßenbahnfahrer begrüßte mich freundlich mit seinem Namen. Jetzt war ich sprachlos. Seit ich diesen

Ring anhatte, lief alles wie geschmiert. Die Straßenbahn brachte mich ohne Umzusteigen bis vor meine Haustür. Jetzt hatte ich eine Superlaune. Daheim stellte ich meinen Schulranzen in die Ecke und begrüßte Mama. Lieber wollte ich nichts von dem seltsamen Vorfällen erzählen und sagte, dass ich noch schnell ein Geschenk für Laura kaufen wollte. „Aber du hast ein Geschenk für sie in deinem Zimmer stehen!", erklärte Mama. Was? Ich hatte doch nichts gekauft, sagte aber lieber nichts. Schnell sah ich in meinem Zimmer nach. Dort stand eine wunderschöne Schachtel mit einer dicken Schleife und einer Karte daran. Langsam wunderte mich gar nichts mehr! Auf der Karte standen die besten Glückwünsche von mir mit dem Hinweis auf den Inhalt. Ein Reiterhelm und ein Gutschein. Laut Gutschein durfte Laura mit mir eine Woche in den Ferien auf dem Reiterhof am Meer verbringen. Das gab's doch nicht! Was würde denn heute noch alles passieren? Jetzt sah ich mir den Ring doch einmal genauer an. Er war nichts Besonderes und sah eher etwas billig aus. Die Inschrift war nicht zu lesen. Das war Arabisch oder so. Ich hätte aber schwören können, dass, seit ich den Ring gefunden hatte, zwei Wörter verschwunden waren. Vielleicht kostete ja jeder Wunsch ein Wort oder Zauberkraft. Wenn ich mir noch etwas wünschen dürfte, wollte ich natürlich super gestylt auf dem Geburtstag erscheinen. Als ich meinen Kleiderschrank öffnete, sah ich auf einmal nur noch die coolsten Klamotten. Das Umziehen machte richtig Spaß und ich fand selbst, dass ich richtig klasse aussah. Jetzt konnte ich zum Geburtstag gehen. Am liebsten hätte ich mir eine weiße Kutsche bestellt, aber das war mir zu auffällig. Ich fuhr wieder mit der gleichen Straßenbahn bis vor Lauras Haus. Der Geburtstag lief fantastisch! Wir spielten Bowling, aßen Pizza und hatten riesigen Spaß. Laura fiel fast vom Stuhl, als sie mein Geschenk öffnete. Der Tag war echt nicht zu glauben. Und ich dachte, dass ich träume, bevor ich am Abend ins Bett ging. Ich sah noch einmal auf meinem Ring und merkte, dass wieder etwas von der Inschrift fehlte. Dennoch war so viel erhalten, dass ich mich auf den nächsten Tag in der Schule freute.

Caroline Bültmann
Realschule Maria Stern, Klasse 5c

Pings Mutprobe

Es war einmal ein kleiner Pinguin namens Ping. Er stand im Bobinger Schwimmbad auf dem Sprungbrett. Und das in der Nacht!
Ping war froh, dass er die Pinguinmutprobe in der Nacht machen durfte, weil es in der Nacht kälter war. Doch er hatte Höhenangst. Seine Familie

blickte von dem Pinguinhubschrauber zum armen Ping hinunter. Ping hielt immer noch das Seil, an dem er vom Hubschrauber vorhin heruntergeklettert war.
Schließlich gab er sich einen Ruck, nahm Anlauf und sprang. Auf dem Flug machte er zum Spaß sogar einen Salto. Dann fiel er auch nur eine Sekunde später ins Wasser und siehe da, er konnte nun auch viel besser schwimmen. Als er aus dem Wasser geklettert war, warf er das Seil wie ein Lasso zum Pinguinhubschrauber. Lassowerfen hatte er vorher geübt. Dann zog er am Seil und der Hubschrauber landete. Ping kroch hinein und flog mit seiner Familie zum Südpol.

Korbinian Rittler
Hans-Adlhoch-Grundschule, Klasse 3c

Unerfüllte Hoffnung

wir träumen und wir leben
wir hoffen und wir beten
uns bleibt ein unerfülltes Bild
schwebt vor uns schnell und wild
noch so unklar
doch so wahr
so ungeheuerlich und begeisternd
so grotesk und zerschmetternd
selten fantastisch
doch weg mit einem Wisch

Laura Heidenreich
Maria-Theresia-Gymnasium, Klasse 10d

Herzenswunsch

„Mit Fleiß, mit Mut und festem Willen
lässt jeder Wunsch sich endlich stillen"
Novalis

Es war eine stille und sehr klare Nacht. Nur der Mond und die Sterne erhellten die Wiesen und das kleine Dorf in der Nähe eines großen Sees. Lisa sah mit ihrer Mutter aus dem Fenster des Wohnzimmers. Sie konnte nicht schlafen, weil in ihrem Gebiet schon mehrere Monate Krieg herrschte. Das Mädchen dachte gerade nach, wie schön es wäre, jetzt in einem kuschelig warmen Bett zu liegen in einem Land wo es keinen Krieg gäbe und alle freundlich wären. Plötzlich unterbrach ein lauter

Knall ihre Gedanken. Eine Bombe flog wenige Kilometer von ihrem Haus entfernt auf den Boden. Die beiden sprangen vor Schreck auf. „Schnell, wir müssen uns im Keller verstecken!", schrie Lisas Mutter. Dabei zog sie ihre Tochter, die vor Schreck wie gelähmt war, in den Keller. Dort waren sie erstmal sicher. Im Keller waren Fenster und sie konnten sehen, was draußen geschah. „Komm her!", rief die Mutter im letzten Moment ihrer Tochter zu. Wie der Blitz rannte sie zu ihrer Mutter. Als das Mädchen ihre Mutter erreichte, schlug eine Bombe im Keller ein. Wenn Lisa nicht weggerannt wäre, dann hätte die Bombe sie getroffen. Das Mädchen stürzte und schlug mit dem Kopf am harten Boden auf. Sie sah nur noch ein bisschen Feuer und fiel dann in Ohnmacht.

Als Lisa ihre Augen aufschlug, blendete sie die Sonne. Das Mädchen lag auf einer Wiese mit bunten Blumen. Es war wunderschöner Frühling. Schmetterlinge flogen umher und Vögelchen pfiffen lustige Liedchen. Da entdeckte sie ein Körbchen. Über dem Körbchen war ein Tuch. Langsam stand Lisa auf und näherte sich dem Korb. Vorsichtig zog sie die Decke weg und entdeckte eine Katze. Die Katze war weiß mit schwarzen Flecken. „Oh, wie süß! Mami, schau mal!", rief das Mädchen und drehte sich um, doch von ihrer Mutter war keine Spur. „Leider ist deine Mutter nicht hier!", flüsterte eine Stimme hinter ihr. „W–w–wer i–ist da?", stotterte Lisa und drehte sich langsam noch einmal um. Aber niemand war zu sehen außer ihr und dem Korb mit der Katze. „Wer spricht da?", fragte sie wieder. „Ich", rief diese merkwürdige Stimme. „Schau halt nach unten!", verlangte sie. Erst jetzt bemerkte das Mädchen, dass die Katze sprach. „He, wie kannst du denn sprechen?", staunte sie. „Von Geburt an natürlich", antwortete die Katze. Lisa erinnerte sich, was die Katze gesagt hatte. „Wieso sagst du, dass meine Mami nicht hier ist?", empörte sie sich. „Weil sie nicht hier ist. Siehst du sie etwa?", erklärte Mautzi. So hieß die Katze. Lisa fing sofort an zu weinen. „Schhhh, alles ist gut", wollte sie Mautzi beruhigen, doch es klappte nicht. „Nichts ist gut!", erwiderte das Mädchen. „Wie finde ich meine Mutter wieder?", stammelte Lisa. Die Fee antwortete: „Du musst stark sein und deinen Wunsch nicht aufgeben!" Mit diesen Worten verschwand sie wieder in einem Schwarm von Schmetterlingen. So wanderten Lisa und Mautzi los.

Plötzlich gab es ein Klingeln. Die beiden wirbelten herum und sahen die bunten Blumen mit ihren Köpfchen nicken. „Wir wissen, was ihr wollt!", jubelten sie. „Ihr wollt etwas Süßes", berichtete das Gänseblümchen. Die Blume redete so schnell, dass Lisa und die Katze gar nicht antworten konnten. Schnell zauberte die Tulpe eine Schokotorte, Tee und Zucker her. Lisa hatte mächtigen Hunger und ihr lief das Wasser im Mund zusammen von diesen Leckereien. „I–ist d–das f–für uns?", stotterte Lisa. „Natürlich!", erwiderte das Veilchen. „Wir sind nämlich die Zauberblumen", stimmte ihr die Lilie zu. Lisa wollte sich gerade ein Stück Schokotorte nehmen, als die Katze sprach: „Aber bedenke, wenn du bei Ihnen isst, dann musst du für immer hier bleiben!", Ganz schnell zog Lisa die Hand weg und redete verwirrt: „Aber wir wollten meine Mutter suchen!" – „Bleib doch hier! Wir machen euch ein Bett aus Blättern und ihr könnt so viel ihr wollt naschen!", quengelten die Blumen. „Nein! Ich muss meine Mutter finden!", meinte Lisa entschlossen. Obwohl es ihr schwer fiel, die Leckereien zu verlassen, marschierte sie mit Mautzi weiter. Die Katze war stolz auf das Mädchen.

„Wo müssen wir jetzt hingehen?", fragte Lisa. „Wir müssen zum See", teilte Mautzi mit und so wanderten sie zum See. Dort angekommen, hörten sie ein Blubbern. Gleich darauf folgten Blasen und wie aus dem Nichts erschienen bunte Muscheln. Eine Muschel murmelte: „Wir haben was für euch." Auf einmal tauchten wunderschöne Halsketten und Perlenohrringe auf. Lisa, die ganz begeistert war von diesem Schmuck, wollte sich eine Halskette nehmen, als die Katze wieder sprach: „Aber bedenke, wenn du diesen Schmuck nimmst, dann musst du für immer hierbleiben!" – „Nein, ich kann nicht bleiben! Ich muss meine Mami finden!", sagte das Mädchen und fing an zu weinen. „Ach, kommt schon, bleibt hier. Ihr könnt schwimmen lernen und tolle Dinge basteln", quengelten die Muscheln. Trotzdem gingen die beiden weiter. Lisa war echt niedergeschlagen. Mautzi war wieder stolz auf sie.

Da sahen sie eine Tür und neben der Tür saß die Fee. Sie lächelte und begrüßte Lisa und Mautzi: „Hallo, ihr zwei. Lisa, du hast die Prüfung bestanden! Gratuliere! Jetzt darfst du die Tür öffnen. Du hast es verdient!" Danke schön, liebe Fee und liebe Katze, dass ihr mir Mut gegeben habt, meinen Wunsch nicht zu verlieren! Auf Wiedersehen!", bedankte sich Lisa freundlich. Vom Abschied hatte sie ein paar Tränen im Auge, aber sie versuchte nicht zu weinen und näherte sich vorsichtig der Tür, drückte langsam die Klinke runter und öffnete die Tür. Dahinter stand eine Frau. Die Frau war wirklich ihre Mutter! „Hallo, mein Schatz!", lächelte die Mutter Lisa an. Schnell wie der Blitz rannte das Mädchen zu ihr und die beiden umarmten sich. Danach lobte die Mutter: „Bravo, meine Liebe, du hast niemals den Wunsch verloren, mich zu finden!" Dann fragte Lisa: „Wo sind wir eigentlich?" – „Wir sind in einem Land, in dem es keinen Krieg gibt!", jubelte die Mutter. So lebten alle glücklich weiter bis ans Ende ihrer Tage.

Alina Keilbach
Birkenau-Grundschule, Klasse 4a

Der Bäcker, der gegen den Drachen kämpfte

An einem düsteren Abend flog ein Drache über die Burg Adlerstein. Die Burgbewohner trauten ihren Augen nicht. Der Drache flog in den Wald, denn da war seine Höhle. Am nächsten Morgen berichtete Herr Luzifer, dass ein Drache über Burg Adlerstein geflogen sei. Der König glaubte Herrn Luzifer kein Wort. Den Abend darauf war der Drache wieder über Burg Adlerstein geflogen. Dieses Mal sah der König den Drachen. Er schrie: „Wachen, schafft mir den Drachen vom Hals!" Am nächsten Tag weckte die Morgensonne den König. Er meinte: „Wir müssen diesen Drachen besiegen!" Er ließ nun seine Wachen die Höhle des Drachen suchen. Eine der Wachen fand die Höhle des Drachen. Er erkundigte sich, wer den Drachen besiegen konnte. Da kam ein junger Bäcker zu ihm, der eine kaputte Bäckerei hatte. Der König sagte: „Wenn du mir den Drachen tötest, baue ich dir deine Bäckerei wieder auf." Der Bäcker war einverstanden. Am nächsten Morgen ritt der Bäcker los. Als er an der Höhle ankam, zückte er sein Schwert. Dann ging er in die Höhle. Da baute sich der Drache vor ihm auf. Nach einer halben Stunde traf er ihn am Hals. Der Drache fiel tot auf den Boden. Der Bäcker ritt zurück zur Burg. Er sprach zum König: „Der Drache ist tot." Der König musste ihm glauben, denn die Rüstung des Bäckers war voller Blut. Der König ließ die Bäckerei wieder aufbauen und der Bäcker führte von nun an ein frohes Leben.

Luca Suerbaum
Franz-von Assisi-Schule, Klasse 4 lila

Abenteuer im Schnee

Es war einmal ein kleines Mädchen namens Milli. Milli war zwar nicht sehr gut in Kunst, aber dafür war sie super in Sport, Musik und Deutsch. Es war Wochenende und Millis Eltern schliefen noch. Ihr war langweilig und deshalb wollte sie in den Wald. Sie holte ihren Schlitten aus dem Schrank und zog sich an. Dann ging sie los.
„Alles voller Schnee!", freute sie sich. Als sie im Wald ankam, hörte sie ein leises Kichern. „Hallo? Ist hier jemand?", fragte Milli ängstlich. Hinter ihr raschelte es. Sie drehte sich erschrocken um. „Zeig dich, ich habe keine Angst vor dir!", sagte sie mit zittriger Stimme. Sie bekam eine richtige Gänsehaut auf dem Rücken. Es wurde dunkel im Wald und sie hatte noch mehr Angst bekommen, als sie schon vorher hatte. Sie zitterte wie Espenlaub. Milli wurde kreidebleich. Das kleine Etwas trat hervor. Milli wich ein Stück zurück und fragte neugierig: „Wer bist du denn?" Das kleine Etwas antwortete: „Ich? Ich bin ein Wolpertinger." – „Und was tust du hier im Wald?", wollte Milli wissen.

„Ich lebe hier und dort ist mein Zuhause." Der Wolpertinger zeigte auf eine alte Birke, die neben einer Linde und einer Buche stand. Milli staunte mit offenem Mund und fragte ihn: „Wieso lebst du dort oben? Bekommst du denn keine Höhenangst?" – „Ich lebe mit meiner Familie da oben, weil es hier unten doch so gefährlich ist." – „Leo! Abendessen! Komm hoch!" Es war die Mutter von dem kleinen Wolpertinger, die da rief. „Ja Mutti, ich komme ja schon!", schrie er zurück. „Tschüss", sagte Milli. „Tschüssi", antwortete der Wolpertinger. Milli ging wieder nach Hause und dachte den ganzen Abend lang nur noch an Leo, den Wolpertinger.

Magdalena Hüter
Realschule Maria Stern, Klasse 5c

Fantastisch, neues Element entdeckt

Augsburg, 2. Februar 2015

Am letzten Wochenende entdeckte der Chemiker Dr. Fantas das 119. Element des Periodensystems. Es wurde nach ihm benannt: „Fantastisch", Symbol „Fa" Ordnungszahl 119. Dieser Stoff ermöglicht neue Fähigkeiten. Derzeit forscht das Team von Dr. Fantas an weiteren Verwendungszwecken. Dieser neue Stoff kommt als grüner Feststoff vor. Bis jetzt ist bekannt, dass man mit diesem Element das gefährliche Gas Kohlenstoffdioxid (CO_2) in Kohle und Sauerstoff umwandeln kann. Das ermöglicht, den CO_2-Ausstoß weltweit um 80 % zu senken und somit den Klimawandel zu stoppen. Dies ist ein weiterer Meilenstein der Wissenschaft.

Lukas Baum
Reischlesche Wirtschaftsschule, Klasse 9cM

Die Zauberwesen

Wir schauen aus dem Fenster und sehen viele, viele leuchtende Punkte am Himmelszelt. Sie funkeln. Manche stärker, manche schwächer und manche von ihnen scheinen zu fallen. Dieses Funkeln am Himmelszelt sind kleine Zauberwesen, die jedem einen Herzenswunsch erfüllen. Sie schwirren dort in weiter Ferne umher und fangen die Wünsche auf, um sie dann zu erfüllen, aber nicht bei jedem klappt das auch. Dafür muss man an die kleinen Zauberwesen fest glauben. Doch auch wenn nicht jeder von uns an die kleinen Zauberwesen glaubt, ist es dennoch verzaubernd, das funkelnde Himmelszelt zu betrachten.

Eda Vardar
Reischlesche Wirtschaftsschule, Klasse 9b

Stimme des Todes

„Du musst ihn töten! Du musst ihn töten!", immer wieder hört Erik diese Worte, als er sich schweißgebadet und senkrecht sitzend im Bett wiederfindet. „Nicht schon wieder", schreit er wütend durch seine zusammengebissenen Zähne, sich mit beiden Händen verzweifelt die Ohren zuhaltend. Es ist gerade mal zwei Uhr morgens. Mit zitternden Händen sucht er nach der Visitenkarte seiner Psychologin. Nach etlichen gescheiterten Versuchen gibt er es auf, Mrs. Patrovski telefonisch zu erreichen.
Um sich zu beruhigen, greift er neben sein Bett und nimmt einen großen Schluck aus der halbvollen Wodkaflasche. Kaum hat er sich einigermaßen gefangen, fängt es wieder an …
„Geh ins Arbeitszimmer! Sofort!" Die Stimme klingt tief und verzerrt. Es hallt von den Wänden wieder, als würde man in einen langen Tunnel rufen, trotzdem versteht man die Worte laut und deutlich. Die Stimme macht nach jedem Wort eine kurze Pause.
Langsam steht Erik auf und nähert sich mit vorsichtigen Schritten der Tür. Die Dielen knarzen unter seinen nackten Füßen. Hastig schaut er sich in alle Richtungen um, aber da ist niemand. In seinem Kopf spielen sich immer wieder dieselben Gedanken ab: „Das kann nicht echt sein … Ich bin verrückt … Das passiert nicht wirklich … Ich bilde mir das nur ein … oder ich träume … Aber es klingt so real."
Er atmet einmal tief durch und öffnet, überzeugt davon, dahinter nichts zu finden, die Tür zum Arbeitszimmer. Doch was er dort sieht, lässt ihn erstarren. Auf seinem Schreibtisch liegen ein Zettel und ein Foto, daneben eine Pistole. Wie in Trance greift er nach dem Zettel. Es ist eine Art Steckbrief: Phillip Carter | 52 Jahre | Förster im Raven Wood Forest| verwitwet, 2 Kinder | 1, Raven Wood Street / 3376 Colorado
Phillip Carter. Der Name kommt ihm irgendwie bekannt vor. Er betrachtet das Foto, aber sein Grübeln wird unterbrochen: „Du hast genau eine Kugel. Du bestimmst für wen, entweder für ihn oder für dich."
Wie ferngesteuert nimmt Erik die Waffe in die Hand. In Rekordgeschwindigkeit zieht er sich an und schnappt sich die Autoschlüssel …
Die Adresse führt ihn zu einer kleinen Holzhütte am Waldrand. Es brennt noch Licht. Er kann sein sich noch in Sicherheit wiegendes Opfer durchs Fenster sehen. Sein Blick schweift nach rechts und bleibt an einer Axt, die an der Hauswand lehnt, hängen. Mechanisch hebt er sie hoch und marschiert zur Tür. Mit zwei gezielten, starken Schlägen bricht er die Holztür auf und betritt die Hütte. Der Förster schreckt aus seinem Halbschlaf hoch und seine Augen weiten sich vor Angst, als er den muskulösen, tätowierten Mann mit den langen Haaren und der Axt, fest um-

klammert in der rechten Hand, in seiner Tür stehen sieht. Auf einmal wirkt die gemütliche kleine Holzhütte am Waldrand wie eine Szene aus einem Horrorfilm. „Es tut mir leid, aber ich muss das tun", sagt der ihm Unbekannte mit wehleidiger Stimme. „Aber warum?", krächzt Mr. Carter flehend. „Die Stimme sagt es mir. Schon seit Wochen. Immer wieder werde ich nachts von ihr geweckt. Immer wieder derselbe Satz: ‚Du musst ihn töten!' Ich halte das nicht mehr aus!", schreit Erik.
In Sekunden schießen dem Bedrohten alle Fluchtmöglichkeiten durch den Kopf: Die Hintertür! In den Wald! Dort kennt sich keiner so gut aus wie ich. Sein Körper aktiviert alle Fluchtinstinkte. Die Energie schießt in seine Beine. Er springt vom Sofa auf und sprintet zur Tür, reißt sie auf und rennt um sein Leben. Erik reagiert sofort, lässt die Axt fallen und setzt zur Verfolgung an. Beide verschwinden im hellen Mondlicht zwischen den Bäumen und die Hütte steht wieder so unscheinbar wie vorher am Waldrand des Raven Wood Forest.
Angsterfüllt springt Mr. Carter über Stöcke, Baumstümpfe und Steine, die ihm den Weg erschweren. Aber er scheint trotzdem einen kleinen Vorsprung zu haben, denn sein Feind stolpert öfter über diese Hindernisse. „Verdammte Scheiße!", hört er ihn hinter sich fluchen. „Das ist meine Chance", denkt er sich und steuert auf ein altes Baumhaus zu, das er vor ein paar Tagen zufällig entdeckt hat. „Das ist so gut versteckt, das wird er im Dunkeln niemals finden."
Aufgrund seiner Erleichterung bedenkt er nicht, dass das Holz morsch sein und somit das Seil sein Gewicht nicht tragen könnte. Auf halber Höhe löst es sich und er stürzt auf den harten Boden. Vor Schmerzen schreit er auf, sein Bein ist gebrochen. Innerhalb weniger Augenblicke hat Erik ihn eingeholt und richtet die Pistole auf ihn. Mr. Carter kniet mit erhobenen Händen vor ihm und fleht: „Bitte, tun Sie das nicht!" Erik schweigt und fixiert seinen Blick auf dessen Kopf. Es gleicht einer Hinrichtung. „Ich muss ihn töten ... Ich MUSS!", flüstert er und drückt ab...
EIN PAAR TAGE SPÄTER ...
Es klingelt. Tatjana Patrovski legt die Kontoauszüge aus der Hand und geht zur Haustür. Es sind die zwei Kriminalpolizisten, die ihr vor ein paar Tagen mitgeteilt haben, dass ihr Vater umgebracht wurde.
„Wir wissen jetzt, wer Ihren Vater erschossen hat. Es war einer Ihrer Patienten: Erik Parker. Allerdings ist noch unklar, wie er an die Waffe kam oder was sein Motiv war. Er behauptet, eine Stimme habe es ihm gesagt. War er wegen so etwas bei Ihnen in Behandlung?"
„Ja, er war bei mir, weil er sich Stimmen eingebildet hat, aber ich war mir sicher, dass er auf dem besten Weg der Heilung war ... Jetzt verstehe

ich, warum er mich um zwei Uhr morgens angerufen hat … Aber warum mein Vater!?" – „Wir haben in der Wohnung von Mr. Parker versteckte Lautsprecher gefunden, die per Fernbedienung auch aus größerer Entfernung an- und ausgeschaltet werden konnten. Wir vermuten, dass jemand von seinen Problemen wusste und sie ausgenutzt hat, um sich nicht selbst die Finger schmutzig machen zu müssen. Hatte Ihr Vater denn mit irgendjemandem Streit?" – „Da würde mir jetzt nur der Jäger Mr. Brown einfallen. Mit ihm hatte mein Vater schon länger Streit, weil er sich nicht an die Vorlagen gehalten hat. Darum wollte er ihn kündigen, aber ihn deshalb umbringen?" – „Wir werden alles versuchen, um das herauszufinden, Ms. Patrovski. Auf Wiedersehen." – „Auf Wiedersehen."
Sie schließt die Tür, geht zum Kühlschrank und holt eine Flasche Champagner heraus. „Solche Idioten", denkt sie sich, nimmt die Fernbedienung aus der Schublade und wirft sie lachend in den Müll. Sie schenkt sich ein Glas Champagner ein, lässt sich aufs Sofa fallen und betrachtet feierlich die Überweisung der Lebensversicherung ihres Vaters auf dem Kontoauszug. „Jetzt kann ich mir endlich meine Traumvilla in der Toskana kaufen und ein neues Leben anfangen." Glücklich hebt sie ihr Glas hoch: „Fantastisch …"

Anita Fixel, Anika Demski und Corinna Wiedemann
Berufsschule V, Klasse ST 10A

Mein Haushalts-Roboter

Ich erfinde einen Roboter, der hilft beim Haushalt, bringt den Müll raus und kocht für unsere Familie. Er kann alles gleichzeitig machen, weil er acht Arme hat zum Aus- und Einfahren. Er hat noch vier Autoreifen pro Fuß und zehn Augen pro Kopf. Er hat fünf Köpfe und zwei Beine. Mit den fünf Köpfen kann er die Gemüsesorten sehen und mit seinen acht Armen kann er den Staubsauger, das Waschmittel und so weiter holen. Mit seinen zwei Beinen kann er bis zu tausend Kilometer weit fahren und er kann dreihundertfünfzig km/h fahren. Er wiegt dreißig Kilogramm und kann zehn Personen tragen. Das ist mein Roboter.

Julian Schaefer
Franz-von Assisi-Schule, Klasse 3 orange

Das verfluchte Dorf

Es war an einem wunderschönen Tag, als der alljährliche Besuch im Nachbarkönigreich anstand. Der König, der schon sehr alt war, hatte nicht mehr die Kraft ins Nachbarkönigreich zu reiten und nach ein paar Tagen wieder zurück. Deswegen musste es der Prinz machen, sein dreizehnjähriger Sohn.

Dieser hatte noch ein sehr junges Pferd, das noch nicht so sehr an Menschen gewöhnt war. Aber so viel Angst es auch vor Menschen hatte, so schnell war es auch. Als der Prinz Jonathan auf sein Pferd stieg, wusste er noch nicht, was ihn im Nachbarkönigreich erwarten würde, denn sein Vater hatte ihm nie erlaubt dorthin zu reisen, weil er meinte, es sei zu gefährlich.

Als Jonathan los ritt, dachte er viel darüber nach, was ihn dort auf der anderen Seite erwarten würde, aber das, was ihn dort erwartete, war das genaue Gegenteil von dem, was er sich ausgemalt hatte. Es war alles grau und trostlos, nirgendwo spielten Kinder, nirgendwo lachten Erwachsene, generell war nirgendwo eine Menschenseele zu sehen. Die Bäume waren grau, die Häuser waren grau, einfach alles war grau. Egal wo man hinsah, alles grau. Nirgendwo war irgendeine Farbe zu sehen.

Jonathan rief: „Hallo, ist hier jemand?" Leise meldete sich eine Stimme: „Wer bist du und woher kommst du?" Jonathan antwortete: „Ich bin Prinz Jonathan und bin aus dem Nachbarkönigreich." Langsam kam ein kleines Kind mit schwarzen, lockigen Haaren und zerrissener Kleidung heraus. Jonathan fragte: „Wer bist du denn?" – „Ich? Ich bin der kleine Peter", antwortete der Kleine mit einer piepsigen Stimme. Jonathan fragte ihn: „Warum ist hier alles so grau und trostlos, und wo sind die ganzen Leute?" Der kleine Peter antwortete: „Ein Fluch ist auf unser Dorf gefallen und hat alle Leute in einen Käfig gesperrt, nur mich nicht, weil er mich nicht gefunden hat. Dieser Fluch hat auch alles grau gemacht. Nur mit dem Schlüssel der Macht kann man ihn besiegen und dieser wird von dem mächtigsten Drachen der Welt bewacht: Eragon!" – „Und wo ist der Schlüssel?", fragte Jonathan. „Der ist in der Höhle des Schreckens und diese liegt im finsteren Tal", antwortete der kleine Peter ängstlich. „Magst du mit mir kommen und den Schlüssel der Macht holen?", fragte Jonathan ihn freundlich. „Ja, aber nur unter der Bedingung, dass mein Hund auch mitkommen darf!", sagte der kleine Peter fordernd. „Ja, natürlich darf er mitkommen", bestätigte Jonathan. Und schon rief der kleine Peter: „Scotti, komm her!" Kaum hatte der kleine Junge ihn gerufen, kam er auch schon um die Ecke gerast: ein kleiner, zotteliger Hund mit Schlappohren, die im Wind flatterten, und kurzen Beinen, mit denen er genauso schnell wie Pferde laufen konnte. Er schleckte dem Jungen mit der Zunge quer durchs Gesicht und sprang an Jonathans Rüstung hoch. Die Jungen stiegen samt dem Hund aufs Pferd, wobei Peter Scotti auf den Schoß nahm. Jonathan fragte Peter, wie weit diese Höhle entfernt sei. Peter antwortete, dass es zehn Meilen seien. Bis zum finsteren Tal haben die Zwei nicht viel gesprochen, doch als sie die Höhle sahen, stockte ihnen der Atem: Vor ihnen war ein riesiger Drache mit messerscharfen Zähnen und Klauen, einer Flügelspannweite von mindestens zehn Metern und mindestens fünfzehn Metern Länge. „So groß habe ich ihn mir nicht vorgestellt", sagte Jonathan voller Ehrfurcht. „Du bleibst hier bei Scotti und passt auf ihn auf, ich kämpfe gegen den Drachen", befahl Jonathan. „Aber mit was?", fragte der kleine Junge, besorgt um Jonathan. „Ich kämpfe auf meinem Pferd ‚Mistral' und mit meinem Schwert", beantwortete Jonathan die Frage und ritt los.

Der Drache spie Feuer nach ihm, doch Jonathan wich den Flammen geschickt aus, auch wenn ihm dabei sehr heiß wurde. Er warf sein Schwert genau auf das Herz des Monstrums. Aber in diesem Moment schnellte der Schwanz des Monsters nach vorne, traf Jonathan genau an den Rippen und schleuderte ihn vom Pferd. Mistral galoppierte zum kleinen Peter. Jonathan schlug bewegungslos auf dem Boden auf und gab keine Regung von sich. Der kleine Peter rief „Neeiiin!" und wollte schon loslaufen, als das Schwert das Monster genau ins Herz traf. Das Monster taumelte, Blut floss aus der Wunde. Es fiel schließlich um, spie noch einmal Feuer und war kurz darauf tot.

Jetzt lief der kleine Peter zu Jonathan und wollte ihn zu seinem Pferd tragen, das ein paar Meter weiter stand. Doch als Jonathan bei der ersten Berührung aufschrie, schnellte der kleine Peter zurück. Der verletzte Prinz flüsterte: „Hol den Schlüssel der Macht und komm dann zurück zu mir". Der Junge ging und fand den Schlüssel in einem Spalt, nahm ihn und rannte zu Jonathan zurück. Er wollte Jonathan zu Mistral tragen, doch jeder Schrei von Jonathan ließ ihn zusammenzucken. Jonathan flüsterte wieder: „Mach bitte schnell. Polstere den Sattel und lege mich auf Mistral." Das machte der kleine Junge.

Sie ritten zurück, aber sie brauchten zwei Tage, bis sie wieder im grauen Dorf ankamen, weil Jonathan wegen der Schmerzen nur sehr langsam reiten konnte. Als sie dann wieder im Dorf waren, befreite Peter das Dorf und holte sofort den Arzt. Dieser sagte, Jonathan habe sich ein paar Rippen gebrochen und bräuchte eine Stütze für die Rippen. Jonathan blieb noch ein paar Wochen, bis seine Rippen verheilt waren. Dann ritt er wieder in sein Königreich zurück. Sein Vater, der König, hatte sich große Sorgen um ihn gemacht und fragte seinen Sohn, wo er so lange geblieben und was passiert sei. Dies Frage beantwortete Jonathan mit einem: „Ach Vater, das ist eine lange Geschichte…."

Carolin Bienroth
Jakob-Fugger-Gymnasium, Klasse 5b

Fantasy

Der Wind fährt durch meine Haare und streicht mein Gesicht.
Ich sitze auf der einzelnen Weide, oben an der Klippe, in meinem Versteck. Nur zwei wissen davon, meine Halbschwester Mona und mein bester Freund Diamond. Ein leises Brüllen erschallt. Ich habe was vergessen zu erwähnen, mein bester Freund ist ein Drache.
Während ich die Leiter heruntersteige, sagt eine Stimme in meinem Kopf: „Beeil dich mal! Ich muss dir was zeigen." Ich antworte: „Ja ja, ich komm schon." Mein Drache und ich können über Gedanken kommunizieren. Als ich unten ankomme, wartet er schon ungeduldig.
Ich steige auf seinen Rücken, er hebt ab und fliegt los. Wir fliegen bis zum Ugra, das ist der Berg bei unserem Dorf, und landen auf einem Plateau. Ich frage: „Und was ist hier?" Diamond dreht sich um und schaut nach Norden. Ich erschrecke. Da ist eine Wand aus dunkelblauem Rauch, in der grelle Blitze zucken. Die Wand erstreckt sich über den ganzen Horizont. Ich steige auf Diamond und sage: „Wir müssen nach Hause, um die anderen zu warnen." – „Hast du nicht etwas vergessen?", sagt Diamond. Als Diamond das letzte Mal im Dorf war, hatte er einen Niesanfall und dabei sind drei Häuser abgebrannt. Ich schreie, noch ganz in Gedanken: „Egal!" Wir fliegen zum Marktplatz. Schon von Weitem sehe ich das goldene Warnhorn. Ich springe von Diamonds Rücken, renne zum Horn und blase so fest hinein, dass ein langer tiefer Ton ertönt. Alle versammeln sich, während ich hineinblase. Ich habe schon mal ins Horn geblasen, aber da dachte ich, unsere Herden wären weg, das waren sie aber nicht. Alle sind da und ich stehe neben dem goldenen Horn und ringe nach Luft. Ich spüre alle Blicke auf mir, nur ein Blick brennt mir ein Loch ins Herz. Ich drehe mich um und schaue in die Augen meines Vaters. Da, neben Diamond, steht mein Vater. Er hat ihm ein Seil um den Hals gelegt. Vater zieht mich vom Podest und schleift mich wortlos ins Haus. Ich schreie und mir rollen Tränen über die Wangen. Mein Vater sperrt mich in meinem Zimmer ein. In Gedanken schreie ich nach Diamond. Plötzlich sehe ich durch Diamonds Augen und höre alles, was er hört. Er hat meinen Geist in sich gezogen. Ich sehe meinen Vater auf dem Podest, er sagt: „Meine Tochter bringt nur Unglück über uns und sie kann mit Drachen reden, sie ist eine Hexe." Ein Schrei zerreißt die Stille. Diamond dreht den Kopf. Ich sehe Mona, meine Halbschwester, sie kauert auf dem Boden und weint. „Nein, nein, nein, nicht sie", flüstert Mona immer wieder. Mein Vater spricht weiter: „Ich werde sie verbannen!" Plötzlich sehe ich wieder mein Zimmer und bin wieder in meinem Körper. Die Türe wird aufgerissen und zwei Wächter stürmen herein. Sie

packen mich und ziehen mich aus dem Haus. Die Wächter führen mich etwa eine halbe Stunde einen Weg entlang. Sie schreien, als sie den blauen Rauch sehen. Der Rauch kriecht den Weg entlang. Die Wächter bleiben wie erstarrt stehen. Als der Rauch uns fast erreicht hat, stoßen sie mich hinein. Mein letzter Gedanke ist: Was wird mich erwarten?

Jona Scheele
Montessorischule Dinkelscherben, Klasse 7

Fantastisch ist...

Fantastisch ist, wenn du mit deinem Pferd über Felder reitest.
Fantastisch ist, wenn du schneller als der Wind bist.
Fantastisch ist, wenn du die leichten Luftzüge spürst.
Fantastisch ist, wenn die Welt keine Grenzen hat.
Fantastisch ist, wenn du dich bei deiner besten Freundin ausweinen kannst.
Fantastisch ist, wenn man Freunde hat, die für einen da sind.

Mia Spiess
Maria-Theresia-Gymnasium, Klasse 5c

Fantastisch

Fantasievoll, geheimnisvoll,
toll und großartig,
wirklich gut und fabelhaft -
dein Lachen.

Vildan Atay
Löweneck-Mittelschule, Klasse 5b

Das Auge des Todes

Der Mond spiegelt sich im Wasser. Lässt es glitzern. Es sieht wunderschön aus. Ein Lichtfleck in der endlosen Dunkelheit. Wie ein kleiner Funken Hoffnung. Ich sehe hinauf zum Horizont. Der Mond scheint die Schwärze dieser Nacht zu vertreiben. Seine Strahlen legen sich um ihn wie ein Heiligenschein. Bezaubernd. Atemberaubend. Doch nicht die Perfektion macht ihn so schön. Nein, es sind gerade seine Macken, die ihn einzigartig machen. Tiefe Krater entstanden durch Asteroideneinschläge. Rillen übersähen seine Oberfläche. Er ist auf seine eigene Weise wunderschön. Ich finde, er hat etwas Magisches. Er bringt uns Ebbe und Flut. Doch an jenem Tag bringt er die Flut.

Der Wind jault und die Kälte schneidet mir ins Gesicht. Riesige schwarze Wolken türmen sich am Horizont und lassen den Mond dahinter verschwinden. Lassen die Hoffnung verschwinden. Meine Augen müssen sich erst einmal an das schwache Licht gewöhnen. Die bedrückende Dunkelheit macht mir Angst. Mir ist kalt. Jedes Glied meines Körpers zittert. Das Schiff schaukelt jetzt noch stärker hin und her. Die riesigen Wellen peitschen auf das Metall. Sie sind stärker als wir. Größer. Schwerer. Schon bald wird das Deck vollgelaufen sein. Kein einziger Raum wird von den schweren Wassermassen verschont bleiben. Das Schiff wird sinken. Wir haben keine Chance. Mir ist schwindlig und die Welt um mich herum scheint sich zu drehen. Mein Puls rast. Ich sehe mich um. Sehe die noch verbleibenden Passagiere. Viele schon sind aus ihrer Verzweiflung über Bord gesprungen. Im eisigen Wasser erfroren. Das Schiff ist klein. Wir sind nicht mehr viele. Vielleicht noch acht. Wir alle werden sterben. Ich kann die Angst in ihren Gesichtern ablesen. Der letzte Funke Hoffnung in ihren Augen ist erloschen. Stattdessen breitet sich nun Panik darin aus. Weinende Kinder werden von ihren Müttern in den Arm genommen. Sie versuchen sie zu beruhigen. Ich spüre eine tiefe Leere in mir. Sie breitet sich immer weiter aus. Ich starre auf einen Punkt in der Ferne, den es gar nicht zu geben scheint. In diesem Moment kann ich an nichts denken. Mein Gehirn scheint wie lahmgelegt. Ich sehe nur ein tiefes schwarzes Loch vor meinem inneren Auge. Ich sehe den Tod.
Plötzlich spüre ich, wie sich eine warme Hand auf meine Schulter legt. Ich drehe mich um. Lächle. Froh darüber, dass er hier bei mir ist. Er küsst mich und ich spüre die Liebe, die dabei durch meinen Körper strömt. Es sind nur wenige Sekunden und doch fühlt es sich an, als wären es Stunden. In seinen Augen sehe ich keine Angst. Keine Panik. Ich sehe nur Liebe und Ruhe. Die Ruhe vor dem Sturm. Ich weiß, er will mich beschützen. Ich weiß, er will stark sein. Von außen her ist er das auch, aber ich kann mir nur zu gut vorstellen, wie es in seinem Inneren aussieht. Seine Hände umfassen sanft mein Gesicht, während er mir ins Ohr flüstert: „Alles wird gut." – „Bill, lass das. Du weißt genau so gut wie ich, dass das nicht stimmt." Seine harte Schale ist gebrochen und sein weicher Kern wird sichtbar. „Sag so was nicht!", sagt er verzweifelt, während ihm eine Träne über die Backe läuft. Wir umarmen uns lange. Weinen beide. Der Tod verfolgt uns. Er ist nur noch wenige Minuten entfernt. Er rennt immer schneller und bald wird er uns eingeholt haben. Der Gedanke daran, dass alles bald vorbei sein wird, lässt mich zusammenzucken. Die Angst schnürt mir die Kehle zu. Ich schnappe nach Luft. Fest halte ich seine

warme Hand. Es gibt mir ein Gefühl der Sicherheit. Wir lösen uns aus unserer Umarmung und lange sitzen wir nur so da. Ich wüsste gerne, was ihm jetzt wohl durch den Kopf geht. Ich lasse seine Hand nicht los.
Der Wind weht immer stärker. So stark, dass er schon fast unsere Haut zerschneidet. Die Wellen sind nun so groß, dass sie das Schiff schon fast zu verschlingen scheinen. Sie brechen über unseren Köpfen und das schwere Wasser prasselt auf uns ein. Bei dessen Berührung gefriert mir fast das Blut in den Adern. Es ist eiskalt. Schmerzen. Fürchterliche Schmerzen. Die Wellen sind wie Peitschen. Sie schlagen uns. Es tut weh. Bill legt seinen Arm schützend um meine Schulter und nach einer Weile sagt er: „Ich will, dass du etwas weißt." Er schluchzt. Seine Stimme versagt. „Nein, Bill. Hör auf dich zu verabschieden!" Tränen kullern mir über das ganze Gesicht und für einen kurzen Augenblick scheint sich der Mond unzählige Male in den Tränen der Verzweiflung, Angst und Trauer widerzuspiegeln, nur um ihnen einen Moment lang die Hoffnung zurück zu bringen, die sie einmal hatten. Ich muss erst einige Male blinzeln, damit das Verschwommene in meinem Blick wieder verschwindet. „Ich liebe dich, Emma. Und ..." Er schluckt. Ihm fällt es schwer, die nächsten Sätze auszusprechen. So traurig ist er darüber. „... dich liebe ich auch, mein kleiner Engel." Seine Hand gleitet meinen Körper nach unten, bis sie meinen Bauch berührt. Sanft streichelt er ihn. Er beugt sich nach vorne und küsst ihn. Küsst sie. Sophia sollte sie heißen. „Ich werde dich nie vergessen", flüstert er. „Niemals. Hörst du? Du wirst immer in meinem Herzen bleiben, auch wenn ich dich nie sehen durfte. Du bist das Geschenk meines Lebens. Und ich bin mir sicher, irgendwann und irgendwo werden wir uns wiedersehen. Das verspreche ich dir." Noch einmal küsst er meinen Bauch. Nie wird sie die Welt sehen dürfen. Das macht mich unendlich traurig.
Das Deck ist schon mit Wasser vollgelaufen. Jetzt sickert es durch den Holzboden und fließt durch die Räume des Schiffes. Die Situation eskaliert langsam. Die Panik wird immer größer. Viele schreien. Viele weinen. Manche halten sich fest und schließen die Augen. Sie warten. Warten auf ihren Tod. Manche springen und die Kinder fragen sich, wieso. Sie begreifen nicht, dass der Sturm uns alle in unser Verderben stürzen wird. Die Angst ihrer Eltern steckt sie an. Ein lautes Geräusch lässt mich aufschrecken. Der Sog beginnt. Der Bug sinkt und wird das ganze Schiff mit sich ziehen. „Emma?" Unsere Blicke treffen sich. Wir blenden alles andere um uns herum aus. Das Schiff wird untergehen, aber für einen Augenblick können wir das vergessen. Es gibt nur ihn, mich und unser ungeborenes Kind. Uns drei in unserer kleinen, zerstörten Welt. „Du sollst nie vergessen, dass wir zusammen gehören ... Ok?" Ich bekomme nur ein

leises, heiseres „Ok" heraus, aber ich weiß, er hat es gehört. Dann sage ich: „Ich liebe dich" mit so viel Gefühl wie noch nie. Er nickt leicht und lacht gequält. Sein Gesicht kommt auf meines zu und als sich unsere Nasenspitzen berühren, sagt er es auch: „Ich liebe dich, Emma. Mehr als alles andere auf dieser Welt. Du bist mein Leben. Danke für dein Lächeln. Danke für deine Liebe. Danke dafür, dass du immer für mich da warst. Danke für alles." Überwältigt von seinen Worten, verschlägt es mir die Sprache. Ich will etwas sagen, aber ich kann nicht. Es gibt so Vieles, was ich ihm noch sagen möchte, aber uns bleibt nicht mehr viel Zeit. Deshalb küsse ich ihn einfach, denn wir beide wissen: Dieser Kuss sagt mehr als tausend Worte. Und wir wissen auch, dass es unser letzter sein wird. Er ist voller Leidenschaft und Liebe. Ich spüre etwas, was ich noch nie zuvor in meinem Leben gespürt habe. Ich weiß nicht, was es ist, aber es ist ein gutes Gefühl. Es ist unbeschreiblich. Wunderschön. Es lässt meine Finger kribbeln und die Schmetterlinge wie verrückt in meinem Bauch tanzen. Ein Moment voller Magie. Wir küssen verlangender, umarmen fester, lieben noch stärker. Erst jetzt wird uns bewusst, was Liebe wirklich bedeutet. Wir sind dankbar, dass wir sie spüren durften. Unsere Lippen berühren sich ein letztes Mal. Es wird keinen nächsten Kuss geben.

Das Schiff sinkt plötzlich viel schneller. Als gäbe es tief unten im Ozean einen Magneten, der uns anzieht. Das Wasser steht uns bis zu den Knien und der Wind peitscht uns den Regen ins Gesicht. Ich muss mich anstrengen, um noch etwas sehen zu können. Die Passagiere werden in die Dunkelheit gezogen. Frauen, Kinder, Männer. Sie alle schreien, aber das bringt ihnen nichts. Die Dunkelheit scheint noch schwärzer zu werden als zuvor. Der Tod ist da. Er hat uns endgültig eingeholt. Er umgibt uns alle. Es gibt keinen Ausweg mehr. Es ist unser Schicksal. Die Schreie verstummen und verschwinden in der endlosen Schwärze dieser Nacht. Bill und ich sind die letzten auf dem Schiff. Wir befinden uns auf dem hinteren Teil des Schiffes, dem Heck. Erschreckend, wie schnell jetzt alles geht. Innerhalb weniger Sekunden steht das Schiff senkrecht im Wasser. Bald wird es komplett unter den riesigen schwarzen Wellen verschwunden sein und nur ein Wrack wird noch an uns erinnern.

Bill und ich wechseln einen Blick, aber wir sprechen kein Wort miteinander. Wir wollen den letzten Moment unseres Lebens als schönen in Erinnerung behalten. Mit der einen Hand halte ich mich an der Reling fest, mit der anderen drücke ich seine Hand. Im Stillen bedanke ich mich für mein schönes Leben und dann beginne ich, die Sekunden bis zu meinem Tod zu zählen. Der Wind pfeift jetzt noch lauter in meinen Ohren. Wir sind nur noch wenige Meter von der Wasseroberfläche entfernt. Ich habe bis achtzehn gezählt, als unsere Körper in das eisige Wasser gleiten. Gezerrt werden. Die Hand des Todes greift nach uns. Es ist fürchterlich. Der Schmerz durchströmt meinen ganzen Körper. Ich halte die Luft an. Ich kann nicht atmen. Das Schiff hat uns mehrere Meter weit nach unten gezogen. Die Kraft des Wassers hat uns getrennt. Meine Augen sind offen, doch ich kann nichts anderes sehen als ein tiefes schwarzes Loch. Egal wo ich hinsehe, ich kann nicht einen einzigen Lichtstrahl entdecken. Ich sehe in die Augen des Todes. Sie sind tiefschwarz. Undurchdringlich. Wie eine Wand, hinter die man nicht schauen kann. Es ist die Ungewissheit, die meine Angst antreibt. Die Stille, die mir zu still erscheint. Ich versuche zu schwimmen. Bill zu finden. Doch ich kann nicht. Mein Körper ist wie erstarrt. Die eisige Kälte scheint mir die Haut aufzuschneiden. Meine Adern verkrampfen sich. Lassen das Blut langsamer hindurch. Unfähig mich zu bewegen, liege ich starr im Wasser. Meine Augen sind noch immer offen. Meine Lider sind eingefroren. Ich kann nicht mal mehr blinzeln. Ich habe die Kontrolle über meinen Körper verloren. Ich spüre nichts mehr. Es ist, als würde ich nicht mehr in diesem Körper sein. Ich spüre keine Schmerzen. Keine Angst. Nichts.

Plötzlich sehe ich das Auge wieder. Aber es hat sich verändert. Irgendwas ist anders. Ich sehe ein kleines Licht darin, das sich immer weiter ausbreitet. Es ist hell. Blendend, aber wunderschön. Es vertreibt die Dunkelheit um mich herum und lässt das Meer in seinen schönsten Farben erstrahlen. Es ist unbeschreiblich. Noch nie zuvor habe ich etwas Schöneres gesehen. Erst jetzt wird mir bewusst, dass ich atme. Ich versuche mich zu bewegen. Zuerst ist es schwer, doch dann geht es ganz einfach. Ich fühle mich frei. Leicht und befreit. Eine warme Hand legt sich in meine. Mein Herz klopft wie verrückt, als ich in das zarte Gesicht meiner kleinen Tochter blicke. Wie ist das möglich? Vor Freude kommen mir fast die Tränen. In meinem Arm wirkt sie klein und zerbrechlich. Ich drücke sie an mich und gebe ihr einen Kuss auf die Stirn. Ihre Augen strahlen mich an. Sie sind wunderschön. Wie die Augen ihres Vaters. Ich werde von hinten umarmt. Sofort spüre ich, dass es Bill ist. Seine starken Arme schlingen sich um meine Taille. Wir sind wieder vereint. Wie eine richtige Familie. Wir nehmen uns an den Händen und schwimmen in das Licht, das sich vor uns erstreckt. Der Mond beleuchtet unseren Weg. Er weist uns an. Er ist unser Freund. Ein letztes Mal drehe ich mich um. Ich sehe meinen toten, vereisten Körper ein letztes Mal im Mondschein schimmern, bevor er in den Tiefen des Ozeans verschwindet.

Helena Ruf
Leonhard-Wagner-Gymnasium Schwabmünchen, Klasse 8e

Mein Abenteuer mit der Lava-Kobra

Ich fliege gerade mit meiner selbstgebauten Rakete auf den Planeten Jupiter. Meine Freunde kommen auch mit. Gerade landen wir. Wir steigen aus. Da kommt ein kleines Jupitermännchen. Es hüpft ganz aufgeregt umher. Es ruft: „Gut, dass ihr kommt! Ihr müsst uns helfen!" – „Was ist denn los?", will ich wissen. Es berichtet: „Eine große, böse Schlange will unseren Planeten zerstören. Bisher hat es noch niemand geschafft, sie zu besiegen. Es ist eine Lava-Kobra; 25m lang und riesengroß. Sie ist besonders gefährlich und hält sich am liebsten in der Lava auf. Feuer kann sie nicht verletzen. Wir brauchen dringend eure Hilfe." Ich erinnere mich: „Ich habe einmal in einem alten Buch gelesen, dass in einem Vulkan das Amulett ‚Aktan' versteckt ist, mit dem man alles besiegen kann, sogar die gefährlichsten Ungeheuer. Also müssen wir dieses Amulett finden, um die Schlange zu töten." – „Ich weiß, wo das Amulett versteckt ist. Um es zu bekommen, müsst ihr über eine Schlucht springen und durch einen Schlingpflanzenwald gehen und dann seid ihr bei der Vulkanhöhle angekommen. Dort findet ihr es! Es ist aber ein sehr gefährlicher Weg!" – „Dann fangen wir doch an!", rufe ich. „Wir erledigen das zusammen!", sagen meine Freunde. Schon geht es los. Kurz darauf kommen wir bei der Schlucht an. Sie ist wirklich breit, aber nur für kleine Jupitermännchen. Wir mit unseren Menschenbeinen müssen nur Anlauf nehmen und hinüberspringen. Das ist für uns kein Problem. „Gut gemacht! Weiter zum Schlingpflanzenwald!", rufe ich begeistert. Auch dieser ist für uns kein Problem. Endlich stehen wir vor dem Vulkan. „Dort hinten in der Höhle befindet sich in einer Kiste das Amulett!", flüstere ich. Wir schleichen uns in die Höhle. Vor uns steht die Kiste auf einem großen Stein. Schnell nehme ich das Amulett. In diesem Moment höre ich ein Zischen hinter mir. Ich drehe mich um und starre in zwei riesige, blutrote Schlangenaugen. „Jetzt hat mein letztes Stündchen geschlagen!", denke ich. Da spüre ich etwas Warmes in meiner Hand. Das Amulett. Es funkelt blau-grün. „Das ist die Idee!", fällt mir ein. In diesem Moment öffnet die Riesenkobra ihr Maul. Schnell werfe ich ihr das Amulett hinein. Vor Wut zischt sie ganz laut. Im nächsten Moment wird sie so klein wie ein Regenwurm. Gleich darauf hüpft das Jupitermännchen herbei, nimmt den Wurm, steckt ihn in ein Glas und verschließt es. „Danke! Toll, was ihr gemacht habt. Ihr habt uns gerettet!", ruft das Jupitermännchen begeistert. Als Dank feiern alle Jupitermännchen für uns ein großes Fest. Wie wir zur Erde zurückkommen? Das erzählen wir euch in unserer nächsten Geschichte.

Andi Cukaj
Friedrich-Ebert-Grundschule, Klasse 4bgt

Unser Freund, der Schneemann

An einem kaltem Wintertag gingen mein kleiner Bruder Moritz und ich zu unserem Hof: „Können wir einen Schneemann bauen? Bitte, bitte!" Ich hatte zwar überhaupt keine Lust, aber wenn Moritz mich so anbettelte, konnte ich nie nein sagen. „Ok! Aber du musst auch mitmachen!" Der Schneemann war fast fertig – es fehlte nur noch die Nase. „Frag doch die Mama, ob wir noch eine Karotte haben", meinte ich zu Moritz. Freudestrahlend kam er mit einer solchen zurück und steckte sie dem weißen Mann mitten ins Gesicht. Moritz hüpfte ein paar Mal um den Schneemann herum, bevor wir wieder ins Haus gehen wollten. Doch plötzlich schrie jemand: „Halt, bleibt doch stehen, lasst mich nicht allein! Ich habe gar keine Freunde! Könntet ihr denn meine Freunde sein?" Wir schauten uns um, doch es war niemand da – außer dem Schneemann! Und so gingen wir, mein kleiner Bruder und ich, jeden Tag hinaus, um den Schneemann zu besuchen. Wir tobten um ihn herum und achteten immer darauf, dass ihm nichts fehlte. Ein paar Mal mussten wir die Augen und die Nase neu machen und ihn mit neuem Schnee ausstatten. So war er den ganzen Winter bei uns und versprach, nächstes Jahr wiederzukommen!

Dilan Tiras
Goethe-Mittelschule, Klasse 6c

Total verdreht!

Es war einmal vor langer Zeit in einem Wald neben einem kleinen Dorf: Dort lebte ein grausamer Drache. Er versetzte das ganze Volk in Angst und Schrecken. Sobald er nur über sie hinwegflog, wurde es auf dem vorher fröhlichen und lauten Marktplatz plötzlich mucksmäuschenstill. Alle Menschen verkrümelten sich so lange in ihren Häusern, bis sie sich sicher sein konnten, dass der Drache wieder weg war. Doch niemand wusste, dass im gleichen Wald in einer Höhle auch noch der kleine Drache Hektor wohnte. Aber weil man ihn nur selten zu sehen bekam, wusste niemand, ob er nett oder böse war. Eines Nachts entführte der große Drache eine hübsche Prinzessin namens Annabell und sperrte sie in einen Turm ein. Er hatte vor, sie bald zu fressen, aber vorher musste er noch ein paar Sachen für das Festmahl vorbereiten. Niemand außer dem Drachen Hektor wusste, wo sie war. Heimlich schlich er immer wieder zu ihr und versuchte, sie zu befreien. Aber leider schaffte er es nie, weil er immer vorsichtig, schnell und leise sein musste, denn der große Drache kam ab und zu aus seiner Höhle hervor, um nach der Prinzessin zu schauen. Eines Tages, als Hektor mal wieder die Prinzessin zu retten versuchte, ritt der tapfere Ritter Theobald gerade vorbei. Als er den Drachen Hektor sah, dachte er, dass Hektor die Prinzessin fressen wollte. Er rief ihr ermutigend zu: „Warte, ich rette dich! Halte durch!" – „Nein, stopp! Halt! Er ist nicht gefährlich!", rief die Prinzessin. Aber Theobald hörte es nicht mehr. Als er sich gerade auf Hektor stürzen wollte, um ihn mit seinem Schwert k. o. zu schlagen, trat plötzlich der gefährliche Drache aus seiner Höhle und ging auf den Ritter und den Drachen Hektor los. Hektor machte sich so schnell wie möglich aus dem Staub. Doch Theobald, der Ritter, war so überrumpelt, dass er es nicht rechtzeitig schaffte zu entkommen. Er stotterte: „Wwwwerrr bbbissssttt dddduuuuu ddeeeennnn?" Der große Drache war schon fast bei ihm, als die Prinzessin plötzlich einen hellen, spitzen, lauten Schrei ausstieß. Der Drache drehte sich überrascht um. In diesem Moment erwachte der Ritter wieder zum Leben. „Hilfe, Hilfe!", schrie er und rannte davon, so schnell ihn seine Beine trugen. Plötzlich fiel ihm ein, dass die Prinzessin noch in höchster Gefahr war! Wie der Blitz lief der Ritter zurück. Doch er hatte den großen Drachen, der schon auf ihn wartete, vergessen. Dieser stellte ihm ein Bein, so dass der Ritter darüber stolperte. „Auuuuaaa!", schrie er. Jetzt tat ihm das Bein so weh, dass er nicht mehr aufstehen konnte. Sofort beugte sich der riesige Drache über ihn, um ihn zu verschlingen. Mit tiefer, gefährlicher Stimme brummte er: „Jetzt hat dein letztes Stündlein geschlagen!" Der Ritter Theobald dachte: „Mich kann nur noch ein Wunder retten!" und machte die Augen zu. Die Prinzessin rief dem Drachen Hektor, der ein wenig entfernt im Gebüsch saß, zu: „Hilfe, das können wir doch nicht zulassen!" Doch Hektor hatte schon einen Plan. Er rannte auf den bösen Drachen zu, benutzte dessen dicken Rücken als Sprungbrett und hüpfte zur Prinzessin auf den Turm. Der große Drache wurde niedergedrückt und verlor das Gleichgewicht, so dass er zur Seite purzelte. Hektor nahm die Prinzessin in die Arme, sprang mit ihr vom Turm hinunter und erklärte ihr dabei seinen Plan. Unten angekommen, rannte Annabell davon. Der böse Drache rappelte sich auf und rannte der Prinzessin wie geplant hinterher. Sie führte ihn geradewegs zu einer großen Grube, aber schlug kurz davor noch einen Haken. Der Drache aber, der gerade in voller Fahrt war, konnte nicht mehr rechtzeitig stoppen und fiel in die Tiefe. So schnell wie möglich rannte die Prinzessin zurück und holte den Drachen Hektor zu Hilfe. Gemeinsam rollten sie einen riesengroßen Stein heran und schoben ihn mit aller Kraft über die Grube. Zusammen verarzteten sie Theobalds Bein und erzählten ihm alles. So war der Ritter gerettet und der Drache besiegt. Unsere drei Helden wurden im ganzen Dorf gefeiert. Der Drache bekam eine eigene

Hütte, die ihm viel besser gefiel, als seine ungemütliche Höhle. Hinterher fand eine prachtvolle Hochzeit von Annabell und Theobald statt. Und wenn sie nicht gestorben sind, dann ... sind sie noch heute gute Freunde!

Amelie Brunner
Werner-von-Siemens-Grundschule, Klasse 4c

Meine fantastische Gitarre

Jetzt zu dir
nach dem Plattenladen
kann das Gefühl nicht ertragen
dich nicht bei mir zu haben
auch wenn es oft schmerzt
wenn ich bei dir bin
hab ich dennoch nur dich im Sinn
bald sitzt du wieder auf meinem Schoss
meine Freude wird riesengroß
denn dann werden alle Sorgen vergessen
auch wenn du oft launisch und verstimmt bist
bin ich von dir besessen

Johannes Thies
Reischlesche Wirtschaftsschule, Klasse 10fh

Ein fantastisches Waldabenteuer

Ich saß in meinem Haus und frühstückte. Da klingelte es an der Tür. Ich stand auf und öffnete. Vor der Haustür stand ein Papagei. Er sah erschöpft aus und sagte zu mir: „Kannst du mir helfen? Bei uns im Wald sind Jäger und bedrohen uns Waldtiere. Ich bin ganz schnell geflogen, deswegen bin ich fix und fertig." Ich sprach zu ihm: „Komm' rein, ich frühstücke grade, dann kannst du dich stärken und mir alles ganz genau erklären. Wie heißt du denn?" – „Ich heiße Norbert. Danke, dass du mir hilfst", stöhnte der Papagei und wackelte hinter mir her in meine Küche. Dort gab ich ihm Zwieback und Tee und er begann zu erzählen.
„Wir Waldtiere lebten friedlich miteinander in dem großen Waldstück bei der nächsten Ortschaft, bis vorgestern die Jäger kamen. Es waren viele, bestimmt 20 Leute. Sie waren in großen fahrenden Häusern gekommen, das fanden wir ganz schön komisch. Die Jäger packten aus ihren fahrenden Häusern Zelte aus und machten sie an den Häusern fest. Danach holten sie Holz und entfachten ein großes Feuer, denn es war schon

Abend. Dann gingen sie in den komischen Häusern schlafen. Am nächsten Morgen gingen die Häuser auf und die Leute kamen heraus. Sie waren ganz grün angezogen. Sie aßen Frühstück und packten lange, seltsame Stöcke aus. Dann setzten sie einen grünen Hut auf, nahmen die Stöcke und gingen geduckt im Wald umher. Da hörten sie Rehrufe und gingen sofort in die Richtung, aus der die Rufe gekommen waren. Sie sahen Rehe, die auf einer Lichtung ästen. Da nahmen sie ihre seltsamen Stöcke, richteten sie auf die Rehe und zogen an einem Hebel. Es gab einen lauten Knall und Rauch kam aus dem Stock. Fast im gleichen Moment platze an einem Baum Rinde ab. Deswegen denke ich, dass diese Stöcke gefährlich sind. Alle Rehe waren aufgeschreckt und liefen im Rudel davon. Die Jäger knallten wieder mit den seltsamen Stöcken, aber die Rehe waren zu schnell. Als ich das gesehen hatte, flog ich so schnell wie möglich in die nächste Ortschaft. Das dachte ich jedenfalls. Aber weil ich so erschrocken war, flog ich in die falsche Richtung und jetzt bin ich ganz schön weit von unserem Wald weg. Da habe ich bei dir geklingelt, weil dein Haus das nächste war."

Ich war ganz schön erstaunt und sagte: „Das ist aber eine schlimme Geschichte. Du bist ein sehr guter Freund für die anderen Tiere, wenn du so einen weiten Weg zurücklegst, um ihnen zu helfen." – „Ich fand es eben nötig, denn die Jäger sollen unseren Wald in Ruhe lassen", sagte Norbert, der Papagei. „Ich helfe euch gerne, ich will nur noch schnell einige Sachen zusammenpacken." Ich ging auf den Dachboden und holte einen Rucksack, einen Koffer, eine Luftmatratze, meinen Schlafsack, ein kleines Kissen und mein Zelt. Dann lief ich in mein Zimmer und kramte im Kleiderschrank nach meiner Lederweste. Ich nahm frische Kleidung mit, schnappte mir Verbandszeug, mein Taschenmesser, mein Fernglas, ein Seil, eine große Säge, Hammer und Beilchen, meine Nerf-Wasserpistole und packte alles in den Koffer. Ich nahm den Koffer und das Zelt mit nach unten und packte alles auf den Bollerwagen, der in der Garage stand. Aus der Küche holte ich Wasser und Lebensmittel und packte sie mit ein. Norbert flatterte die ganze Zeit um mich herum und sah zu, was ich tat. Ich schlüpfte in eine Regenjacke, zog meine Waldstiefel an und wir machten uns gemeinsam auf den Weg in seinen Wald.

Norbert fragte, ob er sich auf den Bollerwagen setzen dürfe. Er war noch so erschöpft. Ich stimmte zu. Ich gab ihm eine Landkarte unserer Gegend und er zeigte mir den Weg. Nach ein paar Minuten war er auf der Decke und dem Kissen eingeschlafen.

Ich lief eine halbe Stunde, da sah ich den Wald von Weitem. Nach drei Stunden war ich endlich am Wald angekommen. Dort weckte ich Norbert. Er war noch ganz schlaftrunken und fragte mich, wo wir seien.

„Wir sind bei deinem Wald", sagte ich. Norbert führte mich gleich zu seinem Baum, der nahe am Waldrand stand. Dort lernte ich seine Frau und seine Kinder kennen. Sie freuten sich, dass er gesund wieder zurückgekommen war.

„Das ist Stefan, er hat gesagt, er würde uns helfen, die Jäger zu vertreiben", stellte Norbert mich vor. Ich baute mein Zelt auf und brachte alle meine Sachen hinein. Dann packte ich Seil, Fernglas, Taschenmesser und Nerf-Wasserpistole in den Rucksack und machte mich mit Norbert zusammen auf die Suche nach den Jägern. Nach einer knappen Stunde fanden wir sie. Sie machten gerade Brotzeit vor ihren Wohnwägen. Ich beschloss, die Jäger erst einmal von einem Baum aus zu beobachten und kletterte mit Hilfe des Seils auf eine schöne, hohe Buche. Norbert flog mir hinterher. Oben angekommen, sicherte ich mich mit dem Seil an einem dicken Ast. Dann holte ich das Fernglas aus dem Rucksack und begann, die Jäger zu beobachten.

Die Jäger hatten Tierrufe gehört und beendeten schnell ihre Brotzeit. Dann nahmen sie ihre Gewehre und gingen in den Wald.

Ich schlang das Seil um den dicken Ast und seilte mich ab, um ihnen nachzukommen. Das Seil ließ ich hängen. Dann nahm ich ihre Verfolgung auf. Norbert blieb bei mir.

Die Tierrufe kamen aus dem Süden und die Sonne blendete mich, weil ich meine Sonnenbrille daheim vergessen hatte.

Die Jäger waren mir gute 30 Meter voraus. Ich packte meine Nerf-Wasserpistole aus und sagte zu Norbert: „Flieg mal hoch und schau, wo die Rehe sind!" Ich dachte mir, wenn wir wüssten, wo die Rehe sich befinden, könnten wir im Wald ein gutes Wegstück abschneiden. Norbert flog los und kam nach einer Minute zu mir zurück. „Sie sind ganz in der Nähe, wir müssen nach Süd-Westen laufen, dann können wir vor den Jägern dort sein!" Er flog in die Richtung und ich folgte ihm.

Nach fünf Minuten sahen wir die Rehe. Ich bat Norbert: „Flieg zu ihnen hin und sage ihnen, dass ich euch helfen will, damit sie ruhig bleiben." Gesagt, getan! Norbert winkte mich nach einem kurzen Gespräch mit den Rehen zu sich. Die Rehe fanden es nett, dass ich ihnen helfen wollte. Da hörten wir die Jäger kommen. Sie sahen die Rehe auf der Lichtung stehen und zielten mit ihren Gewehren. Die Rehe stoben in den Wald, Norbert flüchtete sich auf einen hohen Baum und ich holte schnell meine Nerf-Wasserpistole aus dem Rucksack. Ich zielte auf die Gewehre der Jäger und sagte: „Wenn ihr nicht verschwindet, dann schieße ich Wasser in eure Gewehre und dann sind sie kaputt!"

Die Jäger lachten mich erst aus, doch dann schoss ich in eines der Gewehre und sie hörten auf zu lachen. „Wenn ihr nicht verschwindet, dann schieße ich in alle Gewehre! Warum jagt ihr die Tiere überhaupt? Sie haben euch doch nichts getan! Sie wollen nur friedlich in ihrem Wald leben!" Der größte der Jäger fragte: „Wieso ihr Wald? Der Wald ist für alle da." – „Ja, schon, wenn alle nach den Gesetzen der Natur miteinander leben. Die Tiere töten nur, um etwas zum Essen zu haben. Ihr schießt zum Spaß herum. Das ist gemein!", rief ich. Nach einer langen Diskussion willigten die Jäger endlich ein, dass sie die Tiere in Ruhe lassen würden. Sie gingen zu ihren Wohnwägen, packten alles zusammen und fuhren aus dem Wald hinaus.

Norbert und die mittlerweile zurückgekehrten Rehe waren sehr froh und bedankten sich bei mir für meine Hilfe. Da es schon Abend war, flog Norbert voraus und ich wanderte ihm zu meinem Zelt hinterher.

Norbert erzählte seiner Familie, was ich für die Tiere im Wald getan hatte und sie bedankten sich ausgiebig.

Ich setzte mich vor mein Zelt und machte erst einmal ein sicheres Feuer. Dann packte ich meine Lebensmittel aus und aß in Ruhe zu Abend. Nobert setzte sich neben mich. Er sah mich nachdenklich an. Dann sagte er: „Weißt du, jetzt bist du auch ein sehr guter Freund von den Tieren im Wald." Wir lachten uns an und dann flog er in sein Nest, um die Nacht bei seiner jetzt wieder sicheren Familie zu verbringen. Ich löschte das Feuer und ging in mein Zelt, um zu schlafen. Ich wusste, ich hatte eine ganze Menge neuer Freunde gefunden, und mit einem fantastischen Gefühl schlief ich ein.

Stefan Spielvogel
Friedrich-Ebert-Grundschule, Klasse 3d

Der Wald der Geheimnisse

Eines Morgens ging ich, der kleine Kobold, den Waldweg entlang, um Pilze zu sammeln. Plötzlich sprang aus der nächsten Ecke ein Wolf. Zum Glück war es nur ein Welpe, der auch gleich wieder verschwand. Ich machte weiter mit der Pilzsuche. Als ich genügend gesammelt hatte für mein Essen, marschierte ich nach Hause und kochte ein leckeres Pilzgericht. Es war so fein, dass ich alles aufaß und mich nochmal auf den Weg machte, um Pilze zu sammeln. Wieder hatte ich Glück und fand eine Stelle mit vielen Pilzen. Auf dem Weg zu meiner Hütte stolperte ich über einen goldenen Pilz. An ihm klebte ein Zettel: „Heute Nacht erwartet dich was!", las ich und ließ erst mal vor lauter Schreck alles fallen. Ob die Nachricht an mich gerichtet war? Von wem war sie überhaupt? Ich hob die Pilze wieder auf, nahm den goldenen Pilz mit der Nachricht darauf ebenso an mich und ging wieder zu meiner Hütte. Dort kochte ich mir eine Pilzsuppe für den nächsten Tag. Müde vom vielen Arbeiten legte ich mich in mein Bett, als es plötzlich an meine Tür klopfte. Schlaftrunken taumelte ich zur Tür und öffnete sie. Davor stand der kleine Welpe und schaute mich mit seinen großen Augen an. Aber wie kann ein Welpe denn an meine Tür klopfen? Auch egal, ich ließ den Kleinen rein, gab ihm Wasser und einen Teller von meiner Pilzsuppe. Nachdem der Welpe satt war, legte ich mich wieder ins Bett, der Kleine kuschelte sich davor und wir schliefen bald ein. Am nächsten Tag wachte ich auf – der Welpe war weg. Ich suchte ihn überall und fand ihn schließlich in meiner Küche. Er winselte vor sich hin und schaute mich traurig an. Er wurde immer schwächer. Ich trug ihn in mein Bett und ging hinaus, um frisches Wasser zu holen. Als ich zurückkam, war der Welpe tot. Ich weinte vor Kummer, grub ihm ein Grab und legte ihn hinein. „Hier, das war dein letztes Essen!" Ich warf den goldenen Pilz ins Grab. Plötzlich glühte der kleine Körper hell auf, der Welpe japste und sprang quicklebendig aus der Grube. Fortan hatte ich einen Freund – der Welpe wurde mein Haustier und wir verbrachten viele schöne Stunden miteinander. Der goldene Pilz bekam einen Ehrenplatz!

Tamara Rizvani
Goethe-Mittelschule, Klasse 6c

Die gefährliche Suche nach meinem Kuscheltier Lissiloa

Hallo, ich heiße Luisa, bin neun Jahre alt und erzähle euch von meiner gefährlichen Suche nach meinem Kuscheltier Lissiloa.
Es war vor wenigen Tagen, als ich sehr aufgeregt war. Ich wollte zu meinem Planeten Opekigo fliegen, weil ich auf meiner letzten Reise dorthin mein Kuscheltier Lissiloa, ein kleines süßes Kätzchen, verloren hatte und es unbedingt wiederfinden wollte. Es kann sogar sprechen und fliegen. Meine Freundin Laura half mir Lissiloa zu suchen und übernachtete deshalb bei mir. So konnten wir zusammen starten. Meine Eltern wussten natürlich nicht, was wir für ein gefährliches Abenteuer vorhatten. Es war schon spät geworden und meine Eltern schickten uns ins Bett. Das wollten wir auch, denn jetzt konnte es losgehen. Wir schlossen unsere Augen, dachten fest an meinen Planeten und plötzlich landeten wir auf ihm. Als wir unsere Augen öffneten, staunten wir nicht schlecht, denn alles war warm und voller Blumen. Nun hatten wir Hunger. Ich kannte aber glücklicherweise eine Familie, in der ich immer willkommen war. Ich wusste nicht genau, wo sie wohnte, hatte mir aber bei meiner vorletzten Reise zu Opekigo die

Farbe gemerkt, in der die Familie immer angezogen war. Die Farbe war pink. Also musste sie auch in einem pinken Haus leben, denn ich hatte herausgefunden, dass Familien immer in derselben Farbe angezogen sind, die auch ihr Haus hat. Also machten wir uns auf die Suche nach einem pinken Haus. „Da, da vorne ist das pinke Haus!", rief ich Laura zu und wir rannten so schnell wie möglich hin. Die Familie begrüßte uns schon von Weitem: „Hallo Luisa, wir haben uns aber lange nicht mehr gesehen." Wir antworteten: „Wir wollten fragen, ob wir uns bei euch stärken können, denn uns knurrt der Magen vor Hunger." Sobald wir dies ausgesprochen hatten, schoben sie uns schon an den köstlich gedeckten Tisch. Lecker, uns lief das Wasser im Mund zusammen! Als wir gegessen hatten, machten wir uns auf den Weg. Wir suchten Lissiloa an jedem kleinsten Fleck, jedoch vergebens. Als wir fast aufgeben wollten, schrie meine Freundin Laura plötzlich: „Schau, da, schnell, komm her, dort unten in der Schlucht liegt Lissiloa." Mein Herz raste vor Glück und ein warmes Gefühl breitete sich in mir aus. Aber wie kommen wir in die Schlucht? Wir überlegten fieberhaft. Da hatte Laura eine geniale Idee: „Wir können das Seil, das ich dabei habe, um einen Baumstamm knoten und daran herunterklettern." Das machten wir auch. Nun ließen wir uns langsam an dem Seil hinunter. Ich zitterte am ganzen Körper, denn es war sehr gefährlich. Aber für Lissiloa riskierte ich alles. Als wir bei der Hälfte waren, brach plötzlich der Baumstamm auseinander. Wir flogen in schneller Geschwindigkeit dem Abgrund entgegen! Dann schlugen wir auf den Boden auf. Das tat sehr weh. Jetzt saßen wir auch noch in der Patsche. Wie sollten wir wieder nach oben kommen? Tränen tropften mir über das Gesicht, denn die Situation war aussichtslos. Ich war sehr traurig und dachte an Lissiloa. Als ich mich umdrehte, sah ich plötzlich, dass sie hinter mir lag. Ich gab ihr das Brot, das ich heimlich von der Familie vom Tisch genommen hatte. Lissiloa ließ es sich schmecken. „Aber wie kommen wir jetzt hoch?", fragte Laura. Wir versuchten an der Wand hochzuklettern, rutschten aber immer wieder ab. Da hatte Lissiloa eine Idee: „Ich fliege hoch, binde das Seil um einen anderen Baumstamm und ihr zieht euch daran hoch. Das war die rettende Idee. Lissiloa flog hoch und band das Seil an einem Baumstamm fest. Ich kletterte daran hoch und Laura hinter mir her. Das war gar nicht so einfach, denn unsere Kraft ging langsam zu Ende und das Seil tat an den Händen weh. Als wir fast oben waren, geschah es. Das Seil riss! In letzter Sekunde konnte ich mich aber gerade noch mit meinen Händen am Felsen festhalten und Laura packte schnell noch meine Füße. Mit aller Kraft zog ich uns hoch. Das war extrem anstrengend. Nach diesem gefährlichen Klettern kamen wir völlig erschöpft oben an. Mir tropfte der Schweiß von der Stirn. Wir waren sehr müde und beschlossen, sofort nach Hause zu fliegen. Ich nahm Lissiloa in meinen Arm, wir schlossen unsere Augen und dachten fest an zu Hause. Als wir die Augen aufschlugen, lagen wir in unseren Betten und Lissiloa fest in meinem Arm. Jetzt konnte ich wieder gut einschlafen. GUTE NACHT!

Luisa Hüber
Friedrich-Ebert-Grundschule, Klasse 4a

Juri Pinguin

Vor langer, langer Zeit lebte ein kleiner Drache namens Juri. Wie jeder andere Drache hatte Juri Flügel, aber im Gegensatz zu ihnen konnte Juri nicht fliegen. Darum nannten ihn alle Drachen Juri Pinguin. Juri machte das meistens nichts aus, nur wenn er die anderen Drachenkinder mit Freude fliegen sah, wünschte er sich, auch fliegen zu können. Eines Tages spielte Juri am Meer. Er beugte sich weit nach vorne und – plumps – fiel er ins Wasser. Die Strömung spülte Juri weit hinaus auf das Meer. Juri paddelte kräftig mit seinen kleinen Armen, um nicht zu ertrinken. Doch dann merkte er, dass er keine Kraft mehr hatte, und da schlug Juri wild mit den Flügeln. Plötzlich erhob er sich in die Luft und der kleine Drache rief: „Ich kann fliegen!" Da kamen alle Drachen zum Strand und Juri bekam eine Auszeichnung als bester Flugdrache der Insel.

Judith Zaus
Franz-von Assisi-Schule, Klasse 3 blau

Zeitsprung

Wie langweilig! Mein bester Freund war bei uns und wir wussten nicht, was wir tun sollten. Plötzlich hatte ich eine Idee. Ich zog Giona am Ärmel und brachte ihn in den Keller. „Was tust du denn?", fragte er. Ich sagte nur: „Warte es ab!" Ich lief zu einer Kiste. Darauf stand: ZEITREISE-KISTE.
Giona fragte: „Was zum Henker ist das?" – „Eine Zeitmaschine", flüsterte ich. Ich gab das Jahr 2030 n. Chr. in das Display ein, drückte den Knopf und – wusch – wir waren im Jahre 2030 auf demselben Platz. Der Keller sah atemberaubend aus. So viel Technik! Auf einem Tisch sahen wir Röntgenbrillen. Und – welch ein Wunder – sie funktionierten sogar! Wir setzten sie auf und sahen durch das Haus hindurch ein riesiges Feuerwerk! Das war ein toller Anblick. Auf einmal hörten wir laute Geräusche. Schnell riss ich beide Röntgenbrillen von den Köpfen und legte sie auf den Tisch zurück. Ich drehte mich um und tippte in die Zeitmaschine

2014 n. Chr. ein. Dann drückte ich den Auslöser-Knopf und – schwupps – waren wir zurück in meinem Haus. Als wir wieder oben waren, fragte meine Mutter: „Ist euch langweilig?" – „Och, nur ein bisschen", antwortete Giona. Doch insgeheim mussten wir lächeln und dachten: „Morgen testen wir das Jahr 2050. Es wird sicher fantastisch!"

Anton Krüger
Fröbel-Grundschule, Klasse 4a

Der kleine Prinz Kratos

Vor langer, langer Zeit lebte ein kleiner Prinz namens Kratos auf einer sehr großen Burg. Sein Vater war König Gandalf, der König von Sauron. Der kleine Prinz wollte schon immer wie sein Vater sein. Seine Mutter Elisibit sagte immer zum kleinen Prinz Kratos: „Wenn dein Vater Gandalf stirbt, wirst du, Kratos, der König von Sauron." Wenn der kleine Prinz das hörte, wollte er schon gleich König von Sauron sein. Aber sein Vater sagte: „Wenn du der König von Sauron sein willst, musst du schon kräftig sein. Deswegen muss ich mit dir dafür sehr viel trainieren."

Eines Tages ging der kleine Prinz mit seinem Vater Gandalf in den Wald. Sie gingen zum Wald, um weiter zu trainieren, damit der kleine Prinz kräftiger wurde. Nach einer Weile wurde es dunkel und es fing an zu regnen und zu donnern. König Gandalf sagte zu seinem Sohn: „Kratos, komm, gehen wir zurück in die Burg." Doch was sah König Gandalf: Kratos war nicht da! König Gandalf bekam Angst. Er dachte, Kratos wurde entführt von seinem größten Feind Gradelios, dem Herrscher der Nacht. Gradelios und Gandalf waren Brüder, aber dann, als ihr Vater kurz vorm Sterben war, gab er Gandalf sein ganzes Königreich und Gradelios wurde zum Ritter von Sauron. Gradelios aber wollte König werden und Gandalf gefiel das gar nicht. Deswegen haben sie ausgemacht, wenn Gradelios gewinnt, wird er König von Sauron und Gandalf muss Sauron verlassen. Weil Gandalf aber gewonnen hat, blieb er der König von Sauron und Gradelios durfte sich nie wieder dort blicken lassen. Nach dem Kampf wurde Gradelios aus der Burg geworfen. Er wurde sauer, die Macht der Dunkelheit kam in ihn und er wurde seit dem Tag nie wieder gesehen. Das Einzige, was man noch über Gradelios wusste, war, dass er eine mächtige Burg im Wald hatte.

Teil 2

Der kleine Prinz Kratos hatte Angst, weil er seinen Vater nicht fand, deswegen rannte er so schnell er konnte. Aber was geschah? Gradelios stand plötzlich vor ihm in voller Pracht. Gradelios erkannte Kratos auf den ersten

Blick: Die Augen, die Haare, einfach alles erinnerte an seinen Vater. Gradelios konnte Kratos nicht einfach festnehmen, weil er ja noch ein Kind war. Aber er konnte ihn entführen und einen Mann schicken, der dann König Gandalf sagte, dass sein kleiner Sohn Kratos von seinem geliebten Bruder entführt wurde. Kratos dachte, dass nun seine letzte Stunde geschlagen hat. Gradelios aber tötete seinen Neffen nicht, er ließ ihn auch nicht leiden – nein, er spielte mit ihm, trainierte ihn und so weiter. Kratos dachte er wird sterben, aber stattdessen hatte er Spaß mit seinem Onkel, den er noch nie in seinem Leben gesehen hatte.

Am nächsten Tag schickte Gradelios einen Mann zu König Gandalf, der berichtete, dass Kratos bei Gradelios sei und dass der König zur Burg im Wald kommen müsse, wenn er seinen Sohn sehen wolle. Gandalf wusste, dass sein Bruder Gradelios Kratos entführt hatte, aber für ihn war nur sein Sohn Kratos wichtig.

Gandalf war auf dem Weg zu der Burg von seinem Bruder. Als er vor dem Tor ankam, waren keine einzigen Wächter da. „Komisch", dachte sich Gandalf, aber genau, als er das dachte, ging schon das Tor auf. Er hatte seinen ganzen Mut zusammen genommen und ritt los durch das Tor. Kratos hatte gehört, dass sein Onkel Gradelios seinen Vater Gandalf töten wollte. Er hatte einen Plan, wie sein Vater nicht sterben würde. Er ging aus seinem Zimmer und rannte zu seinem Vater. Als sie gerade gehen wollten, kam Gradelios. Aber Kratos hatte ihn gesehen, nahm den Bogen von seinem Vater und schoss auf Gradelios. Er war tot und seine Leiche verschwand in der Dunkelheit. Und seitdem leben alle friedlich.

Mehmet Sancak
Albert-Einstein-Mittelschule, Klasse 6aGT

Das wäre fantastisch

Das wäre fantastisch:
Demokratie für alle
weniger leidende Menschen auf der Erde
keine Gentechnik
dass Völker sich vertragen
Lösung der Ukrainekrise
wenn das Charlie-Hebdo-Attentat nie passiert wäre
keine Flugzeugabstürze
kein Terrorismus
kein Rechtsextremismus
wenn Ebola besiegt werden würde

wenn die Klimaerwärmung gestoppt werden würde
wenn man die Eisbären retten könnte
Frieden
kein Hunger auf der Welt
keine Abholzung der Urwälder
Abschaltung aller Atomkraftwerke
keine Fremdenfeindlichkeit
Meinungs- und Pressefreiheit, auch für Chinesen und Nordkoreaner
Freude am Leben
wenn die Deutschen immer die WM gewinnen würden
keine Drogen
eine Welt ohne Gewalt und Verbrechen
wenn die Menschen in 100 Jahren noch die Wunder der Erde bewundern könnten

Nils Schupp
Maria-Theresia-Gymnasium, Klasse 9b

Eine eisige Begegnung

Vor langer, langer Zeit machte der 10-jährige Tim mit seiner kleinen Schwester Anja einen Spaziergang durch den Eiswald. Er wurde Eiswald genannt, weil die böse Hexe Xadis das Land in früherer Zeit so verhext hatte, dass jetzt alles aus Eis bestand. Die Häuser, die Bäume, ja sogar die Wolken. So gingen die Geschwister nichtsahnend durch den Eiswald. Plötzlich hörten sie ein lautes Grollen. Es war das Schnarchen eines Eisdrachen. Neugierig folgten sie dem unheilvollen Geräusch. Es führte sie immer tiefer in den Wald hinein, bis sie ein prächtiges Schloss erblickten. Auf diesem schlief ein großer Eisdrache. „Von ihm kommt wohl das Schnarchen", meinte Anja. Auf einmal öffneten sich die Tore des Schlosses. Daraufhin betraten die Geschwister das Innere des Gebäudes. Langsam stiegen sie die knarzenden Treppen hinauf. Oben, auf einer Erhöhung, thronte die Eiskönigin Xadis. Die Kinder erschraken heftig, da man schon an ihrem Aussehen merkte, dass sie durch und durch böse war. Als die Königin die Eindringlinge bemerkte, sagte sie mit grollender Stimme: „Verlasst sofort mein Schloss oder ihr werdet als meine Sklaven enden!" Tim und Anja waren aber so verschreckt, dass sie sich im ersten Moment nicht von der Stelle rühren konnten. Das passte Xadis nicht und so stieß sie einen grellen Pfiff aus. Wie aus dem Nichts erschien plötzlich ein Schneemonster. Diese Kreaturen waren mehr als alles andere im Land gefürchtet. Die Geschwister lösten sich aus ihrer Starre und rannten. Sie rannten um ihr Leben. Sie flohen aus dem Schloss. Doch das Untier war gnadenlos. Es verfolgte die beiden immer weiter. Das Schneemonster war dreimal größer als ein Eisdrache. Und die sind schon lebensgefährlich. Es hatte Krallen, die länger als Anjas Arm waren. Zähne so groß wie Tims Kopf. Das jagte den Kindern einen so großen Schrecken ein, dass sie schneller denn je rannten. Schließlich gelangten sie in den Wald. „Tim! Ich kann nicht mehr!", rief Anja verzweifelt. „Halte durch!", schrie Tim seiner kleinen Schwester durch das wütende Grollen des Monsters zu. Es war ihnen dicht auf den Fersen. „Ich muss mir schnell was einfallen lassen, sonst sind wir verloren!", dachte Tim sich verängstigt. Da hatte er eine Idee. Er gab Anja ein Zeichen. Daraufhin zählte er laut bis drei. Dann lief Anja nach links und Tim nach rechts. Das Schneemonster war verwirrt und wusste nicht, wem es nun folgen sollte, sodass es dann prompt gegen einen dicken Baum lief und zu Boden sank. „Wir haben es geschafft!", rief Tim seiner Schwester zu. Sie fielen sich in die Arme und waren einfach nur glücklich, dass dem anderen nichts passiert war. Leise schlichen sie an dem Schneemonster am Boden vorbei und liefen schnell nach Hause. Die Geschwister beschlossen, dass das Abenteuer mit Xadis und dem Schneemonster ein Geheimnis bleiben sollte. Zuhause angekommen, schmiedeten die Kinder bereits neue Pläne, wie sie Xadis irgendwann einmal besiegen würden …

Deniz Can Yildiz
Friedrich-Ebert-Grundschule, Klasse 4c

Die Rosenwächter

Es war finster und still in dieser Nacht. Zwei Leute schritten in verdreckten, schwarzen Umhängen durch die Straßen. Sie hatten nur ein Ziel: Die Menschen vor dem bald brechenden Damm zu warnen. Doch niemand nahm sie ernst. Als sie schon fast aufgegeben hatten, sahen sie das letzte Haus. Es verbreitete gelbes, gemütliches Licht. Vorsichtig klopften der Mann und die Frau an die Tür. Eine alte Dame öffnete ihnen. Sie musterte die Fremden, bat sie aber dann freundlich herein. Die beiden nahmen dankend an und nachdem sie sich aufgewärmt hatten, berichteten sie: „Der Damm wird noch heute Morgen brechen. Ihr solltet möglichst schnell euer Zeug packen und mit uns auf den höchsten Berg flüchten." Anneliese, die die Fremden hereingelassen hatte, sah ihren Mann Jonathan, der gerade in der Küche erschienen war, fragend an. Er nikte ihr zu und sie verließ das Zimmer. „Wir vertrauen euch! Und obwohl wir vermutlich nicht mehr lange zu leben haben, kommen wir mit euch", beteuerte er und kurz darauf konnten alle vier aufbrechen. Die Fremden, die sich als Diana und Paul vorgestellt hatten, trugen das Gepäck und die beiden Alten liefen mit knorrigen Wanderstöcken hinterher. Sie gingen vorbei an vielen plätschernden Bächen und kämpften sich langsam den steilen Berg hinauf. Als sie endlich an einer kleinen, unscheinbaren Hütte am Gipfel des Berges angelangt waren, waren sie am Ende ihrer Kräfte. Erschöpft ließen Anneliese und Jonathan sich auf einer Holzbank nieder, während Diana und Paul das Häuschen betraten. Anneliese ließ schnaufend den Kopf in ihre Hände sinken und Jonathan betrachtete den Sonnenaufgang. Auf einmal durchschnitt ein grelles Licht die Dämmerung, das direkt aus der Hütte zu kommen schien. Sie blickten durch das kleine, zersplitterte Fenster, um nach Diana und Paul zu sehen, doch dort standen ganz andere Personen: eine Frau mit langen, braunen, lockigen Haaren, einer weißen griechischen Toga, einem Bogen über der Schulter und einem Köcher mit Pfeilen auf dem Rücken. Neben ihr stand ein Mann mit leuchtenden, grünen Augen, schwarzen Haaren und einer dunkelblauen Toga. Verwirrt betrachtete Anneliese die beiden und sie und ihr Mann machten ängstlich einen Schritt zurück. „W…, wer seid ihr?", stotterte Jonathan. Mit einem freundlichen Lächeln antwortete die Frau: „Ich bin die Göttin der Jagd und des Mondes, Artemis und das ist der Gott der Meere, der Erdbeben und der Pferde, Poseidon." Anneliese und Jonathan klappte der Mund auf und sie wollten sich vor den Göttern verbeugen, doch da sagte Poseidon: „Ihr müsst euch nicht verbeugen. Ihr wart die Einzigen, die uns vertraut haben, deshalb schenken wir euch auch unser Vertrauen. Ihr habt euch eine Belohnung verdient. Zum einen dürft ihr diesen Tempel hier …" Plötzlich erstrahlte die Hütte in demselben Licht wie zuvor schon Paul und Diana, die beim Verschwinden des Lichts zu Poseidon und Artemis geworden waren. Das Licht erlosch so schnell wie es erschienen war und anstatt der schäbigen Holzhütte standen sie nun vor einem prachtvollen, griechischen Tempel. „Also ihr dürft diesen Tempel hier bis ans Ende eurer Tage bewachen und zum andern habt ihr einen Wunsch frei. Nehmt ihr dieses Angebot an? Wollt ihr zu Wächtern in diesem Tempel werden?" Diesmal sah Jonathan Anneliese fragend an und sie nickte ebenfalls. „Natürlich nehmen wir dieses Angebot gerne an und einen Wunsch wissen wir auch schon. Wir wünschen uns, dass wir zusammen sterben, damit keiner vor dem Grab des anderen stehen muss, und wir wollen auch nach dem Tod noch zusammen bleiben." – „Ein echter Wunsch unter Liebenden", meinte Poseidon und schmunzelte das Paar glücklich an. „Euer Wunsch wird erfüllt!", versicherte er ihnen und schnippte mit dem Finger. Wieder flammte das Licht auf und Anneliese und Jonathan waren allein. Aus der Ferne konnte man Geschrei hören. Anscheinend war der Damm gebrochen. Jonathan wollte an den Rand des Berges laufen, doch seine Frau hielt ihn zurück. Sie sagte etwas von wegen Job beginnen, doch dann ließ sie sich müde vor den Treppenstufen des Tempels nieder und Jonathan setzte sich zu ihr. Sie sahen sich an und plötzlich sah Jonathan, wie sich seine Frau in Rosenblüten auflöste. Sie sagten gleichzeitig: „Vielen Dank für die schöne Zeit mit dir!" Dann verschwand auch er in einem Meer aus Blüten. Wie von Zauberhand begannen sich Rosenranken am Tempel empor zu schlängeln. Die weißen für Anneliese und die gelben für Jonathan. Und durch ihren Wunsch bewachen Anneliese und Jonathan mit den Dornen der Rosen, dicht ineinander verschlungen, auch nach vielen Jahren noch zusammen den Tempel der Götter.

Anna-Lena Müller, Leonie Scherer und Lena Köber
Rudolf-Diesel-Gymnasium, Klasse 6d

Im Wald erwachen Schatten

Oh schaurig ist's im tiefen Walde,
wenn es dunkel wird schon balde,
schwarze Schatten am Himmel krächzen
und im Wind die Bäume ächzen.
Das Mädchen läuft mit raschem Lauf
und hört nicht mehr zu zittern auf;
oh, die Angst ist groß!
Sie kommt an eine tosende Quelle
mit Schaumkronen auf jeder Welle,
wo das eisige Wasser faucht
und daraus eine weiße Gestalt auftaucht.
Die Erscheinung wir immer greller,
die Füße bewegen sich schneller,
bis sie das Tosen nicht mehr hört.
Der Wind heult auf an diesem Ort
und wirbelt die Blätter von den Bäumen fort;
das Laub tanzt im Wind herum,
formt sich zu düsteren Monstern um,
die beginnen sie zu jagen.
Da fängt sie an zu klagen:
„O je, bald haben sie mich!"

Der Waldsaum ist schon in Sicht,
doch bis dorthin kommt sie noch nicht;
ein Stein stoppt ihren Lauf,
sie fällt und schlägt auf dem Boden auf.
Verängstigt dreht sie sich nach hinten,
doch keine Monster sind zu finden.
Erleichtert erblickt sie die Lichter der Stadt.

Alexandra Eisenbeil
Jakob-Fugger-Gymnasium, Klasse 7b

Fantastisch

Das ist fantastisch,
richtig bombastisch.
Es raubt mir den Atem.
Ich kann nicht mehr schlafen.
Irgendwie seltsam ...
Sicher, dass man das so nennen kann?
Natürlich, wie denn sonst,
schließlich sagt man das nicht umsonst.
Das Wort beschreibt das Allerschönste,
doch leider gibt es auch das Böse.
Doch ist das nicht fantastisch,
dass man selbst im traurigsten Moment die Tränen wegwischt?
Wir wollen wieder anfangen zu lachen
und das Schlechte hinter uns lassen.
Denn wir wollen, dass uns etwas den Atem
und zugleich den Schlaf raubt.

Karen Betty Kuntze
Jakob-Fugger-Gymnasium, Klasse 6b

Eigentlich fällt mir nichts ein zu fantastisch...

Eigentlich fällt mir nichts ein zu fantastisch. Aber wenn man wissen will, was fantastisch sein soll und wo man Dinge auf diese Beschreibung hin finden könnte, würde ich sagen, dass fantastische Sachen oder einfach nur Fantastisches überall im Alltag und in deinem ganzen Leben zu finden sind. Sie haben vielleicht nicht unbedingt etwas mit Magie zu tun, aber man möchte sagen, diese Dinge sind trotzdem fantastisch. Ich

möchte mal ein paar der (meiner Meinung nach) fantastischsten Dinge auflisten, die mir in meinem bisherigen Leben begegnet sind:
An dritter Stelle steht für mich die Liebe meiner Katze, die sie für mich empfindet. Sie zeigt sie mir, indem sie mich immer meckernd (hier möchte ich bemerken, dass das Meckern bedeutet, dass sie entrüstet ist, dass ich gegangen bin und ich sie quasi einfach so zurückgelassen habe) empfängt, oder mit mir schmusen möchte. Oder wenn ich morgens aufstehe, springt sie auf mein Bett und möchte gestreichelt werden.
An zweiter Stelle steht meine Familie. Und die familiäre Gemeinschaft, die uns alle verbindet. Der Rest erklärt sich, denke ich, von selbst. Wenn nicht, dann, naja, dazu fällt mir nichts ein.
Uuuund jetzt … kommt meine persönliche „Nummer eins": das Leben selbst. Ich meine, ohne das Leben würdest du überhaupt keines von diesen Dingen erleben. Man würde auch nie Liebe oder Trauer oder derartige Gefühle kennenlernen. Man könnte nie erfahren, was Spaß ist. Man würde auch nie sein Leben genießen können und man würde auch nie Freundschaften schließen können. Und man würde einen Freund nie schätzen lernen oder den Wert einer Freundschaft kennenlernen können.

Alina Dossena
Rudolf-Diesel-Gymnasium, Klasse 8a

Pravo und ich

Pravo und ich sind Geschwister. Eigentlich ist Streiten ja unser Hobby, aber unsere Mutter meinte, es sei nicht schön, sich zu streiten. Jetzt fragt ihr euch sicher, worüber wir uns streiten. Nun, das ist verschieden. Einmal ging es um einen Radiergummi und ein anderes Mal um einen Kaugummi. Unsere Mutter fand dann immer ganz praktische Lösungen: „Wir sollten die Sachen einfach teilen. Diese Idee gefiel uns zwar gar nicht, aber an sich ließ es sich gut machen. Ich und Pravo besaßen etwas, was sonst niemand hatte, nämlich Drachen. Pravo hatte ein Weibchen und ich ein Männchen. Eines Tages bekam das Weibchen ein Drachenbaby. Jetzt ging der Streit schon wieder los: Wem sollte das Kind gehören? Pravo sagte: „Mein Drache ist die Mutter, also gehört es MIR!" Ich entgegnete: „Mein Drache ist der Vater, also gehört es MIR!" Da kam unsere Mutter und sagte: „Diesmal ist es wirklich ein Grund zum Streiten. Denn ein Drachenbaby kann man nicht teilen!" Pravo meinte: „Wo unsere Mutter recht hat, hat sie recht! Aber trotzdem müssen wir eine Lösung finden." Da schimpfte unsere Mutter: „Sagt mal, habt ihr denn keine Sorgen? Wo ist denn überhaupt das Drachenbaby?" Ich sagte verwundert: „Gerade war es doch noch hier …" In diesem Moment ertönte ein böses Lachen. Unsere Mutter schrie: „Der böse Zauberer Bazillo hat es sich geschnappt! Wir müssen es befreien!" Auf dem Weg dorthin fragte Pravo: „Was will er denn mit MEINEM Drachenbaby machen?" Ich antwortete genervt: „Er will daraus ein Gift herstellen – und übrigens ist es MEINS!" Weiter konnte er nicht reden, denn da sahen sie schon Bazillo mit einem riesigen Kochtopf und dem Drachenbaby unterm Arm. Da brüllten wir: „Was machst du mit UNSEREM Drachenbaby?!" Vor Schreck ließ Bazillo es los und rannte weg. Das Drachenbaby sauste sofort zu seinen Eltern zurück. Auf dem Rückweg erklärte unsere Mutter: „Na endlich habt ihr es verstanden: Es gehört euch beiden." Und wie es jetzt weitergeht, bleibt euch überlassen.

Felicitas Schmölz und Florian Pischel
Fröbel-Grundschule, Klasse 4c

Unglaublich

Es gab einmal einen Drachen,
der zerstörte alle Wachen.
Auch Prinzen und Ritter
ging es dabei bitter.
Eine Prinzessin kam ins Land
und gab dem Drachen ihre Hand.
Am Ende der Geschichte hier
war der Drache ein liebes Tier.

Darius Leonte
Grundschule Firnhaberau, Klasse 4a

Elfenliebe

Vor langer Zeit, als noch Elfen, Zwerge und Drachen lebten und Menschen nur in vereinzelten Gruppen durch die Lande zogen, kam es zu einer verwunderlichen Begebenheit. Und so geschah es:
In einer kleinen Elfenstadt namens Gilera lebte ein Elf. Er war wie alle anderen Elfen stets gut gelaunt und munter. Er zog durch die Straßen und da sah er sie, eine wunderschöne Elfe. Sie hatte braunes, langes Haar, das von einem Stirnband zusammengehalten wurde und bezaubernde grüne Augen. Ihre Lippen waren kirschrot und ihre Haut war blass und seidig. Letzteres ist bei jeder Elfe so, denn sie alterten äußerlich nicht und starben keinen natürlichen Tod, nur ihre Weisheit wuchs mit ihrem Alter. Als der Elf

mit dem Namen Lindir sie also sah, war er so verzückt, dass er nicht anders konnte als zu ihr zu gehen und sie anzusprechen. „Guten Tag", begrüßte er sie. „Mein Name ist Lindir und wie heißt du?" – „Seralda", antwortete sie. „Das ist ein wunderschöner Name, er passt perfekt zu dir", meinte Lindir und sie setzten sich auf den Boden und unterhielten sich. Sie wurden gute Freunde und trafen sich wenn möglich jeden Tag. Lindir verliebte sich langsam in Seralda und hatte vor, ihr seine Gefühle zu gestehen. Er hoffte sehr, dass sie seine Gefühle erwiderte. An einem sonnigen Nachmittag gingen sie in den Wald. „Seralda", fing er an, „du bist so schön wie eine Rose, du bist stets freundlich und ich verbringe sehr gerne Zeit mit dir." Sie sah ihn mit ihren grünen Augen an und er kam auf sie zu und strich ihr eine Haarsträhne hinter ihre spitzen Ohren. „Was ich eigentlich sagen will … ich liebe dich", hauchte er. „Lindir … es … es tut mir so leid, aber … aber meine Gefühle für dich sind nur von freundschaftlicher Natur", stotterte sie und eine Träne lief ihr über die Wange. Sie rannte zurück in die Stadt und ließ Lindir wie einen Haufen Elend stehen. Für Lindir war es wie ein Tritt in die Magengrube. Die Welt war für ihn untergegangen. In seiner Trauer sprach er die Worte „Saruta intona agraru Dracha!" und verwandelte sich in einen großen roten Drachen mit goldenen Zacken auf dem Rücken. Er lebte 20 Jahre in der Wildnis und erkundete die Landschaft, aber er kam nie über seine Trauer um Seralda hinweg. Eines Abends kam Serlada in den Wald. Sie sah den großen Drachen, der gerade zwischen den Bäumen herumtollte und ihre Augen weiteten sich. Langsam näherte sie sich ihm und sagte: „Hallo, ehrenwerter Drache, wie ist dein Name?" – „Aralon", schwindelte er. Er wollte nicht, dass sie erkannte, wer er war. Seralda und er führten lange Gespräche, als sie ihn des Öfteren besuchte. Seralda entwickelte Gefühle für den ehrenhaften Drachen. Sie hatte ja vor 20 Jahren ihren besten Freund verloren und war froh über die neue Gesellschaft. Lindir bemerkte, dass Seralda ihn als Drache sehr mochte. Aber er sah auch tiefe Trauer in ihren Augen. Er dachte lange Zeit darüber nach, wieso sie so traurig war und bald, so meinte er, hatte er eine Lösung gefunden. Als sie ihn nach längerer Zeit wieder besuchte, sprach er: „Seralda, du kanntest einen Lindir, er liebte dich sehr und …" Er flüsterte den Zauber, der ihn zurückverwandeln sollte. „Dieser Lindir bin ich." Sie sah ihn aus erschrockenen Augen an. Da stand er, ein hochgewachsener, muskulöser Elf mit schulterlangem schwarzem Haar. Seine schimmernden dunkelblauen Augen ruhten auf ihr. Eine Welle von Glückseligkeit durchlief ihren Körper. Er stand stumm da, als er ihren Blick bemerkte. Ihr Blick war so intensiv und er sah darin nur eines: Liebe. Langsam schritt er auf Seralda zu. Als er vor ihr stand, sah er tief in ihre Augen, nahm ihr Gesicht in seine

Hand und küsste sie. Ein warmes Gefühl durchströmte ihn. Er konnte sich denken, dass es Seralda genauso ging. Als er sie wieder los ließ, hauchte er: „Das wollte ich schon lange tun." – „Ich liebe dich", flüsterte sie. „Und ich liebe dich schon seit über 20 Jahren." Er lächelte und drückte sie fest an sich. Sie gingen in Richtung Stadt und trafen pünktlich zum Sonnenuntergang ein. Glücklich und zufrieden lebten sie bis an ihr Lebensende, falls das überhaupt jemals eintraf.

Denise Stelzer
Realschule Maria Stern, Klasse 8b

Dein Lachen im Wind

1

Er kickte den kleinen Stein weg und schaute wütend auf die weiße Landschaft, die ihn umgab. Anstatt gleich ins Kinderheim zu laufen, wie er es sonst immer tat, lief er in den Wald hinein, so wie immer, wenn er allein sein wollte. In der Schule wurde er wieder gehänselt, weil er keine Eltern mehr hatte. Während des Laufens ging er nochmal das Gespräch mit seiner Lehrerin durch.

„Marcus, du kannst immer zu mir kommen, wenn etwas ist. Ich weiß, es ist schwer, seine Eltern zu verlieren, aber du hast ja Freunde." Die Lehrerin hatte sanft gelächelt und seine Schulter gestreichelt. Marcus hatte nur den Kopf geschüttelt und war aus dem Klassenzimmer gerannt. Er hatte keine wirklichen Freunde. Er war ein sehr ruhiger Mensch und hasste Aufmerksamkeit. Jetzt fing er an zu rennen. Er wollte die Stimmen in seinem Kopf ausschließen. Doch egal wie schnell er rannte, es kamen immer die Stimmen seiner Mitschüler, wie sie ihm vorwarfen, keine Eltern zu haben und ein Nichts zu sein.

Er blieb am Rand des Waldes stehen. Es hatte angefangen zu schneien. Er ging langsam in den Wald hinein, doch dieses Mal fühlte er sich anders dabei. Er stapfte weiter durch den Schnee, der immer dicker wurde und schaute durch den Wald. Er dachte sich, wie es ohne ihn wäre. Die dummen Kinder in seiner Schule würden trotzdem zur Schule gehen und danach mit ihren Freunden spielen. Marcus wollte schon immer mal um die Welt reisen. Wieso also nicht jetzt? Eigentlich sollte er zurück gehen, doch heute hielt ihn irgendetwas davon ab.

Und plötzlich wurde ihm bewusst, dass die Stimmen im Kopf nicht mehr redeten. Doch er hörte etwas anderes. Ein kleines, leises Lachen. Von einem Mädchen. Er drehte sich um, sah aber niemanden. Marcus wurde nervös und fuhr mit einer Hand durch seine schwarzen Locken. Er lief ein bisschen schneller, was ihm mit seinen langen, dünnen Beinen nicht schwerfiel, doch er wollte noch nicht zurück. Irgendetwas war heute, dass er einfach noch nicht zurück wollte.

Das liebliche Lachen wurde immer lauter und Marcus dachte schon, er sei total verrückt geworden, als er einen leichten Lufthauch spürte. „Hallo?", fragte er möglichst dümmlich. Er klatschte seine Hand gegen die Stirn. Als ob jemand hier wäre!

Doch auf einmal hatte er nicht mehr das Gefühl, als ob ihn etwas oder jemand hier aufhalten wollte. Deshalb beschloss er, wieder nach Hause zu gehen. Auf dem Weg schaute er sich immer wieder um, um sich zu vergewissern, dass ihm niemand folgte.

2

Nathalie wartete schon vor dem Tor, als Marcus das Kinderheim erreichte. Ihr Gesicht war vor Sorge ganz verzogen. „Mensch, wo warst du denn?", fragte sie Marcus, als der langsam näher kam. „Wie lange war ich denn weg?", fragte sich Marcus und schaute seine Betreuerin nur an. „Es ist sechs Uhr abends. Komm, es gibt Essen." Sie lächelte und für einen kurzen Moment sah sie sehr jung aus, obwohl sie schon älter war.

Als er am Esstisch saß, mit anderen Kindern, die er kaum kannte, konnte er nur an das Lachen des Mädchens denken. Sogar im Bett, als alle schon schliefen, schaute er die Decke an und beschloss am nächsten Tag, gleich in der Früh wieder in den Wald zu gehen.

3

Er wachte sehr früh aus einem Albtraum auf. Ehrlich gesagt war es ein schöner Traum. In dem Traum fand er seine Eltern wieder. Doch als er aufwachte, erinnerte er sich, dass er ja keine Eltern mehr hatte. Seine Mutter hatte ihn in einem kleinen Körbchen vor die Haustür des Kinderheims gestellt. So hatte man es ihm erzählt. Er hoffte immer noch, dass seine Eltern eines Tages auftauchten und ihn wieder aufnähmen. Doch mit der Zeit hatte er sich damit abgefunden, keine Eltern zu haben. Alle Kinder schliefen noch, also ging er ganz vorsichtig das Stockbett herunter und zog sich an.

Es war Samstag, also durften sie alle länger schlafen.Er schnappte sich einen Apfel, als er auf dem Weg nach draußen war. Nathalie schlief zum Glück auch noch. Also beschloss er, in den Wald zu gehen, um zu schauen, ob er vielleicht das kleine Mädchen wieder lachen hörte.

Er rannte in Windeseile an den Feldern entlang, die mit einem Meer aus weiß bedeckt waren. Er freute sich seit Langem wieder über so etwas Kleines, dass er anfing zu lachen. Es begann zu schneien und Marcus bereute es eine Sekunde, keine Jacke über den Pulli gezogen zu haben, doch es machte ihm eigentlich nichts aus. Denn er wusste, dass ein Mädchen auf ihn wartete.

Er war wieder am Waldrand angelangt und lehnte sich keuchend an einen Baum. Da, plötzlich, hörte er wieder ein kleines Lachen. Und einen Windhauch. Er drehte sich langsam um, und es sahen ihn zwei riesige Augen an.

4

Er öffnete seinen Mund, um loszuschreien, doch es kam kein Ton heraus. Diese Augen – rotleuchtend und sehr groß. Erst dann begann er das Gesicht zu erkennen. Es war kein Gesicht eines Mädchens, ja, nicht einmal das Gesicht eines Menschen. Um die Augen waren Schuppen zu sehen und ziemlich große Nasenlöcher. Marcus konnte nur staunen. Er stand einem Drachen gegenüber. Doch bevor er etwas sagte, setzte sich der zwei Meter große Drache auf den Boden und legte seinen Kopf auf die Vorderpfoten. Der Drache hatte eine tiefrote Farbe und einen langen, geschuppten Schwanz. Die Flügel waren sorgfältig auf seinem Rücken zusammengefaltet und Marcus stellte sich prompt vor, wie es wäre, auf ihm zu fliegen. Doch seine Gedanken wurden unterbrochen. Von einem Mädchenlachen.

Noch bevor er sich umdrehen oder umschauen konnte, woher dieses Lachen kam, stand ihm ein kleines Mädchen im Alter von ungefähr zwölf Jahren gegenüber. Doch es war kein ganz normales Mädchen, es war irgendwie durchsichtig. Und wunderschön. „Wie heißt du?", fragte Marcus und merkte, dass sie tiefblaue Augen hatte, mit schwarzen Locken. Sie schaute ihn nur traurig an, sagte aber nichts. Marcus verstand nicht. Mädchen redeten doch normalerweise sehr viel?

Anstatt das Mädchen noch weiter zu bedrängen, ging er an ihr vorbei zu dem Drachen, der das Szenario verfolgt hatte. Der Drache schaute ebenfalls traurig und schnaubte. Dann schaute er das kleine Engelsmädchen an und schien eine stumme Konversation mit ihr zu haben. Marcus sagte nichts, sondern stand nur da und glaubte, er träume. Er stand vor einem Drachen und einem Geist!

Er kniff sich selber in den Arm, doch außer Schmerz spürte er nichts mehr. Das Engelmädchen, das sich vorhin zum Drachen gewandt hatte, schaute Marcus nun direkt in die Augen. Plötzlich war Marcus woanders. An einem anderen Ort. Doch er wusste, dass dieses kleine Engelsmädchen ihm nur etwas zeigen wollte und er körperlich noch im Wald mit dem Drachen stand.

Er war in einem Dorf, welches sehr mittelalterlich wirkte. Dann sah er Menschen, die ihn nicht beachteten und nur mit gesenkten Köpfen die

Straße enlanggingen. Marcus betrachtete sie etwas näher und sah, dass die Menschen sehr ärmlich gekleidet waren. Eine Frau, die direkt an ihm vorbeilief, hatte ein schreiendes Baby in den Armen. Er schaute sich um. Das Dorf war gehüllt in Eis und Schnee und es sah sehr kalt aus, obwohl Marcus nichts spürte. Dann sah er einen Jungen: blond, schlaksig und am Rennen. Mit einem Brot in der Hand. Er folgte dem Jungen, da er wusste, dass er ihm folgen sollte. Der blonde Junge drehte sich immer wieder um, schaute nervös um sich und rannte dann weiter. Die einigen Male, die er sich umdrehte, merkte Markus, dass der Blonde ungefähr fünfzehn Jahre alt war. Wie er selbst.

Doch dann fiel der Junge auf alle viere und das Brot fiel ihm aus der Hand. Marcus rannte zu ihm hin und wollte das Brot aufheben, um es ihm wiederzugeben, doch seine Hand war durchsichtig und er konnte das Brot einfach nicht packen. Auf einmal bemerkte er einen Schatten hinter sich. Einen großen. Der blonde Junge hatte sich inzwischen wieder aufgerappelt und schaute angsterfüllt durch Marcus hindurch. Marcus trat ein paar Schritte zurück und sah einen großen Mann mit einer krummen Nase und braunen, langen Haaren, die ihm bis auf die Schultern hingen. Der Mann holte etwas Stockartiges aus seiner langen, schwarzen Jacke und richtete es auf den Jungen. „Für den Diebstahl wirst du auf ewig bezahlen!", sagte der Mann mit einem bösen Blick. Doch plötzlich verschwamm alles und Marcus fiel der Länge nach auf den Waldboden.

5

Als Marcus aufwachte, lag er auf dem Boden und schaute direkt in das Gesicht des kleinen Engelsmädchens, welches ziemlich besorgt aussah. Er stand langsam auf und schaute den Drachen an. Dann, nach einer Weile, nachdem er den Drachen intensiv angeschaut hatte, ging ihm ein Licht auf. Der Junge, den ihm das Engelsmädchen gezeigt hatte, war jetzt dieser Drache, der ihn anschaute. Er meinte sogar den verängstigten Blick wiederzuerkennen. „Wie kann ich euch helfen? Ich bin doch bloß ein normaler Mensch." Marcus schaute betreten zu Boden, doch ein Lufthauch ließ seinen Kopf wieder hochschauen. Das Engelsmädchen schaute ihn bettelnd an. Marcus konnte nicht nein sagen, aber er wusste auch nicht, wie er den beiden helfen sollte. Er konnte ja noch nicht mal schnell rennen oder so. Das Engelmädchen berührte Marcus leicht an der Wange. Vor seinen Augen sah er einen Kristall, rot und schimmernd. Doch er konnte nicht erkennen, wo er lag. „Wir müssen also nach dem Stein da suchen?", fragte Marcus verwirrt und überlegte, inwiefern das dem Drachen helfen sollte. Er schaute den

Drachen an. Dieser zeigte eine Art hoffnungsvolles Lächeln und nickte eifrig. Marcus schaute das Engelsmädchen an, welches auch lächelte und ihm ihre Hand hinstreckte. Marcus zögerte. Er wusste ja nicht einmal, wo sie hingingen und ob sie jemals wieder zurückkommen würden und streng gesehen waren das Fremde. Er dachte einfach nicht mehr nach und nahm die Hand des Engelsmädchens. Das Engelsmädchen schaute den Drachen kurz an, der sich auf den Boden legte, sodass Marcus aufsteigen konnte. Die Schuppen fühlten sich gar nicht so schlimm an, wie sie aussahen. Er hielt sich am Hals des Drachens fest, während das Engelsmädchen vor den Drachen ging und plötzlich verschwand. Ich muss träumen, dachte sich Marcus und schloss die Augen.

Plötzlich spürte er einen kräftigen Luftzug und öffnete die Augen, um nur kurz aufzuschreien und sie gleich wieder zu schließen. Sie waren hoch über dem Boden und die Bäume und Häuser waren sehr klein geworden. In dem Schnauben des Drachens meinte er so etwas wie Spott zu hören. Eigentlich sollte der Drache ihm unsympathisch sein, doch das war er nicht. Ganz im Gegenteil. Er mochte ihn und konnte es nicht erwarten, ihn als Jungen zu sehen und seinen Namen herauszufinden. Doch auf einmal wurde Marcus sehr müde und dachte sich, dass der Flug noch eine Weile dauern könnte und lehnte sich gegen den Hals des Drachens.

6

Als Marcus aufwachte, erschrak er. Für eine Sekund hatte er nicht mehr gewusst, was passiert war, doch jetzt konnte er sich wieder erinnern. Das Engelsmädchen. Der Drache. Der Kristall, der den Drachen wieder in einen Jungen verwandeln sollte. Marcus lag auf dem Drachen und schaute sich langsam um. Sie waren in dem Dorf, wo der Junge in einen Drachen verwandelt wurde! Vorsichtig stieg er von dem Drachen herab und ging ein paar Schritte umher.

Das Dorf lag wunderschön, aber sah total heruntergekommen aus. Jedes Haus war mit einer dicken Eis- und Schneeschicht bedeckt und erst jetzt merkte Marcus, wie sehr er hätte frieren sollen. Doch als er an sich herunterschaute, sah er, dass er einen langen Mantel anhatte und Handschuhe sowie eine flauschige Mütze. Dann sah er wieder das Engelsmädchen. Es kam auf Marcus zu und lächelte. „Ja, ich bin bereit", sagte Marcus. Als hätte der Drache auf ein Zeichen gewartet, tauchte er eilig neben Marcus auf und schaute ihn mit schiefem Kopf an, als würde er ihn fragen, wohin sie zuerst gehen sollten. Marcus schaute sich um. Der Kristall könnte überall sein! „Ähm ... eine Frage: Wie soll der Kristall helfen, den Drachen wieder zu einem Jungen zu machen?" Marcus schaute auf den Boden. Als er das Engelsmädchen anschaute, legte sie nur ihre rechte Hand ans Herz. „Der … Kristall ist … sein Herz?", fragte Marcus verwirrt. Der Drache schnaubte empört und schüttelte den Kopf. „Der Kristall ist … seine Seele?" Marcus machte nochmal einen Versuch. Diesmal nickte das Engelsmädchen und lächelte sanft. „Okay, aber wo ist der Kristall?" Marcus schaute sich wieder um, aber plötzlich merkte er, dass niemand außer ihr da war. Verwirrt schüttelte er seinen Kopf. Der Drache seufzte lediglich und das Engelsmädchen machte ein trauriges Gesicht. Oje. Anscheinend hatten sie auch keine Ahnung, wo sie suchen sollten und hatten deshalb Marcus gefragt. „Ich denke, wir sollten mal nach dem Menschen schauen, der ihn verflucht hat", sagte Marcus als Idee. Der Drache fand die Idee anscheinend sehr gut, denn er stupste seine Schnauze sanft gegen Marcus' Rücken. „Also, dann mal los!", sagte Marcus und sprang auf den Rücken des Drachens.

7

Je weiter sie flogen, desto düsterer wurde es. Sie verließen das kleine Dorf und flogen in den Wald hinein. Marcus schaute um sich und merkte, dass der Schnee irgendwie dunkler wurde – so eine komische Mischung zwischen grau und schwarz. Das Engelsmädchen konnte er nicht sehen, aber er konnte ihre Anwesenheit spüren. Der Drache schien unruhiger zu werden, je tiefer sie in den Wald kamen. Ja klar, dachte sich Marcus, ihm würde es auch nicht gefallen, wieder zu dem Mann zu gehen, der ihn verflucht hatte. Plötzlich lichtete sich der Wald und es war ein riesiges Schloss zu sehen, ein paar hundert Meter vor ihnen. Das Schloss sah ziemlich gruselig aus und Marcus war sich sicher, dass hier kein Mensch einfach so her kommen würde. Die Bäume und der Wald um das Schloss herum waren schwarz. Oje. Marcus bekam es mit der Angst zu tun und hoffte inständig, dass es ein Traum sei. Das Schloss war schwarz und die Schnee- und Eisdecke auf dem Dach des Schlosses machten alles, wenn das überhaupt möglich war, noch gruseliger. Das Schloss war sehr groß und Marcus schätzte, dass es mindestens zehn riesige Zimmer haben musste. Das Engelsmädchen tauchte neben Marcus auf und lächelte ihn an, als wollte sie fragen, ob er das wirklich durchziehen wolle. „Wenn es denn unbedingt sein muss …", flüsterte er mehr zu sich selber, als zu dem Drachen und dem Engelsmädchen. Der Drache schnaubte wieder, als wollte er sagen: „Natürlich muss es unbedingt sein!", und er verdrehte seinen Kopf so, dass er Marcus mit seinen durchdringenden Augen anschauen konnte.

„Na dann, auf gehts!" Er wollte zuversichtlich klingen, doch es kam nicht mehr als ein Krächzen heraus. Das Engelsmädchen lächelte mitfühlend und flog voraus (sie hatte keine Flügel, also schwebte sie irgendwie). Der

Drache breitete seine Flügel aus und folgte ihr. „Du, sag mal ... Bist du dir sicher, dass der Kristall dich wieder zurückverwandeln kann? Und wenn ja, – wie? Ich meine, du musst ihn doch dann essen, oder nicht? Naja, essen wäre auch komisch, also musst du doch ..." Der Drache unterbrach Marcus' Geschwafel, indem er einfach aus seiner Nase Feuer spie. In diesem Moment hatte Marcus beschlossen, keine Fragen mehr zu stellen und einfach mitzumachen. Sie kamen kurze Zeit darauf vor dem Schloss an. Marcus staunte nicht schlecht, als er die riesigen Torwände aus Stahl sah, die mindestens drei Meter in die Höhe ragten. Als das Engelsmädchen Marcus erwartungsvoll anschaute, machte er einen Schritt nach vorne und wollte an das Tor klopfen. Doch bevor er die Hand auf das Tor schlagen konnte, gingen die beiden Tore mit solch einer Wucht auf, dass Marcus erst ein paar Schritte nach hinten stolperte und auf den Boden gefallen wäre, hatte der Drache ihn nicht mit seiner riesigen Nase gehalten. Marcus schaute den Drachen an und der Drache schaute hoffnungsvoll zurück. Marcus fasste Mut. Er ging durch die Tore, dicht gefolgt von Engelsmädchen und Drachen und pfiff leise.

8

Die Vorhalle war riesig und mit Eis überzogen, doch komischerweise fror Marcus nicht und er schloss daraus, dass es sich um Magie handeln musste. „Hallo? Ähm ... so ein ... Freund von mir wurde in einen Drachen verwandelt und bräuchte ihre Hilfe!", schrie Marcus laut durch die Halle. Der Drache stieß einen Laut aus, der Marcus zusammenzucken ließ. Er drehte sich um und sah, dass der Drache sauer auf ihn sein musste. Aha. Der Drache hatte es sich wohl anders vorgestellt.
„Ja wie soll ich es denn sonst machen?", fragte Marcus gereizt. „Ich würde sagen, einfach zu mir kommen und nicht durch das ganze Schloss schreien, sodass meine Hunde beinahe aufwachen", sagte eine kühle Stimme vorwurfsvoll. Das Engelsmädchen erschrak und der Drache verkroch sich hinter Marcus, was schlecht ging, denn der Drache war ziemlich groß. Nur Marcus blieb gelassen und drehte sich langsam um, um zu sehen, von wem diese Stimme kam. Und es war genau dieser Mann, der den Jungen damals verfolgt hatte! Dieselbe krumme Nase, dieselben braunen Haare, die sehr eklig aussahen und ihm bis zu den Schultern reichten.
„Wie kann ich dir behilflich sein?" Der Mann, Marcus schätzte ihn auf circa vierzig Jahre, schenkte ihm ein eher misslungenes Lächeln, das nicht mal ansatzweise herzerwärmend aussah. Marcus straffte seine Schultern ein bisschen, um sich nicht ganz wie ein Winzling zu fühlen, denn der Mann war bestimmt zwei Meter groß und fing an zu reden. „Also ich ging so im Wald umher und hab so ein Mädchen kichern hören

und dann war auf einmal so ein Drache da und das Mädchen, das eigentlich ein Geist ist – komisch nicht? Na ja, auf jeden Fall haben die mir dann gezeigt, dass sie einen Kristall brauchen, um den Drachen wieder in einen Jungen zurückzuverwandeln, da er verflucht wurde, weil er ein Brot gestohlen hatte und ja – der Drache hat mich hierher gebracht und …" Marcus hörte auf zu reden, denn er wusste echt nicht, was sie hier machen sollten. Er hat dem Mann oder Zauberer alles erzählt, aber half es auch was? Der Mann schaute Marcus nur stumm an. „Ich kann euch nicht helfen. Ich bin doch derjenige, der ihn in einen Drachen verwandelt hat. Sei froh, dass ich dich noch nicht getötet habe. Einfach unangekündigt hier aufzutauchen, pah! Zeus! Hades! Poseidon! Bringt sie hier raus." Der Mann war anscheinend sehr verärgert. Das Engelsmädchen schaute Marcus sehr traurig an. Marcus drehte sich zu dem Drachen um, der eher wütend dreinschaute. Natürlich! Marcus war so dumm gewesen! Sie hätten im Haus heimlich nach dem Kristall suchen sollen, anstatt den Mann herbeizurufen! Marcus schlug sich auf die Stirn. Er machte alles anscheinend falsch. „Hören Sie mal bitte zu, Herr Mann! Sagen Sie uns doch wenigstens, wo wir suchen müssen! Wir brauchen den Kristall." Marcus schaute flehend zu dem Mann hoch. Jetzt erst merkte Marcus, dass der Mann einen langen, braunen und anscheinend auch teuren Mantel trug und schwarze Schuhe (die wahrscheinlich auch teuer waren). Der Mann jedoch lachte nur verächtlich. „Du kommst einfach von einer anderen Welt und bittest mich, dir zu helfen? Wie dumm doch die Menschen sind." Er schüttelte den Kopf und neben ihm tauchten drei Hunde auf, die fast so groß waren wie der Drache. Jeder hatte eine andere Augenfarbe. Gold (wahrscheinlich Zeus), rot (wahrscheinlich Hades) und blau (wahrscheinlich Poseidon). Bis auf die Augenfarbe sahen alle drei total gleich aus. Wie zu groß geratene Dobermänner. Das Aussehen machte Marcus eigentlich keine Angst, es war eher das Zähnefletschen und das Knurren. Der Drache hätte sie eigentlich mit Feuer töten können, aber der Mann würde wahrscheinlich nicht sehr erfreut darüber sein, dachte sich Marcus.

Das Engelsmädchen hatte Marcus am Arm gepackt und wollte ihn zum Gehen überreden, doch Marcus dachte nicht einmal dran! Das sollte ein schöner Traum werden, kein Albtraum (falls es überhaupt einer war)! Marcus hatte in seiner Jackentasche noch seine Brotzeit (keine Ahnung, wie sie da hingekommen ist, denn er trägt ja nicht mal Wintermäntel). Die Brotzeit bestand unter anderem auch aus Fleisch. Marcus' Gehirn ratterte vor Anstrengung. Er musste nur die Hunde dazu bringen, den Mann anzugreifen und dann flüchten. Doch ihm fiel nichts ein.

Plötzlich hatte er eine Idee. Er schaute alle drei Hunde lässig an und ging ein paar Schritte zurück. Seine Hand war in der Innentasche versteckt und er hielt zwei Würstchen. Der Mann schaute nur zu und lächelte hinterlistig. Wenn du nur wüsstest. Er hatte keine Ahnung.

Dann, ohne Vorwarnung, schrie Marcus „Holt doch euer Essen!", rannte auf den Mann zu und steckte die Würstchen in dessen Mantel. Der Mann war zu überrascht, um zu reagieren, aber die Hunde hatten anscheinend sehr großen Hunger, denn sie kümmerte es nicht, dass sie ihr Herrchen angriffen. Sie mussten wirklich großen Hunger haben. Schon als der erste Hund, wahrscheinlich Hades, den Mann angriff, fiel der Mann nach hinten und schrie los. „Das hält mich nicht davon ab, euch zu töten! Seid für immer Ziegen!" Der Mann versuchte, seinen Holzstock rauszuholen, doch mit drei Hunden auf ihm fiel das schwer. Letztlich schaffte er es doch und richtete den Holzstock auf Marcus.

Es kam ein Lichtstrahl heraus, doch darauf war Marcus schon vorbereitet. Er hatte vorher ein Stückchen glizernden Stahl vom Tor rausgebrochen und hielt es jetzt gegen den Strahl, der geradewegs auf ihn zukam. Der Strahl prallte ab und ging zurück auf den Mann. Der Mann schrie etwas Unverständliches und plötzlich wurde alles in weißes Licht getaucht. Marcus schaute sich um zu dem Engelsmädchen, das nur dastand und das Szenario bewundernd beobachtete. Doch als Marcus den Drachen sah, setzte sein Herz einen Schlag aus. Der Drache wand sich in Schmerzen auf dem Boden. „He! Nicht sterben! Engelsmädchen, komm doch her!" Marcus' Nerven waren am Zerreißen. Das Engelsmädchen drehte sich zu Marcus und dem Drachen um und lächelte nur. „Was?!" Marcus wäre am liebsten zu dem Engelsmädchen gerannt und hätte es angeschrien, wieso es denn zur Hölle lächelte. Nein, der Drache durfte doch jetzt nicht sterben. Er war ihm sehr ans Herz gewachsen.

Auf einmal wurde alles dunkler und Marcus hatte das Gefühl, als ob ihm der Boden unter seinen Füßen weggezogen würde. Er hielt sich am Drachen fest, doch der löste sich langsam auf. Dann fiel Marcus in ein tiefes schwarzes Loch. Weder von den Hunden noch von dem Mann oder dem Engelsmädchen war etwas zu sehen.

9

Schweißgebadet fuhr Marcus hoch. Was …?

Marcus wusste ganz genau, dass der Traum nicht nur ein Traum gewesen sein konnte, aber trotzdem war er in seinem Bett im Kinderheim. Anstatt sich selbst blöde Fragen zu stellen, zog sich Marcus an (es war früh am Morgen) und sprintete zum Wald. Hoffentlich sind sie noch da, dachte er sich. Als Marcus am Wald ankam, hörte er allerdings kein Lachen. Für einen kurzen Moment dachte er, seine Nerven endgültig verloren zu haben, doch dann hörte er ein leises Lachen im Wind. Marcus rannte auf das Lachen zu, doch es brachte nichts. Das Lachen blieb immer in der Ferne. Er war zutiefst enttäuscht. Er wollte doch den Drachen retten! Marcus hatte versagt.

Doch plötzlich spürte er jemanden hinter sich. „Na, hast du mich vermisst?", sagte eine unbekannte Stimme. Marcus drehte sich langsam um und blickte jemandem in die Augen, den er noch nie zuvor gesehen hatte. Und doch wusste er, wer es war. Und plötzlich wurde das Lachen im Wind lauter und fröhlicher.

Jennifer Reif
Mittelschule Gersthofen, Klasse 9mb

Aber eines Tages

Einst traf ich dich, heute weiß ich
es war Glück, so jemanden wie
dich zu treffen. Wir leben so
dahin, doch viel passiert nicht.
Aber eines Tages werden wir alt sein
ich sage dir, dann denken wir zurück
und merken, wie fantastisch unser Leben war.
Oft lagen Steine in unserem Weg
doch Hand in Hand sind wir über sie gestiegen.
Danach ein kurzes Lächeln geschenkt
und schon ging es weiter.
Aber eines Tages werden wir alt sein
ich sage dir, dann denken wir zurück
und merken, wie fantastisch unser Leben war.

Kathrin Vogg
Maria-Theresia-Gymnasium, Klasse 10d

Als wir die Nacht zum Tag machten

Berlin, 9. November 1989
Es fühlte sich an wie jeder vorangegangene Tag. Derselbe Tagesablauf, dasselbe Pfeifen der Vögel, dasselbe Geräusch des langsam erwachenden West-Berlins. Und doch sollte heute alles anders werden. Ein Tag, der Geschichte schreiben würde, der die Menschen zu Tränen rühren würde, ein Tag der Freude, des Lachens, der Verbundenheit. Ein Tag

ohne Gewalt, ein Tag bei dem ich auch heute noch, 25 Jahre später, Gänsehaut bekomme. Ein Tag voller Glück, ein Tag, nein der Tag, der Tag des Mauerfalls. Der 9. November 1989.
Dieser Tag schrieb Geschichte und ich bin stolz, dabei gewesen zu sein. Stolz, ein Teil davon gewesen zu sein. Stolz, alles unmittelbar miterlebt zu haben.
Für mich begann der Tag, ein Donnerstag, wie jeder andere Tag auch. Mein Wecker klingelte um 6:30 Uhr, dann stand ich auf, ging ins Bad und machte mich fertig für den Tag. Anschließend setzte ich mich an den Küchentisch und frühstückte. Ich ahnte nicht, was dieser Tag noch bringen würde. Wie gut ich mich an diesen Tag würde erinnern können. An den Golden Retriever, der mich auf den Weg zur Arbeit an der Stelle, wo die Königsallee zum Kurfürstendamm wird, fast umgerannt hätte, weil er einem Ball hinterherjagte. An das Lied „Über sieben Brücken musst du gehen", das aus dem alten Radio eines Imbissstandes drang und ich mir nur dachte: Nein, nicht über sieben Brücken musst du gehen, sondern über eine Mauer – die Mauer. Die Mauer, die West-Berlin von Ost-Berlin trennte, die die BRD von der DDR trennte, die die Westmächte von der Sowjetunion trennte, die den Kapitalismus vom Kommunismus trennte, die Menschen von ihren Freunden trennte, die Menschen von ihren Familien trennte, die Deutschland teilte.
Ich ging bis zur U-Bahn-Station Adenauerplatz und stieg in die U7 Richtung Rathaus Spandau ein, fuhr eine Haltestelle bis zur Wilmersdorfer Straße, stieg dort in die S1 bis zur Friedrichstraße und stieg an der Haltestelle Friedrichstraße um in die S2 und fuhr bis zur Haltestelle Gesundbrunnen. Dort stieg ich aus und lief noch ca. 5 Minuten bis zur meiner Arbeitsstätte. Ich kümmerte mich um Flüchtlinge aus der DDR. Jeder von ihnen hatte etwas anderes erlebt, hatte einen anderen Grund für die Flucht, einen anderen Leidensweg hinter sich, sie alle waren unterschiedlich geflohen, aber alle verband sie eines: die gelungene Flucht aus der DDR. Ich liebte meinen Job, aber vor allem liebte ich es, die verschiedenen Menschen kennenzulernen, ihre Geschichten zu hören, ihre Lebensgeschichten. Allein dieses Jahr waren bis Anfang Oktober knapp 300.000 Menschen aus der DDR geflohen. So viele wie noch nie, und niemand wusste, wie viele es noch werden würden. Doch wir nahmen sie gerne auf, hatten sie doch dieselbe Geschichte wie wir, bis zum Jahr 1945, auch wenn eine Mauer dafür sorgen sollte, dass wir dies fast schon vergessen hatten. Wir hatten es nicht und wir würden es auch nicht. Wir waren ein Volk, wir gehörten zusammen. Wir alle, jeder einzelne von uns, das konnte niemand verhindern.

Gegen 20 Uhr waren alle Flüchtlinge versorgt. Meine Kollegen und ich trafen uns in unserem Aufenthaltsraum und schalteten den Fernseher ein. Im Fernsehen kam gerade ein Ausschnitt der Pressekonferenz des Politbüros der SED. „Privatreisen nach dem Ausland können ohne Vorliegen von Voraussetzungen – Reiseanlässe und Verwandtschaftsverhältnisse – beantragt werden. Die Genehmigungen werden kurzfristig erteilt. Die zuständigen Abteilungen Pass- und Meldewesen der VPKÄ der DDR sind angewiesen, Visa zur ständigen Ausreise unverzüglich zu erteilen, ohne dass dabei noch geltende Voraussetzungen für eine ständige Ausreise vorliegen müssen", sagte Günter Schabowski just in dem Moment. Verblüfft sahen wir uns an. Was sollte das bedeuten? In dem Augenblick kam die Nachricht des Fernsehmoderators der Tagesschau „DDR öffnet Grenze."

Ungläubig sahen wir uns an. Jetzt, nach so vielen Jahren, sollte die Grenze offen sein? Nach so vielen Jahren, die uns eine Mauer trennte? Wir wollten es gerne glauben, doch es schien unwirklich. Deshalb glaubten wir nicht, dass die Grenze offen war. Wir konnten uns das nur schwer bis gar nicht vorstellen. Aber wen wundert es? Wir kannten Deutschland bis dahin ja nur geteilt, für uns war es schon immer so gewesen. Deutschland war immer geteilt gewesen in unserer Erinnerung. Wir wollten es mit eigenen Augen sehen: sehen, dass die Grenze wirklich offen war. Wir zogen unsere Jacken an, sperrten die Tür hinter uns ab und machten uns langsam auf den Weg Richtung Grenzübergang Bornholmer Straße. Wir wussten nicht, was uns erwarten würde, deshalb gingen wir zögerlich voran. Wir hatten Angst. Konnten wir wirklich sicher sein, dass die Situation nicht überkochen würde, und ein Volkspolizist, ein Soldat der Grenztruppe die Kontrolle verlieren und schießen würde? Und das Ganze dann letztendlich in einem Blutbad enden würde? Nein, konnten wir nicht. Doch letztendlich siegte die Neugier. Also gingen wir weiter, schweigend, jeder hing seinen eigenen Gedanken nach.

Als wir am Grenzübergang Bornholmer Straße ankamen, sahen wir, dass wir nichts sahen. Es war ca. 20:30 Uhr. Es waren keine Menschen zu sehen, abgesehen von unseren Westberliner Grenzbeamten. Wir hörten nichts, doch so schnell wollten wir nicht aufgeben. Vielleicht war einfach noch kein Mensch am Grenzübergang auf der anderen Seite aufgetaucht, der in den Westen wollte. Also warteten wir. Mit der Zeit kamen immer mehr West-Berliner an den Grenzübergang, auch sie hatten die Tagesschau gesehen und wollten wissen, ob die Nachricht der Maueröffnung der Wahrheit entsprach. Es war ca. 21 Uhr, als wir Rufe hörten, zuerst sehr leise und unverständlich, doch sie wurden schnell lauter und endlich verstanden wir, was sie schrien: „Tor auf, Tor auf!", hörten wir. Und je länger wir warteten, umso lauter und energischer wurden die Schreie, umso fordernder. Es mussten anscheinend immer mehr und mehr Menschen an der Grenze auf Seiten der DDR stehen.

Wir warteten aus unserer Sicht ewig, doch wenn ich zurückdenke, war es fast nur so lang wie man für einen Wimpernschlag braucht.

Es war gegen 21:20 Uhr, als die Rufe sich noch einmal veränderten. Sie wurden fröhlicher und einige wurden lauter. Ich blickte auf den Grenzübergang. Und dann, ganz hinten, sah ich zwei Schatten, sie wurden größer und größer. Dann erkannte ich zwei Menschen – Ost-Berliner. Sie erblickten den Grenzübergang von Weitem und begannen zu rennen. Immer schneller und schneller. Als sie endlich die Grenze zu West-Berlin überschritten, jubelten sie und fielen sich in die Arme. Aber nicht nur sie. Nein, alle Menschen auf West-Berliner Seite, die sich versammelt hatten, fingen an zu jubeln. Jeder umarmte jeden, gleichgültig ob man sich kannte oder nicht. Es war egal, wir waren einfach nur in Jubellaune. Mit der Zeit kamen immer mehr Ost-Berliner über die Grenze, allerdings kamen sie nur vereinzelt in kleinen Grüppchen.

Wir mussten noch ca. zwei Stunden warten, doch dann kamen Massen von DDR-Bürgern über die Grenze und in diesem Moment begriff ich: Die Grenze war wirklich offen. Es wurde immer lauter und lauter und vor allem immer voller und voller. Alle Menschen, ob Ost, ob West, lagen sich in den Armen und feierten. Ich war glücklich, so glücklich wie schon lange nicht mehr. Dieses Gefühl kann ich gar nicht richtig in Worte fassen. Es spielte keine Rolle mehr, wer aus dem Osten und wer aus dem Westen kam. Es gab keine Mauer mehr, die diese Angst hervorrief, wie noch vor 20 Jahren, vor fünf Jahren, vor einem Jahr. Sie waren frei, die Menschen aus Ost-Berlin waren endlich frei. Und wir, wir alle sahen uns endlich wieder, und zwar nicht nur in Ost-Deutschland, sondern im Westen.

In dieser Nacht erfüllten wir das Sprichwort „die Nacht zum Tag machen" voll und ganz. Bis in die frühen Morgenstunden und darüber hinaus feierten wir. Ost-Berliner, West-Berliner, Ostdeutsche, Westdeutsche, alle Deutschen, ganz gleich, wo wir in diesem Moment waren. Wir feierten ununterbrochen. Das war unsere Nacht, unsere Stunden, unsere Zeit.

Dieser Tag war in meinen Augen der entscheidende Schritt zur Wiedervereinigung. Dieser Tag war nicht nur unglaublich, nein, er war fantastisch. Es war unsere Nacht, die Nacht der Deutschen, in der wir die Nacht gemeinsam zum Tag haben werden lassen, friedlich und frei.

Christina Düll
Jakob-Fugger-Gymnasium, Klasse 10a

Der Zwerg aus dem Buch

Es war ein schöner Herbstabend. Die Sonne ging als großer, roter Ball hinter dem Bismarckturm unter und es wurde schnell dunkel und kühl. Tim verzog sich in sein kuschliges, warmes Bett und schmökerte noch in seinem Buch. Er genoss die spannende Drachengeschichte und tauchte ein in eine andere Welt, als plötzlich das Buch mit merkwürdiger, krächzender Stimme zu sprechen begann: „Öffne die nächste Seite, öffne die nächste Seite…" Tim war so erschrocken, dass er fast aus dem Bett geflogen wäre. Noch etwas ängstlich blätterte Tim die Seite um. Was er da sah, verschlug ihm die Sprache. Ein richtiger Zwerg, der fast aussah, wie ein Gnom aus dem Hofgarten, grinste ihn frech zwischen den Buchseiten an. Als Tim wieder zu sich gekommen war, fragte er vorsichtig: „Wer bist du?" Der Zwerg antwortete: „Ich bin Luis. Ich kann die Gestalten und Personen aus jedem Buch zum Leben erwecken. Diese spielen dann die Handlungen und du wirst Teil der Geschichte und schlüpfst in die Welt der Fantasie." – „Das möchte ich gerne selbst sehen und erleben", flüsterte Tim mit stockender Stimme. Er überlegte angestrengt, welches Buch er holen sollte und entschied sich schließlich für ein Drachenbuch. Sobald Luis das Buch in der Hand hatte, umhüllte das Buch ein weißer Nebel. Kurz darauf hörte er ein dumpfes Rauschen vor der Balkontür. Ein dunkelroter, dreiköpfiger Drache kam im weiten Bogen elegant auf den Balkon geflogen und hatte Mühe auf der kleinen Fläche zwischen Blumen, Kräutern, Tisch und Bank zu landen. Schnell sprangen Tim und Luis ohne lange zu überlegen auf den breiten Rücken des Drachens. Gemeinsam schwebten sie zwischen riesigen Drachenflügeln durchs dämmrige Augsburg, am erleuchteten Hotelturm vorbei Richtung Göggingen, überquerten die Wertach und landeten direkt im Privatgelände der Wellenburg, das von einem hohen, alten Eisenzaun umgeben war. Hier gab es wohl kein Entkommen, jedenfalls nicht so ganz einfach. Tim wurde es etwas mulmig bei dem Gedanken an die beiden großen, schwarzen Hunde, die jeden Besucher wild anbellten und mit ihren scharfen Zähnen fletschten. Kaum hatte er daran gedacht, stürmten die beiden auf ihn zu und kamen immer näher und näher und näher … Er konnte schon den strengen Atem der beiden riechen. Vor Angst schrie Tim laut auf: „Hilfe, Luis tu doch was!" Schnell schlug Luis das Buch zu und die Gestalten verschwanden im Nebel wie auch Tim und Luis. Als sich der Nebel lichtete, lag Tim wieder in seinem kuschlig, warmen Bett und Luis sagte: „Ich muss jetzt zurück ins Buch, aber morgen komme ich wieder", versprach der Zwerg und sprang zurück ins Buch.

Laurin Oehmichen
St.-Anna-Grundschule, Klasse 4a

Die magische Eisblume

Ich spazierte mal wieder allein durch den Eiswald. Es war Februar und ziemlich kalt. Ich ging langsam durch den Schnee und hörte ihn knarzen. Da sah ich etwas im Schnee glitzern. Es war weit entfernt. Also machte ich mich auf den Weg dorthin. Als ich dort war, erkannte ich es. Es war eine goldene Eisblume. Ich sagte zu mir: „So etwas Schönes habe ich im Winter noch nie gesehen." Dann pflückte ich die Blume und ging mit ihr weiter. Es war kalt und rutschig und ich hatte Angst, dass mir etwas zustoßen könnte. Ich hörte den Wind pfeifen und sah nur weiß vor Schnee, aber ich spürte die Wärme der Eisblume. Ich streichelte die Eisblume sanft und auf einmal wurde es ganz kalt, so wie ich es noch nie erlebt hatte. Die Erde bebte und es zog ein Eissturm auf. Plötzlich ragte etwas aus dem Eis. Es war etwas Großes mit einer riesengroßen Spitze. Die Erde bebte noch stärker und vor mir begann das Eis zu brechen. Ich wusste nicht, was ich tun sollte. Ich schrie um Hilfe, aber niemand kam. Meine Angst wandelte sich langsam in Bewunderung, als ich dann erkannte, dass die Spitze viele Diamanten hatte. Ich fragte mich: „Was passiert jetzt?" Auf einmal fiel ich vom Erdbeben um und lag in Ohnmacht. Wenig später wachte ich auf und lag im Schnee. Vor mir stand ein wunderschönes Eisschloss. Ich sah, dass alles aus Zuckerguss und gebratenen Mandeln bestand. Es war so schön und fantastisch, dass ich für immer und ewig dort leben wollte.

Vanessa Pfeiffer
Friedrich-Ebert-Grundschule, Klasse 4c

Fantasie

Ich hatte einmal so einen fantastischen Traum und in dem Traum gab es ganz verschiedene Fabelwesen: Hexen, Kobolde, Gartenzwerge, Elfen, Feen, Riesen, Schlümpfe und so weiter.
Die Hexe hat immer gehext.
Der Kobold war in seinem Garten und ist hin und her gehüpft.
Die Gartenzwerge standen auf der Wiese und haben sich unterhalten.
Die Elfen und Feen sind mit ihren Blumenhüten geflogen und die Riesen sind ständig umeinander gelaufen.
Die Schlümpfe waren an einem blauen Wasserfall.
Dort habe ich die Schlümpfe besucht und wir hatten viel Spaß miteinander.

Leticia Bastos
Grundschule Centerville-Süd, Klasse 2c

Mein fantastischer Inselurlaub

Am Mittwoch, den 1. Oktober 2014, hatte ich meinen zehnten Geburtstag. Meine Eltern sagten: „Weil du diesen besonderen Geburtstag hast, schenken wir dir eine Reise. Such dir ein schönes Ziel aus. Du darfst deine Freundinnen mitnehmen. Wir bleiben hier. Wir wünschen dir viel Spaß!" Ich staunte. „Mit so einem schönen Geschenk hätte ich nie gerechnet! Danke, Mama! Danke, Papa!", rief ich begeistert. „Ich will heute Abend noch auf eine einsame Insel fliegen." Mein Papa erklärte: „Gib deinen Freundinnen Bescheid, pack deinen Koffer und warte mit deinen Freundinnen heute Abend um 20 Uhr vor unserem Haus." Als wir pünktlich vor unserem Haus standen, trauten wir unseren Augen kam. Auf einmal rollte ein Flugzeug die Straße entlang. Es hielt bei uns. Die Tür öffnete sich und eine Stewardess forderte uns auf: „Steigt ein! Es ist alles für euch bereit!" – „So etwas gibt es doch gar nicht!", wunderte ich mich. Im Flugzeug war alles sehr gemütlich. Da standen kuschelige Sofas. Die Stewardess reichte uns bunte Saftcocktails. „Das ist eine tolle Geburtstagsparty!", freute sich Letizia. Aleyna kam aus dem Staunen nicht mehr heraus. Schon flogen wir los. Es war so gemütlich, dass wir bald einschliefen. Als wir aufwachten, war das Flugzeug schon gelandet. Wir stiegen aus und sahen den schönsten Sandstrand, den ich je gesehen hatte. Das Meer war türkisfarben. Die Stewardess reichte uns die Badesachen. Sofort zogen wir uns die Bikinis an. Wir jubelten vor Freude. Gerade wollten wir ins Wasser gehen, da tauchte eine Rückenflosse aus dem Wasser auf. „Da können wir nicht rein!", rief ich. „Schaut, da schwimmt ein Hai!" Letizia und Aleyna blieben wie erstarrt stehen. Auf einmal kam tatsächlich ein Hai aus dem Wasser heraus. Er winkte mit seiner Flosse. Jetzt sprach er uns auch noch an. Ich dachte, ich träume. „Na, Geburtstagskind! Du wunderst dich, dass ich mit euch spreche. Hier auf der Geburtstaginsel ist alles möglich. Du brauchst keine Angst zu haben. Hier sind alle freundlich zueinander. Ich will mit euch schnorcheln und euch zeigen, wie schön es unter Wasser ist. Da sind eure Taucherbrillen." Verwundert, aber sehr interessiert, setzten wir die Taucherbrillen auf. Schon ging es los. Der Hai schwamm voran. Er zeigte uns wunderbar schillernde Fische. So viele hatte ich noch nie gesehen. Da schwammen auch Clownfische. Ich schwamm mit Freude in diesem schönen Meer. Plötzlich kam eine Riesenschildkröte auf mich zu. „Hallo und herzlichen Glückwunsch zum Geburtstag!", rief sie mir zu. Der Hai zeigte uns alles. Es war so schön, wunderschön! Ich war echt glücklich. „Wir wollen am liebsten für immer hier bleiben!", riefen wir drei Freundinnen. „Leider ist es schon spät geworden!", meinte der Pilot. „Ich muss euch zurückfliegen." – „Oh, wie schade!", sagten wir traurig. „Wir müssen uns aber erst beim Hai bedanken!", schlug ich den anderen vor. Wir verabschiedeten uns und stiegen in unser gemütliches Flugzeug ein. Sofort starteten wir. Wir waren so müde, dass wir den ganzen Flug verschliefen. Wir wachten erst auf, als wir vor unserem Haus hielten. Natürlich mussten wir sofort alles erzählen, was wir erlebt hatten. Das ist doch klar!

Merve Parlakbudak
Friedrich-Ebert-Grundschule, Klasse 4bgt

Rondell: Mein Papa

Mein Papa ist fantastisch,
weil er mit mir kuschelt,
weil er für mich kocht.
Mein Papa ist fantastisch,
weil er immer für mich da ist,
weil er mit mir Computer spielt.
Mein Papa ist fantastisch,
weil er mit mir kuschelt.

Tayfun Sancak
Grundschule Centerville-Süd, Klasse 2c

Fantastiquus

„Pass auf! Beweg dich nicht! Ich komme zu dir!" Derric, ein 14 Jahre alter Junge, stand an einem Ufer und versuchte seine Schwester zu sich zu lotsen. Als Erika vorsichtig einen Schritt nach vorne machte, ließ ihr Gewicht das Eis knacken. „Bruder, ich habe Angst! Hilf mir!", rief Erika ängstlich. Derric überlegte angestrengt, wie er sein Schwesterherz retten könnte. Dann befahl er ihr ruhig, dass sie langsam in seine Arme kommen solle. Sie war schon fast bei ihm angekommen, da splitterte plötzlich das Eis. „Ahh!", schrie Erika. Danach ging alles sehr schnell. Derric hatte seine Schwester an das Ufer gestoßen, da stand er an ihrer Stelle auf dem Eis und es brach ein. Das Letzte, was er noch hörte, war das Schreien seiner geliebten Schwester. Als er aufwachte, lag er in einem Bett. Derric stand auf und schaute sich im Zimmer um. Die Wände waren grau, außer dem Bett gab es keine anderen Möbel, eine Tür existierte auch nicht. „Wo bin ich? Was ist das für ein Ort? Wie bin ich hierhergekommen?" Ihm schwirrten viele Fragen durch den Kopf. Plötzlich tauchte eine Person vor seinen Augen auf. Derric starrte das Wesen an, denn das war kein Mensch, sondern ein kleiner Elf, der ihm seine

Hand hinhielt. Derric nahm sie. Auf einmal standen sie nicht mehr im Raum, sondern auf einer sonnenbestrahlten Lichtung. Derric war sprachlos, denn dort waren Geschöpfe, welche er noch nie gesehen hatte. „Wo bin ich hier?", fragte er verwundert und mit trockener Stimme. „Das hier, mein Freund, ist Fantastiquus", antwortete eine dunkle Stimme hinter ihm. Derric drehte sich um und sah einen riesigen Troll, dessen Gesicht mit Narben übersäht war. Alle Wesen standen jetzt um ihn herum: Einhörner, Elfen, Feen, Zwerge und sogar Drachen. Derric spürte, dass etwas nicht stimmte. „Das gibt es doch nicht. Ich träume sicherlich nur", dachte er sich. Deswegen schloss er seine Augen, doch als er sie öffnete, war alles um ihn verschwunden. Er stand jetzt auf einem blauen Boden. Ein golden verzierter Spiegel, welcher verdeckt worden war, stand vor ihm. Auf einmal fiel das Tuch vom Spiegel und er sah eine Gestalt im Glas. Ein junger muskulöser Mann mit prächtigen Engelsflügeln und blonden Haaren. Derric erschrak, denn dieser Engel vor ihm war kein anderer als er selbst. Er war tot.

Catherine Quach
Jakob-Fugger-Gymnasium, Klasse 7

Die Flucht aus dem Königreich

Der besorgte König war verzweifelt, als er durch sein Fernrohr sah: Das kleine Dorf Rein stand in Flammen und dahinter auf dem Berg erblickte man Arzog, den Anführer der Orks. „Wachen!", schrie er geschockt. „Schließt die Tore, die Orks kommen!" Kurz darauf marschierten tausende von Orks auf seine Burg zu. Seine Soldaten rannten auf die Burgmauern und schossen mit Pfeilen auf die Angreifer. Schnell zog der König seine Rüstung an und stürzte sich auf Arzog. Der reagierte jedoch schneller als der König erwartet hatte und schmetterte ihm mit seiner Keule seinen Schild in tausend Stücke. Der oberste General des Königs, der gerade gegen Orks gekämpft hatte, konnte noch sehen, wie der König tot zu Boden sank. Entsetzt über den Tod seines Herrn nahm er kaum wahr, wie die Elben kamen, um ihnen zu helfen. Angeführt von dem General Haldier griff die Elbenarmee an. Doch dann kam der entsetzliche, grauenhafteste Moment für die Elben und Menschen: Sauron, der Lord des Bösen, kam zwischen den Reihen der Orks hervor und ein Elb nach dem anderen starb. Haldier holte Pferde, und die Überreste der beiden Armeen flohen aus dem Königreich und ritten in das Reich der Elben. Aber sie träumen davon, eines Tages zurückzukehren und die Orks endgültig zu vertreiben.

Joshua Zaus
Franz-von Assisi-Schule, Klasse 4 lila

War das alles wirklich?

„Wo bin ich?", waren meine ersten Gedanken. Ich schaute mich um, alles ziemlich heruntergekommen, eine Ruine, eine Grabstätte oder ganz etwas anderes. Ich konnte nicht zuordnen, wo ich mich befand oder wie ich an diesen scheußlichen Ort gekommen war. War ich geflogen? Wurde ich hergezaubert? Nein, das klingt doch ziemlich weit hergeholt oder ist es doch am wahrscheinlichsten, dass ich hier durch höhere Magie gelandet war. „Nein, schlag dir das aus dem Kopf", musste ich mich selbst beruhigen. Ich stand auf, da ich merkte, wie kalt der gepflasterte Boden war. Als ich versuchte ein paar Schritte zu gehen, merkte ich, dass mir schwindelig wurde, mir zog es den Boden unter den Füßen weg. Mit letzter Kraft konnte ich mich an irgendetwas festhalten, aber als ich sah an was, ließ ich los und plumpste auf den eisigen Boden. Es war so etwas wie eine alte rostige Rohrleitung. Da das mit dem Aufstehen nicht sonderlich gut funktioniert hatte, setzte ich mich aufrecht an eine Wand gelehnt hin und erkundete mit meinen Augen die verwegene Gegend. Zu sehen gab es hier nicht viel, außer den vielen rostigen Rohrleitungen, einige davon waren mit moosähnlichen Gewächsen zugewachsen. Aber was war das in der Mitte? Wie ich jetzt erst bemerkte, stand dort eine kleine Maschine, man hörte das kleine Ding arbeiten. Es surrte wie eine verspielte Katze, aber was war das? Ich wollte mehr darüber erfahren. Sollte ich noch einen Versuch wagen? Ich stand auf. Ging einige Schritte. Mein Herz pochte wie verrückt. Es funktionierte, ich drehte mich nicht mehr. Ich ging durch die kreisrunde Ebene auf die kleine surrende Maschine zu. Sie hatte eine Aufschrift, welche ich aber nicht lesen konnte, da diese in einer anderen Sprache verfasst wurde. Welche Sprache konnte das sein? Irgendeine sehr alte Sprache, dachte ich, denn es waren vielmehr Hieroglyphen als Buchstaben. Ich ging um die Maschine herum, sie war nicht sonderlich groß, gerade ein Würfel mit 20 cm in Länge, Breite und Höhe, vier kleinen Standfüßen und einer kleinen Anzeige, mit einer Nadel, welche sich nicht bewegte. „Was bist du nur?", murmelte ich vor mich hin. „Dein Gedächtnis", kam es mit angenehm warmer Stimme zurück. Ich erschrak, ging einige Schritte zurück, sah mich panisch um. Niemand zu entdecken. Ich war neugierig und fragte weiter: „Wo sind wir?" – „Du bist in einem Gebiet deines Gehirns, der Gedächtnisabteilung", antwortete mir die Stimme. Jetzt bekam ich Angst und immer mehr Fragen drängten sich mir auf. Wie war es möglich in seinen eigenen Kopf zu gelangen? War das alles nur ein Traum? Wurde ich durch eine neumodische Illusion auf den Arm genommen? Ich konnte mit den wenigen Informationen nicht sonderlich viel anfangen, daher musste ich weiterfragen. Ich räusperte mich, nur um sicherzugehen, dass mein Gedächtnis mir auch zuhörte: „Wie bin ich hierhergekommen? Ist das Magie?" Um diese Fragen zu beantworten, brauchte der kleine Apparat etwas länger, aber am lauteren Surren konnte man hören, dass er meine Frage verarbeitete. „Du hast selbst gesagt, dass, wenn sich für dich die Chance ergibt, dein Gedächtnis zu durchforsten, du sie nutzen würdest", beantwortete mir die kleine Maschine meine Frage. Ich wusste nicht mehr als vor der gestellten Frage, aber ich traute mich auch nicht noch einmal detaillierter nachzufragen. Mein Gedächtnis, wie es sich nannte, surrte weiter vor sich hin. Ich versuchte meine Gedanken zu ordnen, was mir nach diesen Ereignissen nicht sonderlich leicht fiel. Ich suchte nach den Fragen, die ich schon immer beantwortet haben wollte. Fragen wie: „War ich als Kind glücklich?", „Habe ich viele Fehler gemacht?", „Hätte ich einiges besser machen können?" Keine dieser Fragen wurde beantwortet. Die einzige Frage, welche mich zu diesem Zeitpunkt interessierte, fragte ich geradeheraus: „In was für einer Sprache ist die Aufschrift neben dieser komischen Anzeige?" – „Du kannst diese Zeile nur lesen, wenn du bereit dazu bist", antwortete die kleine Maschine surrend. Ich war ratlos, aber machte noch einen Versuch, die Schrift zu entziffern. Erfolglos. Nach einiger Zeit meldete sich die Maschine: „Es wird Zeit, in deine Welt zurückzukehren, du hast bewiesen, dass du geduldig bist. Behalte diese Tugend und wähle sie immer dann, wenn du sie am meisten benötigst." War das alles? Sollte das mein sagenhafter Besuch in meinem Kopf sein? Ich weiß nicht mehr als zuvor. Niemand wird mir glauben. Die Reise zu meinem Gedächtnis bleibt wohl eine geheimnisvolle Begegnung, nur für mich allein. Was also mache ich mit diesem Besuch, außer ihn zu vergessen?

Verena Wiedemann
Berufsschule V, Klasse St 10b

Der Fluch des bösen Trolls

Es war einmal ein wunderschönes Elfental. Dort schien das ganze Jahr über die Sonne und Blumen blühten in allen Farben. Alle Elfen lebten glücklich und zufrieden miteinander.
Wenn da nicht der böse Troll aus dem Gruselwald gewesen wäre. Er war der letzte seiner Art. Rote, zottelige Haare bedeckten seinen Kopf. Seine Haut war giftgrün und er hatte viele, viele Warzen. Im dunklen Wald lebte er in einer Höhle mit Spinne und Fledermäusen. Jeder, der sich dem Wald näherte, wurde von ihm augenblicklich in Stein verwandelt.

Eines Tages gingen die beiden Elfen Oleana und Lyria zum Beerensammeln. Sie liefen schon eine Weile umher, bis Oleana meinte: „Schau mal, Lyria, in diesem Wald gibt es sicher noch andere Beeren." Neugierig näherten sich die zwei kleinen Elfen dem Wald. Lyria sagte ängstlich: „Hier ist es dunkel, lass uns doch lieber umkehren." Doch es war zu spät. Der Troll sprang aus dem Gebüsch und starrte sie mit seinen gelben Augen an. Oleana verwandelte sich in Stein. Lyria versteckte sich blitzschnell hinter einem Felsen. Der Troll nahm Oleana auf seinen Rücken und schleppte sie in seine Höhle. Lyria begann fürchterlich zu weinen und dachte sich: „Wären wir doch nur nicht so weit weggelaufen. Ohne Oleana kann ich unmöglich zurück ins Tal. Sie überlegte ein paar Minuten, wie der Troll ihre Freundin verwandelt hatte. Plötzlich hatte sie eine Idee. Sie suchte in ihrer Tasche und fand einen kleinen Spiegel. Mutig machte sie ein paar Schritte in den Wald, um den Troll anzulocken. Sie musste nicht lange warten. Schon kam der Troll angesprungen. Als er sie mit seinen gelben Augen anstarrte, schloss sie blitzschnell ihre Augen und hob den Spiegel vor ihr Gesicht. Jetzt schaute der Troll sich selbst in die Augen und er verwandelte sich augenblicklich in Stein. Da der Bann nun gebrochen war, verwandelten sich alle Elfen zurück. Lyria hörte Oleana schon von Weitem rufen: „Lyria, du hast uns alle gerettet. Danke." Glücklich gingen die beiden zurück und sie feierten ein großes Fest.

Annika Böck
Fröbel-Grundschule, Klasse 4b

Die Zauberschuhe

Es war ein schöner Herbsttag. Tom und seine Mutter wollten zum Einkaufen gehen, denn Tom brauchte dringend wieder neue Schuhe. Hätten sie gewusst, was ihnen bei diesem Schuhkauf passieren würde, hätten sie lieber einen neuen Mantel ausgesucht.
Sie fuhren mit dem Auto los in die Stadt. Im Einkaufszentrum entdeckte Tom blauweiße Schuhe. Tom gefielen die Schuhe so sehr, dass er drängelte: „Mama, Mama ich möchte diese Schuhe und keine anderen. Bitte, bitte!" Die Mutter antwortete: „Wenn sie dir gefallen, dann bekommst du sie auch." Er probierte die Schuhe an und sie passten ihm sehr gut – wie für ihn gemacht. Die beiden gingen zur Kasse und bezahlten die Schuhe für Tom. Sie fuhren ganz schnell wieder nach Hause.
Tom zog die Schuhe an und ging hinaus auf die Straße. Doch er hatte ein sehr seltsames Gefühl. Er fühlte sich so, als ob er schwebe. Und Sekunden später hob er tatsächlich vom Gehweg ab und schwebte. Er bekam

so sehr Angst, dass ihm sein Herz in die Hose rutschte. Wie konnte es sein, dass er einen Meter über dem Weg flog, ohne Flügel oder Propeller? Tom bekam allmählich Panik und schrie: „Mama, hilft mir bitte! Hilfe!" Die Mutter rannte herbei und sah Tom.
Tom hüpfte in den Schuhen auf und ab wie ein Gummiball, bis die Schuhe wieder stehenblieben. Tom war schon total erschöpft. Und als die Schuhe eine Pause machten, zog er sie ganz schnell aus.
„Die tauschen wir gleich wieder um", sagte seine Mutter. Vielleicht sollten die beiden beim nächsten Einkauf darauf achten, in welchen Laden sie gehen. Über diesem Schuhgeschäft hing nämlich das Schild: „Zauberladen – Fantastische Schuhe heute im Sonderangebot".

Aylin Spengler
Realschule Maria Stern, Klasse 5c

Die fantastische Welt der magischen Wesen

Es war einmal ein kleiner Drache namens Feuerspei. Er war verspielt und immer gut drauf. Feuerspei flog täglich, um seine Flügel trainieren zu können. Da traf er jede Menge magische Wesen, die ihn begrüßten. Doch er hatte einen großen Wunsch: Er wollte unbedingt mal eine Prinzessin sehen. Feuerspei hatte schon einmal von einer Prinzessin gehört, die nicht weit entfernt lebte. Deshalb beschloss er zum Schloss zu fliegen. Feuerspei war nämlich ein sehr mutiger Drache. Endlich erreichte er das Schloss. Er wartete auf die Prinzessin. Ihr Name war Ella. Nach einiger Zeit kam sie aus dem Schloss heraus. Die Prinzessin erschrak, als sie Feuerspei sah. Sie blieb wie versteinert stehen. Feuerspei kam näher. Er nahm die Prinzessin auf den Rücken, flog mit ihr davon und bat sie bei ihm zu bleiben. Die Prinzessin konnte nicht bei ihm bleiben, aber trotzdem versprach sie ihm, immer seine Freundin zu sein. Doch er hatte ein großes Problem: Ein Prinz namens James versuchte immer den magischen Wesen zu drohen und sie zu jagen. Doch Feuerspei hatte keine Angst vor James. Er dachte immer: „Ich bin doch ein Drache! Er wird mir nichts antun! Ich heiße ja nicht umsonst Feuerspei!" Ella und Feuerspei hörten ein Geräusch. Er wollte Feuer speien. Doch die Prinzessin sagte, bevor er Feuer spuckte: „Nein! Wenn das James ist, wird er dich töten! Wir müssen uns verstecken!" Der kleine Drache und Prinzessin Ella flogen fort. Sie flogen zu seinem Lieblingsbaum, wo ein Loch war. Die beiden versteckten sich im Loch vor James. Feuerspei dachte nach: „Was, wenn James doch stärker ist?" Ihm gingen zu viele Gedanken durch den Kopf. Da kam eine Elfe mit einem Brief. Sie hatte ein Kleid aus grünen Blättern und blaue Augen. Ihre Schuhe waren rot und sie hatte eine weiß-pinke Blüte im Haar. Der Brief war für Feuerspei. „Was ist das? Ist das für mich?", fragte er. Die Elfe antwortete: „Ja, kleiner Drache." Er öffnete den Brief. Es war eine Einladung! Darin stand: „Mutiger Drache, ich junger Prinz James, fordere dich zu einem Duell am Hügel des Verderbens auf! Ich will, dass wir beim nächsten Sonnenuntergang kämpfen!" Feuerspei bekam Angst. Trotzdem flog er beim nächsten Sonnenuntergang mit Ella zum Hügel. Das Duell fing an. Beide waren sehr nervös … Feuerspei schoss Feuer aus seinem Maul. Es ging los! Sie kämpften sehr lange. James wurde verletzt. Er konnte nicht mehr. Feuerspei hat gesiegt! Aber Feuerspei war nicht glücklich. Er ging mit kleinen Schritten zu James. Er fragte: „Geht es dir gut? Soll ich dir helfen?" James schaute Feuerspei eine Weile an. Er erkannte, dass Feuerspei doch nicht so angsteinflößend war wie er dachte. James antwortete: „Dankeschön, kleiner Drache. Sehr großzügig von dir." Da kam die Prinzessin zu den beiden. Feuerspei fragte James: „Möchtest du vielleicht unser Freund sein?" James schaute ihn glücklich an. Da flogen sie davon. Sie freuten sich auf die Abenteuer, die sie erwarteten.

Nadja Lukic
Birkenau-Grundschule, Klasse 3d

Monster

Monster, die dein Blut aussaugen.
Monster, die dir Schrecken bereiten.
Monster, die in der Nacht auftauchen.
Monster, die in Träumen erscheinen.
Monster, die was Böses wollen.
Monster!

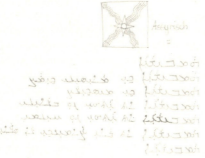

Nuhra Abnoel
Reischlesche Wirtschaftsschule, Klasse 8CM

Fantastisch – weltweit anders und doch gleich

fantastisch
fantastic
fantastique
fantastik
fantastiese
φανταστικός
masal
meraviljuż
fantastinen
iontach
fantastico

Elodie Walling
Mädchenrealschule St. Ursula, Klasse 6a

Die Einhörner in Gefahr

Tief in den Bergen war ein grauer Stein. Ein Einhorn stand daneben. Das Einhorn berührte den Stein mit seinem Horn und der Stein tauchte in dichten Nebel ein. Dann kam ein Bild zum Vorschein.
„Lisa, aufstehen", rief ihre Mutter. „Ich will aber noch ein bisschen schlafen", brummelte Lisa. „Du musst dich aber jetzt um dein neues Pony Polly kümmern". Sofort war Lisa hellwach, sie war nämlich Pferdenärrin. Sie mochte Einhörner noch ein bisschen mehr. Ihr ganzer Bücherschrank war nur mit Einhorn- und Pferdebüchern voll. Sie zog sich schnell an und ging dann raus zu Polly. Polly war schneeweiß und wunderschön! Sie holte einen Eimer mit Pferdefutter und setzte sich auf einen Futtersack. Sie wollte noch ihr Buch zu Ende lesen, doch da stutzte sie: Die nächste Seite war mit einer anderen Seite verklebt. Sie riss die Seiten vorsichtig auseinander und sah ein Rezept, auf dem Folgendes stand: „Man braucht eine Blume, das Haar eines Pferdes und den Zauberspruch. Er heißt ‚Dieses Pony, klein und fein, will jetzt ein Einhorn sein.'" Lisa versuchte es und prompt wurde Polly zu einem Einhorn. Lisa staunte nicht schlecht, als sie Polly als Einhorn sah. Polly konnte sogar sprechen. „Kannst du auch fliegen?", fragte Lisa Polly. „Natürlich", sagte Polly. „Wieso klingst du so traurig, Polly?" – „In unserer Einhornwelt herrscht Krieg. Die Bolia gegen die Einhörner! Und heute fängt er an", rief Polly traurig. „Aber können wir sie nicht aufhalten?", fragte Lisa. „Nein, das haben schon ganz viele versucht", bedauerte Polly. „Trotzdem sollten wir heute hingehen", sagte Lisa. „Ja, das denke ich auch", sagte Polly ganz aufgeregt. „Wann geht's los, Polly?" –

„Wenn möglich jetzt", sagte Polly wieder etwas trauriger. „Es werden jedes Jahr mindestens zehn Einhörner getötet" – „Das ist schrecklich", sagte Lisa. „Aber wir müssen los", rief Polly. „Okay, fliegen wir los." Als sie ankamen, war alles schon vorbreitet für den Krieg. „Komm", rief Polly, „wir müssen zum Chef." Der Chef hieß Arbran. „Hallo Polly", grüßte er Polly. „Arbran, ich habe meine Freundin mitgebracht, sie heißt Lisa." Lisa sagte zu Arbran: „Ich möchte nicht, dass hier Krieg herrscht, können Sie nicht etwas tun?" – „Ich nicht, aber es gibt eine Sage, in der steht, dass ein kleines Mädchen den Krieg aufhalten kann, wenn es zu dem Chef der Bolia geht und sagt, dass der Krieg Schwachsinn ist." – „Und Sie meinen, dass ich mich traue?", fragte Lisa Arbran. „Ja, das denke ich." – „Was, ist das nicht gefährlich?", fragte Polly. „Nur, wenn sie es falsch macht", sagte Arbran. „Ich werde es schaffen", machte Lisa sich Mut. „Wenn du es machen willst, musst du jetzt zu den Bolia gehen." – „Ja, ich werde es machen." – „Komm, ich zeige dir, wo du hin musst", sagte Arbran. Wenige Zeit später stand Lisa vor dem Chef der Bolia. Erst wusste Lisa nicht, was sie sagen sollte, aber dann sagte sie mit fester Stimme: „Krieg zu führen ist totaler Blödsinn!" – „Wieso mischst du dich in die Sachen ein?", rief der Chef der Bolia. „Weil mein Einhorn sehr unglücklich ist. Bitte sagen Sie ab, bitte, bitte, bitte!", sagte Lisa. „Und wieso sollte ich das tun?", sagte der Chef der Bolia. „Wenn Sie es nicht tun, werde ich allen erzählen, dass es Sie gibt!" – „Na gut, ich werde ihn absagen, aber nur unter einer Bedingung. Du darfst niemandem von uns erzählen, okay?" – „Das mache ich", freute sich Lisa. Sie ging zu den anderen und erzählte die schönen Neuigkeiten. Alle freuten sich so, dass sie die Zeit vergaßen. Als Lisa einen Blick auf die Uhr warf, erschrak sie! Es war schon elf Uhr. „Ähm, Polly, wir müssen nach Hause. Meine Eltern machen sich bestimmt schon Sorgen." – „Ja, ich möchte auch nach Hause." – „Tschüss, Arbran!", sagten Polly und Lisa wie aus einem Mund. Als sie zu Hause ankamen, gab es Ärger, aber dann sagte Lisa schnell, dass sie ins Bett müsse. Sie schlief gleich ein und träumte von ihrem Erlebnis. Das Einhorn berührte wieder den grauen Stein und er war wieder genauso wie am Anfang.

Carla von Mirbach
Lichtenstein-Rother-Schule, Klasse 3

Lachende Drachen

Schau mal, wie die vielen Drachen
sooo laut lachen.
Aber sie spucken kein Feuer

und sind keine Ungeheuer.
Letztens flogen sie über den Siebenmischwald
– da war es bitterkalt.
Sie kamen zum Minigolfplatz
und machten dort großen Rabatz.
Sie wollten die Kinder necken
und spielten mit ihnen Verstecken.
Besonders gefallen hat ihnen der Klaus,
den nahmen sie zu sich mit nach Haus.
Sie flogen mit ihm zum Jakobertor,
dort hatten sie einiges mit ihm vor.
Weil sie so gerne lachten,
musste Klaus Folgendes machen:
Witze erzählen bis spät in die Nacht,
das hat ihnen allen viel Spaß gemacht.
Sogar dem Klaus,
doch er wollte dann trotzdem nach Haus.
So flogen sie ihn wieder zurück.
Von da an hatte er immer viel Glück.

Leon Speer
Elias-Holl-Grundschule, Klasse 3a

Der gefährliche Drache

Höchste Aufregung herrschte an einem wolkigen Tag in der Burg. „Der Drache hat schon wieder eines der Bauernhäuser niedergebrannt!", rief Ritter Heinrich, als er in den Saal vom König stürmte. Der König bebte vor Wut. Er brüllte: „Irgendjemand muss ihm das Handwerk legen! Schick sofort deine Ritter los, Ritter Heinrich!" – „Ja, Sir! Ich werde den Drachen besiegen", versprach Ritter Heinrich.

Er lief hinaus und rief seinen Männern zu: „Los, wir haben den Befehl den Drachen zu besiegen! Holt die Pferde, wir brechen auf!" Sie brachten gehorsam die Tiere. „Wo wohnt der Drache eigentlich?", erkundigte sich einer der Männer. Heinrich antwortete: „Im finsteren Wald, in einer großen Höhle. Der Drache ist nämlich zehn Meter groß." Nach einem Zehnminutenritt kamen sie vor der Höhle des Drachens an. „Die ist ja finster", jammerte einer der Ritter. „Kommt jetzt!", flüsterte Ritter Heinrich. Da stoppte er urplötzlich. „Der Drache schläft, seid still!", ermahnte er. Einer der Männer rief: „Den machen wir platt!" Da schreckte der Drache hoch. Er sah mit aufgerissenen Augen in die Richtung, wo die Ritter standen. Er spuckte einen Schwall Feuer, als er sie erblickte. Die Ritter konnten gerade noch ausweichen. Dann schoss er eine seiner spitzen Stacheln ab, doch er traf nicht. Der Drache schoss noch einen Feuerstrahl, doch alle wichen mühelos aus. Noch in diesem Moment sah Ritter Heinrich seine Chance. Er schmiss sein Schwert mit voller Wucht auf den Drachen und es durchbohrte dessen Herz. Jetzt freuten sich die geretteten Ritter. Sie liefen fröhlich aus der dunklen Höhle und sprangen auf ihre Pferde. Sie ritten laut plaudernd zurück. Als sie an der Burg ankamen, jubelten ihnen alle zu. Jetzt konnten sie fröhlich weiterleben bis ans Ende ihrer Tage.

Jost Rittner
Franz-von Assisi-Schule, Klasse 4 lila

Die Krokodile mit den blauen Schuhen

Vor langer Zeit lebte das Schlossgespenst Wippo gemeinsam mit seinen Eltern im Schloss Lavenstein. Um das Schloss herum führte ein tiefer Wassergraben. Eines Tages machte sich Wippo allein auf den Weg zu einem Spaziergang. Plötzlich sah er einen grellen Blitz am Himmel. Es landete ein Ufo. Langsam öffnete sich die Tür. Es stiegen drei lila Krokodile mit grünen Augen und blauen Schuhen aus. Obwohl Wippo ein Gespenst war, hatte er ein bisschen Angst. Die Krokodile kamen blitzschnell auf ihn zu. Jetzt standen ihm sogar seine wenigen Haare zu Berge. Ein Krokodil machte sein riesengroßes Maul auf, aber flüsterte: „Entschuldigung, wir kommen vom Saturn und brauchen dringend deine Hilfe!" Wippo war sprachlos. Endlich stotterte er: „Wie kann ich euch helfen?" Das Krokodil antwortete: „Unser bester Freund ist sehr krank, nur ein Eimer Wasser kann ihm helfen, denn dieser hat auf dem Saturn magische Kräfte." Schnell holte Wippo einen Eimer aus der Schlossgarage und füllte ihn am Wassergraben voll. Freudig überreichte er den Eimer mit Wasser den Krokodilen. Sie bedankten sich und flogen wieder zum Saturn zurück. Wippo winkte ihnen noch nach. Danach rannte er zurück zum Schloss. Seine Mutter fragte ihn: „Wie war denn dein Ausflug?" Wippo antwortete: „Schön, aber du wirst mir nie glauben, was ich erlebt habe!"

Sarah Abstreiter
Luitpold-Grundschule, Klasse 4c

Freundschaft ist fantastisch!

Im Dschungel war der Fasching nah. Alle Tiere des Dschungels durften sich verkleiden, nur der kleine Leo lag krank im Bett. „Leo, mein Kind, ist das Schnupfhalsfieber immer noch nicht weg?", fragte seine Mutter besorgt. Schniefend antwortete Leo: „Ja, ja, es geht schon, Mama, darf ich zum Fasching?" – „Leider nein, du bist ja noch krank", sagte die Mutter. „Leo, Leo, wo bist du denn?", rief Leos Freundin Anna, die kleine Affengerofantin und kam in die Höhle. „Oh, bist du krank?", fragte sie. „Haptschiiiiii, ja ich bin krank", sagte Leo heiser. „Oh, du Armer, dann kannst du dich ja gar nicht verkleiden", meinte Anna. Da hatte Anna eine geniale Idee und sie hatte es auf einmal sehr eilig. „Tschüss, Leo! Und gute Besserung!" rief Anna. Sie trommelte alle Freunde von Leo zusammen und flüsterte jedem etwas ins rechte Ohr. Am nächsten Tag war es dann soweit. Fasching! Die Grillenkapelle und der Fröschechor spielten die Dschungelhymne. Leo war immer noch krank, aber was war das? Die Kapelle marschierte mit dem Chor und Leos Freunden zu Leos Höhle. Leo krabbelte aus dem Bett. Seine Freunde waren lustig verkleidet. Anna hatte eine rote Clownnase, die Grillenkapelle hatte rosa Tütüs an und im Chor waren alle als Quarktaschen verkleidet. Leo freute sich über die tolle Überraschung. „Danke, danke, dass ihr an mich gedacht habt", sagte Leo glücklich. Freundschaft ist fantastisch!

Johanna Herold
Grundschule Hammerschmiede, Klasse 4c

Der gestohlene Käse

O schaurig ist es in diesem Haus,
wie die Katzen schnurren,
ich bin nur eine kleine Maus,
höre ihre Mägen schon knurren.
Wie ich meinen Käse liebe,
doch er wurde mir gestohlen.
Die Diebe verdienen Hiebe,
das habe ich meinen Freunden befohlen.
Doch diese kamen nicht zurück,
oje, oje!
Ich wollte doch nur essen, das goldene Stück.
Da kam plötzlich eine Fee,
die sagte: „Du hast einen Wunsch frei."
Ich wünschte mir, stark zu sein wie ein Elefant.
Schon bekam ich ganz viel Kraft, um die Katzen schlagen zu Brei.
Ich war zwar entbrannt, aber dachte bei mir „Ich sollte nicht gleich mit dem Kopf durch die Wand."

Die Fee sagte nun zu mir „Du bist ein Tier mit viel Verstand.
Du brauchst keine Kraft."
Und ich merkte, wie meine Stärke schwand.
Dennoch ließ sie mir ein Geschenk da.
Es war ein Wollknäuel,
wie ich sah.
Verärgert rief ich: „Wozu brauche ich dieses Knäuel?"
Doch dann fiel mir ein, man könnte die Katzen ablenken,
und das fand ich ziemlich toll.
Ich nahm das Knäuel und beobachtete die Katzen.
Dann fragte ich mich: „Haben sie mich schon gerochen?"
Denn ich hoffte, dass sie mich nicht zerkratzten.
Dann habe ich mich erst einmal verkrochen.
Ich warte auf den richtigen Moment,
erst dann kann ich die Wolle werfen.
Nun merke ich, sie kommen!
Der Knäuel in meiner Hand wiegt auf einmal viele Tonnen.
Jetzt ist er da, der richtige Moment:
Ich werfe mit aller Kraft den wollenen Ball,
denn ich habe Talent.
Er trifft auf eine Flasche, die runterfällt mit Knall,
die Katzen lassen verschreckt den Käse fallen aus ihrem Maul,
und rasen hinaus.
Ich packe mein Prachtstück, denn ich bin nicht faul.
Bin ich nicht die Größte, ich, die kleine Maus?

Manuel Albrecht
Jakob-Fugger-Gymnasium, Klasse 7b

Das Land ohne Farben

Es war einmal eine Prinzessin namens Lilli, die im farbenprächtigen Königreich Regenbogenland wohnte. Sie war verlobt mit Prinz Leonard aus dem Nachbarreich.
Tief in den grauen Bergen lebte der Schwarze Magier, der Farben über alles hasste. Farben schwächten ihn, schwarz-weiß dagegen machte ihn stark und mächtig. Deswegen wollte er alle Farben vernichten und mit der dadurch gewonnenen Kraft die Welt beherrschen.
Der Magier sprach einen Zauber aus, der in der Mitte des Reiches begann alle Farben aufzulösen und sich langsam kreisförmig ausbreitete. Dieser Ort war das Schloss der Königsfamilie und zufällig stand Prinzessin Lilli

genau in der Mitte und wurde als Erstes getroffen. „Aaah!" schrie sie entsetzt, „was passiert mit mir?" Sie wurde plötzlich schwarz-weiß und war der Anfangspunkt der Entfärbung. Prinz Leonard wollte seine Verlobte besuchen und kam kurze Zeit nach dem Zwischenfall zum Schloss geritten und sah, was passiert war. „Komm mir nicht zu nah!", rief Lilli, „Sonst erwischt es dich auch." Die übrige Königsfamilie, die auch schon farblos geworden war, war ganz erschüttert und bat Leonard um Hilfe. „Geh schnell zur Bunten Fee und bitte sie um Rat." Die Bunte Fee war landesweit bekannt für ihre guten Taten. Prinz Leonard ritt so schnell er konnte zum Haus der Bunten Fee und erzählte ihr von dem Problem. Die Fee kannte die Tricks des Schwarzen Magiers und wusste zu helfen. „Gegen die Macht des Magiers hilft nur die Kraft des Feuerdrachen-Farbstrahls", sagte sie. „Dazu müssen die drei Drachen der Grundfarben sich an einem magischen Ort vereinen." Sie wollte den Prinzen begleiten, um ihm zu helfen, die Feuerdrachen zu finden und sie zu überzeugen, dass er nichts Hinterlistiges vorhatte. Sie schwebte neben dem reitenden Prinzen her und so kamen sie bald zur gelben Höhle des Gelben Drachen.

In der Zwischenzeit hatte sich der Fluch weiter ausgebreitet und weite Teile des Landes waren bereits schwarz-weiß.

Die gute Fee überzeugte den Gelben Drachen mitzugehen und zu helfen. Gemeinsam gingen sie weiter zum Roten Drachen. In seiner roten Höhle überredeten sie auch ihn mitzugehen. Schließlich kamen sie zur blauen Höhle. Dort trafen Sie auf den Blauen Drachen. Als dieser seine Drachenfreunde sah, ahnte er schon, dass etwas passiert war und musste nicht überzeugt werden. „Los gehen wir. Beeilen wir uns!", sagte er. So eilten sie gemeinsam zum magischen Ort, dem Platz der Vereinigung. Unterwegs erklärten sie dem Prinzen den Plan: In der Mitte des magischen Platzes stand eine Steinpyramide mit drei Seiten. In jeder Seite steckte ein farbiger Kristall: ein gelber, ein roter und ein blauer Stein. Jeder Drache musste auf den jeweils passenden Kristall seine rechte Vorderpfote legen. Die linken Pfoten kamen übereinander auf die Pyramidenspitze. „Damit wird der Gegenzauber aktiviert", erklärte die Bunte Fee.

Derweil hatte der Fluch schon die gelbe Höhle erreicht, die am nächsten zum Landesinneren lag. Die verzweifelte Lilli machte sich große Sorgen. „Hoffentlich schaffen sie es", wimmerte sie ganz schwach.

Endlich kam die Truppe am Platz der Vereinigung an. Die Drachen legten ihre Pfoten auf die Pyramide und um sie herum begann es bunt zu qualmen. Bald sah man die Hand vor Augen nicht mehr. Als sich der Qualm etwas verzogen hatte, kamen drei neue Drachen in den Mischfarben grün, orange und lila zum Vorschein. Sie standen zwischen den zugehörigen Drachen der Grundfarben. Dann spukten alle Drachen gleichzeitig einen prächtigen Feuerstrahl ihrer Farbe in den Himmel. Diese vereinten sich zu einem leuchtenden regenbogenfarbigen Ring, der sich dann als Farbbogen über den Platz wölbte.

Am Rand des Platzes stand ein Springbrunnen, aus dessen kegelförmiger Mitte Wasser in ein rundes Becken lief. Das Ende des Farbbogens traf auf den Kegel des Brunnes und umschloss ihn. Das Wasser leuchtete daraufhin farbenfroh und geheimnisvoll. Freudig deutete die Bunte Fee auf das verwandelte Wasser und rief: „Der Gegenzaubertrank! Bald wird alles wieder gut." Diesen musste nun die Prinzessin, die der Beginn der Verwandlung war, trinken und damit alles rückgängig machen.

Mittlerweile war auch die rote Höhle von dem Fluch betroffen. Sie mussten sich beeilen.

Der Prinz füllte eine Kristallflasche mit dem Zaubertrank. Zum eigenen Schutz trank er selbst einen großen Schluck davon und gab auch seinem Pferd davon zu trinken. Er ritt ganz schnell zum Schloss. Prinzessin Lilli wartete voller Sorge. Endlich angekommen flößte Leonard der schwachen Lilli den Zaubertrank ein. „Hier trink das!", sagte er. „Das wird uns retten." Und tatsächlich bekam Lilli bald wieder Farbe und alles um sie herum auch. Das Regenbogenland war gerettet!

In der Zwischenzeit wollte der Schwarze Magier die Drachen aufhalten und kreuzte aus Versehen den magischen Farbstrahl. Dadurch wurde er ganz bunt und seine gute Seite kam zum Vorschein. Er nannte sich fortan der Bunte Magier und tat nur noch Gutes.

Prinzessin Lilli und Prinz Leonard heirateten kurze Zeit später und alle kamen zu einer farbenfrohen Hochzeitsfeier. Selbst die Drachen feierten mit. Und sie lebten alle glücklich bis ans Ende ihrer Tage.

Daniel Brand
Jakob-Fugger-Gymnasium, Klasse 5b

Freundschafts-Elfchen

Freunde
sind fantastisch!
Sie helfen immer.
Zusammen sind wir stark.
Sensationell!

Berdan Dalyan, Klemens Kefale, Jemy Pham,
Leticia Bastos und Michelle Stetter
Grundschule Centerville-Süd, Klasse 2c

Die Welt der Fantasie

Prinzen, Ritter, Zauberer, Drachen
sind ganz fantasievolle Sachen.
Kinder sind davon entzückt,
manche sogar ganz verrückt!
Prinzen retten die Prinzessin
vor dem Zauberer ganz wild,
doch dann werden sie verwandelt
in ein Vögelchen, das trillt.
Ritter kämpfen gegen Drachen
und die große Feuerwut,
Drachen, die zerstören Sachen,
nehmen Rittern allen Mut.
Ja, so ist das mit den Helden,
doch gewinnen tun die doch,
schlagen mit den Schwertern tapfer
in des Drachen Haut ein Loch.
Während ganz normale Kinder
in der Schule sitzen steif,
werden Helden ausgebildet
für die Fantasiewelt reif.

Lisa Schmidt
Maria-Theresia-Gymnasium, Klasse 7c

Drei magische Elemente

Es war vor langer Zeit, da lebte Aaron mit seiner Mutter in einem alten Haus. Die Mutter war sehr krank und benötigte dringend eine Medizin. Da sie jedoch kein Geld hatten, um die Arznei zu kaufen, ging Aaron in den dunklen Wald um Heilkräuter zu suchen. Er fand aber keine. Als er sich schon ganz mutlos auf den Heimweg machen wollte, flog eine kleine Fee vorbei. Sie zwitscherte: „Hole im verfallenen Haus der steinalten Hexe drei Blätter von der Blume des Lebens! Dann wird deine Mutter wieder gesund." Als Aaron dies hörte, wusste er sofort, was er zu tun hatte: Er musste eine Schlafsuppe anrühren! Er kannte das Rezept und würde damit die Hexe überlisten. Die Zutaten zu finden, war allerdings sehr schwer. Zuerst brauchte er drei goldene Haselnüsse. Ewig suchte er danach, aber als er fast schon am Aufgeben war, bemerkte er plötzlich ein flinkes Eichhörnchen. Es hopste von Ast zu Ast und nuschelte: „Soll ich dir helfen?" Erleichtert wollte Aaron zustimmen, als er auf einmal bemerkte, dass das Medail-

lon, das er immer bei sich trug, rot blinkte. Höchste Vorsicht war geboten! Er murmelte: „Rote Kette sagt zu mir, das rechte Tier ist noch nicht hier." Da gab es einen lauten Knall und an der Stelle, an der das Eichhörnchen gestanden hatte, lagen jetzt drei goldene Haselnüsse. Aaron dachte: „So mache ich es auch bei den weiteren Zutaten, die ich noch brauche." Nur, dass bei den drei goldenen Trüffeln ein Wildschwein auftauchte und bei den drei goldenen Grashalmen ein Hirsch. Jedes Mal beschützte ihn sein Medaillon, so dass er schließlich alle Zutaten beisammen hatte.
Frohgemut ging Aaron an eine Lichtung, richtete sich ein Schälchen her und mixte alles zusammen. Als er damit fertig war, sah die Masse irgendwie wie Gemüsesuppe aus. Damit machte er sich auf den Weg zur Hexe. Bald hatte er das verfallene Haus erreicht und schlich sich an. Sein Herz klopfte bis zum Hals. Würde ihn die böse Alte bemerken? Oder würde er sein Ziel erreichen? Da stand sie in ihrem Garten und hackte Feuerholz. Mit der Suppenschale im Anschlag schlich Aaron noch näher. Knack, ein Ästchen, auf das er getreten war, zerbrach und die Hexe drehte sich um. Aus bösen Augen blickte sie ihn an und murmelte: „Abrakadabra …" Doch Aaron zögerte keinen Moment und kippte die Schlafsuppe über die Hexe. Diese fiel um und schlief sofort ein. Blitzschnell rannte er in das Haus und holte sich als verdienten Lohn die drei Blätter der Blume des Lebens. Die Hexe aber sperrte er in einen Käfig und nahm ihr den Zauberstock ab. „Den kann ich bestimmt noch gut gebrauchen", dachte er. Glücklich ging Aaron nach Hause und heilte seine Mama. Und wenn sie nicht gestorben sind, dann leben sie noch heute.

Jona Kitzinger
Wittelsbacher Grundschule, Klasse 4a

Der Fahrradmensch

Am Freitag machte ich einen Spaziergang im Park. Da sah ich einen Fahrradmenschen. Sein ovaler Kopf war der Lenker und ein Auge war die Klingel. Sein Rücken war der Sattel und die Füße waren zwei Räder. Da keiner auf ihm saß, stieg ich auf ihn. Aber auf seinem Rücken vertrug er anscheinend keine Menschen und als ich an der Klingel drehte, schrie er noch viel lauter, als ein Hahn krähen kann. Ich beruhigte ihn und bald erlaubte er mir, dass ich auf seinem Rücken nach Hause fuhr. Ich fütterte ihn mit Rosinen. Nach einiger Zeit wurden wir beste Freunde. Er wollte bei mir bleiben. Wir fuhren noch oft miteinander.

Stefan Dempf
Franz-von Assisi-Schule, Klasse 3 orange

Die Reise

Als ich eines Tages mit meinem Hund Charley im Wald spazieren ging, warf ich einen Stock, den Charley holen sollte. Der Stock flog so weit, dass ich ihn nicht mehr sehen konnte. Mein Hund rannte schnell hinterher. Nun sah ich ihn auch nicht mehr. Ich wartete fünf Minuten lang, doch er kam nicht wieder zu mir zurück. Ich machte mir große Sorgen. Danach beschloss ich, ihn zu suchen. Nach langem Suchen fand ich ihn vor einem goldenem Tor stehen. Er stürzte sich hinein und ich folgte ihm. Da war ich in einer anderen Welt.

Ich war immer noch in einem Wald. Doch er war anders. Es duftete wie in einer Konditorei. Die Blumen sahen wie Zuckerwatte aus und es flogen viele kunterbunte Vögel herum. Es war sehr heiß und die Sonne schien. Danach erblickte ich eine Herde voller Einhörner. Sie hatten alle eine andere Farbe. Eines war weiß, das andere rosa, das daneben blau. Sie waren einfach wunderschön. Dann lief ich zu ihnen. Jetzt streichelte ich das rosarote Einhorn. Es begrüßte mich freundlich: „Ich habe dich erwartet." Ich erstaunte: „Wieso kannst du sprechen?"– „Wir haben alle diese Begabung", antwortete das Tier. Nach einigen Sekunden fragte es, ob ich auf ihm reiten wolle. Ich konnte nicht widerstehen und wir ritten los. Nach einem langen Ritt merkte ich, dass es schon spät wurde. Ich sagte es ihm und es brachte mich zum Tor. Wir verabschiedeten uns. Ich ging durch das Tor. Auf einmal lag ich in meinem Bett. Es war alles nur ein Traum gewesen.

Tuana Güngör
Birkenau-Grundschule, Klasse 4b

Mein größter Wunsch

Eines Tages ging ich mit meinem Vater in den Wald zum Pilzesuchen. Wir kamen auf eine wunderschöne Lichtung, auf der Pilze wuchsen, die einfach perfekt aussahen. Ich ging auf einen sehr großen Pilz zu und wollte ihn abschneiden. Doch plötzlich hörte ich eine ganz leise Stimme sagen: „Bitte, bitte schneide den Pilz nicht ab, er ist mein Haus und ich habe gerade Nachwuchs bekommen." Ich bückte mich und sah den Pilz genauer an. „Oh Schreck, was ist das?" Ich glaubte nicht richtig zu sehen, denn auf dem Pilz saß eine Fee. Sie sagte, wenn ich den Pilz nicht abschneide, erfülle sie mir einen Wunsch. Natürlich wusste ich sofort, was ich mir wünschen würde. Also ließ ich den Pilz stehen. Als ich mit meinem Papa wieder nach Hause kam, erwartete mich meine Mama schon. „Komm, komm schnell, ich habe eine Überraschung für dich." Ich folgte ihr in den hinteren Garten.

Ich konnte es kaum glauben, da stand wahrhaftig ein Pferd. Somit war mein größter Wunsch endlich in Erfüllung gegangen.

Carolin Welkner
Grundschule Firnhaberau, Klasse 4a

Der kleine Zwurg

Auf einer hohen Burg
überm tiefen Rhein
wohnt ein kleiner Zwurg,
der lebt dort ganz allein.
Der Zwurg, der führt ein Schwurt,
das spaltet jeden Stein.
Sein Name war wohl Kurt …
Moment, da fällt mir ein,
das Schwurt war mehr ein Schwert,
das spaltet Stein und Bein,
seins hieß wohl Gerd,
das kann nicht anders sein.
Es war wohl doch kein Zwurg,
viel eher war's ein Zwerg.
Dann war's doch keine Burg,
sondern bloß ein Berg.
Dann war der Fluss auch nicht der Rhein,
es muss der Main gewesen sein.

Felix Weinkamm, Raphael Wannenwetsch und Daniel Müller
Werner-von-Siemens-Grundschule, Klasse 4b

Geheimnis auf dem Dachboden

Nina war zu Besuch bei Oma Berta. Ihre Eltern waren übers Wochenende nach Berlin gefahren. Sie freute sich immer sehr, bei ihr zu sein. Oma Berta bat sie: „Nina, würdest du mir mein Kleid vom Dachboden holen?" Nina rief: „Klar, mach ich, Omi!" Und schon sauste sie die Treppe hinauf. Auf dem Dachboden fand sie eine Dose. Neugierig öffnete sie diese. Oh, was passierte da Geheimnisvolles? Es machte: „PIFF! PAFF! PUFF!" Da kam plötzlich ein Zirkusdirektor aus der Dose heraus. Nina erschrak sich fast zu Tode und bekam Herzklopfen. Nun fing er auch noch an zu reden. Er wisperte mit tiefer Stimme: „Wer bist du, kleines Mädchen?" Nina stotterte: „Ich … ich bin Nina." Die Gestalt antwortete: „Darf ich mich vorstellen, mein Name ist Edgar, ich bin Zirkusdirektor vom Zirkus Kolowski. Komm mit mir mit! Ich zeige dir meinen Zirkus!" Und ohne auf eine Antwort zu warten, nahm er Nina an der Hand, stieg in die Dose und zog sie mit sich. Es machte erneut: „PIFF! PAFF! PUFF!" Und die beiden landeten auf der Wiese vor dem Zirkuszelt. Nina fragte aufgeregt: „Ist das dein Zirkus?" und bestaunte das bunte Zirkuszelt mit den vielen kleinen Lichtern dran. Edgar antwortete stolz: „Ja, das ist er. Die nächste Vorstellung beginnt schon in fünf Minuten", fügte er hektisch hinzu. „Willst du mit und zuschauen?" Freudig rief sie: „Natürlich!" Welch eine wunderbare Gelegenheit das für sie war! Als die Vorstellung begann, schaute sie sich alles ganz genau an, denn so was Tolles hatte sie bis dahin noch nie gesehen. Sie lachte über lustige Clowns und fürchtete sich vor weißen Tigern. Oh, was passierte denn da plötzlich! Welch ein Schreck! Da fiel ein Akrobat vom Trapez, der sich gerade noch hin- und hergeschwungen hatte. Der Direktor rief: „Nina, komm schnell! Wir brauchen dich!" Und Nina durfte für den Verletzten auftreten. Mutig betrat sie die Zirkusarena. Schnell erklärte der Direktor, was zu tun sei. Furchtlos klettere sie die lange Leiter empor und schwang sich von Trapez zu Trapez, als wäre alles schon Jahre lang geübt! Mitten in einem Schwung rief plötzlich eine wohlbekannte Stimme: „Nina, mein Schatz, wo bleibst du denn?" Verwirrt riss sie ihre Augen auf und wusste zuerst nicht, wo sie war. Sie schaute sich um, sah viel Gerümpel, einen alten Schrank und einen zusammengerollten Teppich. Sie saß vor einer bunt bemalten Keksdose, die bis oben hin voller gut riechender Kekse war. Da war sie wohl eingeschlafen! Schnell schnappte sie sich einen Keks, holte das Kleid aus dem schönen, alten Bauernschrank und lief flink die Treppe hinunter. Schnell brachte sie ihrer Oma das Gewand. Aber das, was sie Wundersames im Dachboden erlebt hatte, blieb ihr Geheimnis.

Laura Mutz und Greta Toth
Wittelsbacher Grundschule, Klasse 4c

Das Geheimnis der Kobra

Auf einer kleinen Waldlichtung war ein fantastisches Licht. Es leuchtete in tausend glitzernden Farben. Hier herrschten die Kobras mit ihren Fantasien und Geheimnissen. Das Glitzern kam von den Bäumen, die ihr regenbogenfarbenes Licht auf die Schuppen der Kobras warfen, so dass es fantastisch funkelte. Am Rande der Lichtung war die versteinerte Quelle. Sie bestand aus einem violetten Stein, über den das goldglitzernde Quellwasser sprudelte. Die schönste und mächtigste Kobra war

Glitzerstein. Sie war leuchtend grün und hatte eine feuerrote Schwanzspitze. Sie war bei allen Kobras beliebt – bis auf eine. Diese Kobra hieß Giftstachel. Immer wieder versuchte Giftstachel Glitzerstein anzugreifen. Dafür hegte sie grausame Pläne. Es war finstere Nacht, als die schwarze Kobra Giftstachel loszog. Sie schlängelte auf den hellorangen Baumstupf, in dem Glitzerstein wohnte, zu. Dann legte sie ein Seil vor den Baumstumpf und verschwand, doch Glitzerstein zerbiss die Schlinge und war frei. Da tobte Giftstachel und zerfiel in tausend Teile.

Marie-Christin Koppold
Franz-von Assisi-Schule, Klasse 3 blau

Lila Wolken

Naiv wie wir sind versuchen wir in lauen Sommernächten die Sterne zu zählen, weil es uns glauben lässt, dass das Universum ein Ende hat,
doch was nützt es uns, wenn wir es jeden Abend tun, weil wir Zahlen vergessen und doch davon überzeugt sind, dass es neue Sterne gibt,
wenn vor funkelnden Diamanten plötzlich lila Wolken aufziehen und uns zu verstehen geben, dass die Nacht viel zu kurz ist, um sie alle zu zählen,
wenn unsere Gespräche nur noch in die Wüste führen,
dann sollten wir erkennen, dass es Zeit ist, den Tag endgültig zu beenden,
so tief uns der Abschiedsschmerz in den Gliedern sitzen wird,
so sehr wir uns wünschen, niemand würde je unser Zusammentreffen vergessen
jeder solle sich auch nach Jahren noch erinnern, wie wir damals gemeinsam Geschichte geschrieben haben
nicht wichtig für den Rest der Welt
nein, nur für uns
um unserem Gedächtnis wieder eine Aufgabe zu geben
damals, als wir versucht haben, unser Leben zu verändern und es doch nur ein Wunsch war
nichts, was Hand und Fuß gehabt hätte
als Träume noch vor uns lagen
nicht schon ausgeträumt und begraben
als Zukunft noch verheißungsvoll und schön klang
wir, voller Hoffnung auf ein Leben nach unseren Vorstellungen
doch letztendlich hat uns das Schicksal irgendwo wieder ausgespuckt
irgendwo wo es keinen Anker gibt
nichts was uns irgendwie das Gefühl gibt, angekommen zu sein
Träume leben ist schwer

und wenn dann der Traum irgendwann zum Albtraum wird
dann sitzen wir wieder auf dem Dach
aber wir blicken nicht mehr in den Himmel, sondern auf die Dächer
und wir reden nicht mehr über die Zukunft, sondern über das Vergangene
früher war alles besser
das wird unser Standardsatz, unsere Lebensweisheit
früher war alles anders

Luisa Sako
Maria-Theresia-Gymnasium, Klasse 10c

Der Zauberstein

Vor langer, langer Zeit lebte einmal ein Mädchen namens Johanna. Sie wohnte allein mit ihrer Großmutter in einem kleinen Haus am Wald. In der Nähe gab es einen Strand.
Johannas Eltern waren schon gestorben. Darüber war sie oft sehr traurig. Ihre Großmutter war sehr alt und weise. Sie erzählte Johanna immer wieder wunderschöne Märchen. Eines Morgens sprach sie: „Ich hörte von einem goldenen Stein, der auf einer einsamen Insel liegen soll. Er besitzt magische Zauberkräfte und kann deine Eltern wieder lebendig machen. Geh, Kind, mach dich auf die Suche nach dem Stein. Er liegt hoch oben auf einer Palme. Viele haben schon versucht ihn zu finden, jeder kam jedoch mit leeren Händen nach Hause." – „Aber", rief Johanna ganz erschrocken, „ich ganz allein?" – „Ja, Kind, nur du ganz allein kannst den goldenen Stein finden. Das habe ich im Gefühl."
Johanna hatte keine Wahl. Und so ging sie los, immer der Nase nach, bis sie am Strand auf einen Fährmann traf. Sie fragte ihn: „Hallo Fährmann, du bist doch so oft am Meer. Kennst du nicht eine verlassene Insel, von der man sich erzählt, dass dort ein Schatz ruht?" – „Oh ja", rief der Fährmann, „wenn du willst, leihe ich dir mein Ersatzboot!" – „Gerne", sagte Johanna froh. Sie ließ sich vom Fährmann den Weg erklären, dann paddelte sie los. Sie fuhr drei Tage und drei Nächte mit dem Boot. Am Morgen des vierten Tages erblickte sie am Horizont eine Insel. „Juhu!", rief Johanna außer sich vor Freude. Gegen Mittag war sie dann endlich da. Im seichten Wasser stieg sie aus, zog das Boot an Land und band es an einer Palme fest. Der Duft exotischer Blumen stieg ihr in die Nase. Auch Kokosnüsse gab es hier. Johanna lief ein bisschen den Strand entlang, bis sie zu einer verlassenen Hütte kam. Vorsichtig öffnete sie die knarzende Tür. Im Inneren saß ein … ja, was war das für ein Wesen? Es sah eigentlich aus wie ein Vogel, hatte aber einen goldenen Schnabel und

seine Federn glänzten in den verschiedensten Farben. Johanna blieb vor Staunen der Mund offenstehen.

„Guten Tag. Wie geht's?", fragte das seltsame Tier. „Äh, ja, mir geht's gut", stotterte Johanna erschrocken. „Was bist du denn für ein komischer Vogel?" – „Ich bin ein Rumisalynopatirus", antwortete der Vogel. „Bitte was?", fragte Johanna sehr verwirrt. „Ein Rumisalynopatirus. Das bedeutet so viel wie ‚der Schatzhüter'", krächzte der Vogel. „Der Schatzhüter? Heißt das, dass es hier einen Schatz gibt?" – „Oh ja, und wie es hier einen Schatz gibt! Wahrscheinlich willst du ihn haben, oder?", fragte der Vogel ahnungsvoll. Johanna meinte: „Ja, ich brauche ihn. Wo finde ich den goldenen Stein?" – „Nun mal nicht so schnell", bremste der Schatzhüter Johannas Tatendrang. „Zuerst musst du mir drei Kokosnüsse bringen." So machte sich Johanna auf den Weg. Schon nach kurzer Zeit fand sie eine Palme, die ihr passend erschien. Bloß – wie sollte sie da hinaufkommen? Als hätte es ihre Gedanken gelesen, kam ein Äffchen angeflitzt. Es tat das, was Johanna sonst hätte tun müssen. Plop, plop, plop – schon lagen drei Kokosnüsse am Boden. Schnell lief Johanna mit ihnen zum Vogel. Dieser meinte: „Klopf mit deinen Händen dreimal auf jede Kokosnuss. Dann werden wir sehen, ob ich dir den goldenen Stein geben darf." Johanna tat wie der Vogel ihr geheißen. Seltsam, bei jedem Klopfen entstand kein raues Bum, nein: Mit jedem Schlag erklang ein wunderschöner Ton. Als die kleine Melodie verklungen war, rief der Vogel: „Dir darf ich den Schatz geben! Die Kokosnüsse haben mir gezeigt, dass du die Richtige bist. Alle anderen, die hier waren, wollten mit dem Stein nur Reichtum ergattern. Du aber hast etwas ganz Besonderes vor, oder?" – „Ja, ich will mit ihm meine Eltern zum Leben erwecken", sagte Johanna. „Gut", meinte der Vogel. „Der Schatz liegt auf der Palme, an der du dein Boot festgebunden hast. Ich habe dich schon die ganze Zeit beobachtet, auch, als du angereist gekommen bist." Nach einer herzlichen Verabschiedung machte sich Johanna auf den Weg durch den warmen Sand. An der Palme angekommen, kam ihr wieder das Äffchen zur Hilfe. Es warf den Stein hinunter und verschwand. Johanna nahm ihn, machte das Boot los und schob es ins Wasser zurück. Wieder musste sie drei Tage und drei Nächte fahren. Und während dieser Zeit leuchtete der Stein in einem warmen, goldenen Licht. Johanna wusste, er würde sie beschützen, was immer auch geschehen möge.

Am Morgen des vierten Tages erreichte sie ihre Heimat. Der Fährmann kam ihr am Strand entgegen. Sie bedankte sich bei ihm und lief rasch zu ihrer Großmutter zurück. Diese rief freudig: „Ich wusste, dass du es schaffst! Komm, wir kochen den Stein gleich. Dann sind deine Eltern wieder lebendig." Gesagt – getan! Als das Wasser kochte, warf die Großmutter den Stein hinein. Schwupp – und die Eltern standen im Zimmer. Beide waren froh, wieder bei ihren Lieben zu sein. Die Mutter kochte gleich aus der Brühe, in der der Stein lag, ein zauberhaftes Abendessen ... Und wenn sie nicht gestorben sind, dann leben sie noch heute.

Lena Pfahler
Wittelsbacher Grundschule, Klasse 4a

Das geheime Treffen

In der Früh trafen sich der Hase, ein Geist und zwei Elfen, aber einer fehlte noch. Es war der Drache. „Der Drache kommt sonst nie zu spät", sagte eine Elfe. „Hoffentlich ist da nichts passiert." Alle fragten sich, wo der Drache bloß steckt. Dann machte der Hase einen Vorschlag: „Wir könnten uns zum Suchen aufteilen: zwei links, zwei rechts." Das fanden dann alle toll. Der Geist und der Hase gingen nach rechts und die zwei Elfen nach links. Erstaunlicherweise trafen sie sich am Schloss wieder. Der Geist rief: „Wir haben ihn nicht gefunden." Daraufhin meinte der Elf: „Wir haben auch nichts gefunden." Dann riefen alle gleichzeitig: „Er ist bestimmt im Schloss!", und gingen hinein. Plötzlich flüsterte der Hase: „Hier riecht es aber sehr lecker." Das meinten auch die anderen. Sie folgten dem Geruch, der aus der Küche kam. Als sie sahen, wer darin arbeitete, freuten sich alle sehr. Der Drache stand am Ofen und bereitete das Essen zu. Plötzlich kam der König herein und sah die Gestalten. Er fragte: „Wollt ihr vielleicht zum Essen bleiben?" Alle stimmten zu und so aßen und tranken sie mit dem König.

Maximilian Sprenzinger
Franz-von Assisi-Schule, Klasse 4 lila

Sundancer

Vor einem Monat habe ich ihn zum ersten Mal getroffen. Sein Name ist Sundancer und er ist so groß wie ein Pudel. Sein Körper ist von glänzenden Schuppen bedeckt, die im Sonnenlicht gold, orange und gelb schimmern. Er hat zwei große Flügel und ein kleines Horn auf der kleinen Stirn. Nur ich kann ihn sehen, denn für die Welt da draußen ist er unsichtbar. Sundancer ist mein persönlicher Glücksdrache, das denke ich mir auf jeden Fall.

Er ist gekommen, um mich glücklich zu machen und mir durchs Leben zu helfen. Denn schon seit ich in die Schule gekommen bin, bin ich als Versager und Außenseiter bekannt. Als kleines Kind saß ich im Auto meines betrunkenen Vaters und er baute einen Unfall. Ich kann mich nicht mehr daran erinnern, was passiert ist, aber mir wurde erzählt, dass das Auto einen Zusammenstoß mit einem LKW hatte. Mein Vater ist noch am Unfallort gestorben, aber ich bin mit Prellungen und einem kaputten Knie davongekommen. Seit diesem Tag humple ich durchs Leben und wenn ich im Schulhausgang nicht schnell genug für die normalen Schüler bin, wird mir „Geht's noch langsamer, du Krüppel!?" hinterhergerufen. Mein bester Freund aus der Grundschule wollte nichts mehr mit mir zu tun haben, als er sah, wie seine anderen, coolen Freunde mich verachteten und die hübschen Mädchen über mich lachten. Ich kenne das Gefühl von Freundschaft gar nicht mehr und wenn ich ein Problem habe, hat nicht mal meine Mutter Zeit für mich. Doch vor einer Woche ist dann dieser kleine freche Drache in mein Leben spaziert und es hat sich so viel verändert. Es war mal wieder Stundenwechsel und ich bin zum nächsten Klassenzimmer gelaufen. Mein Schulranzen ist mir heruntergefallen und der ganze Inhalt hat sich auf dem Boden verteilt. Ein älterer Junge aus der Oberstufe hat mir genervt einen unauffälligen Tritt gegeben und als ich verzweifelt versuchte, wiederaufzustehen und meine Sachen so schnell wie möglich einzusammeln, ist Sundancer neben mir erschienen und hat mir auf die Füße geholfen. Er hat meine Tränen getrocknet und meine Hefte und Bücher in wenigen Sekunden ordentlich in meinen Schulranzen geräumt. Der kleine, putzige Drache hat mich zum ersten Mal nach Ewigkeiten fröhlich gemacht, als er so geschäftig umhereilte, um mir zu helfen. Plötzlich hörte ich einen erstaunten Schrei wenige Meter vor mir. Der Junge, der mir einen Tritt gegeben hatte, lag auf dem Boden vor seinem Rucksack, der wie durch Magie zerrissen wurde. Er hatte keine Ahnung, was da vor sich ging. Sundancer saß mit einem stolzen Gesicht daneben und gab mir ein aufforderndes Kopfnicken. Ich musste mir ein Grinsen verkneifen, als ich das verdutzte Gesicht des Jungen sah, nachdem ich ihm meine Hand entgegenstreckte, um ihm aufzuhelfen. Gemeinsam sammelten wir seine Sachen ein und ich gab ihm eine Tasche, die er vorerst anstelle seines Rucksacks nehmen konnte. Sundancer hatte anscheinend genug Magie, um Taschen aus dem Nichts herbeizuzaubern. Der Junge lief so rot an wie Traubensaft und brachte nicht mal ein „Entschuldigung" hervor. Er drückte mir aber sein ganzes Bargeld und ein paar Geschenkgutscheine in die Hand und verließ aus Scham so schnell wie möglich den Gang. Und so hatten Sundancer und ich genug Eisgeld für den ganzen Sommer. Der Unterricht hatte schon angefangen und unauffällig versuchte ich mich in die Klasse zu schleichen, aber natürlich drehte sich sofort die ganze Klasse nach mir um und warf mir verächtliche Blicke zu. Mit einer Hand klammerte ich mich am Rücken von Sundancer fest und mit seiner Hilfe humpelte ich kaum noch. Ich fühlte mich recht stark und sicher mit dem magischen Drachen an meiner Seite, und den restlichen Tag war ich einfach nur glücklich einen Glücksdrachen und besten Freund gefunden zu haben.

Gabriel Keplinger
Franz-von Assisi-Schule, Klasse 8 türkis

Fantastische Termine

Schulschluss
Wochenende
Ferien
Schulabschluss
Ostern
Weihnachten
Silvester
Geburtstag

Sebastian Horn
Franz-von Assisi-Schule, Klasse 4 lila

Laura und der Wunsch-Weihnachtsbaum

Es war ein Tag vor Heiligabend. Laura, ein kleines Mädchen, stand am Morgen auf und rief ihre Freunde an: „Wollen wir uns treffen?" – „Ja super, wir sind dabei!" Bei den größten Hügeln trafen sie sich und spielten Verstecken. Laura hatte ein supergutes Versteck hinter einem Tannenbaum. Niemand fand sie. Plötzlich hörte sie ein Geräusch und erschrak fürchterlich. Vor ihr stand ein kleiner Elf: „Hi, ich bin Johannes und du versteckst dich hinter einem Wunsch-Weihnachtsbaum. Wenn du dir etwas wünschst, dann bekommst du es auch. Du darfst es aber keinem verraten, versprochen?" Laura versprach es und ging zu ihren Freunden zurück. Am Abend – nach dem Abendessen – schlich sich Laura zu dem Baum. Sie wünschte sich einen Schlitten, ein Fahrrad, eine Puppe und einiges mehr. Alle ihre Wünsche wurden erfüllt und Laura packte alles zusammen und schlich damit in ihr Zimmer zurück. Am nächsten Tag war Weihnachten. Papa hatte Laura gesagt, dass es dieses Jahr keine Geschenke geben würde! Aber Laura war nicht traurig, denn sie hatte sich ihre Geschenke ja gewünscht und alles war in ihrem Zimmer versteckt. Am Abend ging Laura ins Wohnzimmer, wo ein wundervoll geschmückter Weihnachtsbaum stand und unter ihm lagen die Geschenke – alles, was sie sich gewünscht hatte. Papa hatte Laura nur veräppelt! Das Blöde war nur, dass Laura nun alles doppelt hatte! Wie sie es dem Elf versprochen hatte, erzählte sie niemanden vom Wunschbaum, brachte die doppelten Spielsachen ins Kinderheim und machte damit ganz vielen Kindern eine unheimliche Freude.

Lea Özdemir
Goethe-Mittelschule, Klasse 6c

Feenglanzversuche

An einem wunderschönen Wintertag im Feenland lebten zwei bezaubernde Schwesterfeen. Die eine war braunhaarig und feurig wie scharfe Peperoni. Die andere war blond, zuckersüß und roch nach Vanillekipferl. Sie lebten ganz allein in dieser großen Winterlandschaft, aber langweilten sich auch. Die eine überlegte, ob sie sich süße Zuckerstangenjungs zaubern sollte. Die andere sagte: „Wie wäre es mit einem süßen, attraktiven Mann?" Sie stäubten den Feenglanz auf eine eklige, glitschige Feenkröte. Aus den beiden Feenstaubprisen entstand ein zuckersüßer, lebendiger, gutaussehender Geschäftsfeenmann. Da sagte die eine zur anderen: „Der ist mir viel zu glitzerspießig und beschäftigt." Sie starteten einen neuen Versuch mit lila Glitzerfeenstaub: sportlicher Feentyp. „Oh nein! Viel zu dünnglitzig!" – „Wie wäre es mit einer Mischung aus feurig scharfem Feenstaub und Vanillekipferlstaub?" – „Perfekt! Das ist er: groß, lang, süß und knusprig schokoladig, einfach unwiderstehlich." Zum Schluss heiratete die Blonde den herbeigezauberten Mann, die andere Schwester suchte nicht lange und fand auch schnell ihren Traummann.

Giulia Scarcia
Grundschule Firnhaberau, Klasse 4a

Blackwoods Geheimnis

Ein dunkler Schatten legt sich über den alten Friedhof, neben dem Schloss von Lord Blackwood. Es wird kälter und kälter, der Nebel wird dichter und die letzten Vöglein verstummen. Um das Schloss und seinen Lord gibt es unzählige Gerüchte. Er solle junge Mädchen aus dem Dorf bei Nacht entführen und sie lebendig begraben, heißt es. Die Dorfbewohner meiden das Schloss und den alten Friedhof. Als die letzten Sonnenstrahlen hinter den hohen Baumwipfeln alter, vermoderter Eichen verschwinden, leuchtet schwach eine kleine Laterne durch den Nebel.

Nur schwer kann man erkennen, was sich hinter den Grabsteinen abspielt. Ein Geräusch macht sich breit, eines, welches man nicht auf einen Friedhof vernehmen mag, nachts. Spatenstiche, immer und immer wieder hört man die Schaufel sich in den faulen Boden bohren.
Der Totengräber um diese Uhrzeit? Im dichten Nebel? Bestimmt nicht!
Die Schaufelstiche verstummen und ein anderes Geräusch ist nun zu hören. Was ist es? Aus dem Loch steigt ein großer Mann mit langem Mantel und Kapuze. Im Schein der Laterne betrachtet er etwas. Nun kann man das Geräusch zuordnen, es kommt aus einem Sarg, der mit dicken Nägeln verschlossen ist. Es ist die verzweifelte Stimme eines jungen Mädchens, welches er in der Nacht davor entführt und in den Sarg gesperrt hatte, das um Hilfe ruft. Es wird nun immer lauter, doch es hört sie niemand auf dem düsteren Friedhof außer Lord Blackwood ...
Er geht hinter den Sarg und schiebt ihn langsam Richtung Grube. Das junge Ding schlägt von innen gegen den Sarg und fleht um Gnade und will nur zurück zu seiner Familie. Im Gesicht des Mannes ist keine Regung zu erkennen, es bleibt kalt und düster. Mit einem letzten Ruck verschwindet der Sarg im Loch. Die Schreie werden leiser, das Grab ist tief und das modrige Erdreich verschlingt die Rufe fast gänzlich. Es ist nur noch ein Wimmern zu vernehmen, als Lord Blackwood beginnt, Schaufel für Schaufel das Loch wieder zu füllen ...
Das junge Mädchen aus dem Dorf wird nie mehr die Sonne sehen oder an warmen Tagen sich mit Freunden am kühlen Weiher treffen. Ihre Familie wird sie suchen, doch wo sie wirklich ist, weiß nur Lord Blackwood und auch, wo die anderen liegen ...
Das Grab ist gebettet und die Laterne erlischt. Der große Mann wird von der Finsternis umschlossen. Der alte Friedhof ist nun dunkel und still, alle Vöglein schweigen ...

Heiko Baumheyer
Städtische Berufsoberschule, Klasse 11a

Flugschuhe

Gabriel trug immer schlechte Schuhe. Alle Kinder seiner Klasse lachten ihn deswegen oft aus. Eines Tages war er auf seinem Nachhauseweg von der Schule besonders wütend. Er gab der großen grauen Mülltonne, die am Straßenrand stand, einen festen Tritt. Sie kippte um. Dabei fiel sie auf ihn und begrub ihn beinahe unter sich. Wie in Trance entdeckte er im Müll fast nagelneue Sportschuhe. Er griff nach ihnen, zog sie an und wollte loslaufen. Aber schon nach dem ersten Schritt befand er sich fast zwei Meter über der Straße. Weiter und weiter stieg er hoch wie ein Luftballon. Da schwebte er bereits über dem Augsburger Dom, bald sah er den Augsburger Zoo von oben. Tiger, Löwen und Steinböcke konnte er erkennen. Das Fliegen durch die milde Luft machte Spaß. Immer schneller ging die Reise. Felder und Wälder ließ er unter sich. Er war der einsame Superheld der Lüfte. Plötzlich hörte er lautes Rufen und Schreien. Langsam öffnete er die Augen und blinzelte. Er erkannte seine Mutter, die ihn besorgt anschaute. Sie sagte: „Gabriel, du kannst doch nicht neben der Mülltonne einschlafen. Bei dieser Kälte hättest du dir den Tod holen können. Nun aber schnell nach Hause. Dann erzählst du mir genau, was passiert ist."

Pietro Bua
Löweneck-Mittelschule, Klasse 5c

Das Weihnachtsfest

Weit weg in England wohnt der kleine Leon. Eines Morgens stand Leon auf, als er seinen Bruder schreien hörte. Langsam trottete er herunter in die Küche. Dort wollte er nach seinem Becher greifen, aber der Becher flog in seine Hand. Leon glaubte, er träume: Das war wie in seinem Buch, wo es einen Magier gab. Plötzlich kamen aus seiner Hand Feuerfunken und aus seinen Fingern grüne Blitze. Leon erschrak, seine Haare standen ihm zu Berge und er zitterte. Aber er fand es auch ein bisschen cool. Am nächsten Morgen wachte er auf, der Wecker klingelte und er zeigte mit dem Finger auf den Wecker und dieser verstummte. Es klappte noch! Er freute sich und hielt als nächstes die Hand auf den Bericht, den er schreiben sollte. Nach ein paar Sekunden war der Bericht geschrieben. Er freute sich auf sein neues Leben und dachte nach, was er nun mit seiner Freizeit anfangen könnte. Vor lauter Gedanken schlief er ein. Ob ihm wohl was eingefallen ist?

Lars Tyroller
Grundschule Firnhaberau, Klasse 4a

Der Weg zum Drachenland

Es war einmal vor langer, langer Zeit ein mächtiges Königreich des Phantasialandes. Der König Arthur und seine Frau, die Königin Isabelle, waren alt und konnten das Königreich nicht mehr schützen. Sie hatten zwei Söhne, die Zwillinge waren. Hans war der klügere und Franz der stärkere der beiden. Der König wollte seinen Nachfolger bestimmen und rief seine Söhne herbei: „Damit einer von euch mein Nachfolger sein kann, müsst ihr die hübsche Prinzessin Anna aus Drachenland befreien. Sie ist in der Drachenburg gefangen. Der Weg zum Drachenland wird nicht leicht, ihr müsst Acht geben vor dem grauenvollen Wald des Schreckens." Er gab noch jedem seiner Söhne ein Zauberschwert, damit sie sich schützen konnten.

Hans und Franz waren erstaunt, aber auch neugierig und mutig auf die Gefahren, die auf sie warteten. Gleich am nächsten Tag rüsteten sie sich und machten sich auf den Weg. Nach einer Weile, als sie sich dem Wald des Grauens näherten, fing es an zu gewittern und zu regnen. Hans sah hinter dem Felsen eine Höhle. „Lass uns hier ausruhen, bis es aufhört." Franz stimmte zu und ging in die dunkle Höhle hinein. Sie machten sich Feuer und aßen noch etwas. Nach einer Weile wurden sie müde und schliefen ein. Als sie wieder aufwachten, war es in der Höhle nicht mehr so, wie es war. Überall gab es grüne, schleimige Spuren und es stank nach verfaultem Ei. Sie waren neugierig und folgten der Spur bis in den Wald. Hinter den Bäumen knirschte und plantschte eine komische Gestalt im Schlamm. In diesen Moment fiel ein Netz über sie und so wurden die Prinzen von den Kobolden gefangen. Der stärkere Franz versuchte sich gleich zu befreien. Doch das gelang ihm nicht. Der lustige Kobold sprang um sie herum und sagte: „Ich lasse euch erst dann frei, wenn ihr mein Rätsel löst." Hans hörte ganz genau hin. Der Kobold sagte immer wieder: „Bin ich davor, bin ich darin, bin ich darin, bin ich davor." Er überlegte und murmelte nach, was der Kobold gesagt hatte: „Bin ich davor, bin ich darin … Klar! Die Lösung ist Spiegel!", rief er hervor. Die Kobolde sammelten sich und ließen sie frei. Sie wollten noch wissen, wohin die Prinzen gingen. Sie erzählten von der Prinzessin Anna, die gefangen war in der Drachenburg.

Die Kobolde gaben ihnen den Spiegel. „Er wird euch helfen, den Weg zur Prinzessin zu finden." So machten sich wieder auf den Weg. Kurze Zeit später hörten sie das laute Gebrüll eines Tigers, der schnell zu ihnen rannte. Sie fingen an wegzulaufen, doch der Tiger war schneller. Als er sie schnappen wollte, hielt der klügere Hans den Spiegel hoch. Die Sonne blendete die Augen des Tigers und sie konnten sich vor ihm verstecken.

Als es wieder ruhig war, konnten sie sich wieder auf den Weg machen. Sie hatten noch einen langen Weg vor sich. Inzwischen war es dunkel, sie suchten sich einen Platz zum Ausruhen. Franz hielt Wache und Hans schlief ein. Kurze Zeit später fing der Boden an zu wackeln und zu rütteln. Sie standen ängstlich auf. „Was war das?", rief Hans. „Mach keine Panik, ich

glaube wir sind jetzt auf dem Rücken des Riesens. Halt dich ganz fest!" Der Riese war so groß, dass sie über die Bäume schauen konnten.
Sie konnten unbemerkt entkommen und bald hatten sie das Drachenland erreicht. Sie mussten irgendwie den Feuerdrachen besiegen. Der Drache aber war riesig und hatte scharfe Zähne und Krallen. Sie machten einen Plan. Der stärkere Franz sollte den Drachen ablenken und kämpfen, der klügere Hans sollte die hübsche Prinzessin retten. Franz blickte sich um und holte sein Zauberschwert heraus. „Lass die Prinzessin frei!", schrie er los. Ohne zu zögern spie der Drache eine Feuerkugel gegen den Angreifer. Doch das Zauberschwert blockte das Feuer ab. Inzwischen fand Hans die Prinzessin, er erzählte ihr vom Phantasialand. „Ich und mein Zwillingsbruder werden dich aus dem Drachenland befreien. Komm mit uns." Die Prinzessin freute sich sehr. Sie schlichen von der Burg. An der Tür kämpfte Franz weiter tapfer mit dem Drachen, doch das Zauberschwert schwächte den Drachen und er konnte besiegt werden.
Die Prinzessin war sehr glücklich, endlich nicht mehr gefangen zu sein. Die Prinzen kehrten mit der hübschen Anna ganz stolz wieder nach Hause zurück. Nach der Rückkehr ließ der König seinen stärkeren Sohn den Thron besteigen und den klügeren die Prinzessin heiraten. So lebten sie glücklich bis ihr Lebensende.

Mervan Yusuf Tunc
Rudolf-Diesel-Realschule, Klasse 5

Das kleine silberne Glöckchen

Es war Samstagabend. Nicki übernachtete bei Charlotte. Die beiden waren glücklich, dass es endlich geklappt hatte mit dem Übernachten. Plötzlich hörten sie ein Klopfen. „Wer kann das sein?", fragte Nicki, „Kein Plan, vielleicht ist das der Postbote", antwortete Charlotte. Dann öffneten die beiden die Tür, aber es war niemand zu sehen. Nur ein kleines Päckchen stand vor der Tür mit der Aufschrift: „Deine Wünsche werden erfüllt!" – „Komisch", flüsterte Charlotte. „Es sind noch zwei Monate bis zu meinem Geburtstag und Weihnachten ist sogar erst in drei Monaten!" Die beiden nahmen das Paket und gingen zurück in Charlottes Zimmer. „Mach es auf!" sagte Niki aufgeregt. Charlotte öffnete das Geschenk und fand darin ein kleines silbernes Glöckchen. „Das ist doch nutzlos, es wäre viel besser, wenn es Schokoladenkuchen wäre oder irgendwas Leckeres!" Plötzlich stand vor den beiden Mädchen ein großer Schokoladenkuchen. „Wow!", schrie Charlotte. Niki nahm Charlotte das Glöckchen weg und wünschte sich einen kleinen Drachen als Haustier, fliegende

Affen, einen weißen Löwen, den Weihnachtsmann und vieles mehr. Das Zimmer war bald rappelvoll. Die Uhr an der Wand schlug zwölfmal und das Glöckchen fiel mit einem Knall auf den Boden: Es war nur noch ein hässlicher Stein. „Schau mal, was du angestellt hast mit deiner wilden Wünscherei – das Glöckchen hat keine Magie mehr!", schrie Charlotte wütend. „Alles ist gut, Charlotte! Wach auf!" Vor ihr stand ihre Mutter und strich ihr zärtlich übers Haar.

Larisa Todor
Goethe-Mittelschule, Klasse 6c

Die Reise zu meinem wahren Ich

In einem rosaroten Feenland begleitete der wunderschöne Schmetterling Bibel die rothaarige Meerjungfrau Ariel auf eine lange Reise zu ihrem wahren Ich. Die zwei mussten zu Taurus, der hinter den drei Bergen bei den drei Zwergen im Schrank lebte. Die Reise begann in einer Kürbiskutsche, die von einem Esel gezogen wurde. Der erste Halt war bei dem Brunnen des Froschkönigs. Er sagte zu Ariel, sie müsse die erste von drei Aufgaben lösen, um in den Brunnen springen zu können, denn darin befände sich der zweite Berg. Sie müsse erraten, wie sie ihn zurück in einen Prinzen verwandeln könne. Sie fragte ihren treuen Freund Bibel um Hilfe. Er antwortete ihr, sie solle an ihre Schwester, die Schöne von dem Biest, denken. Ariel nahm den Frosch in die Hand und küsste ihn. Er sprang in die Lüfte, drehte sich dreimal und fiel mit einem Knicks auf den Boden. Zu aller Freude verwandelte er sich in Justin Biber. Er erzählte ihr, er komme aus dem Jahre 3333. Danach forderte er, sie müsse mit geschlossenen Augen in den Brunnen springen, damit sie auf den zweiten Berg komme. Bibel breitete seine großen Flügel aus und schlug sie um Ariel. Die zwei sprangen zusammen hinunter. Sie landeten aber auf einer weichen Wolke aus Zuckerwatte. Bibel fing Ariel und sah ihr tief in die Augen, als sie plötzlich ein lautes Gebrüll hörten. Sie schraken beide auf und sahen sich um. Ihnen fiel auf, dass ein wunderschöner Pegasus hinter ihnen stand. Der Pegasus stellte sich vor und bat ihnen an, sie auf den dritten Berg zu fliegen. Sie stiegen auf ihren neuen Freund und flogen los.

Da sah Ariel einen riesigen Turm und bat ihren Freund, sie dort hinunter zu lassen. Im Turm fanden sie im obersten Stock den Schrank, in dem sich Taurus versteckte. Ariel öffnete die Schranktür, sah Taurus und merkte, wie hässlich er war. Trotz alledem machte sie das Gleiche wie mit dem Frosch: Ariel küsste ihn und er verwandelte sich in Dieter Bohlen. Er sah ihr in die Augen und sang für Ariel „You're My Heart, You're

My Soul". Langsam verwandelte sie sich in eine wunderschöne Prinzessin. Und wenn sie nicht gestorben sind, dann leben sie noch heute …
Helena Wilsdorf, Katherina Diek, Yaren Kaskaya und Marco Cvetanovic
Reischlesche Wirtschaftsschule, Klasse 7b

Das Interview

Gebrüder Grimm: Vielen Dank, Rotkäppchen, dass du zu unserem Interview kommen konntest.
Rotkäppchen: Ist doch klar. Meine Großmutter ist gerade auf dem Mount Everest und macht dort ein Picknick. Deshalb muss ich ihr gerade keine Körbe bringen.
Gebrüder Grimm: Wann bist du das erste Mal zur Großmutter gegangen?
Rotkäppchen: Als ich drei Jahre alt war. Ich habe ihr einen Früchtekuchen und Wurst gebracht.
Gebrüder Grimm: Kennst du eigentlich …?
Rotkäppchen (bissig): Ja, wen denn, sagen Sie doch!
Gebrüder Grimm: Na, ähm, … ähm, den … den Wolf, den bösen Wolf?
Rotkäppchen: Na, klar!
Gebrüder Grimm: Und wie ist er so?
Rotkäppchen: Er ist mein bester Freund. Es stimmt überhaupt nicht, dass er Großmutter und mich fressen wollte.
Gebrüder Grimm: Was hat er dann gemacht?
Rotkäppchen: Er hat mit mir auf WhatsApp geschrieben.
Gebrüder Grimm: Und was habt ihr geschrieben?
Rotkäppchen: Das geht Sie gar nichts an! *(kichert und wird rot)*
Gebrüder Grimm: Willst du uns nichts mehr verraten?
Rotkäppchen: Nein, das bleibt geheim. Benutzen Sie doch mal ihre Fantasie!
Lelia Colgan
Maria-Theresia-Gymnasium, Klasse 5c

Überraschung im Schnee

An einem kühlen Wintertag gingen wir, Emilie, Erika, Laura und ich zum Spielplatz. „Oh, wie schön! Alles weiß!", rief Emilie fröhlich. „Ja, so wunderschön!", antwortete Erika. „Spielen wir Fangen?", fragte ich. „Ja, gerne!", antwortete ein dreistimmiger Chor, und wir spielten sehr lange. Plötzlich hörten wir ein Miauen. „Da, unter dem Schnee, da tut sich was!", rief Erika verwundert. „Soll ich es ausgraben?", fragte Emilie. „Ja!", riefen wir und Emilie grub etwas aus. Sie rief beeindruckt: „Wie süß! Ein

kleines Kätzchen!" Ich rannte zu Emilie und meinte: „Aber sehr schwach!" Wir wickelten es in meinen Wollschal und ich steckte es unter meine Jacke, denn das kleine Kätzchen zitterte vor lauter Kälte. „Wem gehört es wohl?", fragten Laura und Erika. „Ich nehme es erst einmal mit heim!", erklärte ich ihnen. „Ok!", rief der dreistimmige Chor wieder. Wir trugen es mit meiner Jacke zu mir und meine Mutter nahm das Kätzchen gerne bei uns auf. Wir haben noch lange nach dem ursprünglichen Besitzer gesucht, aber es hat sich niemand gemeldet. Und wie das Kätzchen unter den Schnee geraten konnte, werden wir auch wohl nie erfahren.
Mom und ich pflegten den kleinen Maunzer und jetzt ist er ein echter Kater. Es macht viel Spaß, mit ihm zu spielen und meine Freunde besuchen mich öfter – auch wegen Keks, meinem Kater, den wir auf fantastische Weise im Schnee gefunden haben.

Melanie Golovanov
Realschule Maria Stern, Klasse 5c

Jungsein – fantastisch sein

Ein Leben lang für immer jung.
Jungsein bedeutet:
Ich höre nur das, was ich will.
Ich genieße das Leben in vollen Zügen.
Ich bin ich.
Ich kann mich allem bedingungslos hingeben.
Ich glaube die Welt zu besitzen.
Jungsein bedeutet:
Ich muss vieles noch nicht wissen.
Ich habe mein ganzes Leben noch vor mir.
Ich lebe unbekümmert.
Ich habe einen dauernden Frühlingsduft in der Nase.
Ich kann richtig leiden.
Gothic, Hipster, Cosplay, Metal, Indie, Hip-Hop, Punk, Techno und Co.
Jungsein bedeutet:
Ich bedaure nichts.
Ich koste nicht nur am Leben, ich verschlinge es mit allem, was dazu gehört.
Ich sehe alles anders, viel besser.
Ich bin lernfähig.
Ich fühle viel intensiver als der Rest der Welt.
Ich sehe, schmecke, rieche, spüre, höre alles.

Denn nur wer jung ist, kann von der großen Liebe reden, den offenen Türen, vom „Was-da-früher-war".
Denn wenn du deine Jugend nicht gelebt hast, wirst du dich im Alter fragen, wo die Jugend nur geblieben sei.
Ziel ist, jung zu sterben.
So spät wie nur möglich.

Lajla Jahovic
Maria-Theresia-Gymnasium, Klasse 10d

Wenn es doch so wäre, bevor alles zerstört ist

Muss fantastisch immer etwas mit Fantasie zu tun haben?
Wenn ein Kind dank einer kleinen Spende weiterleben kann, ist es doch keine Fantasie – es ist real, aber trotzdem so fantastisch.
Wenn ein Mensch in einem Hungerland ein Stück trockenes Brot bekommt, bedeutet dies für ihn die Welt. Wenn ein Jugendlicher ein trockenes Stück Brot bekommt, kommt meistens ein blöder ablehnender Spruch. Wir sind verwöhnt und alles, was für andere Menschen von großer Bedeutung ist, ist uns nichts mehr wert als ein Staubkorn.
Wir denken zu wenig nach:
Wir beginnen Krieg – völlig sinnlos
Wir zerstören die Natur – fatal
Wir kaufen Dinge, für die andere Kinder arbeiten müssen – erniedrigend
Wie weit muss es noch kommen, damit die Menschheit anfängt sich zu ändern? Werden wir es schaffen, bevor alles zerstört ist? Es wäre einzigartig – einfach fantastisch!

Marie Doser
Gymnasium bei St. Anna, Klasse 8c

Der Drache im Verließ der Finsternis

Es war einmal ein Junge. Er hieß Niko und wohnte auf einer Burg. Niko hatte einen kleinen Babydrachen als Haustier, den er verletzt vor der Burg gefunden und gesund gepflegt hatte. Der Drache hieß Timmy. Er war immer gut gelaunt. Aber eines Tages, als Niko sein Mittagsschläfchen hielt, jaulte der Drache fürchterlich. Davon wachte Niko auf: „Was ist denn los?" Timmy erschrak so sehr, dass er aus dem Fenster fiel. Das Blöde an dieser Situation war nur – Timmy war noch so klein und konnte noch nicht fliegen. So segelte der Kleine immer schneller nach unten. Plötzlich war ein Rauschen zu hören. Ein geheimnisvoller, viermal so großer Drache kam daher und fing Timmy auf. Der Kleine schaute den Großen mit erstaunten Augen an – er kannte ja nur Niko, und der war ein Mensch. Von diesem Moment an kam der große Drache immer wieder und besuchte den Kleinen. Sie verstanden sich prächtig. Eines Tages kam er jedoch nicht mehr. Von den Leuten aus dem Dorf erfuhren sie, dass der Schwarze Ritter den Drachen gefangen und ins Verlies der Finsternis gesteckt hatte. Doch niemand wusste, wo das Verlies war. Timmy war nicht mehr zu halten – er spürte, dass etwas nicht stimmte. Niko setzte sich auf Timmy, der inzwischen vom großen Drachen das Fliegen gelernt hatte. Sie flogen einfach los und, wie von Geisterhand geführt, standen sie plötzlich vor dem Verlies. Als der Schwarze Ritter den Ort verließ, befreiten die beiden den großen Drachen. Es stellte sich heraus, dass der große Drache die Mutter von Timmy war und nur die Liebe zu seiner Mutter ließ Timmy spüren, wo er seine Mutter finden konnte. Die beiden Drachen suchten sich in der Nähe der Burg ein Versteck und besuchten Niko so oft es nur ging. Es war eine wunderbare Freundschaft, die ewig hielt und nie zerbrach.

Nick Nauruschkat
Goethe-Mittelschule, Klasse 6c

Wunderland

Ich stand in einem verlassenen Korridor. Dort war es sehr kalt und unheimlich dunkel. Ich hörte laute Schritte, die immer näher kamen. Aber als ich mich umdrehte, sah ich niemanden, obwohl ich mir sicher war, dass die Schritte genau hinter mir waren. Ein kalter Schauer überkam mich und ich rannte weg. Ich wusste zwar nicht, wohin ich rannte, doch ich hoffte einfach, dass sich irgendwo Schutz bot. Als ich um eine Ecke bog, sah ich eine Tür. Sie war himmelblau und schimmerte leicht. Sie war keine gewöhnliche Tür und ich war neugierig darauf, was sich hinter ihr wohl befand. Ich zögerte kurz, doch dann hörte ich wieder die Schritte – die Neugier siegte und ich drückte vorsichtig die silberglänzende Türklinke herunter. Ein greller Lichtschein blendete mich, so dass ich nichts sehen konnte. Als meine Augen sich an das Licht gewöhnt hatten, sah ich eine große Wiese. Dort waren viele Blumen und ein großer Apfelbaum. Ich ging zu dem Baum, um mir einen Apfel zu nehmen, denn ich hatte großen Hunger. Doch als ich näher kam, bemerkte ich, dass das auf dem Baum gar keine Äpfel waren, sondern große rote Bonbons. Ich wunderte mich, warum auf einem Baum Bonbons wuchsen, doch ich war neugierig und probierte eines. Es schmeckte nach Himbeere und war sehr lecker. Als ich mich umsah, erkannte ich auch, dass die Blumen gar keine Blumen waren, sondern Lollis und weiter hinten sah ich einen Fluss, der statt Wasser eine ekelhaft aussehende Masse hatte. Ich ging zu diesem Fluss, und es roch nach leckerer Schokolade. Vorsichtig tauchte ich meinen Finger in die braune Flüssigkeit und probierte sie. Und tatsächlich! Es war Schokolade! Das kam mir aber langsam sehr komisch vor: die Bonbons auf dem Baum, die Lollis als Blumen und jetzt auch noch die Schokolade als Wasser! Ich war neugierig auf diese komische Welt und wollte noch mehr sehen. Deshalb ging ich über eine Brücke, die aus Butterkeksen bestand und kam zu einem kleinen Dorf, mitten auf einer großen Lolliwiese. Die Häuser des Dorfes bestanden hauptsächlich aus Esspapier. Ich fragte mich, was die Bewohner machten, wenn es regnete. Aber wahrscheinlich regnete es gar nicht in dieser Welt und wenn doch, dann kam bestimmt nur Puffreis vom Himmel. Auf einmal riss mich ein leiser Schrei aus meinen Gedanken. Als ich genauer hinhörte, erkannte ich, dass jemand „Aua" rief. Ich rannte den Rufen hinterher. Und da sah ich ein kleines Lebkuchenmännchen, das auf dem Boden lag. „Aua, ich hab mir mein Bein gebrochen", sagte es mit piepsiger Stimme. Ich erkannte, dass ein Stück seines Beins abgebrochen war. „Kann ich dir helfen?", fragte ich ihn besorgt. „Ja", antwortete das Männchen. „Geh in mein Haus, dort siehst du eine weiße, runde Tube. Damit kannst du mein Bein wieder ankleben." Ich stutzte, aber tat, was es gesagt hatte. Als ich wieder bei ihm war und eine weiße klebrige Creme auf sein Bein schmierte, bemerkte ich, dass es Zuckerguss war. Ich pflegte ihn gut, blieb noch ein bisschen bei ihm und er erzählte mir viel über diese eigenartige Welt.

Hanna Herwanger und Miriam Trneny
Realschule Maria Stern, Klasse 8b

Der Drache Ringelschwanz

Es war einmal ein Drachenmädchen, das hieß Ringelschwanz. Ringelschwanz war ganz allein und sehr traurig. Es wünschte sich schon ganz, ganz lange einen Spielgefährten, denn junge Drachen spielen gerne. Ringelschwanz war eigentlich den ganzen Tag in ihrer kalten, dunklen Höhle, nur nachts verließ sie ihr Zuhause. Sie hatte nämlich Angst, dass irgendein Tier des Waldes sah, dass sie sich nur von Blättern und Blubberspruzbeeren (das sind furchtbar leckere Beeren, die lustige Pupse zaubern) ernährt. Als sie gerade anfangen wollte, sich den Bauch vollzuschlagen, hörte sie ein lautes „Hatschipfu". Erschrocken drehte sie sich um. Da stand ein klitzekleiner Esegirfant. Natürlich war er nur für Ringelschwanz klein, die mit ihren vier Metern jedes Tier überragte. Der Esegirfant brachte es mit seinen langen Eselsohren und seinem Giraffenhals auf durchaus stattliche zwei Meter. Seinen Rüssel konnte er sogar noch höher heben, aber das zählte ja nicht.

Da stand also dieses „zwergenhafte" Tier und Ringelschwanz sagte: „Da hast du mich aber ganz schön erschreckt!" Entschuldigend meinte daraufhin der Esegirfant: „Tut mir leid. Aber ich habe eine Allergie auf Blubberspruzbeeren. Ich bin Olaf und du?" – „Ich heiße Ringelschwanz. Aber was willst du denn dann hier bei den Beeren, wenn du sie nicht verträgst?" – „Ich bin auf der Suche nach einem Freund, mit dem ich spielen kann." – „Wir könnten doch zusammen spielen", rief Ringelschwanz aufgeregt. „Aber was?", grübelte Olaf. „Du bist viel größer, stärker und schneller als ich, da gehen so viele Spiele nicht." – „Wir könnten Alterraten spielen", schlug Ringelschwanz vor. „Wie geht denn das?", fragte Olaf. „Also, du guckst dir den anderen ganz genau an. Schaust wie groß er ist, ob er schon Runzeln und Falten hat, ob er noch seine Milchzähne hat oder gar keine Zähne mehr, ob er humpelt, weil ihm die Knochen wehtun und so. Und wenn du glaubst, du weißt das Alter, sagst du es. Ok?" Olaf musterte Ringelschwanz ganz gründlich. Er lief dreimal um sie herum, hopste sogar mal hoch, um zu gucken, ob auf dem Rücken vielleicht schon die ersten Schuppen ausgefallen sind oder sich besagte Runzeln gebildet hatten. Endlich sagte er: „Ich denke du bist ungefähr 106 Jahre alt." – „Fast richtig", erwiderte Ringelschwanz, „ich bin 105, aber in 4 Monaten habe ich Geburtstag." Jetzt ging das Spiel von vorne los, nur andersherum. Grübelnd umrundete Ringelschwanz Olaf mit zwei Schritten. Recht schnell hatte sie ein Ergebnis: „Du bist 103 Jahre alt!" – „Auch fast richtig. Ich bin 104. Dann sind wir ja fast gleich alt, toll!", rief Olaf. „Du, was hast du eigentlich die ganze Zeit gemacht, bevor wir uns getroffen haben?", wollte Ringelschwanz wissen. „Ich bin immer durch den Wald gelaufen, weil ich keine Höhle hab. In denen wohnen ja schon immer die Drachen und vor denen hab ich Angst! Und du?" – „Ich saß immer in meiner Höhle und habe in der Nase gebohrt. Mir war schrecklich langweilig." – „Hmm", machte Olaf. „Wenn wir beide in deiner Höhle wohnen, dann wäre dir nicht so langweilig und ich hätte ein Dach über dem Kopf." Ringelschwanz sagte zerknirscht: „In meiner Höhle ist nicht viel Platz." – „Dann machen wir halt Platz!", sagte Olaf.

Sie machten sich sofort an die Arbeit. Den ganzen Tag waren sie damit beschäftigt, in der Höhle aufzuräumen. Als sie fertig waren, fielen sie totmüde auf das Stroh. Am nächsten Morgen war Ringelschwanz ganz früh wach. Olaf schlief noch tief und fest. Im Wald suchte Ringelschwanz Beeren, Blätter, Wurzeln und Nüsse. Als sie alles in der Höhle hatte, machte sie sich mit Feuereifer daran, das Frühstück vorzubereiten. Als sie fertig war, weckte sie Olaf. „Frühstück ist fertig!", rief sie. „Was gibt es denn?", fragte Olaf. „Es gibt Blattröllchen mit Beerensaft", antwortete Ringelschwanz. Nach dem Frühstück gingen sie raus zum Spielen. Sie spielten ganz lang und ausgiebig. Nach dem Spielen waren sie sehr müde, aber glücklich. Freundschaft ist schon etwas Tolles.

Emma Mahler
Grundschule Hammerschmiede, Klasse 4c

Fantastisch, das kann vieles sein

Fantastisch, das kann vieles sein:
fantastisch ist der Sonnenschein,
wenn du morgens früh erwachst
und er den Tag gleich fröhlich macht.
Fantastisch ist ein netter Gruß
von deinen Eltern einen Kuss
und ein langes Leben –
fantastisch ist es eben.
Fantastisch ist der Mondschein hell
auf schneebedeckten Wiesen
und einen Tag ganz ruhig und still
im Walde zu genießen.
Fantastisch, das kann vieles sein:
zum Beispiel Schlaf und Ruh,
fantastisch ist die Welt gemacht
und natürlich ich und du.

Franziska Mertl
Mädchenrealschule St. Ursula, Klasse 6a

Die Rache der Schlangen

Wir haben das Jahr 1520 und ich hatte das schlechte Schicksal, als Tochter einer Kurtisane auf die Welt zu kommen, weswegen meine Bestimmung von vornherein festgelegt war.
Schon als kleines Kind erfuhr ich, welch schlechten gesellschaftlichen Status eine Kurtisane hatte. Er war nicht besser als der von einem Bauern, weshalb wir kein Mitspracherecht in der Gesellschaft und auch im

Gesetz hatten. Sollten wir uns gegen Unrecht wehren, so hatten wir das Pech, dass wir selbst die Schuldigen waren. Die Adeligen duldeten keinen Fortschritt in der sozialen Lage der Gesellschaft, denn das wäre ihr Untergang und das bedeutete für uns weiterhin Armut. Behauptete man sich gegen jemanden mit höherem Status, so würde man in der Öffentlichkeit geköpft werden – als Kind hatte ich das auf dem Stadtmarkt schon einmal mitbekommen – egal, ob man Recht hatte oder derjenige einem Unrecht tat.

Als ich fünf war, sagte meine Mutter zu mir, bevor sie starb: „Hör mir zu! Du bist anders als die Anderen, dadurch wirst du oft ein schweres Leben haben und das ist etwas, was nur deine Mama weiß!" Irgendwann werde ich es verstehen können, was sie meinte. Meine Kindheit verging und die Zeit kam, zu der ich selbst als Kurtisane debütieren sollte. Als ich geboren wurde, nannte meine Mutter mich „Sonna", aber eine Kurtisane benutzt nicht ihren echten Namen. So wurde ich von „Sonna" zu „Okuma". Kurtisanen sind keine gewöhnlichen Huren, wir sind die Begierde der Männer, wir erschaffen eine geheime Welt, einen Ort reiner Schönheit, an dem man die Sehnsüchte erfüllt bekommt. Wir haben das Schicksal, als ein Kunstwerk zu leben. Am Tag erlernte ich, wie man poetisiert, tanzt und Kunden unterhält und abends musste ich dies vor adeligen Kunden umsetzen. Der Abend verging und ein neuer Tag fing an.

Auf dem Weg in die Stadt stolperte ich und ließ meine Bücher fallen, die ich dem Buchhändler zurückbringen wollte, da ich sie von ihm ausgeliehen hatte. Plötzlich hob jemand meine Bücher auf, es war ein Junge. Er lächelte mich an und fragte: „Alles in Ordnung bei dir?" Ich antwortete: „Ja, danke dir!" Er streckte seine Hand aus, um mir aufzuhelfen, seine Berührung war magnetisierend. Als ich wieder aufstand, betrachtete er meine Schönheit und ich seine Augen. Sein Blick war warm und loyal. Er fragte, wie ich hieße und ich fragte nach seinem Namen. Er antwortete: „Ich heiße Eri und jetzt du!" – „Okuma", sagte ich und machte mich auf den Weg, als er rief: „Werde ich dich wiedersehen?" Verlegen rief ich: „Vermutlich ja!"

Am nächsten Tag sah ich, wie am Vorhof drei Hofnarren auf einem Seil balancierten, was wirklich atemberaubend aussah. Ich wollte ebenfalls mitmachen. So kletterte ich hoch und versuchte, mein Gleichgewicht zu finden. Danach versuchte ich ans andere Ende zu balancieren. Zuerst holte ich meinen Fächer heraus, um mein Gleichgewicht besser zu halten. Dennoch wehte der Wind zu stark, sodass ich von oben herunterfiel. Zum Glück rannte jemand zu mir, um mich aufzufangen. Ich fiel auf diese Person und unsere Lippen berührten sich. Als ich meinen Kopf hob, sah ich, dass es der Junge von gestern war. Ich rannte vor Scham weg, so schnell wie möglich, Hauptsache ich war weit weg von ihm. Als ich dann zu Hause ankam, merkte ich, wie mein Herz pochte und ich fühlte mich zum ersten Mal glücklich.

Einige Tage später weckte mich das Geräusch gegen das Fenster geworfener Steine. Als ich aufstand, sah ich, dass es der Junge war, was mich verwunderte. Woher wusste er, wo ich wohnte? Ich machte das Fenster auf und er rief: „Komm runter!" Darauf fragte ich ihn: „Wieso sollte ich?" Er lächelte und sagte: „Komm einfach runter." Ich zog mich an und rannte die Treppen hinunter und er stand vor mir. „Binde dir das um!" In seiner Hand hielt er ein Tuch. Ich band mir das Tuch um die Augen und er führte mich weg. Der Weg wurde steiler und anstrengender. Ich fragte ihn, wohin wir gingen, doch er sagte nur: „Vertrau mir einfach!" Nachdem wir endlich angekommen waren, nahm er mir das Tuch weg und vor mir konnte ich einen Fluss sehen. Hinter ihm war unsere Stadt und Eri hatte für uns eine Decke mitgebracht. Er platzierte die Decke an der schönsten Stelle mit einer grandiosen Aussicht. Danach packte er zwei belegte Brote aus. Ich genoss unsere Zweisamkeit, wir redeten und redeten, als gäbe es keinen Abend mehr. Anschließend gestand er mir, dass er mich lieben würde und ich sagte zu ihm: „Tu das nicht!" Er fragte mich: „Wieso?" Und ich sagte: „Ich bin eine einfache Kurtisane und du verdienst jemanden mit einem höheren Stand. Außerdem würden sie uns nicht akzeptieren!" Doch er entgegnete nur: „Dann fliehen wir gemeinsam weit weg." Ich sagte: „Es ist nicht so einfach!" Danach begleitete er mich nach Hause und wir diskutierten auf dem Weg weiter.

Am Tag danach stand Eri vor meiner Haustür und sagte mir, er wolle mich seiner Familie vorstellen. Da wurde mir mulmig zumute und ich sagte nur verlegen: „Ich weiß nicht ..." Er antwortete mir: „Doch, du musst kommen! Ich werde dich später abholen." Und ich sagte: „Nun gut, dann bereite ich mich dafür vor." Er entgegnete: „Ok, lass dir Zeit und bis später!" Lächelnd ging er die Straße hinunter. Ich war aufgewühlt und in Sorge. Ich, eine gewöhnliche Kurtisane, sollte zu einer adeligen Familie?

Eine Weile später kam Eri und holte mich ab. Auf dem Weg merkte er wohl, dass ich nervös war, denn überraschend sagte er mir: „Beruhige dich, meine verrückte Knospe!" Und ich lächelte ihn an und sagte: „Hehe, wenn es so einfach wäre!" Daraufhin meinte er: „Sie werden dich lieben!" Wir kamen an und seine Familie hieß uns herzlich willkommen. Nach dem Essen wollte Eris Vater mich allein sprechen. Er machte mir zuerst ein Kompliment und meinte, ich wäre ein schönes Mädchen. Dabei benetzte er seine Lippen beim Sprechen. Danach fragte er mich: „Denkst du wirklich, du wärst gut für ihn?" Und ich fragte ihn: „Was, zweifeln Sie an mir?" Er grinste und streichelte meinen Arm und ging weg. Mir wurde unwohl und ich ging zu Eri und sagte ihm, dass ich jetzt gehen wolle. Er begleitete mich daraufhin nach Hause. Ich verabschiedete mich mit einem Kuss und bald danach lag ich im Bett.

Am nächsten Tag kam meine Meisterin zu mir und sagte: „Ich hab gute Neuigkeiten für dich, Okuma." Und ich starrte sie nur an. Dann meinte sie: „Jemand hat eine hohe Summe für deine Jungfräulichkeit bezahlt!". Einer Weile nach den Vorbereitungen zur Entlassung erfuhr ich, dass der Kunde Eris Vater war. So rannte ich schnell zu Eri und erzählte es ihm. Er war aufgebracht, lief nach Hause und stellte seinen Vater zur Rede. Dann meinte sein Vater zu ihm: „Ich bin enttäuscht von dir, mein Sohn. Wie kann man eine gewöhnliche Hure lieben?" Eri schrie: „Sie ist keine Hure! Pass auf deine Wortwahl auf, sonst endet es schlimm für dich!" Sie stritten sich und es wurde schlimmer. Er und sein Vater kämpften und Eri verletzte ihn so schwer, dass jener danach starb.

Als ich auf dem Weg zu Eris Haus war, begegneten wir uns auf dem Weg. Er rannte schnell zu mir und erklärte, was geschehen war. Danach fragte er mich, ob ich mit ihm weglaufen wolle. Ich war schockiert und merkte, dass es keinen anderen Ausweg gab. Und so rannten wir zusammen weg und die Peiniger verfolgten uns. Wir versuchten sie abzuhängen und versteckten uns danach im Pferdestall. Wir wurden überall gesucht und am Ende doch noch erwischt. Die Garde und die wütenden Bürger zerrten uns in die Stadt und zwangen mich in die Knie. Ein Mann kündigte an, dass Eri den Tod wegen Verrats an seinem Vater verdiene. Später kam ein Mann, der sein Gesicht versteckte, und dieser Mann war dafür zuständig, dass Eri vor meinen Augen geköpft werden sollte. Man hatte Eris Augen zugebunden und er stand vor mir. Mit einem Axthieb wurde er geköpft. Seine Schuld war es, mich zu lieben, seine Liebe zu retten und zu helfen. Ich brach danach zusammen, mit den Knien am Boden, weinend, zerstört, erschüttert. Mit seinem Tod wurde mein Herz herausgerissen. Sein Blut berührte mein Bein und aufgebracht rannte ich weit, weit weg.

Eine lange Zeit nachdem ich ziellos umhergeirrt war, fing es an zu regnen und ich stellte mich unter einen Baum. Danach saß ich dort allein und mir wurde klar, dass es keinen Sinn mehr für mich gibt, weiterzuleben. So wollte ich mich erhängen. Als ich aufstand, bissen mich plötzlich drei Schlangen, mir wurde schwindelig und ich fiel um. Zerstört wie ich war, hielt ich den Atem an und meine Augen schlossen sich von selbst. Ich hörte die zischelnden Stimmen der Schlangen, sie riefen meinen Namen. Ich öffnete meine Augen und eines der Reptilien sagte zu mir: „In dieser Welt, so wie sie ist, gibt es kein Platz für dich!" Ich antwortete der Schlange: „Ich hasse es hier!" Daraufhin sprach das zweite Tier: „Dann brauchst du uns nur deine Hand zu reichen und ich verspreche dir, ich werde dir die Kraft dazu geben." Ich antwortete, ohne viel überlegen zu müssen, der Schlange: „Gib mir die Kraft!" und die dritte Schlange fragte mich: „Egal, wer dadurch verletzt wird?" Ich schrie: „Egal!" Die Schlange fragte wieder: „Egal, wer dabei verreckt?" Ich erwiderte: „Egal!" Die Schlangen umwickelten meinen Körper und fragten mich „Und wenn das die falsche Entscheidung ist?" Ich flüsterte: „Die Welt ist es, die falsch ist!" Die erste Schlange biss mich in den Hals und sagte mir ins Ohr: „Du bist soweit: Leben heißt, andere zu verschlingen!" Ich wurde wieder wach und stand auf. Dabei fühlte ich, dass ich am Rücken sieben starke Gliedmaßen hatte. Ich konnte mit ihnen Bäume ausreißen, Felsen in zwei Hälften teilen und weit weg springen, ich war stark und unbesiegbar. Ich hatte eine unerschöpfliche Kraft und meine Wunden und Narben heilten sofort. Ich schwor mir, dass ich jeden reichen Mann töten würde. Und mein erstes Opfer war derjenige, der Eri vor meinen Augen geköpft hatte.

Mehmet Sahin
Reischlesche Wirtschaftsschule, Klasse 11 ZC

Ein junger Prinz

Es war einmal ein junger Prinz. Er war in die schöne Prinzessin im Königreich verliebt. Also sattelte er sein Pferd und ritt ins Königreich. Als er ankam, fragte er den König und die Königin um Erlaubnis, ob er die Prinzessin heiraten dürfe. Sie sagten: „Du musst den gefährlichen Drachen töten und uns den Kopf von ihm als Beweis mitbringen." Also nahm er einen alten Sack mit und er machte sich auf den Weg. Als er im Wald ankam, sah er einen alten Mann und fragte ihn, wo man den Drachen finden könne. Da sagte der Mann: „Was gibst du mir dafür?" – „Ein Goldstück gebe ich dir", bot der Prinz an. Daraufhin beschrieb ihm der alte Mann den gefährlichen Weg: „Der Drache lebt in den Bergen. Du musst aber zwei Hindernisse bestehen: Zuerst musst du bei der Hexe vorbei, bevor sie dich mit ihrem Zauberstab in eine Steinfigur verwandelt. Als zweites musst du an dem dreiköpfigen Hund mit den sechs stacheligen Schwänzen vorbei."
Nach ein paar Tagen war er mit seinem Pferd bei der Hexe angelangt. Bei der ersten Begegnung wollte sie ihn direkt in Stein verwandeln und er entkam nur knapp. Er ritt so schnell wie er konnte auf die Hexe zu, wich den Zauberstrahlen aus und nahm ihr den Zauberstab ab. So verwandelte er sie in eine Steinfigur und nahm den Zauberstab mit.

Als er schließlich beim dreiköpfigen Hund ankam, sprang er auf ihn. Der Prinz entkam nur knapp dem tödlichen Biss des gefährlichen Hundes. Er nahm den Zauberstab der Hexe und wollte den Hund in Stein verwandeln, aber es ging nicht. Da nahm er sein Schwert und schnitt dem Hund den ersten, den zweiten und dann den dritten Kopf ab. Danach ritt er in die Berge und sah den Drachen in einer Höhle.

Dort zündete der Prinz seine Fackel an, die er dabei hatte. Plötzlich wachte der Drache auf und der Prinz erschrak. Nun nahm der Prinz sein Schwert, kletterte eine Felswand hoch, sprang auf den Drachen, schnitt ihm den Kopf ab und steckte ihn in den Sack. Nach ein paar Tagen war er mit seinem Pferd wieder im Königreich angekommen. Er zeigte dem König den Kopf des Drachen als Beweis. Noch am selben Tag feierten sie die Hochzeit. Und wenn sie nicht gestorben sind, dann leben sie noch heute.

Elias Yildiz
Grundschule Kriegshaber, Klasse 4e

Der New Yorker Löwe

Eines Tages brach ein Löwe aus dem Zoo aus, indem er die Ziegelsteine auffraß. Meine Brüder Billy, Tony, Steve, Matt und ich waren bei einem Freund und sahen es im Fernsehen. Auf einmal bemerkten wir, dass der Löwe im Haus war. Plötzlich stand er nun vor uns. Wir dachten: „Bitte friss uns nicht!" Wir rannten zum Aufzug und fuhren ins erste Stockwerk, um unsere Schwester Emily zu holen. Sie war noch zu Hause. Leider gab es einen Stromausfall und so blieben wir zwischen zwei Stockwerken stehen. Gott sei Dank hatte Tony sein Handy dabei. Damit machten wir Licht. Wir konnten niemanden anrufen, weil er noch keine Sim-Karte hatte. Der Aufzug war noch nicht fertig gebaut und hatte deswegen auch noch keinen Notfallknopf. Fünf Minuten später war aber der Akku des Handys leer und so saßen wir im Dunkeln. Nach einer halben Stunde wurden wir durstig und hungrig. Wir redeten über unsere Angst. Tony sagte: „Ich bin froh, dass der Löwe uns hier nicht kriegt, aber ohne Essen und Trinken ist es auch doof!" Steve meinte: „Ich will zu meiner Mami." Ich sprach: „Das ist hier voll blöd." Wir klopften im Aufzug an die verschlossene Tür. Auf einmal funktionierte der Strom wieder. Unser Aufzug fuhr in den ersten Stock. Die Tür ging auf. Wir rannten den Gang entlang und öffneten die Tür. Der Löwe war in der Zwischenzeit in unsere Wohnung eingebrochen. Er erwartete uns schon. Wir rannten in die Küche, doch der Löwe verfolgte uns. Wir hatten eine Riesenangst. Wir rissen den Kühlschrank auf. Da lag ein dickes großes Steak. Das warfen wir dem Löwen zu. Damit war er eine Weile beschäftigt. Wir schlichen leise in Emilys Zimmer, um sie zu holen. Alle dachten, Emily schläft, doch sie schlief nicht. Sie las Comics. Als der Löwe mit seinem Steak fertig war, kam er zu uns allen ins Zimmer. Wir erstarrten vor Angst. Doch Emily hatte keine Angst und umarmte den Löwen. Er fing sofort zu schnurren an. Sie küsste und umarmte ihn, bis er platzte. Wir konnten es nicht fassen! Der gefährliche Löwe war einfach vor Emilys Liebe explodiert. Noch nie waren wir so dankbar für unsere kleine, nervige Schwester Emily. Erst später kamen Mama und Papa nach Hause. Wir erzählten ihnen die unglaubliche Geschichte vom New Yorker Löwen. Unsere Eltern glaubten uns kein Wort! Aber für uns Geschwister war es die unglaublichste Geschichte unseres Lebens.

Julian Stender, Tolga Bozkurt, Steven Franusz, Muhammed Dogan, Dennis Schöb
Friedrich-Ebert-Grundschule, Klasse 4bgt

Verrückter Vergnügungspark

An einem schönen Freitagabend freut sich die kleine Sarah auf den Vergnügungspark, den sie mit ihrer kleinen Schwester am nächsten Tag besuchen darf. Die beiden Mädchen und ihre Eltern sind extra einen Tag früher angereist, um am Samstag bereits ziemlich früh zu starten, damit sie alle Attraktionen genießen können. Am Abend bekommen die zwei Kinder noch ihr Lieblingsessen und gehen mit großer Vorfreude ins Bett.
Am nächsten Tag, als die zwei wach sind und durch das Hotelzimmer laufen, können sie weit und breit nirgendwo ihre Eltern sehen. Im ersten Moment findet Sarah es komisch, denn ihre Eltern würden sie niemals allein lassen und einfach gehen, ohne Bescheid zu sagen. Auch ihrer Schwester Jenny kommt es komisch vor, aber sie kümmert sich nicht weiter darum, da ihre große Schwester ja da ist, um auf sie aufzupassen. Nach langem Suchen und Rufen finden die beiden einen Zettel mit der Nachricht: „Treffen euch am blauen Karussell, pass auf Jenny auf. Haben euch lieb, Mama und Papa".
Nachdem sie das gelesen haben, machen sich Sarah und Jenny mit ihren Lieblingskuscheltieren auf den Weg zum Park. Dort angekommen, können die beiden ihren Augen nicht trauen. Ein großer roter Teppich, der durch ein großes Tor führt, ist zu sehen. Es gibt zwar keine Kasse, aber dafür viel Süßes umsonst und alle begrüßen sie und freuen sich, dass sie da sind. Plötzlich schreit Jenny: „Da, das blaue Karussell!" Doch als die zwei näher und näher kommen, bemerken sie, dass es sich um ein rotes Karussell und somit nicht um den Treffpunkt handelt. Ihre Eltern sind nicht da.

Sie entschließen sich, den Park zu genießen und alles auszuprobieren, in der Hoffnung, dass sie so oder so auf dem Weg am blauen Karussell vorbeikommen werden. Nachdem sie zwei Runden mit dem roten Karussell gefahren sind, machen die beiden Mädchen sich auf den Weg zu der großen Rutsche. Doch Jenny will sich lieber ein Eis holen und läuft direkt zu einem Kiosk. Sarah rennt ihr hinterher. Als sie sie endlich am Eisstand einholt, fällt ihr auf, dass der Verkäufer im Kiosk ihr Nachbar ist. „Guten Tag, Herr Huber. Haben Sie zufällig meine Eltern gesehen?", begrüßt sie ihn. Doch der Mann behauptet, weder sie noch ihre Eltern zu kennen und fragt stattdessen nur, welches Eis sie will. Sarah wundert sich und entschuldigt sich für die Verwechslung.

Nachdem auch sie ein Eis bekommen hat, gehen die zwei Kinder weiter und genießen eine Attraktion nach der anderen. Als die beiden von der Geisterbahn zur Achterbahn wollen, bemerkt Sarah ihren Klassenlehrer, der Luftballons verteilt. Er ist freundlich und schenkt Jenny ein fliegendes Einhorn, aber auch er behauptet, wie schon der Eisverkäufer, dass er die zwei und auch ihre Eltern nicht kennen würde. Trotz ihrer Zweifel, dass hier etwas überhaupt nicht stimmt, machen sich die beiden weiter auf den Weg.

Sarah bemerkt auf einmal, dass die ganze Zeit eine leise Musik spielt. Sie fragt ihre Schwester: „Weißt du, woher die Musik kommt?", aber Jenny antwortet nur: „Nein, aber ich höre das auch schon die ganze Zeit."

Plötzlich fällt ihnen ein, dass sie noch Achterbahn fahren wollten und sie stellen sich in der Schlange an, bei der sie noch fünf Minuten Wartezeit haben. Sarah fällt auf, dass nur Kindern anstehen und außen herum keine Eltern auf sie warten. Sie fragt das Mädchen vor ihnen, wo ihre Eltern sind. Das Mädchen meint: „Das weiß ich nicht. Heute Morgen lag ein Zettel auf dem Tisch, auf dem stand, dass wir uns bei der Geisterbahn treffen sollen. Das ist meine Lieblingsattraktion. Aber ich habe sie bisher leider noch nicht gefunden." Außerdem berichtet das Mädchen, dass auch sie ständig Bekannte treffe, die sich nicht an sie erinnerten. „Gerade eben habe ich meinen Onkel gesehen. Er verkauft hier Brötchen. Er hat mich aber nicht erkannt", sagt sie.

Als die beiden endlich an der Reihe sind, sieht Sarah, dass der Einweiser der Kioskbesitzer bei ihr zu Hause um die Ecke ist. Sie traut sich zuerst nicht, ihn anzusprechen. Als sie aber ihre Fahrt beenden, ruft Sarah den Einweiser: „Herr Meier!" Doch der reagiert nicht und macht seine Arbeit weiter.

Nach vielen weiteren Attraktionen wie Dosenwerfen, Autoscooter und Leopardenspur kommen die beiden Schwestern drei Stunden später endlich am blauen Karussell an. Ihnen fällt auch hier sofort auf, dass

keine Erwachsenen da sind, außer denen, die dort arbeiten. Sie schauen sich sofort nach ihren Eltern um, aber diese können sie weit und breit nicht sehen. Als sie nachfragen, ob sie jemand kenne, behauptet der Einweiser, dass er der Einzige sei, der hier arbeite. „Es gibt keine Erwachsenen in diesem Park außer mir", behauptet er.
Jenny dreht sich um, weil sie weitersuchen möchte, und schreit plötzlich: „Dort, da sind doch Mama und Papa!" Auch Sarah dreht sich um und bemerkt, dass ihre Eltern im Süßigkeitenstand gegenüber stehen, sie scheinen dort zu arbeiten. Die beiden Mädchen laufen erleichtert hinüber und freuen sich, ihre Eltern gefunden zu haben. Sie wollen endlich nach so einem langen und anstrengenden Tag nach Hause fahren. Doch ihre Eltern behaupten, keine Kinder zu haben und die zwei nicht zu kennen. Die beiden Mädchen können das alles nicht verstehen. Alle Menschen, die sie getroffen haben und die sie kennen, können sich plötzlich nicht an sie erinnern, sogar ihre eigenen Eltern nicht. Doch als sei das nicht genug, wird die Musik, die die beiden die ganze Zeit leise hörten, immer lauter und lauter. Sie können nicht herausfinden, wo sie herkommt.
Als Sarah sich die Ohren zuhält und sich auf den Boden legt, um nichts mehr hören zu müssen, wacht sie plötzlich auf und liegt in dem Bett des Hotelzimmers. Sie bemerkt, dass die Musik, die sie hörte, ein Schlaflied war. Sie musste gestern wohl eingeschlafen sein, während der CD-Player noch lief. In dem Moment betritt ihre Mutter den Raum und fragt: „Guten Morgen, mein Schatz. Was möchtest du frühstücken?" Sarah begreift, dass sie nur einen Albtraum hatte und noch gar nicht in dem Vergnügungspark war. Beim Frühstück kann Sarah den Traum immer noch nicht vergessen und will ihn auch niemandem erzählen. Als es endlich soweit ist und die Familie im Vergnügungspark ankommt, schaut Sarah sich um und schnappt sich die Hand vom Vater.

Ronald Bbaale
Städtische Berufsoberschule, Klasse 11a

Die Mondscheinjagd

Die Nacht ist kühl, der Mond scheint weiß,
ein dunkles Wispern der Wind verheißt,
das Licht den schimmernden See speist
und es auf seiner dunklen Fläche gleist.
Es wacht, es wacht, in grauer Nacht,
der Falke in seiner schwarzen Pracht.
Der Eber gibt auf seine Jungen Acht

und seine Muskeln demonstrieren Macht.
Da schlägt die Eule ihre Lider nieder
und der Hase reckt sich wieder.
Im Dunklen schleicht sich der Fuchs heran,
fast unsichtbar für jedermann.
So renn, so renn, du schneller Hase,
werfe die Nase in den Wind
und nun lauf und renn geschwind,
bevor dein Vorsprung noch mehr schwindet.
Meister Lampe sieht den Fuchs mit Schrecken.
Er rennt und springt durch alle Hecken,
dabei weckt er zwei Schnecken,
die sich in ihren Häusern verstecken.
Der Fuchs läuft hinterher,
ist nicht der Schnellste mehr
und sein Magen ist seit Tagen leer,
weshalb nun muss der Braten her.
Er ist fast an dem Hasen dran,
als sich erhebt ein schwarzer Mann,
das ist der Jäger Hans,
der schießt nun seinen Schrot
und der Fuchs ist mausetot.

Samuel Hendler
Jakob-Fugger-Gymnasium, Klasse 7b

Ein Spiel mit Folgen

„Du fängst mich ja doch nicht!", schrie Nik und rannte durch den hohen Schnee. „Wart nur ab!", rief Sophie und jagte ihrem großen Bruder hinterher, immer tiefer in den Eiswald hinein. Auf einmal wurde Nik langsamer und blieb schließlich stehen. Sophie konnte nicht so schnell stoppen und rannte mit voller Wucht in ihren Bruder hinein, so dass beide unsanft im Schnee landeten. „Ich hab dich!", rief Sophie siegessicher. „Ja, ja, ... du hast gewonnen. Aber sieh dich doch mal um! Weißt du, wo wir hier sind?" Sophie zog ihren Bruder hoch und lachte: „Aber klar doch! Nach Hause folgen wir einfach unseren Fußspuren." Darauf erwiderte Nik: „Ja, dann zeig mir mal, wo unsere Fußspuren sind." Er deutete auf die glatte Schneedecke. Sophie drehte sich um und stellte ebenfalls fest, dass alle ihre Fußspuren weg waren, ja einfach weg. Wie weggezaubert. „Was tun wir denn jetzt nur?" Angsterfüllt blickte Sophie Nik an. Dieser versuchte cool zu bleiben, aber seine Knie schlotterten. Es begann bereits zu dämmern und die knorrigen Äste der hohen, alten Bäume sahen wie Gespenster aus. „Hilfe", schrie Sophie und klammerte sich an ihren großen Bruder. Der stand wie angewurzelt da und starrte wie gelähmt vor sich hin. „Was ist denn los?", fragte Sophie beunruhigt. „Da hinten ist ein Schloss. Es sieht so aus, als wäre es nur aus Eis hergestellt worden. Siehst du, wie es im Mondlicht funkelt und glitzert?" – „Stimmt! Jetzt kann ich es auch sehen!" Sie liefen so schnell sie konnten zu dem Schloss. Dort angekommen, fragten sie sich: „Wer wohl hier wohnt? Eine Königin? Oder vielleicht eine böse Hexe?" – „Schauen wir rein. Vielleicht finden wir dort Hilfe!", schlug Nik vor. Gesagt, getan. Sophie und Nik spitzelten durch einen Spalt in den riesigen Eingangstoren des Schlosses. Sie schlichen hindurch und blickten sich mit großen Augen um. Sie betrachteten die Kronleuchter und die sanft geschwungenen Innentreppen. Als sie die Tür zum Saal öffneten, spürten sie plötzlich eine eisige Hand im Genick. Die Geschwister schrien auf und drehten sich blitzschnell um. Vor ihnen stand die Eiskönigin. Nun wurde ihnen klar, dass sie sich im verbotenen Eiswald befanden. Kreidebleich blickten sie in das Gesicht der Königin. Ihr Blick war finster und durchdrang Nik und Sophie bis in ihr Innerstes. Die Haare der Königin waren schneeweiß und ihr Aussehen glich einer knöchernen, alten Hexe. „Was wollt ihr hier? In meinem Reich hat keiner außer denen, die ich geladen habe, etwas zu suchen." Ehe die Kinder antworten konnten, kreischte die Eiskönigin: „Wachen!" – „Oh nein!", schrie Sophie „die werden uns in den Kerker werfen." Schon rannten vier riesige, bewaffnete Wachen auf sie zu. „Schnell! Dort drüben ist ein Fenster!", schrie Nik. Sie rannten so schnell sie konnten hin und sprangen durch das Fenster nach draußen, die Arme als Schutz vor dem Gesicht. Unten landeten sie unsanft in einem Schneehaufen. Die Wachen zögerten zu springen und nahmen lieber den Weg über die Treppe. „Schnell!" Nik zog seine kleine Schwester am Arm hoch und rannte mit ihr so schnell sie konnten zum Gartentor. Hinter ihnen fiel die Tür krachend ins Schloss. Angsterfüllt blickten sie zurück. Jetzt erst bemerkten sie den riesigen Eisdrachen auf der Schlosskuppel. Seine Schuppen schimmerten blau und seine Flügel schienen aus Glas zu sein. Aus seinen Nasenlöchern stieg kalter Rauch empor. Er sah die Kinder mit grün funkelnden, aber treuherzigen Augen an. „Kommt es dir auch so vor, als bitte er uns um Hilfe?", fragte Sophie Nik. Der Junge nickte. Sie warteten bis es dunkel war und schlichen sich auf das Dach des Schlosses. „Habt keine Angst", raunte der Drache. „Ich bin ein Wunschdrache. Die Königin hält mich hier gefangen und hat mich auf diesem Dach festgekettet. Sie will, dass ich ihr Eiszapfen in Gold verwandle. Aber ich weigere mich, denn sonst bekommt sie zu viel Macht und kann über ganz Eisland bestimmen. Befreit mich und ich erfülle euch einen Wunsch." Die Kinder sahen sich ratlos an. Was sollten sie tun? Schließlich fasste Nik seinen ganzen Mut und fragte: „Wie sollen wir denn deine Fesseln losmachen? Das schaffen wir doch nie!" – „Der Schlüssel befindet sich unter dem Stein, hinter den Stahlfesseln." Der Drache deutete mit seiner Schnauze in dessen Richtung. Sophie rannte hinüber, hob den Stein und griff nach dem Schlüssel. Plötzlich hörten sie die Stimme der Königin: „Ihr wagt es, hier noch einmal aufzutauchen? Na wartet! Euch werde ich das Handwerk legen!" Noch bevor die Königin „Wachen!" schreien konnte, hatte Sophie den Drachen schon befreit und saß auf seinem Rücken. „Los, spring auf!", befahl der Drache Nik. Wie vom Blitz getroffen, schwang sich der Junge auf den Rücken und schon flogen sie in den dunklen Nachthimmel hinauf. Kreischend blieb die Königin zurück und hatte das Nachsehen. Der Drache aber schoss wie ein Pfeil nochmal in die Richtung des Schlosses und brannte mit einem Feuerstrahl alles nieder. Wieder zu Hause, erfüllte der Drache den Kindern wie versprochen einen Wunsch. Welcher es war? Das ist eine andere Geschichte und die könnt ihr euch selbst ausdenken.

Dominik Balk
Friedrich-Ebert-Grundschule, Klasse 4c

Die Elfen und der böse Zauber

An einem schönen, sonnigen Nachmittag gingen die Geschwister Lia und Mia raus in ihr Baumhaus. Oben angekommen, setzten sie sich gleich an ihren kleinen Tisch und blätterten in ihrem geheimnisvollen Buch. „Hatschi", machte es plötzlich hinter ihnen. Lia und Mia drehten sich um und vor ihnen flogen zwei kleine, nette Elfen. Lia stotterte: „W-w-w … Wer seid ihr und was wollt ihr hier?" Die ein Elfe sprach: „Wir brauchen euer dickes Buch." – „Dieses Buch? Das haben aber wir gefunden. Gehört es etwa euch?", erwiderte Mia. „Ja! Dieses Buch gehört uns", antworteten die beiden Elfen im Chor. Dann erklärten sie den Mädchen, dass alle anderen Elfen von ihrem Volk in einer Höhle unter der alten Weide am kleinen Igelbach eingesperrt wurden. Sie erzählten vom bösen Zauberer Mooshut: „Er hasst Elfen über alles. Warum, weiß keiner. Immer wieder bringt er uns in Not. Als er diesen Zauber sprach, waren wir zwei in einer Efeuhöhle und so davor geschützt. Wir brauchen jetzt einen Zaubertrank, um die anderen Elfen zu befreien. Die Zutaten stehen in diesem Buch, es ist ein Zauberbuch. Zum Glück habt ihr es gefunden. Ich lese mal vor: Drei Tropfen von einem genau drei Jahre alten Seerosenstengel, 20 grüne Buchenblätter, zwei Eierschalen von der Moospickelente und eine Handvoll Schneckengras." – „Natürlich helfen wir euch. Das ist ja eine schreckliche Geschichte. Na dann, an die Arbeit!", staunten die Mädchen. Als alle Zutaten gefunden waren, rührten sie alles in einem alten Eimer zusammen und rannten zum Bach. Sie schütteten den Trank vorsichtig an den Baumstamm. Es blubberte und zischte. Es knallte und krachte. Als sich der Nebel gelegt hatte, trauten sie ihren Augen kaum. Auf allen Ästen saßen Elfen mit schillernden Flügeln und wunderschönen Kleidern. Sie tanzten und jubelten vor Freude. Die Elfenkönigin kam aus der Wurzelhöhle heraus und bedankte sich. Dann feierten sie ein Fest, das so schnell keiner mehr vergessen würde.

Carlotta Reichle
Fröbel-Grundschule, Klasse 4b

Elfchen zum Einhorn

Einhorn
Glänzende Mähne
Es ist wunderschön
Es galoppiert wild herum
Bezaubernd

Nadine Heider
Realschule Maria Stern, Klasse 8b

Die Prinzessin im Schloss

Es war einmal eine Prinzessin namens Clara. Sie wuchs in einem wunderschönen Schloss in einem weit entfernten Land auf. Sie hatte alles, was sich ein Mädchen nur wünschen konnte. Das Einzige, was schlimm für sie war, war, dass ihre Eltern ihr verboten hatten, das Schlossgelände zu verlassen. Die Prinzessin wurde immer älter und älter. Sie wollte unbedingt wissen, wie es außerhalb des Geländes wohl sein würde. Also schlich sie sich eines Nachts aus dem Schloss. Sie ging in den verbotenen Wald. Plötzlich hörte sie Schritte hinter sich und als sie sich umdrehte, traute sie ihren Augen nicht. Vor ihr stand ein echter Drache! Sie hatte Todesangst. Doch bevor der Drache ihr etwas antun konnte, eilte ihr ein Prinz zur Hilfe und brachte sie sicher ins Schloss zurück. Sie verliebten sich und lebten glücklich zusammen bis an ihr Lebensende.

Angela Covella
Grundschule Firnhaberau, Klasse 4a

Die fantastischen Nächte

Es war ein wunderschöner Nachmittag. Ich war bei mir zu Hause, meine Mama bügelte und mein Vater aß ein Brot. Dann fragte ich meine Mutter: „Darf ich jetzt zu Klara rübergehen, sie hat heute Geburtstag? Sie wohnt im Nachbarhaus - das ist nicht weit", bettelte ich. „Ja, aber sicher doch", antwortete meine Mama. Mein Papa aber rief: „Stopp, du bleibst hier, wir wollten doch zum Autohändler gehen und uns Autos angucken." Er jammerte: „Unser Auto ist jetzt etwas zu alt für uns, wir haben für ein neues Auto lange gespart." – „Muss ich da mitgehen?", meinte ich. „Ja, das will ich", verkündigt er. „Wenn dir hier etwas passiert, dann sind wir nicht da", brummte mein Papa zur Erklärung. Ich murmelte: „Aber ich wollte doch zu Klara rübergehen, es ist doch ihr Geburtstag." – „Nein, das will ich nicht", bestimmte mein Vater.

Wir fuhren also zum Autohändler und ich staunte, wie viele Autos der hatte. Der Autohändler bot uns an, eine Führung zu machen. Mein Papa meinte natürlich: „Sicher doch, danke." Wir gingen durch die Hallen. Es waren so viele Autos. Plötzlich blieb mein Vater stehen. Er brüllte los: „Das ist genau der Wagen, der Wagen, den ich in der Werbung gesehen habe. Der ist toll!" Meine Eltern sahen sich allerlei am Wagen genauer an. Motorraum, Sitze, Armaturenbrett und so weiter. Schließlich entschieden sie sich und sagten: „Den Wagen nehmen wir." Dann ergriff der Autohändler das Wort: „Den Wagen können Sie in der nächsten Woche abholen." Die Zeit verging wie im Flug. Bald stand schon die nächste Woche vor der Tür. Mein Vater jubelte: „Jetzt gehen wir zum Autohändler und holen unseren neuen Wagen ab." Wir liefen wieder zum Autohändler und holten den Pkw ab. Mein Vater fuhr natürlich voller Stolz bis zu unserem Haus. Die Tage vergingen wieder wie im Flug und schließlich waren bereits 13 Tage vorüber und mein Vater jammerte: „Der Wagen funktioniert nicht mehr einwandfrei. Wir müssen uns einen neuen Wagen kaufen." Das alte Auto, das er vor kurzer Zeit kaufte, stand nur noch in der Garage herum.

Es wurde wieder Abend und es polterte wie verrückt nebenan. So ging es neun Tage weiter. Da bemerkte ich, dass das alte Auto eine Delle hatte. Ich dachte laut vor mich hin: „Wie kann das sein, wir machen ja mit dem Auto nichts mehr." Plötzlich fing das Auto an zu sprechen: „Was machst Du hier?" Ich antwortete: „Ahhh … keine Ahnung. Ich wollte nur wissen, was in der Nacht hier immer so poltert." Das sprechende Auto machte mir Angst und ich dachte, ich träume. Ich schüttelte mich so fest ich konnte. Aber es war kein Traum. Das Auto sprach mit einer netten Stimme: „Du brauchst keine Angst zu haben. Ich tue Dir nichts." Ich rannte trotzdem vor lauter Panik so schnell ich konnte in mein Zimmer und rief meiner Mutter zu: „Ich bin müde. Ich gehe sofort ins Bett." Meine Mutter murmelte nur: „Ist okay." Schnell sauste ich in mein Zimmer und vergrub mich umgehend unter meinen Kissen. Ich schlief sofort ein und träumte von dem riesigen Auto.

Am nächsten Morgen frühstückte ich wie gewöhnlich. Danach ging ich zu dem Wagen und entschuldigte mich: „Es tut mir leid, dass ich gestern einfach weggelaufen bin." – „Ist nicht schlimm", antwortete das Auto. Ich redete noch eine Stunde mit dem Fahrzeug und so ging es zwei Wochen weiter. Immer wieder besuchte ich den Wagen und plauderte mit ihm über dies und das. Doch niemandem verriet ich, dass das Auto sprechen konnte. Einmal besuchte ich es wieder und meinte: „Wir können uns doch nicht immer in der Garage aufhalten." – „Das stimmt, sonst fällt es noch auf, dass du immer allein in die Garage gehst", fügte er hinzu. „Du kannst nicht immer nach einem Vorwand suchen. Und übrigens: Nenn mich Fluffi, so sagen meine Freunde zu mir." – „Fluffi fragte mich, ob ich ein Geheimnis für mich behalten könne. Ich antwortete: „Ja, klar!" Fluffi wisperte: „Komm heute Nacht um 23 Uhr hierher." – „Wieso?", fragte ich. „Das wirst du dann schon sehen", meinte das Auto. Ich rief: „Also dann bis heute Nacht, tschüss." Ich war sehr aufgeregt.

In meinem Zimmer stellte ich den Wecker auf fünf Minuten vor 23 Uhr. Pünktlich klingelte der Wecker. Sofort stellte ich ihn aus, damit der Wecker niemand anderen im Haus aufweckte. Im Schlafanzug lief ich in die Garage. Fluffi wartete bereits auf mich und sagte: „Steig ein und fahr los." – „Echt, darf ich?", fragte ich bibbernd vor Aufregung. „Ja, aber sicher doch!", drängelte Fluffi. Das Auto brummte: „Mich kann niemand in der Nacht fahren sehen." – „Das ist aber sehr cool", raunte ich. „Du musst mich aber fahren", meinte Fluffi. „Okay", sagte ich leise. Und dann fuhr ich los, betätigte irgendwelche Hebel und – tatsächlich – es funktionierte! Ich fuhr langsam aus der Stadt hinaus und auf der Bundesstraße war kein Verkehr. Ich beschleunigte den Wagen und ups … Fluffi hob ab, genau wie ein Flugzeug! Das war der absolute Wahnsinn! Ich schrie vor Aufregung: „Wieso fliegen wir?" – „Das kann ich halt einfach. Aber nur in der Nacht, wenn ich unsichtbar bin." Nach einiger Zeit flogen wir wieder in unseren Stadtteil zurück und Fluffi landete ruhig in unserer Einfahrt. Vorsichtig parkte ich Fluffi wieder in der Garage. Jede Nacht flogen wir von nun an heimlich durch die Lüfte. Es war immer spannend, wunderschön und einfach fantastisch.

Amelie Rottländer
Realschule Maria Stern, Klasse 5c

Ein Planet wie ein Schlaraffenland

Ich bin Erfinder. Meine neueste Erfindung ist ein Haushaltsroboter. Ganz schön praktisch, oder? Er kann alles, was im Haushalt so anfällt: putzen, saugen, Tisch decken, abwaschen … Vor Kurzem ging ich zum Bürgermeister, um das Wunderwerk vorzustellen. Der fand meine Erfindung so fantastisch, dass ich viel Geld von ihm bekam! Von diesem wollte ich mir meinen lang ersehnten Traum erfüllen. Ich tüftelte Tag und Nacht. Fünf Wochen später war endlich meine nächste Erfindung fertig: eine Rakete mit der ich in einer Woche zum Mars fliegen konnte. Fantastisch! Gleich am nächsten Tag wollte ich einen Probestart durchführen … 5, 4, 3, 2, 1 – Start! Los geht's! Ich flog los. Auf zum Mars! Nach drei Tagen in meiner Rakete entdeckte ich plötzlich einen seltsamen Planeten, auf dem es gut roch. Ich war neugierig und setzte zur Landung an. Als ich kurz darauf die Luke öffnete, verschlug es mir die Sprache. Mit offenem Mund stieg ich aus. Der ganze Planet war aus herrlich duftender Schokolade, Keksen, Marzipan, Gummibärchen und Lollis. „Wo bin ich denn hier gelandet? Das ist ja mehr als fantastisch!" Ich staunte nicht schlecht! Komisch, aber lecker! Jedenfalls machte ich mich gleich daran, diese Leckerbissen zu verzehren. Als ich nach zwei Tagen Schlaraffenland mit vollem Bauch wieder zur Erde zurückflog, war ich mir sicher: „Das waren die besten Süßigkeiten, die ich je gegessen hatte!" Auf der Erde erzählte ich allen von diesem wundervollen Paradies. Daraufhin startete ich noch einmal mit meiner Rakete, um den Planeten genauer zu untersuchen. Nach einiger Zeit kam ich mit dem fantastischen Forschungsergebnis, dass man auf dem Planeten leben kann, wieder zurück, zudem mit 99.999 kg der besten Süßigkeiten der ganzen Welt. Weltweit jubelten rund sieben Milliarden Menschen. Die Regale der Supermärkte waren gefüllt und man sah viele Leute mit Einkaufstüten umhereilen. Ich kam ins Radio, ins Fernsehen und auf die Titelseite der Augsburger Allgemeinen. Das Erlebnis war einfach fantastisch!

Benjamin Kalousek
Fröbel-Grundschule, Klasse 4a

Jahr 3010

In den letzten zehn Jahren hat sich viel verändert, besonders im Bereich der Elektronik und Mechanik. Es gibt Autos, die mit einem elektrischen Motor fahren können, es gibt tragbare Computer in allen Formen und Größen. Aber wenn wir einen Sprung in der Zeit machen, und zwar in das Jahr 3010, wirst du sehen, dass in dieser Zeit alles anders sein wird.

Es gibt keine Autos mehr, nur noch schwebende und fliegende Transportmittel, tragbare Computer gibt es auch nicht mehr, nur noch Geräte, die nicht einmal mehr so ähnlich sind, wie die Computer, die wir heute kennen. Es sind winzige Chips, die jeder Mensch von der Geburt an in sich trägt. Sie haben eine Leistung, von der wir nur träumen können. Die Tastatur und der Bildschirm sind komplett verschwunden, die Chips werden mit Gedanken gesteuert und das Bild wird direkt in das Gehirn übertragen. Man kann mit ihnen ohne irgendwelche anderen Geräte auf das XERIANIX zugreifen, was dem heutigen Internet ähnelt. Es wird aber weiterhin ein Problem geben, das wir heute schon kennen: Wenn ein Virus über eine E-Mail an andere Leute verschickt wird, wird diese E-Mail sofort geöffnet und das Virus hat den Menschen befallen. Das Virus hat nun die komplette Kontrolle über ihn und wird von seinem Chip automatisch weiter verschickt. Das Virus steuert den Menschen, nicht der Mensch, der es programmiert hat. Das bedeutet, dass niemand mehr die Kontrolle über das Virus hat, da in dieser Zeit alle Programme sich selbst verbessern können. Das hat den Menschen die Arbeit zwar erspart, sich um die Programme nach ihrer Fertigstellung zu kümmern, aber dadurch hat auch das Virus die Kontrolle über sich selbst und kann sich so weiter entwickeln, wie es will. Das Virus wäre also nicht mehr zu kontrollieren.

Die Leute werden in komfortablen Wohnungen in riesigen Hochhäusern mit Hunderten von Stockwerken wohnen, wo niemand mehr seine Mitmenschen kennt, die eine Etage unter ihm wohnen, geschweige denn die, die über einem wohnen.

Auch die Schulbildung wird eine andere sein. Niemand geht mehr neun bis zwölf Jahre in die Schule. Man geht mit zehn Jahren einen Tag in eine Spezialklinik, wo ein Chip in das Gehirn eingesetzt und das Wissen darauf gespeichert wird. Dieses Wissen kann man problemlos abrufen und verwenden. Leider werden die Menschen nicht alle gleich schlau sein. Nur reiche Leute können sich ein umfangreiches, auf mehrere Themen spezialisiertes Wissen kaufen. Derjenige, der den Chip bekommt, muss sich die Art, das Gebiet und die Menge des Wissens aussuchen und dafür bezahlen. Man kann nach dem Einpflanzen des Chips nichts mehr an dem Wissen ändern. Man kann nichts mehr dazulernen oder verstehen. Dadurch, dass ärmere Menschen sich kein größeres Wissen leisten können, verdienen sie im späteren Leben weniger Geld und mit dem wenigen Geld können sie ihren Nachkommen kein besseres Wissen kaufen. Die Kluft zwischen den Reichen und Armen wird immer größer.

Es wird einen Stoff geben, der alle Nährstoffe und Vitamine enthält und schon in kleinen Mengen einen Menschen satt machen wird. Dieser Stoff

wird in kleine Pillen gepresst. Jede dieser Pillen hat einen eigenen Geschmack, der nicht nur einzelnen Lebensmitteln entspricht, sondern ganzen Gerichten. Also kann man von einer billigen, ein Zentimeter großen Pille satt werden und gleichzeitig ein Geschmackserlebnis genießen. Diese Pillen können sich auch ärmere Leute leisten und die Hungersnot auf der Welt wird verschwunden sein.
Wäre das nicht eine fantastische Welt?

Marcel Willié
Maria-Theresia-Gymnasium, Klasse 8a

Ein aufregendes Erlebnis mit der Zaubermuschel

Eines Tages fuhren meine Freundinnen Dana, Melanie und ich mit den Fahrrädern ans Meer. Als wir unsere Fahrräder abstellten, kam plötzlich eine große Welle an den Strand. Als sie langsam ins Meer zurückwich, lag dort eine wunderschöne Muschel. Meine Freundin Melanie hob diese wunderschöne Muschel auf und gab sie herum. Ich sagte: „Seht mal, die Muschel leuchtet!" Melanie erschrak: „Schaut mal, die Muschel zieht uns in die Tiefe! Oh, was ist das?" Dann war es für einen kurzen Moment stockfinster. Als es endlich heller wurde, sahen wir viele Wale, Aale und Feuerkrebse. „Was macht ihr hier?", fragte der größte Wal. „Wir wurden von der wunderschönen Muschel ins offene Meer gezogen", antwortete Dana. „Ihr könnt auf meinen Rücken steigen, wenn ihr wollt. Ich bringe euch wieder nach oben." – „Das wäre sehr nett!", jubelten wir. Wir stiegen schnell auf seinen Rücken. Schnell ging es ganz nach oben. „Hurra, wir sind oben!" rief Melanie. „Aber was machen wir mit der wunderschönen Muschel?", fragte Dana. „Wir nehmen sie mit nach Hause!", antwortete Melanie." – „Nein, auf gar keinen Fall. Wir lassen die Muschel hier. Ich will nicht, dass sie noch mehr anstellt mit uns!", schlug ich vor. „Kommt, wir fahren schnell nach Hause, damit sich unsere Eltern keine Sorgen um uns machen", rief Dana.

Julia Weimer, Melanie Kovalenko und Dana Pecher
Friedrich-Ebert-Grundschule, Klasse 4bgt

Das Wolfsmädchen

Anja war zwölf Jahre alt, groß, schlank, braunäugig und hatte kastanienbraune Haare, die ihr fast bis zur Taille fielen. Sie wohnte mit ihren Eltern auf dem Land, wo Anja oft in dem großen Garten saß und Vögel beobachtete, die den Garten besuchten. Anjas Lieblingshobby war, Tiere zu beobachten. Vögel, Katzen oder Hunde. Ihnen allen sah sie interessiert zu. Sie hatte jedoch noch ein weiteres Hobby. Anja war eine leidenschaftliche Tänzerin und ihre Eltern bezahlten eine Tanzlehrerin, bei der Anja wöchentlich die elegantesten, aber auch die wildesten Tänze lernte. Diese Tanzlehrerin hatte eine Tochter, mit der sich Anja gut verstand. Der Name der Tochter war Nora und sie tanzte ebenso gerne wie Anja. Ihre Haare waren von einem hellen Blondton und ihre Augen waren braun. Sie beherrschte jeden Tanz in kürzester Zeit und vollführte die schwierigsten Sprünge fehlerfrei. Nach einer Tanzstunde, bei der Nora ihr Talent wieder einmal bewiesen hatte, fragte Anja ihre Freundin, woher sie so gut tanzen könne. Sie antwortete: „Das habe ich in der ‚World of Fantasy' von zwei netten Elfen gelernt." – „‚World of Fantasy'? Also ‚Welt der Fantasie'?", fragte Anja argwöhnisch. „Klar doch! Und auch noch von Elfen! Veräppeln kann ich mich allein. Also, woher kannst du nun in Wahrheit so gut tanzen?" – „Ich habe es von zwei Elfen gelernt", erklärte ihre Freundin geduldig, „um in die ‚World of Fantasy' zu gelangen, musst du eine bestimmte Abfolge von Schritten tanzen. Ich tanze sie dir vor." Nora nahm Anlauf und sprang leichtfüßig zwei Schritte durch den Raum. Dann setzte sie zu einer formvollendeten Pirouette an. Anschließend nahm sie ihre Arme über den Kopf und ließ sie langsam heruntergleiten. Nora lächelte und Anja schossen einige Gedanken durch den Kopf. Ob ich diesen Tanz auch schaffe? Vielleicht sollte ich ihn zu Hause ausprobieren. Aber was, wenn mich Nora doch auf den Arm nehmen will? Ach, was soll's! Ich probiere die Schritte einfach zu Hause aus. Ich sehe ja dann, ob Nora mich veräppelt. Daraufhin verabschiedete sich Anja von Nora und ging nach Hause. Kaum war sie in ihrem Zimmer angekommen, versuchte sie zweifelnden Blickes Noras Schritte. Zwei Sprünge durch das Zimmer. Dann eine Pirouette. Was kommt danach noch einmal? Ach ja! Anja ließ ihre Arme von oben nach unten sinken. So blieb sie stehen und wartete mit geschlossenen Augen. Sie hörte den Lärm der Autos auf der Straße und das Knarzen des offenen Fensters. Sie spürte, wie angenehm kühle Luft über ihr Gesicht strich. Ein Vogel zwitscherte im Garten. „Warum hat es nicht funktioniert?", fragte sich Anja laut und öffnete enttäuscht die Augen. Einen kurzen Moment lang hatte sie fest daran geglaubt, dass sie nun eine Handvoll Elfen sehen würde. Vielleicht muss ich die Augen den ganzen Tanz über schließen. Und so schloss sie die Augen erneut und wiederholte die Tanzschritte. Als sie die Augen wieder öffnete, befand sie sich in einem Mischwald. Der Weg unter Anjas Füßen bestand aus festgetretener Erde. Um das Mädchen herum standen die Bäume links und rechts des Weges, der in Schlangenlinien durch den Wald führte. Anja fühlte sich beobachtet. Eine Gänsehaut zog sich über ihren Rücken. Zitternd musterte sie die Bäume und Büsche jenseits des Weges. Plötzlich stutzte sie. War da nicht ein Augenpaar gewesen? Ihr Puls beschleunigte sich. Dort, zwischen den Bäumen lauerte etwas. Etwas mit grünen Augen. „Ha ... hallo?", rief Anja mit zitternder Stimme, „Ist da jemand?" Die Augen verschwanden. Habe ich mir das etwa nur eingebildet? Doch da trat ein Mädchen aus dem Wald. Es hatte rotbraune, schulterlange Haare und trug ein grünes Kleid, das ihr bis zu den Knien fiel und gut zu ihren grünen Augen passte. Auf dem Rücken des Mädchens schimmerten ein Paar Elfenflügel, die fast durchscheinend waren. „Wer ... wer bist du?", fragte die Elfe ängstlich. Sie war in Anjas Alter. „Ich heiße Anja. Bin ich hier richtig in der ‚World of Fantasy'?" Die Elfe zögerte, bevor sie zaghaft nickte. „Ich bin Lily." – „Bist du eine richtige Elfe?", fragte Anja neugierig. Insgeheim hatte sie sich Elfen nämlich immer mit spitzen Ohren vorgestellt, doch Lilys Ohren hatten eine normale Form. „Ähm, ja", antwortete Lily. „Cool." Anja war beeindruckt. „Hübsches Kleid." – „Danke." Lily ging langsam und vorsichtig auf Anja zu und fragte: „Was tust du hier?" – „Meine Freundin Nora hat mir den Schlüssel zur ‚World of Fantasy' gegeben." Die Augen der Elfe weiteten sich erstaunt. „Nora?", flüsterte sie ungläubig, „Königin Nora hat dir das gesagt?" – „Königin?", erwiderte Anja verdutzt. Lily nickte und erklärte: „Nur sie kann einem Menschen die Schritte des geheimen Tanzes zeigen. Ich bringe dich zu ihr. Sie wird sich freuen." Lily lief mit Anja im Schlepptau aus dem Wald hinaus und auf eine große Blumenwiese. Von dort führte sie das Mädchen zu einem Schloss, das so märchenhaft aussah, dass sich Anja in den Arm zwickte, um zu prüfen, ob sie nicht träume. Es tat weh und so wusste sie, dass das Schloss, welches sie gerade betrat, kein Auswuchs ihrer Fantasie war. Sie folgte Lily in den herrlichen Vorhof, wo die Elfe an einem Gittertor innehielt, in das ein goldener Türklopfer in Form eines Pferdekopfes eingelassen war. Anja beobachtete das Mädchen genau, welches nun nach dem Türklopfer griff und ihn gegen die Tür fallen ließ. Überrascht sah Anja zum Türklopfer auf, denn der Aufprall war nicht dumpf und laut, sondern sanft und leise. Als der Türklopfer das Holz berührte, ertönte eine leise Melodie und eine Frauenstimme erklang. „Hier ist die Sekretärin der Königin. Wer sind Sie und was ist Ihr Anliegen?" – „Hier sind Lily und ..." Sie warf Anja einen schnellen Blick zu. „... und Anja. Sie wurde von Königin Nora in die ‚World of Fantasy' gelassen." – „Treten Sie ein." Die Tür öffnete sich und Anja blieb der Mund offen stehen. Die Empfangshalle war hell und freundlich gestaltet. Am Empfangstresen saß eine Elfe in einem türkisblauen Kleid mit einem lavendelfarbenen Gürtel. Die schwarzen Haare der jungen Frau steckten in einem eleganten Knoten. Ihre Flügel waren von einem durchscheinenden Rot und die Augen der Elfe waren von einem dunklen Blau. Als sie sprach, erkannte Anja, dass sie die Ansage gesprochen hatte. „Bitte warten Sie hier, bis die Königin Sie hineinbittet." Die Elfe zeigte auf eine Reihe Sitze, die aus Blättern geformt zu sein schienen. Anja und Lily setzen sich nervös. Was, wenn die Königin nicht Nora war und sie sich getäuscht hatten? Anjas Herz schlug ihr bis zum Hals. Was, wenn die Königin sie hochkant hinauswerfen würde? „Lily und Anja, bitte", ertönte eine Männerstimme und die Flügeltür öffnete sich zu einem gigantischen Thronsaal. Auf dem Thron saß ein junges Mädchen mit blonden Haaren. Ihr Kleid war in einem schlichten Gelbton gehalten. Das blonde Haar fiel ihr offen über die Schulter und sie trug einen leichten, fliederfarbenen Umhang um die Schultern. Lächelnd stand Nora auf und kam auf Lily und Anja zu. „Hallo Anja. Schön, dass du gekommen bist." – „Nora? Bist du es wirklich?" Nora nickte, noch immer lächelnd. „Gehört dir die ‚World of Fantasy'?", fragte Anja. „Ja, aber es gibt auch eine böse Magierin, die den Thron besteigen will. Ihr Name ist Lydia und sie hat eine Armee aus Drachen und Wölfen. Lydia ist sehr mächtig und plant Angriffe am laufenden Band, doch wir sind im Vorteil, denn wir haben einen Spion. Wir brauchen deine Hilfe im Kampf gegen Lydia. Hilfst du uns?" Anja wollte gerade antworten, doch sie wurde von der Stimme der Sekretärin unterbrochen. „Samantha ist zurück." – „Lass sie herein", antwortete Nora geistesabwesend. Daraufhin öffneten sich die Flügeltüren und ein Tier sauste in den Thronsaal. Es war nur als grauer Farbschleier zu erkennen, doch als es anhielt, sah Anja, dass es eine junge Wölfin war. „Ich muss dich warnen, Nora", keuchte sie, doch Nora schien sie nicht zu verstehen. "Sam", seufzte die Königin, „ich verstehe die Sprache der Wölfe nicht. Diese Kunst besitzt nur Lydia" Sam verdrehte die Augen. „Lydia ist im Anmarsch!" Auf diese Ankündigung hin war es für einen Moment totenstill. Das Lächeln war von Noras Gesicht gewischt. „Bringt mir meinen Zauberstab und sagt der Armee Bescheid!", befahl sie ihren Elfendienern, die links und rechts von ihrem Thron standen. Sofort zerstreuten sie sich und eine Elfe mit kurzen, roten Haaren brachte Nora einen gelben Stab, auf dessen Spitze ein kleiner, vergoldeter Vogel angebracht war. Auf Anjas Frage hin, warum ein Vogel auf dem Stab saß, antwortete sie, dass es das Zeichen für ihre fliegende Armee sei. „Ich habe noch eine Frage", setzte Anja unsicher an. „Ja? Beeile dich bitte! Wir haben nicht viel Zeit." – „Warum bin ich die einzige, die Sam verstehen kann?" Eine kurze Stille folgte, in der Lily Anja entsetzt und

Nora sie nachdenklich anstarrte. „Du musst eine besondere Beziehung zu Tieren haben, um das zu können. Da du Tiere liebst, kannst du womöglich Sam verstehen. Ich bin mir allerdings nicht sicher, ob dich alle Wölfe verstehen können", antwortete sie endlich. Ein Elf flog auf Nora zu und verkündete: „Die Armee ist bereit, Hoheit." Aus Gängen links und rechts des Throns flogen ein Pegasus und ein Einhorn heraus. Der Pegasus hatte schillernde Flügel und trug ein goldenes Band um den Hals. Das Horn des Einhorns schimmerte golden und Mähne und Schweif des Tieres waren von einem schönen Türkis. „Die Armee ist bereit", berichtete der Pegasus und Anja vermutete, dass es ein Hengst war. Hinter den beiden Tieren kamen noch weitere derselben Art hervor. Der Strom der Krieger schien nicht abzureißen. „Gut", sagte Nora leise und schritt zur Flügeltür, die automatisch aufschwang. „Verteidigen wir uns so gut, wie wir können!" Anja lief zu ihrer Freundin und fragte panisch: „Was soll ich machen? Wie kann ich helfen?" Die Königin sah sie einige Sekunden an, dann antwortete sie: „Versuch die Armee zum Rückzug zu bewegen. Ich weiß, du schaffst das." Mit diesen Worten trat sie hinaus auf die schöne Blumenwiese vor dem Schloss. Die Armee folgte ihr. Nora wandte ihren Kopf gen Himmel und als Anja ebenfalls den Himmel betrachtete, zuckte sie zusammen. Ein Punkt war am blauen Himmel zu erkennen. Er wurde rasch größer, bis sie eine Armee von Drachen erkennen konnten. Auf dem Größten saß ein Mädchen in Noras Alter. Sie war ungewöhnlich hübsch. Ihre schwarzen, schulterlangen Haare wehten hinter ihr her. Sie trug ein schwarzes Kleid, das eine Schleppe besaß. Auch sie trug einen Zauberstab. Der ihre war schwarz und ein versilberter Blitz war auf seiner Spitze angebracht. Das Mädchen lächelte auf eine Weise, die Anja sagte, dass sie Lydia war. Als sie den Blick wieder zur Wiese richtete, sah sie ein Dutzend Wölfe, die langsam und mit gefletschten Zähnen näherkamen. Ihr Verhalten verwunderte Anja. Als Tierfreundin wusste sie, dass Wölfe normalerweise extrem scheu waren und Menschen mieden. Waren sie verzaubert oder hatten sie eine besondere Vorliebe für Elfen? „Woher hast du die Informationen über mein Kommen?", fragte Lydia mit leisem Lächeln. Auch Nora war das Lächeln nicht vergangen. „Ist das denn so wichtig?" Lydia zuckte mit den Schultern. „Das hätte mich schon interessiert. Also, gibst du den Thron frei oder willst du kämpfen?" – „Ich will meine Mitelfen vor Unterdrückung bewahren, daher halte ich es für sinnvoller, den Thron nicht freizugeben." – „Wie du willst." Lydia wandte sich ihren Drachen zu und nickte. Auch Nora gab ihrer Armee ein Zeichen. Sofort stürzten beide Seiten aufeinander zu und schon bald waren die beiden Magierinnen von kämpfenden Paaren umgeben. „Willst du noch etwas sagen, bevor wir uns duellieren?", fragte Lydia gelangweilt. „Tu es jetzt, Anja", sagte Nora so leise, dass es nur ihre Freundin mitbekam. Anja nickte und rannte los, während Lydia den Kampf mit einem blauen Strahl aus ihrem Zauberstab eröffnete. Anja rannte, bis sie einen Haufen Wölfe sah, der einen jungen Einhornkrieger umzingelte. „Auf vier greifen wir an", grummelte der Größte von ihnen. Anja runzelte die Stirn und fragte: „Wäre es nicht sinnvoller, bei drei zu starten?" – „Wer hat das gesagt?", fragte der Wolf misstrauisch. „Ich." Die Wölfe drehten sich um und der größte Wolf wirkte überrascht. „Versteht sie mich wirklich oder schauspielert sie nur?" – „Keine Ahnung", meinte ein anderer Wolf. „Sollen wir sie zuerst angreifen, Markus?", setzte er mit einer Spur Ungeduld in der Stimme hinzu. „Warum kämpft ihr hier eigentlich? Habt ihr nicht ohne Kämpfe ein besseres Leben? Antworte mir bitte, Markus", sagte Anja leise. „Ich fresse einen Besen! Kannst du uns wirklich verstehen?" Anja nickte. „Eigentlich hast du recht", fuhr Markus nachdenklich fort. An die anderen Wölfe gerichtet meinte er, „Rückzug, Jungs! Lasst uns die anderen Wölfe auch von der Sinnlosigkeit dieses Kampfes überzeugen. Nils, richte es den Drachen aus!" Die Wölfe nickten und zerstreuten sich. In kürzester Zeit waren Nora und Lydia die Einzigen, die noch kämpften. „Schau dich doch einmal um!", forderte Nora ihre Konkurrentin lächelnd auf. „Wir haben Publikum!" Lydias Augen weiteten sich überrascht, als sie sah, dass niemand mehr kämpfte. „Warum kämpft ihr nicht mehr?" – „Das hat doch keinen Zweck! Das Leben ist doch so schön ohne Kampf", erwiderte Markus, „wir werden nicht mehr kämpfen! Du kannst dir eine neue Armee suchen." Markus nickte an seine Kameraden gewandt und die verschwanden nach und nach im Wald oder flogen davon. Markus jedoch ging geradewegs auf Anja zu und hielt vor ihr an. Er hob seine rechte Pfote und Anja ergriff sie. „Danke für alles", bedankte sich der Wolf. Anja lächelte. „Gern geschehen." Anja ließ Markus' Pfote los und der Krieger verschwand mit einem letzten Kopfnicken für Anja im Wald. „Na gut, ich habe keine Armee mehr. Du hast für heute gewonnen! Aber wir sehen uns wieder!" Nora reagierte gelassen auf Lydias Worte. „Bis dahin wird allerdings noch etwas Zeit vergehen." Mit einem letzten, berechnenden Blick auf Anja verschwand auch sie. Nora wandte sich lächelnd an Anja: „Danke, Anja! Ich denke, du weißt, wer unser Spion war?" – „Ja", lächelte Anja, „es war Sam, nicht wahr?" Nora nickte. „Welche zwei Elfen haben dir denn das Tanzen beigebracht?", fragte Anja neugierig. „Lily und Katharina." In der Tür zum Schloss standen Lily und die Elfe, von der Nora ihren Zauberstab bekommen hatte. „Willst du auch so gut tanzen können wie unsere Königin?", fragte sie mit leisem

Lächeln. Anja nickte. Und die beiden Elfen führten sie auf eine Lichtung im Wald, wo Anjas erste, von Elfen geleitete Tanzstunde stattfand. Von diesem Tag an trafen sich Lily, Katharina, Nora und Anja jeden Tag in der ‚World of Fantasy'.

Marion Treffler
Mädchenrealschule St. Ursula, Klasse 8a

Der glückliche Fluch

Es war einmal ein Riese namens Halka. Er lebte ganz allein in einem Wald seit seine Mutter verschwunden war. Darüber war er sehr traurig, da er sie sehr vermisste.
Eines Tages ging er auf Essenssuche, da sah er auf einmal eine Burg. Erst am nächsten Tag erreichte er diese. Als er endlich davor stand, sah er ein Schild an der Tür. Darauf stand: „Schloss Rex". Da überlegte er, woher er dieses Schild kannte. Ihm fiel es aber nicht ein. Da beschloss er, sich drinnen umzusehen.
Im Eingangsbereich sah er ein Bild. Auf dem war ein großes Auge zu erkennen. Als er weiterlief, bemerkte er, dass sich das Auge bewegte. Doch bevor er erschrocken die Burg verlassen konnte, kam eine Geisterfrau aus einem der vielen Zimmer. Sie sah alt, aber sehr freundlich aus. Sie sagte: „Wenn Du nicht schnell wieder gehst, wirst du in einen Geist verwandelt." Da fiel ihm plötzlich ein, woher er das Schild draußen kannte. Die Frau war seine Mutter, die vor langer Zeit von einem Zauberer in diese Burg entführt und in einen Geist verhext wurde. Dieser war aber nun gestorben und die Mutter lebte in seiner Burg weiter, um alle zu warnen, die das Eingangstor betraten.
Der Riese war über dieses Treffen so glücklich, dass ihm die Warnung egal war und er abwartete, bis der Fluch auch ihn verwandelte. Seit diesem Tag lebte er nun auch als Geist an der Seite seiner Mutter zusammen in der Burg Rex. Sie waren glücklich und zufrieden, sich endlich wiedergefunden zu haben.

Elias Ludwig
Grundschule Hammerschmiede, Klasse 4 agt

Unbekannte Helfer

Es war einmal eine sehr arme Schneiderin. Sie lebte in einem alten Haus am Waldrand. Dort lebte sie sehr bescheiden und allein. Die Schneiderin versuchte Geld zu verdienen, indem sie Tag und Nacht für andere nähte. Eines Nachts war sie so müde, dass sie tief und fest einschlief. Nur, was die Frau nicht wusste, war, dass sich in der riesengroßen Wurzel der Eiche, die neben ihrem Haus wuchs, viele kleine Wichtel ein Zuhause geschaffen hatten. Heimlich beobachteten die Wichtel die Schneiderin. In der Nacht, als die müde Schneiderin eingeschlafen war, huschten die kleinen Wichtel in die Schneiderstube. Sie erkannten die Not der Frau. Die Wichtel begannen flink an den Kleidungsstücken zu arbeiten. Es wurde schon langsam hell, da verschwanden die Wichtel schnell in ihre Höhle der Wurzel. Die Schneiderin wurde wach und murmelte entsetzt vor sich hin: „Oh je, ich bin eingeschlafen, wie soll ich nur die ganze Arbeit schaffen?" Sie sah sich um und war erstaunt. Jedes Kleidungsstück, das sie in die Hand nahm, war fertig genäht. „Ich glaube ich träume", stammelte sie. Wer hat all die Arbeit erledigt? Sie konnte es sich einfach nicht erklären. Von nun an kamen die Wichtel jeden Abend und flickten und nähten fleißig an den Kleidungsstücken. Von diesem Zeitpunkt an verdiente die Schneiderin so viel Geld, dass sie keine Not mehr spüren musste. Sie war so überglücklich – aber das Geheimnis der Wichtel wurde nie aufgedeckt.

Selina Kreutzmann
Rudolf-Diesel-Realschule, Klasse 5/7

Elfis lebendiges Geheimnis

Hektisch rannte Elfe Elfi in ihr unordentliches Zimmer und schmiss sich auf ihr Bett. Erste Sonnenstrahlen zeigten sich am Horizont und alle schliefen noch, nur Elfi nicht. Sie war gerade noch bei ihrem geheimen Freund gewesen, hatte dann ihren Zauberstab geschwungen und war vor dem Schlossportal gelandet. Durch eine Tür konnte sie unbemerkt in ihr Zimmer kommen.
Keiner wusste von ihrem Geheimnis, außer ihr selbst. Ihr Geheimnis lebte in einer dunklen Höhle voller Spinnenweben. Bei Sonnenuntergang zauberte sich Elfi zu ihrem Geheimnis. „Hallo Timi!", begrüßte sie ihren Freund. Und da kam er, ein riesiger Drache! Er hatte mächtige Flügel und feurige Augen. Der lange Schwanz von ihm fand kaum in der Höhle Platz und war mit Zacken übersäht. Der Drache Timi ließ sich nieder und Elfi stieg auf. Dann erhob er sich wieder und schwang sich mit Elfi auf dem Rücken in die dunkle Nacht. Sie drehten Loopings, bis die Sonne aufging. Timi landete vor der Höhle und Elfi stieg ab. Es gab einen Wirbel aus Glitzer und Elfi war verschwunden.

Elena Plockross
Franz-von Assisi-Schule, Klasse 4 lila

Ein fantastischer Schulbeginn nach den Ferien

Am Montag nach den Faschingsferien bin ich in die Schule gekommen. Zu den Ferien haben wir eine Erinnerungskarte geschrieben. Um 8.15 Uhr haben wir uns für unseren Ausflug in den Botanischen Garten fertig gemacht. Wir haben Sicherheitsschilder und Käppis bekommen.
Danach sind wir zum Bus gelaufen. Wir mussten sieben Minuten warten, bis der Bus kam. Nun sind wir eingestiegen. Anschießend sind wir dreißig Minuten gefahren, also eine halbe Stunde. Etwas später sind wir ausgestiegen. Frau Maurer hat Eintritt gezahlt. Vor dem Schmetterlingshaus war ein kleiner See. Kurz darauf sind wir ins Schmetterlingshaus gegangen. Neben dem Bereich für die Schmetterlinge war ein Raum, da waren große und kleine Kakteen.
Nachdem wir unsere Jacken ausgezogen haben, sind wir in einen Raum gegangen. Dort waren viele Bilder von Schmetterlingen und Raupen. Ein Mann hat uns etwas über Schmetterlinge erzählt und mit uns die Körperteile von Schmetterlingen besprochen.
Jetzt sind wir endlich zu den Schmetterlingen gegangen. Ich fand einen Schmetterling besonders schön, nämlich den Himmelsfalter. Wir haben aber auch verletzte Schmetterlinge gesehen. Als wir raus gegangen sind, haben wir noch Fische in einem Aquarium entdeckt. Danach haben wir Brotzeit gemacht.
Anschließend sind wir durch den Japanischen Garten spaziert und haben Frühblüher angeschaut. Wir haben auch die Enten am See beobachtet. Dann ist die andere zweite Klasse gekommen und wir sind zusammen wieder zurück gefahren. Als wir an der Haltestelle „Ackermannstraße" angekommen sind, sind wir zurück zur Schule gelaufen. Wir haben keine Hausaufgaben bekommen. Es war ein fantastischer Ausflug!

Veronika Scheuch
Grundschule Centerville-Süd, Klasse 2c

Meine Gedanken

Wenn ich länger über die Welt nachdenke, merke ich nach einiger Zeit, dass diese fantastisch ist. Dass es mich gibt, ist sehr viel Glück. Man kann bei der Evolution beginnen: Dass sich die Zellen so zusammengesetzt haben, wie wir heute aussehen und wie wir heute sind, ist ein Wunder. Dies gilt auch für Tiere und Pflanzen, dass diese sich an ihre Umgebung so gut angepasst haben, dass sie optimal alles ausnutzen, was ihnen gegeben wurde, wie Erde, Wasser und Licht.

Genauso auch alle Bewohner der Erde. Diese haben sich im Laufe der Zeit an ihren Lebensraum angepasst und sie haben außerdem noch Techniken entwickelt, die ihnen das Überleben einfacher machten. Wir haben außerdem Glück, denn jede Auseinandersetzung oder jeder frühere Krieg hätte unsere Vorfahren töten können, wenn diese einen Moment abgelenkt gewesen wären und so ein Duell verloren hätten und gestorben wären oder wenn sie im falschen Moment einen Meter zu weit rechts gestanden hätten und eine Granate eingeschlagen wäre.

Auch meine Großmutter hatte ein ähnliches, dramatisches Erlebnis. Sie musste im Zweiten Weltkrieg aus Königsberg in Preußen, das damals noch zum deutschen Reich gehörte, fliehen. Sie wollte mit ihrer Familie mit einem Schiff über die Ostsee nach Westen fahren, doch kurz vor der Abfahrt erfuhr sie, dass das vorherige Schiff von U-Booten versenkt worden war.

Doch trotz der Angst, dass auch sie dieses Schicksal ereilen könnte, gingen sie an Bord ihres Schiffes. Niemand konnte in dieser Nacht schlafen und plötzlich gingen die Motoren aus. Durch eine Durchsage erfuhren sie später, dass die U-Boote auch unter ihnen gewesen waren, dass allerdings durch das Abschalten der Motoren die U-Boote sie nicht hören und so nicht abschießen konnten.

Doch die Menschen können lernen: Dieser Gabe verdanken wir es, dass wir aus Auseinandersetzungen und Kriegen Erfahrungen machen und versuchen, Frieden zu schließen, auch wenn manche Menschen nicht aus der Geschichte lernen wollen.

Die jüngere Generation Europas hat das Glück, dass bisher kein Krieg vor unserer Haustür stattfand. Für die Zukunft hoffe ich, dass die Kriege im Nahen Osten beendet werden und dass dann alle wieder in Frieden leben können. Trotzdem denke ich, dass ich in einem fantastischen Zeitalter lebe.

Paul Odendahl
Maria-Theresia-Gymnasium, Klasse 8a

Der Kleine Ritter Link

Der kleine Ritter Link war ein normaler Junge und sein größter Wunsch war es, ein Ritter zu werden. Link fand einen Zettel, der überall zu finden war, und darauf stand: „Du brauchst ein Schwert, um an diesem Wettbewerb teilzunehmen. Wer gewinnt, wird ein Ritter."

„Link! Link!" Link drehte sich um und sah seinen besten Freund Ash und seine beste Freundin Lisa. „Hey Link, hast du den Zettel gelesen?" – „Ja, der Wettbewerb ist um 20 Uhr, aber ich habe doch kein Schwert." In dem Moment hörte Link ein Gebrüll. Er rannte schnell dorthin. Er sah ein Schwert in einem Stein stecken. Link fiel um und hörte eine Stimme. Das Schwert sprach zu ihm: „Zieh mich raus, zieh mich raus!" Link wachte auf. Es waren keine anderen Leute mehr da, außer Ash und Lisa. Link schaute auf die Uhr und sah, dass es 20 Uhr war. Er zog das Schwert raus und plötzlich strahlte ein helles Licht auf Link und auf das Schwert. Er dachte, er würde es nie zum Wettbewerb schaffen. Trotzdem rannte er so schnell er konnte. Das Schwert leuchtete und Link rannte so schnell wie der Blitz. Er sah sein Schwert an, es leuchtete schon wieder. Link wusste jetzt, dass das Schwert ihm Kraft verliehen hatte.

Ash und Lisa rannten weg. Link fragte: „Wieso rennt ihr weg?" Ash und Lisa gaben keine Antwort. Link sah zum Stadion: alles in Schutt und Asche. Zum Glück kamen alle Leute heraus. Er sah einen Drachen. Link rannte zum Drachen hin. Plötzlich schwebte ein Schild hinunter. Er leuchtete und funkelte mit seinem Schwert als Zeichen. Der Drache spuckte blaues Feuer. Link wehrte es ab. Sein Schild war glühend heiß. Link warf ihn in eine Pfütze. In dem Moment schlug der Drache von Link das Schwert weg. Die Schwertspitze tauchte ins Feuer. Link konnte im letzten Moment noch den Griff halten. Link nahm das Schwert und plötzlich brannte es. Es wurde zu einem Feuerschwert. Link nahm den Schild und er wurde zu einem Wasserschild. Der Drache spuckte wieder Feuer. Link wehrte es wieder ab und lief gleichzeitig noch zum Drachen in die Nähe. Link sah einen Splitter im Fuß des Drachens stecken. Link zog den Splitter heraus und der Drache ging auf Link los und schleckte ihn ab. Ab jetzt waren sie beste Freunde. Da Link die Stadt vor dem Drachen gerettet hatte, wurde er automatisch zum Ritter ernannt. Ab jetzt hieß er „Ritter Link".

Ömer Khaled Ismael
St. Anna Grundschule, Klasse 2c

Schmetterling

Und Schmetterlingen Namen geben
seh'n, wie sie über allem schweben
und abheben
mit Gedanken und Träumen, die wie Seifenblasen tanzen und fliegen,
sind nicht geblieben, wo wir waren,
denn wo wir sind, ist es niemals so schön wie dort, wo wir nicht sind,
an fremdem Ort, weit fort

und fortwährend frei,
wie die Schmetterlinge am Himmel.
Wir wollten Schmetterlinge sein.
Wir sind abends die Straße entlangspaziert
die vielleicht „Landstraße Richtung irgendwo" hieß
aber für uns für immer die „Sonnenuntergangsstraße" sein wird.
Und wenn die Sonne dann untergegangen ist,
dann haben wir Sterne benannt,
den einen, der heller leuchtete als alle, haben wir „uns" genannt,
zwar gewusst, dass es „uns" nicht ewig geben wird
aber dennoch für eine ziemlich lange Zeit
und das war gut so, denn wir wollten es nie anders.
Wir haben neue Vogelarten erfunden
und dann stundenlang ihrem Gesang zugehört,
der schöner war als der der anderen,
denn er war nur für uns, unsere eigene Melodie.
Manchmal haben wir mitgesungen,
neue Lieder gedichtet und Töne zusammengesetzt,
wie ein Mosaik der Musik.
Und dann haben wir neue Blumenarten kreiert,
die schöner waren als alle,
und die ihren Duft in der Abendluft verbreiteten.
Wir haben ihnen unsere Namen gegeben,
zwar gewusst, dass sie nicht ewig blühen werden,
aber dennoch für ziemlich lange Zeit.

Franziska Neitzel
Maria-Theresia-Gymnasium, Klasse 10c (Schreibwerkstatt)

Der Prinz und der Drache

Es war einmal ein junger Prinz. Er wollte gerne nach draußen gehen und die Welt erforschen. Sein Vater aber erlaubte es dem jungen Prinz nicht. Der junge Prinz entschied mitten in der Nacht auszubüxen. Er nahm sich das beste Pferd und ritt in seine geheime Höhle im Drachenwald. Dort wollte er sich einen Plan überlegen. Als er in seiner Höhle ankam, kam ihm ein Drache entgegen. Der Drache war groß und feuerrot. Die Flügel waren orange. Der Prinz erschrak fürchterlich. „Keine Angst, kleiner Prinz! Ich tu dir nichts. Ich will mich nur vor meinem großen, starken Vater verstecken", sagte der Drache. Der Prinz fragte ihn: „Warum versteckst du dich vor deinem Vater? Das tue ich nämlich auch." Der Drache antwortete: „Ich möchte so gerne die Welt erforschen. Aber mein Vater erlaubt es mir nicht." Da beschlossen sie gemeinsam die Welt zu erforschen. Der Prinz setzte sich auf den Rücken des Drachen und sie flogen gemeinsam davon.

Carlotta Friedrich
Fröbel-Grundschule, Klasse 2b

Der Lavadrache

Es war einmal ein Drache. Er lebte in einem aktiven Vulkan. Er trank und aß nur Lava, weil er zum Lavaspucken natürlich Lava brauchte. Einmal flog er wieder um seinen Vulkan herum, da traf er einen Feuerdrachen. Der Lavadrache spie Lava. Plötzlich kamen 1000 andere Feuerdrachen. Der Lavadrache starb, weil zu viel Feuer um ihn herum war. Die Feuerdrachen vernichteten anschließend den Vulkan. Aus dem Vulkan lief dadurch die Lava unendlich weit und die ganze Insel versank im Ozean.

Sebastian Mokros
Lichtenstein-Rother-Schule, Klasse 3

So wird mein Leben: von A bis Z fantastisch

Arbeit darf nicht mehr anstrengend sein
Besucher und ich werden mit Süßigkeiten verwöhnt
Charlie, mein Meerschwein, lernt Stöckchen holen
Dinos stehen in meinem Garten
Erdbeereis soll mein Kopfkissen sein
Feen zaubern alle meine Wünsche herbei
Genau wie ich will, soll alles sein
Hitzefrei an jedem Tag
Islandpferde zum In-die-Schul-reiten
Jahrmärkte, auf denen alles kostenlos ist
Kalte Schwimmbäder dürfen nur noch warm sein
Limonade für die Badewanne
Mein Zimmer soll nie wieder unordentlich sein
Nur zahme Tiere, überall
Ohne die Sachen, die ich nicht mag
Plötzlich ein paar Stunden unsichtbar sein
Quittenmarmelade schmeckt nach Schokolade
Rollerfahren auf der Autobahn
Schule wann ich will
Tolle Sachen zum Krachmachen

Unter Wasser Luft zum Atmen
Viele Sachen zum Kichern und Lachen
Wunder jeden Tag – so viele ich mag
Xylophone, die von selber spielen
Y-Wörter, die in Geschichten passen
Zaubern soll ab heute jeder können

Teresa Kinzler
Grundschule Vor dem Roten Tor, Klasse 3b

Die geheimnisvollen Schuhe

Mein Opa lebt in Ägypten. Wir sehen uns nur an Weihnachten. Deshalb schickte er mir wie jedes Jahr zum Geburtstag ein Paket. Erst war ich sehr enttäuscht, es waren Schuhe! Scheußliche Schuhe mit rosafarbenen Schuhbändern, die ständig aufgingen, bis ich auf die Idee kam, einen Doppelknoten zu machen und – tatsächlich – der Knoten hielt. Er hatte etwas Magisches.
Ich verspürte einen sanften Wind und fühlte mich ganz leicht. Ich schloss meine Augen, weil mir unwohl war und dann weiß ich nicht mehr, was mit mir geschah. Als ich meine Augen öffnete, sah ich meinen Opa vor den Pyramiden in Ägypten stehen. Jetzt konnte ich mit meinen Wunderschuhen meinen Opa besuchen, wann immer ich wollte.

Felix Sigl
Rudolf-Diesel-Realschule, Klasse 5

Das Glück, das aus der Tasche fiel

Sie wachte an einem Sandstrand auf. Das Wasser kitzelte ihre Füße und die Sonne brannte auf ihrer Haut. Das Mädchen namens Davnic hob ihren Kopf. Ihre Augen mussten sich erst an die Sonne gewöhnen. „Wo ..., wo bin ich?" Sie sah sich um, stand auf und lief los ohne zu wissen wohin. Davnic rannte den Strand entlang und neben ihr lag ein endlos scheinender Dschungel. Sie flitzte immer weiter und weiter, bis sie zusammenbrach. Sie lag durstig und erschöpft im heißen Sand. Die Sonne ging unter. Das Wasser beruhigte sich und der Mond erhellte langsam die Nacht. Davnic hatte Angst. Die Nacht würde kalt werden und sie war schutzlos der Dunkelheit erlegen. Davnic hatte sich aufgegeben. Sie wusste, dass sie auf dem Präsentierteller von jedem Raubtier saß. Doch dann sah sie eine ausgestreckte Hand. Die Hand eines Freundes? Ihr wurde schwarz vor Augen.

„Hey, du. Heeey, du!" Die Stimme wurde immer lauter, bis Davnic wieder vollkommen wach war. Sie setzte sich auf und sah sich erstaunt um. Wo war der Sand? Sie saß in einem Zelt aus Leder und in der Mitte loderte ein Feuer. Davnic erschrak. Vor ihr hockte ein Junge. Als sie das Gesicht genauer musterte, bemerkte sie, dass es der Junge war, der ihr die Hand gereicht hatte. „Wer bist du?", fragte sie. Er antwortete: „Ich bin dein Retter. Ohne mich wärst du dort draußen vertrocknet!" – „Wie ist dein Name?" – „Ich heiße Chris." Er setzte sich auf eine alte, morsche Holzkiste. „Es ist erstaunlich. Niemand hat es so lange in der Sonne ausgehalten wie du." – „Wo bin ich hier?", frage Davnic verwundert. Chris lächelte sie an und sagte zu ihr „Wo wir hier sind? Wenn du mich fragst, dann sind wir hier am großartigsten Ort der ganzen weiten Welt!" – „Ja ja", warf sie dazwischen „und der Name dieses Ortes?" – „Das ist die Insel Unelma." – „Die Insel Unan…" – „Unelma! Komm, wenn du hier überleben willst, dann folge mir!", meinte Chris. „Warte", sagte Davnic, „was hast du vor?" Chris lachte: „Haha, na ich zeige dir die Insel, was denn sonst?" Die beiden gingen aus dem Zelt, die Sonne war bereits aufgegangen. Beide rannten zum Dschungel und blickten auf die großen, hohen Bäume. Chris sah Davnic an und flüsterte ihr zu: „Jetzt beginnt der Spaß!" Die zwei wagten sich in das Dunkle des Urwaldes. Davnic hatte ein wenig Angst, aber an der Seite von Chris fühlte sie sich sicherer. Unter den Bäumen war es sehr schattig und kühl. „Das", flüsterte er „ist manchmal der einzige Ort, um der Hitze zu entfliehen. Komm, ich zeige dir die einsamen Klippen. Dort holen wir uns etwas zu trinken." Davnic und Chris gingen durch den Wald und kamen nach einiger Zeit an einen Wasserfall, der in einen großen See floss. Chris zog aus einer Tasche, die er bei sich trug, eine Flasche, tauchte sie in den See und füllte sie bis zum Rand mit Wasser. Davnic sah auf den Wasserfall, dann auf den See und sprang in das Wasser. Chris sah sie an: „Was tust du da?" – „Komm doch rein. Das Wasser ist total warm!" Chris grinste. Er legte die Flasche in das Gras und sprang auch hinein. Nach einigen Stunden liefen die zwei weiter zu einem Tempel, der ziemlich alt und vermoost war. „Das ist der Tempel der Ureinwohner, aber die sind schon lange weg!", sagte Chris. „Komm, wir gehen zurück zum Strand, es wird bald dunkel", schlug Chris vor. Dort sah man das blaue Meer und die rotglühende Sonne über dem Wasser. „Wow, ist das schön!", meinte Davnic. Chris nahm Davnic an der Hand. Sie setzten sich und blickten zu der langsam untergehenden Sonne. „Weißt du was?", flüsterte Chris, „dies ist der beste Tag meines Lebens." – „Ja", antwortete Davnic, „ja, das ist er!" Chris nahm ein großes Holzstück, das neben ihm lag. Er zog ein Messer aus seiner Hosentasche.

Er fing an zu schnitzen. Die Sonne war schon fast am Horizont verschwunden, da stupste er Davnic an. Sie drehte sich zu ihm. Chris hielt ihr ein Herz mit seinem Namen in der Mitte hin und sagte: „Das soll dich immer schützen." – „Danke!", flüsterte Davnic. Sie legten sich in den warmen Sand. Beide sahen sich tief in die Augen bis Davnic einschlief.
Plötzlich hörte sie ein helles Schrillen. Es war ihr Wecker. Sie öffnete die Augen. Davnic richtete sich auf und musste feststellen, dass sie in ihrem Bett lag und alles nur ein Traum gewesen war. Geknickt ließ sie sich zurück ins Kissen fallen. Den ganzen Morgen über war sie schlecht gelaunt „Schätzchen!", rief die Stimme ihrer Mutter. „Beeil' dich, du musst in die Schule." – „Jaaa", rief Davnic zurück. Sie nahm ihre Schulsachen, steckte sie in das hinterste Fach ihres Rucksacks und schulterte ihn. Plötzlich fiel etwas aus der Tasche heraus. Davnic nahm dieses Ding vom Boden und erkannte es wieder. Es war das Herz aus Holz. Und in der Mitte stand immer noch ‚Chris'. Sie sah es freudig an: Also war es doch kein Traum!? „Davnic!", schrie ihre Mutter noch einmal „Du musst zur Schule!" – „Jaaaaa!", schrie Davnic auch noch einmal. Sie hielt sich ihren Glücksbringer an die Brust und ging.
Sie saß in der Schule, in Gedanken abwesend in der Luft herumschauend. Immer wieder musste sie an die Insel Unelma denken, an Chris, den Sandstrand, sogar an den Wasserfall. „Davnic!", riss eine Stimme sie aus den Gedanken. „Was?", fragte Davnic überrascht. Frau Meyer, ihre Lehrerin, wiederholte noch einmal mit härterem Tonfall: „Kannst du mir meine Frage beantworten?" – „Ähhhm… ähhhm", stammelte Davnic. „Nein, kann ich nicht." Frau Meyer sah sie mit strengem Blick an und meinte: „Aufpassen!" Davnic beachtete dies schon gar nicht mehr. Sie starrte weiter ins Leere. Da erklang auch schon der Gong. „Endlich!", dachte sich Davnic. Mit dem Herz in der Hand packte sie ihren Rucksack und schlenderte aus der Schule. Auf dem Heimweg durch die Stadt starrte sie das Herz an und stieß verträumt mit einem Jungen vor ihr zusammen. „Oh, das tut mir so leid, ich …" Der Junge drehte sich um und ihre Blicke trafen sich. Beide wussten gleich, wer der andere war und beide wussten auch, woher sie sich kannten: Unelma.

Alexander Georgi und Nadja Kiermeier
Berufsschule V, Klasse MF10C

Ein zuerst langweiliger Nachmittag

Es war ein regnerischer, schlechter Samstagnachmittag. Ich saß in meinem riesigen Kinderzimmer und langweilte mich zu Tode. Aus meinem

Schrank zog ich ein Spiel nach dem anderen. Nichts interessierte mich. Schließlich hatte ich meinen Zauberkasten in der Hand. Ich probierte immer mehr Zaubertricks aus und begann, Spaß daran zu bekommen. Aus lauter Begeisterung beschloss ich, meine Zaubertricks meinen Eltern und meiner Schwester Annalena heute Abend vorzuführen. Ich studierte eifrig weitere Zaubertricks. Nach einer Weile betrachtete ich das Bild auf dem Deckel meines Zauberkastens: Es war ein Zauberer mit weißem Haar, einem blauen, spitzen Hut, einem blauen Umhang und sein Gesicht war weiß wie die Wand mit einer spitzen Nase. Schließlich zwinkerte er mir zu. Nein, das konnte nicht sein, er konnte doch nicht leben. Doch plötzlich hörte ich einen Knall, sah einen Blitz und vor mir stand der Zauberer von meinem Zauberkastendeckel. Er stellte sich mir vor: „Hallo, ich bin der Blaue Zauberer!" Vor Schreck war ich total erstarrt und brachte zuerst kein Wort hervor. Der Blaue Zauberer erzählte von sich und von seinem größten Erzfeind, dem Gelben Zauberer. Schließlich begann er zu zaubern und zeigte mir etliche Zaubertricks. Er ließ meinen Radiergummi im Zimmer fliegen, ließ meinen Schulranzen verschwinden und verwandelte meine gelbe Ente in ein Schaf. Nach langem, lustigen Zaubern fragte ich ihn: „Könntest du mich in ein gefährliches, lebendiges Krokodil verzaubern?" Doch seine Antwort enttäuschte mich sehr: „Das mache ich nicht gerne, denn ich vergesse manchmal die Zaubersprüche. Ich bin schon sehr alt!" Nach langem Überreden schrieb er den Zauberspruch zum Zurückverwandeln auf und legte diesen auf meinen Schreibtisch. Dann sprach er den Zauberspruch: „Akradadabra, dreimal schwarzer Kater, du wirst ein Krokodil sein!" Schwupps – und schon war ich ein Krokodil. Plötzlich blitzte und donnerte es erneut und auch der Gelbe Zauberer stand in meinem Zimmer. Sofort fing der Kampf zwischen dem Blauen und den Gelben Zauberer an. Sie verzauberten sich in alles Mögliche. Das Hin- und Herzaubern ging so schnell, dass ich es kaum mit meinen Krokodilsaugen verfolgen konnte. Die Fetzen flogen. Welcher Zauberer würde gewinnen? Doch mit einem Mal zauberten sie sich gegenseitig weg. In meinem Kinderzimmer war es grabesstill und nur ich stand allein als Krokodil im Raum. Meine Schwester Annalena kam herein, doch sie erschrak so über den Anblick des Krokodils, dass sie die Tür zuknallte und die Treppe hinunterpolterte. Sofort erzählte sie die verrückte Geschichte meinen Eltern. Sie kamen alle ins Zimmer und erschraken furchtbar. Mein Vater rief: „Wir müssen den Zoo alarmieren!" Ich bekam es mit der Angst zu tun. Wer sollte mich jetzt zurückverwandeln? Mir wurde ganz heiß unter der Krokodilshaut, meine Krokodilszähne klapperten aufeinander und mir liefen große

Krokodilstränen über mein Gesicht. Wer konnte mir jetzt noch helfen? Ich hörte meine Eltern und Annalena im Garten meinen Namen rufen, doch sie konnten mich nirgends entdecken. Sie suchten mich also, aber wie könnte ich mich bemerkbar machen? Ich konnte mit meinem Krokodilsmaul ja nicht sprechen. Vor meinem Fenster sah ich eine Krähe wegfliegen. Jetzt war ich endgültig allein. Plötzlich öffnete sich meine Zimmertür und genau diese Krähe zog meine Schwester Annalena mit ihrem Schnabel zum Schreibtisch. Sie gab meiner Schwester den Zettel des Zauberers. Sie las ihn laut vor und – schwupps – stand ich wieder als Mensch vor ihr. Meine Schwester konnte es kaum fassen und wir umarmten uns glücklich. Ich rief: „Du bist eine tolle Zauberin und meine Retterin!" Zusammen liefen wir zu unseren Eltern und alle waren überglücklich. Den Zoowärter schickten wir wieder nach Hause. Meinen Eltern erzählte ich von meinem zuerst so langweiligen Nachmittag. Sie staunten nicht schlecht und ich führte ihnen meine Zaubershow vor. Alle applaudierten und waren begeistert.

Niklas Eichberger
Jakob-Fugger-Gymnasium, Klasse 5b

Fantastisch ist

Freunde
Angst überwinden
Nutella :)
Tiefsten Herzens lieben zu können
Alles versuchen richtig zu machen
Spaß haben mit Freunden
Treu bleiben
Ironie
Seine eigene Meinung vertreten
Chips essen :)
Hoffnung

Lea Nowak
Maria-Theresia-Gymnasium, Klasse 8a

Die Mission

Es war einmal ein Junge namens Max. Max schlief gerade und träumte etwas Komisches, etwas sehr Komisches. Er träumte, dass er in einem sehr langen Gang wäre. Er glitt hindurch, erst langsam und dann immer

schneller und noch schneller. Am Schluss wusste er gar nicht mehr, wie schnell er inzwischen war. Da sah er am Ende des Ganges eine Tür. Max hatte große Lust zu erfahren, was hinter dieser Tür war. Er wollte sie aufbrechen. Die Tür kam immer näher und näher, bald musste es krachen. Ängstlich schloss Max die Augen. Da hörte er plötzlich von ganz weit weg eine Stimme. Schnell öffnete er die Augen und merkte erstaunt, dass er geschlafen hatte. Der Traum hatte sich so echt angefühlt.
Max grübelte noch lange über den Traum. Als er den Gang hinunterging und später auch noch. Dann gab er sich aber einen Ruck und sagte zu sich selber: „Es war doch nur ein Traum!"
Aber das stimmte nicht. Der Traum wiederholte sich wieder und wieder. Es war eher eine Vision. Aber jedes Mal, wenn Max die Tür im Traum öffnen wollte, rief seine Mutter, dass er aufstehen solle und es schon spät sei. „Na ja", dachte Max, „dann warte ich eben bis Samstag, da kann ich länger schlafen und vielleicht geht die Tür dann auf."
Und so passierte es auch! Die Tür ging auf und Max blieb der Mund offen stehen. Er war in einer Wolkenstadt aus Lego! Jetzt hielt ihn nichts mehr zurück. Max rannte los, er wollte alles sehen, was es in der Wolkenstadt gab. Dort war Anakin Skywalker, er unterhielt sich gerade mit Kapitän Rex, und dort stand Dumbledore, der sprach mit Professor Snape. Und hinten konnte er sogar noch die Ninjas sehen. Es war einfach toll. So viel Lego – und Max war ja ein riesiger Legofan.
Doch plötzlich zog es ihn wieder rückwärts, erst langsam, dann immer schneller, bis er wieder zurück durch die Tür kam. Er öffnete die Augen und schaute auf den Wecker. Es war inzwischen 8:30 Uhr und Max ging die Treppe hinunter. Er brauchte nun dringend ein Frühstück. Max setzte sich und seine Mutter machte ihm ein Marmeladenbrot. Er kaute und dachte, dass dieser Traum kein Zufall sein konnte. So ein großer Legofan wie er - und immer der gleiche Traum. Gibt es eine Mission? Als er nach einer halben Stunde alles aufgegessen und sich gewaschen hatte, baute er noch ein bisschen mit seinen Legosteinen. Da rief seine Mutter: „Max, komm schnell, wir gehen einkaufen!"
Sie fuhren und kamen nach 20 Minuten zu einem Spielwarengeschäft. Mama wollte noch nach einem Geburtstagsgeschenk schauen und Max rannte sofort zur Lego-Abteilung. Dort stand das Set, das er sich seit einer Ewigkeit wünschte. Es war das Straßenbahndepot mit einer Straßenbahn und 20 Legostraßenplatten mit Spuren eingebaut. Er schaute sich die Packung genauer an und sah aus den Augenwinkeln, dass sie an der Ecke eine Lücke hatte. Er versuchte vorsichtig, sie zu öffnen. Da

stand er auf einmal wieder in dem langen Traumgang. Und wieder ging er durch die Tür.

Max blieb erschrocken stehen, denn er blickte in ungefähr 100 Legomännchengesichter. Er sagte: „Hallo!" Da trat ein Legokönig aus der Menge, sagte auch „hallo" und erzählte Max die Geschichte der 100 Legomännchen. Diese waren nämlich liegengelassen worden und noch nicht in den Packungen, zu denen sie gehörten. Die Menschen hatten vergessen sie einzupacken und allein hatten sie nicht die Kraft, die Lücke weiter zu öffnen. Da half Max ihnen und die Legomännchen konnten alle in ihre richtigen Packungen schlüpfen.

Als Max später dann wieder nach Hause kam und in seinem Zimmer weiterspielen wollte, staunte er. Denn dort auf dem Tisch stand das Set, das er sich schon so lange gewünscht hatte. Max musste kichern, wenn er daran dachte, was für ein Gesicht er wohl gemacht hätte, wenn er irgendwann ein Set ohne Männchen bekommen hätte. Da wusste er, er hatte seine Mission gut erledigt!

Laurin Wittmann
Montessorischule Augsburg, Klasse Feuerklasse

Elfenmusik

Irgendwie wirkte die Schaukel vor dem Gebäude deplatziert. Das passte nicht, dieses Dunkelrot der Schaukel zu dem hellblauen Gebäude. Bäume säumten den Kiesweg, der zum Nebeneingang führte, mit roten Blüten und hellgrünen Blättern. Kitschig. Und Rosensträucher waren im Garten daneben. Auch die waren rot. Rot wie Blut. Rot wie Elfenschuhe. Ich musste lächeln. Elfen, diese zarten Wesen aus Licht und Bewegung, die von Musik und frohen Gedanken hervorgerufen werden konnten, hatten mich schon immer fasziniert. Ich stellte meinen Querflötenkoffer zu den anderen Instrumenten, die unter einem Schild mit der Aufschrift „Orchesterinstrumente hier!" standen und ging wieder hinaus in die kühle Nachmittagsluft. Der Wind zupfte an meinen Haaren, die ich anlässlich unseres Konzertes offen gelassen hatte. Die deplatzierte Schaukel schien mich zu rufen, also ging ich auf sie zu und setzte mich darauf. Die Angeln quietschten, als die Schaukel mich höher und höher trug. Die Frühlingssonne schien mir ins Gesicht und ich lachte – ein kleines, fröhliches Lachen – warf die Haare in den Nacken und schloss die Augen. Ich hatte das Gefühl zu schweben. Nach einiger Zeit merkte ich, dass etwas nicht stimmte. Ich wurde beobachtet! „Das kann nicht sein, die Leute gehen alle durch den Haupteingang!", dachte ich mit Bestimmtheit.

Doch trotzdem öffnete ich die Augen. Auf der zweiten Schaukel neben mir saß meine Freundin Nanni, die Geige spielte. Okay, eigentlich heißt sie Nadine. Aber alle nennen sie Nanni. Auf ihren Lippen lag ein kleines spöttisches Lächeln. Ihre blauen Augen blitzten. „Na, ausgeschlafen, Ronja?", fragte sie mich grinsend. Ich tat so, als gäbe ich ihr eine Kopfnuss und lachte. „Sehr wohl, Madame!", antwortete ich. Wir kicherten beide, entweder weil wir wegen des Konzerts nervös waren oder weil wir einfach glücklich waren, den anderen zu haben. Wir schaukelten noch eine gute halbe Stunde weiter, doch irgendwann sagte Nanni: „Oh, Ronja, hörst du das?" Ich lauschte. Aus dem Gebäude klangen Geigenstimmen, die einen tief und wohltönend, die anderen hoch und zart, wieder andere spielten Tonleitern, Dreiklänge und Akkorde. Aber doch nicht ohne uns! Ich blickte zu Nanni. „Rennen?" Sie nickte.

Als wir den von Kirschbäumen gesäumten Kiesweg entlangliefen, sah ich schon von Weitem Laurin, der an der Tür lehnte, seine Violine in der Hand, und eine lustige kleine Melodie spielte. Er lachte uns entgegen. „Hey!", rief er, „ich dachte schon, ihr würdet nicht mehr kommen!" – „Wie konntest du bloß!", erwiderte Nanni gespielt gekränkt, „wir lassen uns doch so ein Konzert nicht entgehen!" – „Außerdem braucht ihr uns!", fügte ich schmunzelnd hinzu. „Oh ja, wir brauchen euch", ein brauner Lockenkopf tauchte neben Laurin auf. Benedikt. Die beiden waren wie Feuer und Wasser. Laurin war klein, blond, blauäugig und immer nett. Benedikt war groß, mit braunen Augen und Locken. Sein verschmitztes Grinsen brachte fast jeden zum Lächeln. Er gab mir einen kleinen Klaps auf die Schulter. „Wer sonst?", flüsterte er mir ins Ohr. „Wer würde denn sonst das Solo spielen?" Mir wurde ganz warm ums Herz. Seit ich Benedikt kannte, war er immer nett zu mir gewesen. Er nahm mich an der Hand und führte mich durch die große, holzverzierte Tür. Allein der Einspielraum war riesig. Ich konnte mir nicht vorstellen, wie groß dann der Konzertsaal war. Hinter mir standen Nanni und Laurin, die in ein Gespräch vertieft waren. Von den Wortfetzen, die ich verstehen konnte, stritten sie sich anscheinend darum, wann Wagner geboren wurde. Ich blickte mich um, doch viel konnte ich nicht erkennen, denn alles war von Instrumenten und Jugendlichen aus unserem Orchester belagert. Ich sah Paula und Maja, die ihre Violinen stimmten, Max und seinen Bruder, die sich über die Handys beugten, Charlotte und Sebastian, die Händchen hielten, ich sah den unnahbaren Lucian, der auf seiner Bratsche die Moldau spielte und mir ein kleines Lächeln schenkte, entdeckte Lena und Lea, die sich die Köpfe über irgendeine Fernsehsendung heiß redeten und endlich, endlich bemerkte ich meinen Querflötenkoffer auf

einem Tisch. Jemand musste ihn dort hingestellt haben. Ich machte mich von Benedikt los und baute meine Flöte zusammen.
Ich spielte mich gerade mit Dreiklängen ein, als Nanni wieder kam und sich neben mich stellte. „Na, habt ihr euch geeinigt, dass Wagner 1813 geboren wurde?" Fassungslos blickte sie mich an. „Was? 1813? Ich dachte 1839! O Gott, dann hatte ich ja doch nicht Recht!" – „Aber bevor es wieder nicht stimmt, schau lieber im Internet nach." Meine Vorschläge waren immer die besten. Doch bevor wir nachschauen konnten, kam unser Dirigent und befahl, uns in eine Reihe zu stellen und leise in den Konzertsaal zu gehen. Natürlich war es nicht leise. Doch als wir auf der Bühne saßen, kehrte tatsächlich sowas wie Ruhe ein. Und als sich der Vorhang hob, legte sich in unseren Reihen eine Stille nieder, die man wohl auch Grabesstille nennen konnte. Der Saal war so groß wie ein Fußballfeld, mit einer holzgeschnitzten Decke, Spiegeln an allen Wänden und lauter Kerzen. So viele, dass es fast wehtat, hinzuschauen. Dort hingen Plakate, es stand groß „Reigen seliger Geister" darauf und darunter mein Name: Solistin Ronja Walchmann. Es kribbelte in meinem Bauch. Und natürlich war alles voller Menschen. Menschen, Menschen und nochmals Menschen. Ein lautes Räuspern durchbrach die Stille und jagte mir durch Mark und Bein. Unser Dirigent versuchte durch das Mikrofon seine Rede zu halten. Mit Betonung auf „versuchte". Seine ersten Worte wurden nämlich von einem Applaus überdröhnt, der laut im Saal widerhallte. Die Engel auf den Gemälden an den Wänden schienen mir zuzulächeln, als der Applaus schließlich verebbte und eine erwartungsvolle Stille freigab. Und endlich wurde die Rede – eine ewig lange Rede – gehalten. Mit einem zweiten Räuspern legte unser Dirigent das Mikrofon auf einen Tisch in der Nähe, rückte seine Krawatte zurecht und lächelte aufmunternd in die Runde. Alle legten ihre Instrumente an. Und plötzlich waren da nur noch wir und die Musik. Alle Sorgen waren vergessen, die Musik füllte uns und ich merkte, wie die Augen an uns hingen und die Musik von uns Besitz nahm. Sie kroch in unsere Herzen und füllte sie mit Wärme und Licht. Als ich zu meinem Solo ansetzte, flogen meine Finger wie von selbst über die Klappen. Ich schloss die Augen und ließ mich treiben. Ich hatte nur noch ein Ziel: Ich wollte zum ersten Mal in meinem Leben die Elfen rufen, so, wie man es immer in den Büchern las: mit wunderschön gespielter Musik. Ich würde es schaffen. Darin war ich mir sicher. Im Nachhinein kann ich mich kaum mehr an diese Minuten erinnern, in denen ich an nichts dachte und nur noch spielte. Mein Herzschlag klopfte zum Rhythmus der Musik, ich war wie in Trance. Doch als ich den letzten Ton spielte, sah ich, wie berührt unser

Dirigent war. In seinen Augen schimmerten Tränen. Und auf seinem Pult saß eine kleine Elfe, bilderbuchgleich. Mit flammend roten Haaren und gelben Schuhen, mit gepunktetem Kleid und Sommersprossen. Sie strahlte ein Licht aus, doch trotzdem dauerte es etwas, bis man sie bemerkte. Doch dann sang sie so wunderschön, dass ich Gänsehaut bekam. Meine erste gerufene Elfe. Erst als sie aufhörte, bemerkte ich, dass mir eine Träne über die Wange lief. Ich hätte jubeln können vor Glück. Normalerweise hätte ich es wohl getan – aber das hier war ein Konzert! Applaus brauste auf und sie flatterte erschrocken hinauf zur Decke. Ich wusste nicht, ob der Applaus unserem Orchester oder der spontanen Gesangseinlage meiner Elfe galt. Ich wollte es auch gar nicht wissen. „Reigen seliger Geister", murmelte ich leise vor mich hin. Der Applaus berührte mich nicht, auch nicht, als ich nach vorne geholt wurde und mich verbeugte. Ich wollte nur noch, dass diese Elfe blieb, nicht verschwinden würde, mich nicht allein lassen würde. Ich hatte mir so viel Mühe gegeben, sie aus ihrer Fantasiewelt herauszuholen.

Als ich abends im Bett lag, spürte ich noch immer die kleinen Elfenhände auf meiner Wange, als sie mir zum Abschied darüber gestrichen hatte. Sie würde mich nicht verlassen, hatte sie versprochen. Sie würde dableiben, als Erinnerung an dieses wunderschöne Konzert. Und als ich – bevor mich die Müdigkeit übermannte – noch ein letztes Mal die Augen aufschlug, dachte ich, in der Ecke ein kleines, leuchtendes Licht zu sehen, das seltsamerweise mit sehr leiser, aber doch klarer Stimme sang.

Iris Held
Rudolf-Diesel-Gymnasium, Klasse 6e

Annabell auf der Suche nach den verlorenen Buchstaben

Seit drei Tagen liegt Annabell mit ihren Eltern Thorsten und Hildegard gelangweilt am Strand. „Mir ist so langweilig, Mami", fängt Annabell das Meckern an. „Dann geh halt ein bisschen im Hotel spazieren oder lauf ins Meer und schwimm ein bisschen", entgegnet ihr ihre Mutter. Gesagt, getan. Für Annabell ist alles andere interessanter, als den ganzen Tag nur herumzuliegen. Vorsichtig tapste sie durch den heißen, feinen, braunen Sand. Die riesige Hotelanlage hat die Größe von zehn Fußballfeldern, zumindest kommt es Annabell so vor. Ach ja, ihr wisst ja noch gar nichts über sie. Belli, wie sie liebevoll von ihrer Mutter genannt wird, ist fast sieben Jahre alt, misst 1,20 Meter und lebt mit ihren Eltern und ihrem Hund Wuffi in einem kleinen Dorf in Deutschland. Am liebsten isst sie Spaghetti und liebt die Farbe Pink, aus diesem Grund trägt sich auch einen neon-pinken Bikini mit kleinen Blümchen an den Bändchen. Aber zurück zu ihrer Geschichte.

Mittlerweile ist Annabell auf einem der vielen grau geteerten Wege des Hotels angekommen. Nach ein paar Schritten kommt sie an eine Wegkreuzung. „Wo soll ich jetzt hingehen … rechts oder links?", denkt sie sich. Spontan entscheidet sie sich für rechts, da von der anderen Seite ein grimmig aussehender Mann kommt und ihr Furcht einflößt. Sie rennt, bis sie keine Luft mehr bekommt, dann bleibt sie abrupt stehen. Vor ihr ist ein riesiges, weißes Flugzeug zu sehen. „Wow, ist das schön", murmelt Annabell. Wie ferngesteuert läuft sie auf „den großen Vogel" zu und klettert hinter die Tragflächen. Dort findet sie drei Propellerteile, die wie ein Buchstabe angeordnet sind. Annabell versucht sich zu erinnern, welcher Buchstabe das ist, denn schließlich hat sie mit ihrem Papa vor den Ferien das Alphabet gelernt, damit sie am ersten Schultag bewundert wird. Plötzlich fällt es ihr ein, die Teile liegen da wie der Buchstabe F. „Vielleicht finde ich auch noch weitere Zeichen aus dem ABC", denkt sie sich und begibt sich auf eine spannende Suche. Lange muss sie nicht laufen, dann entdeckt sie auf einem Ast, in einem Baum, einen kleinen grauhaarigen Affen. Als dieser sie entdeckt, springt er mit einem Satz von der Baumkrone herunter und landet vor ihren Füßen. Kurz schreckt sie zurück, dann jedoch versucht sie ganz vorsichtig den Affen zu streicheln. „Du hast so ein weiches Fell", flüstert sie und der Affe antwortet ihr mit: „Aaa, aa." Ziemlich schnell merkt sie, dass der Affe das Zeichen für den Buchstaben A ist. „Super, jetzt habe ich schon zwei Buchstaben gefunden, aber das ergibt noch kein Wort. Dann muss ich eben weiter suchen", denkt sich Annabell, verabschiedet sich von dem kleinen Äffchen und begibt sich wieder auf die Suche. Einige Meter rennt sie, dann jedoch geht ihr die Puste aus und sie bemerkt, dass sie mittlerweile großen Hunger hat. Sie nimmt den Weg zum Strand, wo es viele Essensverkäufer gibt, die den ganzen Tag auf und ab laufen. Zeitgleich mit ihr kommt auch schon einer der braungebrannten Männer vorbei. „Willst du ein paar Nüsse, Kleine?", fragt er sie und hält ihr eine volle Tüte hin. „Danke, aber ich habe kein Geld", antwortet Annabell traurig. „Das macht doch nichts, ich schenke sie dir", entgegnet der Mann mit einem breiten Grinsen. Annabell nimmt also die Nüsse, bedankt sich nochmals und bemerkt dann, dass das N ein weiterer Buchstabe auf ihrer Suche ist. „FAN… FAN… was kann das nur bedeuten?", denkt sie sich. „Ok, dann muss ich noch mehr Zeichen finden." Darum geht sie zu dem riesigen Sportplatz, der nicht weit vom Strand entfernt liegt. Dort sieht sie zwei wunderhübsche Frauen Tennis spielen. „Moment mal", überlegt Belli,

"Tennis fängt mit T an … das könnte wieder ein Buchstabe sein." Da FANT aber noch kein richtiges Wort ergibt, geht Annabell davon aus, dass das Wort länger sein muss. Sie hört die Frauen beim Schlagen des Balls stöhnen: "Aaaa, aaaa." – "Mmh … vielleicht kommt ja nochmal ein A in meinem gesuchten Wort vor", murmelt sie. Anschließend läuft sie weiter und bemerkt schon nach kurzer Zeit, dass sie jede Menge feinen, goldbraunen Sand zwischen den Zehen hat. "Das könnte ein S für Sand oder Strand sein", schießt es ihr durch den Kopf. Nun hat sie das Wort FANTAS zusammen, doch auch dies ergibt noch keinen Sinn. Sie beschließt, sich mal in der Hotellobby umzusehen. Dort wird sie auch fündig und entdeckt ein Bild mit jeder Menge wilder Tiere darauf. "Das ist wieder ein T", freut sie sich und klatscht in ihre Hände. Doch die Freude hält nicht lange an, denn sie bemerkt, dass die Tiere, die sie so schön findet, auf einer anderen Insel leben. "Insel … Insel … Ein I, viel kann mir ja nicht mehr zu meinem geheimnisvollen Wort fehlen", überlegt sie und beschließt, zu der großen Poollandschaft zu gehen. Dort spielen die Leute, die zuständig dafür sind, dass die Gäste glücklich sind, mit diesen Schiffeversenken, nur in lebensecht. Mitten im Wasser schwimmen zwei Ruderboote, die von den Teilnehmern des Spiels untergetaucht werden, wenn sie dies überhaupt schaffen. "Schiffe … Schiffe … SCH… Moment mal … welche Buchstaben hatte ich schon … FANTASTI … FANTASTISCH!", denkt sich Annabell, "das Wort, das ich suche, ist FANTASTISCH." Singend und klatschend vor Freude rennt sie zu ihren Eltern zurück. Diese haben sie schon vermisst und fragen voller Sorge: "Belli! Wo warst du denn, wir haben uns furchtbare Sorgen gemacht." – "Ich habe Buchstaben gesucht und dabei habe ich das Wort FANTASTISCH gefunden!", freut sie sich, "Das wird bestimmt noch ein fantastischer Urlaub." – "Ja, bestimmt. Dein Papa hat dich nämlich zu einem Schnorchelkurs angemeldet. Das wolltest du doch schon immer machen", teilt ihr ihre Mutter mit. Selbstverständlich ist Annabell glücklich über diese Nachricht und wartet schon ganz gespannt, bis der Kurs endlich beginnt. Und was sie sonst noch alles auf ihren Reisen erlebt, könnt ihr natürlich in den folgenden Geschichten von Belli lesen.

Elena Heckl, Melanie Rohde und Theresa Teifelhart
Berufsschule V, Klasse St10A

Die Zeitreise

In Hamburg wohnt ein Junge namens Alex. Er wohnt mit seiner Familie in einem alten Haus am Hafen. Heute gehen seine Familie, Mike und

Alex ins Museum. Mike ist Alex' bester Freund! Im Museum gibt es Dinosaurierskelette. Alex und Mike interessieren sich aber für eine Zeitreisemaschine, die ein Wissenschaftler gebaut hat. Vor der Maschine steht ein Schild, auf dem geschrieben steht: Don't touch! „Weißt du, was ‚Don't touch' heißt?", fragt Alex. Mike: „Nein." – „Hey, wozu ist dieser Hebel?", ruft Alex. „Komm, leg ihn um", sagt Mike. „Okay", sagt Alex und legt den Schalter um. Ein blau-gelber Strahl erfasst die beiden und reißt sie in die Zeitmaschine. Die zwei Jungs schlagen hart auf dem Boden auf. „Wo sind wir?", fragt Alex. „Nach diesem Triceratops zu schließen, sind wir in der Zeit der Dinos", antwortet Mike. „Hey, da ist auch ein Archaeopteryx", sagt Alex. „Aber warum fliegt er weg? Und da rennen und fliegen noch mehr Dinos!" – „Sie folgen ihm", sagt Mike.
„Mike, dort ist ein T-Rex und er kommt auf uns zu!" Die zwei Freunde rennen den Dinos nach, so schnell sie können. „Der T-Rex ist hinter uns!", schreit Alex. „Hinter den Felsbrocken", ruft Mike. Alex und Mike hechten hinter den Felsen. Der T-Rex schlägt gegen den Fels und dabei fällt eine Kralle von seiner Pranke. Er jault vor Schmerz auf. „Dort! Das Portal zurück ins Museum!", ruft Alex und sprintet mit Mike auf den Fersen los. Es gibt ein Zischen. Mike und Alex fallen auf den Boden des Museums. Alex steht auf. „Schau mal, was ich in der Hand habe." – „Voll cool, eine Dinokralle", sagt Mike. „Das war fantastisch!"

Bruno Bühnert
Grundschule Vor dem Roten Tor, Klasse 3b

Fantastisch!

Vom Fluss aus
kann ich den Mondschein sehen
als wär' der Boden bedeckt mit Schnee auf allen Wegen.
Ich schau zum Mond auf, der droben blickt,
seinen hellen Schein sanft auf die Erde schickt.
Vor mir ein fantastischer Ausblick:
beide Ufer des Flusses von Pfirsichblüten umfangen.
Hin und weg war ich mit meinen Gedanken,
betört vom Duft der blassen Blüten,
der Schönheit, die sich ließ nur ein paar Sekunden behüten,
folgte ich dem Fluss weiter aufwärts entlang,
Bis ich zum darauffolgenden Walde gelang.
Verwundert ging ich tiefer hinein,
da blendete mich ein leuchtender Schein.

Langsam öffnete ich meine Augen
und konnte ihnen im nächsten Moment nicht trauen,
Phönixe, Einhörner, Meerjungfrauen und Co.,
waren sie eine Illusion von mir oder so?
Konnte ich wirklich glauben, was ich gerade sah?
Oder ist es ein Streich meiner Gedanken, ganz klar?
Nein, es war real, was ich gerade sah,
Blut-Orchideen wuchsen hier in einer Schar.
Besuch hat man hier sehr gerne.
Der Himmel ist lila-purpurn und voller Sterne.
Feen, Kobolde und Zauberer gab es hier.
Doch trotz all dem Verschiedenem,
es zählte nur das WIR.
Lauter Farben umgaben das Leben hier.
Das Hässliche, Unsinnige gab es nicht,
dem gab man keine Chance, kein Gesicht.
Alle leben friedlich miteinander.
Es gab keine Feinde,
jeder war ein Bekannter.
Ich beschloss wie viele andere hierzubleiben
bis in alle Ewigkeit.
Hier kannte man keine Sorgen, kannte kein Leid.
Bis heute bin ich hier geblieben,
habe den Gipfel meines Lebens bestiegen
und bin glücklich wie nie zuvor.
Fantastisch!

My Huyen Dang
Reischlesche Wirtschaftsschule, Klasse 10eh

Das Land der Träume

Ich sitze auf der Couch. Meine Mutter und mein Vater sind beim Arbeiten. Eigentlich mag ich es nicht, ganz allein zu Hause zu sein, aber na ja, was soll man machen. Es ist schon spät, also mach ich mich fertig, um schlafen zu gehen, auch wenn ich nicht gerade müde bin. Mir ist langweilig. Mir ist sehr langweilig. Im Fernsehen läuft nichts Gutes und am Computer gibt es nichts Spannendes. Da fällt mir ein, ich hab vor Kurzem ein Buch geschenkt gekriegt. Es geht um eine geheime Welt im Wald. Eigentlich finde ich das ja kindisch, aber alle anderen Bücher habe ich schon mehrmals gelesen. Ich hole mir schnell das Buch, mache es mir gemütlich und fange an zu lesen.

Ich mache meine Augen auf.
Ich hatte nicht gemerkt, dass ich eingeschlafen war. Ich hörte Geräusche in meinem Zimmer, also ging ich verschlafen darauf zu. Ich sah viele kleine Gestalten in meinem Zimmer umherfliegen.
Ich dachte, ich sei nur müde und das spielte sich alles nur in meinem Kopf ab. Ich rieb mir die Augen, aber die Gestalten waren immer noch da.
Die Gestalten starrten mich geschockt an. Eine kleine Fee – na ja, sie sah zumindest wie eine aus – zeigte auf mich und dann auf die anderen kleinen Feen. Ich hätte eine Nadel fallen hören können, so still war es. Die Feen flogen aus meinem Fenster. Ich nahm meinen Schlüssel und meine Jacke und rannte aus der Wohnungstür.
Die Feen flogen und ich folgte ihnen, bis wir an einen Wald kamen. Ich kannte diesen Wald nicht. Ich hatte eigentlich Angst vor der Dunkelheit. Deswegen mied ich meistens dunkle Wälder. Doch ich folgte ihnen weiter, bis wir an einem großen Baum ankamen. Sie stoppten. Ich dachte nur: Wie soll ich hier wieder herauskommen?
Eine Fee riss mich aus meinen Gedanken: „Hi! Ich bin Jenni!", rief sie aufgeregt. Ich rief zurück: „Ich bin ..." Bum Bum. Man hörte lautes Gestampfe. Die Feen guckten sich nur ängstlich an, ich sah feuerrote, zornige Augen. Die Feen flogen panisch weg. Das hielt ich nicht für so eine schlechte Idee, also rannte ich hinterher. Ich hatte Angst. Ich rannte, so schnell ich konnte. Ich fiel. Ich konnte nichts mehr sehen ...
Ich schlug meine Augen auf. Ich saß auf der Couch.
Es war alles nur ein Traum. Ich sehe das Buch in meinen Händen. Ich höre ein Geräusch an der Tür. Sie geht auf und meine Mutter kommt zum Vorschein. Sie bemerkt mich erst nicht, doch dann sieht sie mich auf der Couch sitzen. Leise fragt sie mich: „Was machst du? Noch wach? Es ist schon spät, geh ins Bett!" Ich stehe auf, umarme sie und antworte: „Okay, gute Nacht!" Ich gehe in mein Zimmer und lege mich ins Bett.
Ich denke eine Weile über meinen Traum nach, doch langsam gehen meine Augen zu und ich falle ins Land der Träume.

Luciana Lariccia
Schiller-Mittelschule, Klasse 7a

Puerta 18

Y aqui estoy. Caminando por una calle de Chicago una fria noche de 2053. De pronto me asalta un sentimiento de vacio y siento que debo para un momento y calentar un poco mi congelado cuerpo. Entro a un bar que parece acogedor. Un afroamericano de gran tamano me pide identificacion. Me dice que no se admiten latinos. Yo reacciono, motivado por la rabia y le mando un gancho izquierdo.

Jose David Cardenas
Maria-Theresia-Gymnasium, Klasse 10d

Das Drachen-Elfchen

Drachen
sehr groß
er speit Feuer
seine Flügel sind riesig
Fantasietier

Michael Rimbach
Rudolf-Diesel-Realschule, Klasse 5/7

Wahre Liebe

Die Vögel zwitscherten munter, die Sonne zeigte ihr freundlichstes Lachen – ein Tag wie geschaffen, um große Dinge zu erledigen. Lahja und ich schlenderten den einsamen Weg an den Bäumen entlang. Lahjas Fell schimmerte in der Sonne und ihre Mähne war so lang, dass sie fast den Boden berührte. Ihr perlmuttfarbenes Horn funkelte und ihr eleganter Körper zeigte bei jedem Schritt, wie viel Kraft in ihm steckte. Weit und breit war wohl kein edleres und schöneres Einhorn zu finden und ich – die Fee der Floraunen – war stolz, mit ihr befreundet zu sein. Wir Floraunen besitzen die Gabe mit Tieren und Pflanzen zu sprechen und sie zu heilen. Floraunen leben in einem Feenvolk und sind aber nicht so winzig wie Feen, sondern haben die stattliche Größe von Elfen. Ein langes goldenes Kleid bedeckte meinen Körper und meine blonden, langen Haare reichten fast zum Boden. Meine kleinen, zarten nahezu durchsichtigen Flügel konnten mich hoch in die Lüfte tragen. Lahjas Flüstern schreckte mich aus meinen Gedanken „Leandra, wir sind viel zu dicht am Elfendorf Surah!" Eigentlich war es uns Feen verboten, uns in die Nähe von Elfen zu wagen. Ich wusste, sie hatte recht, doch trotzig antwortete ich: „Ich begreife nicht, warum wir Feen nicht zu den Elfen dürfen. Was interessieren mich denn Dinge, die vor 100 Jahren passiert sind? Es hat sich bestimmt viel verändert seitdem!" Als ich mich in Richtung Elfendorf in Bewegung setzte, schüttelte Lahja den Kopf und beschwor mich umzukehren. Gerade wollte ich ihr wütend antworten, als mir ein großer dunkler Schatten über uns einen Schreck einjagte und meine Zunge lähmte. Ein riesiger Drache war über uns hinweggeflogen und setzte direkt auf einer Lichtung vor uns zur Landung an. Vor Schreck blieben wir angewurzelt stehen und starrten ängstlich auf den Drachen. Der sah irgendwie nicht so aus, wie ich mir einen Drachen vorgestellt habe. Seine großen, schwarzen Augen strahlten Wärme und Neugier aus und mit freundlicher Stimme fragte er: „Was wollt ihr hier?" Während ich den Drachen genau beobachtete und jede Sekunde bereit war zu flüchten, entgegnete Lahja: „Wir wollten kein fremdes Gebiet betreten, wir sind gerade auf dem Rückweg!" Sein Blick war die ganze Zeit auf mich gerichtet und wahrscheinlich konnte er meine Angst spüren. „Wie heißt Du?", fragte er mich. Ich stotterte: „Le-e-an-dra." – „Hab keine Angst", beruhigte er mich und meine Starre löste sich langsam. Erst jetzt war ich fähig, ihn mir genauer anzusehen. Seine Schuppen waren rotbraun und glänzten metallisch, der sehnige Körper verbarg nicht die Kraft, die in ihm schlummerte. Die großen, langen Flügel lagen entspannt auf dem Boden. Er begann zu erzählen: „Mein Name ist Abaddon und ich bin ein verwunschener Elf. Die Hexe Lavender hat mich verzaubert und so muss ich vom ersten bis zum letzten Sonnenstrahl eines jeden Tages als Drache verbringen! Nur ein Kuss der wahren Liebe kann mich von dem Fluch erlösen!" – „Es heißt aber, dass Elfen gar nicht zur Liebe fähig sind!", erwiderte ich verwirrt. Abaddon wandte sich ab und murmelte traurig: „Genauso ist es und deshalb werde ich niemals erlöst werden!" Ich ging zu ihm, tröstete ihn und wir erzählten einander von unserem Leben. Wir merkten nicht, wie die Zeit verging und die Sonne hinterm Horizont versank. Beim Verschwinden des letzten Sonnenstrahls wurde die Stelle, an der Abaddon vorher gesessen hatte, in gleißendes Licht getaucht. Vom Licht geblendet, schloss ich die Augen, aber da war das Spektakel schon vorbei. Irritiert öffnete ich die Augen wieder und konnte nicht glauben, was ich sah. Aus dem Drachen war ein hübscher, cooler Elf in meinem Alter geworden. Witzige, spitze Ohren, langes, blondes Haar und Lederklamotten. An den Drachen erinnerte fast nichts mehr. Nur die freundlichen, gütigen Augen waren noch immer da. Mir blieb der Mund offen stehen und Abaddon schaute sich verlegen um. Nach geraumer Zeit meinte er: „Musst Du nicht nach Hause? Ich könnte Dich ein Stück begleiten!" Ich konnte jetzt nicht nach Hause. In mir brannten so viele ungeklärte Fragen, die ich ihm stellen wollte. Ich musste mehr über ihn erfahren. Wir sammelten Feuerholz und machten es uns gemütlich. Er beantwortete mir viele Fragen und ich spürte immer mehr, dass ich ihn mochte. Irgendwann schliefen wir vor Erschöpfung ein und als ich am Morgen erwachte, war Abaddon weg. Was sollte ich meinen Eltern erzählen? Sie machten sich bestimmt Sorgen, weil ich letzte Nacht nicht nach Hause gekommen war. Lahja und ich machten uns mit einem mulmigen Gefühl auf den Heimweg. Schon von Weitem kam mein Vater auf mich zugestürmt: „Wo warst Du? Wir haben uns solche Sorgen um dich gemacht!" Ich erwiderte kleinlaut: „Wir haben im Wald übernachtet!" Die Sache mit Abaddon verschwiegen wir. Ich konnte aber an nichts anderes mehr denken als an Abaddon. Von Sehnsucht getrieben, ging ich am nächsten Tag wieder zu der Lichtung, in der Hoffnung, Abaddon zu sehen. Als ich zur Lichtung kam, sprang mein Herz vor Freude. Abaddon hatte mich schon erwartet.

So trafen wir uns täglich, tauschten unsere Geschichten aus und es entwickelte sich eine tiefe Zuneigung. An einem schönen Morgen wachte ich auf und wusste, dass heute etwas anders sein würde. Wieder ging ich zur Lichtung und wie jeden Tag erwartete mich Abaddon sehnsüchtig. Als ich ganz nah bei ihm war, sagte er zu mir: „Leandra, ich weiß nicht, wie ich meine Gefühle für dich zurückhalten soll. Ich weiß, es ist nicht richtig, aber gegen die Liebe kann ich nicht ankämpfen!" Ich blickte in seine Augen und sah nicht mehr den Drachen, sondern nur Abaddon. Mir war egal, was er war – Drache oder Elf – ich liebte ihn! Ich strich ihm zärtlich über seine schuppigen Wangen und flüsterte ihm zu: „Abaddon, ich liebe dich auch!" Er lächelte und ich küsste ihn. Ein unbeschreibliches Gefühl von Glück und Wärme durchströmte meinen Körper. Die Stelle, an der ich Abaddon berührt hatte, wurde heiß und ich wich zurück. Abaddons ganzer Körper leuchtete und das Licht wurde immer stärker. Er wurde von magischer Kraft in die Luft gehoben und es erstrahlte ein helles Feuerwerk.

Das war der Zauber eines Kusses der wahren Liebe! Der Bann war gebrochen. Die Gestalt, die nun zu Boden sank, war der Elf Abaddon, erlöst von seinem Fluch. Wir schlossen uns in die Arme und küssten uns innig. Aber wie sollte es weitergehen? Wie kann eine Liebe gegen das feindselige Vermächtnis der Vergangenheit ihrer Familien bestehen? Wir heckten einen Plan aus, um unsere Familien zu versöhnen und die Fehde zwischen den Völkern zu beenden. Die Sorge um ihre Kinder sollte die Eltern zur Vernunft bringen und so blieben wir für einige Wochen im Wald.

Krank vor Sorge hatten sich die Eltern nun auf die Suche nach uns gemacht. Sie irrten durch den Wald und hatten die Hoffnung schon aufgegeben. Delayar – Stammesoberhaupt der Elfen und Vater von Abaddon – sowie Trahon – Oberhaupt der Floraunen und mein Vater – trafen nun auf unserer Lichtung, wie von Schicksals Hand gelenkt, aufeinander. Es drohte ein erbitterter Kampf zwischen den beiden zu entfachen, als wir uns aus unserer Deckung wagten. Unsere Väter stürzten auf uns zu und umarmten uns. Vergessen war der Streit; die Freude darüber, ihre Kinder wiederzusehen, hatte alles übertroffen. Gemeinsam setzten wir uns an ein Feuer und wir erzählten unseren Eltern, dass wir uns liebten. Unsere Eltern waren versöhnt und wir konnten heiraten. Die Elfen und Feen sind seither in Frieden und Freundschaft verbunden und bis heute wird die Geschichte der Kraft eines Kusses der wahren Liebe erzählt.

Natalie Thoma
Realschule Maria Stern, Klasse 8b

Traumwelt

Wir laufen die Straßen entlang, alle Menschen meinen glücklich zu sein.
Jeder ist zu jedem freundlich.
Die Menschen lieben sich,
sie bekriegen sich nicht mehr.
Es gibt keine Probleme mehr.
Kinder beziehungsweise Jugendliche respektieren alles,
aber auch Erwachsene respektieren sie
und Lehrer ihre Schüler.
Keiner wird gemobbt,
weil er „anders" ist,
weil er nicht der Norm entspricht.
Keiner wird wegen seines Glaubens,
wegen seiner Hautfarbe,
wegen seines Landes verachtet.
Man löst kleine Konflikte durch Reden,
man tötet einander nicht mehr.
Es gibt keine Kriminalität,
keine Probleme mehr.
Die Menschen sind dankbar für alles.
Aber, hey, so ist es nur
in meiner Fantasie.
Das ist ein Wunschdenken.
Die Realität ist leider anders!
Was im 21. Jahrhundert erbärmlich ist.

Sara Niedermaier
Reischlesche Wirtschaftsschule, Klasse 8am

Staubfänger

Mein starrer Blick verfängt sich in der Unendlichkeit von Staubkörnern, die sorglos durch die Luft tanzen. Unbemerkter Sternenstaub im gebrochenen

Licht, leise lächelnd, weil die Welt keine Rolle spielt. In diesem Stück Ewigkeit ist die Welt nur Statist. Sie spielt nicht die Rolle des Bösewichts, die Krankheit und Krisen, Tod und Terror ihr auf den Leib geschneidert haben. In dem Raum voll Staub und Gedanken wird nicht mit Gewalt für Frieden gekämpft, kein Mitleid mit den Menschen im Fernsehen durch Fremdenhass vor der eigenen Haustür bekundet. Hass wird genährt von Furcht. Furcht. Ein kratziges Wort, das einem zusammen mit allem, was man eigentlich sagen will, im Hals steckenbleibt und uns nach Luft ringen lässt. Stattdessen sagt man nichts. Man sagt nichts zu denen, deren perfide Weltanschauung Nährboden für Hassblumen sind, deren Duft dann orientierungslose von Furcht geknebelte Menschen benebelt. Und die Stille von Vielen wird zur Bühne für Wenige, die Hass predigen und in der Gesellschaft für das Ganze stehen, obwohl wir wissen, dass das nicht stimmt.

Hass wird genährt von Furcht und Furcht wird genährt von Unwissenheit. Unwissenheit darüber, dass der türkische Nachbar genauso jeden Morgen seinen Kaffee trinkt und seinen vierjährigen Sohn in den Kindergarten bringt, Fußballfan ist und keine Tomaten mag. Unwissenheit darüber, dass der Islam nicht Grund, sondern falscher Vorwand für Terror ist und der Nachbar mit dem vierjährigen Sohn sich nicht inmitten einer Menschenmenge in die Luft sprengen wird, obwohl er jede Woche in die Moschee geht, seine Frau ein Kopftuch trägt und bärtige Islamisten das Cover der BILD-Zeitung zieren.

In Gedanken sind wir furchtlos, in Gedanken atmen wir frei und stehen auf gegen Diskriminierung, gegen Generalisierung, gegen Leid. Wir sagen, was wir denken, verbessern die Welt. In Gedanken sind wir alle Helden, zumindest ein bisschen.

In dem Raum voller Sternenstaub scheint eine Welt voller Helden in den Hauptrollen greifbar nah. Sieben Milliarden Helden, jeder ein bisschen. Das Skript für sieben Milliarden Helden ist in unseren Köpfen fertig geschrieben, doch eine dicke Schicht Staub hat sich darauf abgesetzt und lässt den Titel des Stücks nur noch erahnen, weil jeder nur denkt und keiner was tut. Doch ich bin ja auch nicht besser, sitze in staubigen Räumen, starre ins Nichts und träume zusammen mit auf dem dreckigen Boden wandernden Schatten von einer besseren Welt. Und wenn die Sonne untergeht und der Staub nicht mehr Sternenstaub ist, sondern einfach nur noch grau, frage ich mich, wie viele Menschen wir allein heute hätten retten können, wenn wir uns, anstatt nur leise zu protestieren, dazu durchgerungen hätten, endlich etwas zu sagen.

Verena Ott
Maria-Theresia-Gymnasium, Klasse Q11

Fliegen

Fantastisch war,
als ich über den Wolken
die Welt mal von oben sah,
ich sah sie ja immer nur von unten.
Oh, unvergesslich schönes Gefühl,
die bunte Welt von oben
über den Wolken zu sehen.

Tony Kern
Löweneck-Mittelschule, Klasse 5b

Behindert – jetzt erst recht!

„Oh!", riefen alle im Chor, „der arme Rollstuhlfahrer namens Kevin Klein."
Die Clique empfing Kevin, wie immer, mit hämischen Worten. Nur weil er
im Rollstuhl saß. Er ging in die Poll-Schule und wohnte in einer großen
Villa mit Aufzug und Pool. Die einzige, die nie etwas Böses sagte, war Olia,
ein schüchternes Flüchtlingsmädchen von den Philippinen und seit zwei
Monaten an dieser Schule. Doch sie hatte ein Geheimnis. Sie hatte einen
behinderten Bruder der, wie Kevin, im Rollstuhl saß. Deshalb wusste sie
auch Kevin zu respektieren und zu beachten. Doch auch etwas anderes fiel
ihr bei Kevin auf. Er bewegte seinen Rollstuhl auf seine eigene Art, sehr
schnell und er konnte sogar kleine Hindernisse mit dem Rollstuhl überwinden. Aber die Treppen konnte er leider nicht allein bewältigen und
daher half sie ihm. Er bedankte sich mit einem Lächeln. Nur sie wusste,
dass er regelmäßig einen Kurs in Selbstverteidigung für Rollstuhlfahrer
besuchte und nur er wusste, dass sie einen behinderten Bruder hatte. Ihr
Bruder war nicht so fit und musste deshalb geschoben werden.
In der ersten Stunde hatten Sie Mathe und Kevin konnte sich gut
konzentrieren. Doch in Deutsch ging es wieder los. Jeder, der zur Clique
gehörte, schubste ihn oder warf ihm kleine Zettelknöllchen an den Kopf,
so dass es für ihn sehr schwirig wurde, dem Unterricht zu folgen. Er
wünschte sich so sehr, dass sie ihn endlich in Ruhe ließen. Zwischendrin
hörte er leise Olias Stimme, die ihn beruhigten wollte. Nachdem sie aber
so schüchtern war und noch nicht so gut Deutsch konnte, presste sie nur
Bruchstücke heraus. Nach der sechsten Stunde wurde Kevin von seinem
Vater abgeholt und sie gingen nach Hause.
Kevin lag im Bett und konnte nicht einschlafen. Er schaute auf seinen
Wecker. Zwei Uhr morgens. Kevin ließ sich ins Kissen sinken, als er plötzlich
ein Geräusch hörte. Er nahm seinen Rollstuhl und zog sich hinein. Das

konnte er, ohne die Hilfe seiner Eltern zu benötigen. Er fuhr zum Teleskop und sah hindurch. Nichts! Oder doch? Seine Augen waren vor Angst geweitet. Dort gegenüber war ein Fenster eingeschlagen. Sein erster Gedanke war, seine Eltern zu wecken und die Polizei zu rufen. Aber wenn es ein Fehlalarm war, dann lachten ihn morgen alle wieder aus. „Nein, da schaue ich lieber selber nach. Die Polizei kann ich dann immer noch rufen … Decke, Taschenlampe, Seil, Pfeil, Bogen und Handy …" murmelte er vor sich hin. Fünf Minuten später machte er die Haustür auf und sauste zum Einbruchsort. Pfeil und Bogen lagen griffbereit auf der Decke. Die Tür stand offen. Kevin vermutete, dass einer der Einbrecher durchs Fenster gestiegen war und die anderen durch die Tür ins Haus gelassen hatte. Drei Motorräder konnte er im Schein der Straßenlaterne sehen. Er versicherte sich noch einmal, dass ihn niemand sah und machte blitzschnell mit seinem Handy ein Beweisfoto vom zerbrochenen Fenster. Erst jetzt fuhr er ins Haus. Die Taschenlampen, die an den Rollstuhlgriffen befestigt waren, gaben ihm Licht. Doch plötzlich sah er ein anderes Taschenlampenlicht an der Wand. Schon hörte er Schritte und machte schnell die Lampe aus. Das war keine Sekunde zu früh. Die Männer kamen mit prallgefüllten Säcken die Treppe herunter. Sie sahen Kevin nicht, denn der war in einer dunklen Nische verschwunden. Ihm war klar, dass er blitzschnell reagieren musste. Plop, plop, plop, flogen drei Pfeile auf die Einbrecher zu. Ein Pfeil traf. „Was war das?", rief der Getroffene erschrocken und blieb stehen. Die anderen stolperten durch den unerwarteten Halt und fielen mit ihm die Treppe herunter. Sie blieben benommen liegen. „Jetzt aber schnell", dachte Kevin und band dem Ersten die Hände mit dem Strick zusammen. Dann dem Zweiten und dem Dritten. Geschafft! Außer Atem rief Kevin nun die Polizei an und diese staunte nicht schlecht, als er ihnen die Einbrecher zeigte. Als sie sie abführten, rief Kevin grinsend: „Einen Moment noch" und schoss ein Foto von den gefesselten Einbrechern. „Da wird Olia aber staunen", dachte er. Durch die Sirenen wurde jeder in der Straße geweckt und Kevins Mutter, eine sorgenvolle Frau, ging sofort in Kevins Zimmer. Als dieses leer war, machte sich auch der Vater Sorgen. Ein Sturmklingeln an der Haustür. „Kevin!", rief seine Mutter empört, als sie ihn mit der Polizei vor der Haustür stehen sah. Doch bevor sie noch weiterreden konnte, fing der Polizist an, ihnen die fantastische Heldentat zu erzählen. Erstaunt ließen sich alle im Wohnzimmer nieder. Als die Geschichte zu Ende war, war es bereits 8 Uhr morgens und Kevin fiel erschöpft ins Bett.

Zwei Tage war es nun her und er musste wieder zur Schule gehen. Olia wartete schon auf ihn, sie hatte alles in der Zeitung gelesen. „Na, Blödmann", ging es gleich wieder los. Olia ging auf die Clique zu und drückte ihnen den Zeitungsbericht in die Hände. „So was Fantastisches müsst ihr erst mal nachmachen." Mittlerweile hatten sich viele Schüler und Lehrer zum Schulbeginn im Hof versammelt. Und als Kevin mit Olia auf das Gebäude zufuhr, teilte sich die Menge und alle fingen an zu klatschen. Olia flüsterte Kevin zu: „Ab jetzt, glaube ich, hast du keine Feinde mehr."

Sophie Marie Scheuffele
Mädchenrealschule St.Ursula, Klasse 6a

Reise

Eine gelbe Riesenbiene
auf goldenem Sternenstaub am Himmel fliegt,
unten im blauen Meer einen roten Seestern sieht,
ihm spontan ein zartes Liebeslied singt,
dann auf einer verlassenen Honiginsel niedersinkt,
wo sich ein kluger Zwerg versteckt,
der mit seiner grünen Glitzerkugel ganz galant
den roten Seestern mit der gelben Riesenbiene
auf immer verband.

Remzi Haxhani und Albesa Dugolli
Löweneck-Mittelschule, Klasse 5c

Mein bester Freund, der Schneemann

An einem schönen Wintermorgen beschloss ich, einen Spaziergang durch den Wald zu machen. Es hatte die ganze Nacht geschneit und nun lag der Schnee fast schon 20 Zentimeter hoch. Gleich nach dem Frühstück machte ich mich bereit für die Wanderung. Ich zog meine Winterjacke an, wickelte mir meinen Schal um den Hals und schlüpfte in meine Stiefel. „Ich werde vor dem Mittagessen wieder zu Hause sein!", rief ich zu meiner Mutter und machte die Tür hinter mir zu. Draußen war es eisig kalt und überall lag Schnee. Ich stapfte fröhlich durch die schneeweißen Straßen und kam schon gleich im Wald an. Zuerst spazierte ich durch den dunklen Wald. Danach suchte ich mir einen Platz, wo ich einen Schneemann bauen konnte. Nach 20 Minuten war der Schneemann schon fast fertig. Für die Nase hatte ich natürlich eine Karotte von zu Hause mitgebracht, für die Arme nahm ich zwei Äste und für die Augen zwei Steine. „Der Schneemann sieht toll aus!", dachte ich mir und war sehr stolz auf die Leistung. Allerdings war ich so vertieft in meine Arbeit, dass ich die Zeit vergaß. Es wurde schon zu spät, deshalb machte ich mich auf den Weg nach Hause. Doch ich wusste nicht mehr, wo der Ausgang war. „Soll ich nach rechts oder nach links? Oder geradeaus?", fragte ich mich. Ich bekam Angst, fürchterliche Angst. Langsam folgte ich dem Weg rechts. Ich hörte, wie die Wölfe heulten. Unheimlich war das Geheul. Plötzlich sah ich eine weiße Gestalt. Ein Gespenst! Mir lief ein eiskalter Schauer den Rücken entlang. Das Gespenst kam auf mich zu. „Was will das Wesen von mir? Oh, mein Gott, gleich geht es mir an den Kragen!", schoss es mir durch den Kopf. Das Gespenst sprach: „Na, Kleine, hast du dich verlaufen?" Meine Beine zitterten vor Angst. Mit einer ebenso zitternden Stimme antwortete ich: „Ja! Kannst du mir helfen?" Laut lachte das Gespenst vor sich hin und sagte, dass es mich essen will. So näherte es sich mir und machte seinen Mund weit auf. „Neeeeeeeinnn!", schrie ich laut, doch in diesem Moment verwandelte sich das Gespenst in einen Frosch. Ich war sehr geschockt und konnte meinen Augen nicht glauben. Der Schneemann, den ich zuvor gebaut hatte, stand vor mir. Er erzählte: „Ich habe gehört, dass du Hilfe brauchst. Du hast dich verlaufen, deswegen werde ich dir helfen." Ich war einverstanden. So brachte mich der Schneemann nach Hause. Er erzählte mir nicht, wie er das Gespenst in einen Frosch verwandelt hatte, aber trotzdem bedankte ich mich bei ihm. Von nun an waren wir beste Freunde geworden und ich machte ihn mit meinen Besuchen sehr glücklich.

Aleyna Göksu und Alina Akgül
Friedrich-Ebert-Grundschule, Klasse 4c

Freundschaft

Wenn es einen Menschen gibt,
der dich mag, so wie du bist.
Der ohne Lüg und List,
immer ehrlich zu dir ist.
Der dich in die Arme nimmt,
wenn du einmal traurig bist.
Der mit seinem Kummer zu dir kommt,
und dir ohne Zögern alles anvertraut.
Der immer freundlich zu dir ist,
auch wenn du einmal mürrisch bist.
Der viel Wert auf deine Meinung legt
und auch Kompromisse trägt.
Der viele Wege mit dir geht,
und immer voll hinter dir steht.
Ein Freund, mit dem man viel lacht,
und auch mal einen Streich macht.

Hat man auch mal miteinander Streit,
dann lass ihm etwas Zeit,
denn wenn die Freundschaft dadurch zerbricht,
dann wäre es ein großer Verlust,
und der bringt dir nur Frust.
Solch einen Freund findet man nicht überall.
Wäre ohne ihn das Leben dann immer noch so bombastisch?
Aber einen solchen Freund zu haben, ist einfach fantastisch.

Stefanie Mailinger
Berufsschule V, Klasse 10a

Das Abenteuer mit den geflügelten Pferden

Meine Mama hatte ein Gestüt mit vielen Pferden. Meine Freunde und ich wollten heute ein großes Abenteuer auf der Pferdewiese erleben. Meine Freunde klingelten bei mir, ich öffnete die Tür. Schnell holte ich sieben Pferde für Dennis, Melanie, Letizia, Aleyna, Julia, Dana und mich. Meine Mutter sprach zu mir: „Einen Moment, was willst du mit den vielen Pferden machen?" Ich antwortete: „Meine Freunde und ich wollen ein großes Abenteuer auf der Pferdewiese erleben und um dahin- und auch wieder zurückzukommen, brauchen wir die Pferde." Meine Mutter meinte: „Okay, aber du passt gut auf die Pferde auf!" Ich stotterte: „Jaaaa, versprochen!" Sofort ritten wir los. Auf dem Hinweg zur Wiese baten wir Dennis: „Kannst du für uns ein Lied singen, bis wir bei der Wiese sind?" Dennis antwortete: „Ja, klar!" Als Dennis fertig gesungen hatte, waren wir schon da. Wir ritten und übten mit den Pferden auf der Pferdewiese. Plötzlich drehte sich die Pferdewiese um uns herum. Es war seltsam, aber es war himmlisch. Es war so herrlich. Die anderen und ich guckten in einen Wiesentunnel hinein. Wir sahen Blumen, Pferde und ganz viele Farben. Nun galoppierten wir in diesen Wiesentunnel hinein. Auf einmal bekamen unsere Pferde große Flügel. Das sah toll aus. Die Pferde waren selbst so begeistert, dass sie mit uns in der schönen Luft herumflogen. Auf einmal hörten wir die besten und die tollsten Lieder aus Dennis' Mund. Melanie kreischte: „Guckt mal, mein Pferd ist blau geworden!" Aleyna rief: „Mein Pferd ist türkis geworden!" Ich freute mich: „Mein Pferd ist lila geworden und Dana, dein Pferd wird gerade pink!" Julia wunderte sich: „Hey, Dennis. Schau mal, dein Pferd ist rot und mein Pferd ist orange geworden. Ist das nicht schön?" Ich antwortete: „Natürlich ist das schön, Julia, denn auf unserer Pferdewiese ist es immer schön!" Langsam wurde es Zeit, nach Hause zu gehen. Die Pferdewelt hatte jedem von uns als ein kleines Erinnerungsgeschenk einen kleinen Diamanten geschenkt. Nun haben wir alle unsere Diamanten zusammengehalten und haben gesagt: „Pferde, wir wollen zurück!" Schon drehte sich die Pferdewiese und wir ritten aus dem Wiesentunnel wieder hinaus. Auf einmal hatten unsere Pferde keine Flügel mehr und sie hatten wieder ihre normale Fellfarbe. Wir Freunde waren uns auf jeden Fall einig: „Das war für alle das beste Abenteuer!"

Selin Demir
Friedrich-Ebert-Grundschule, Klasse 4bgt

Eine Birne, die fantastisch war

Es war ein wunderschöner Sommertag. Lisa und Max waren einkaufen. Als sie im Laden waren, sahen sie viele wunderschöne Birnen, Bananen und Müsli. Mit der Birne, Milch und anderen leckeren Lebensmitteln gingen sie zur Kasse. Was sie aber nicht wussten, war, dass der einhundertste Kunde den Einkauf geschenkt bekam. Und das passierte dann auch und beide waren glücklich.
Als sie wenig später zu Hause waren, wollten sie sich ein Müsli machen. Sie schnitten Erdbeeren und einen Apfel und gaben noch Haferflocken hinzu – und Milch natürlich auch. Dann wollten sie noch die schöne Birne schneiden, aber diese schrie: „Nein, schneide mich nicht, denn ich kann in die Zukunft sehen!" Da murmelte Max: „Lisa, diese Birne kann reden und angeblich in die Zukunft schauen!" – „Ja, das habe ich gerade auch gehört, aber in die Zukunft schauen, wie soll das gehen?", flüsterte Lisa. Beide waren verblüfft. Dann dachte Lisa darüber nach, ob die Birne, wenn sie in die Zukunft schauen konnte, auch ihre Schulaufgabennote sah. Sie fragte die Birne. Darauf meinte die Birne: „Du wirst eine Eins haben und du hast die volle Punktzahl erreicht!" Da freute sich Lisa. Ihr war nun bald klar, dass die Birne in die Zukunft schauen konnte, denn am nächsten Tag hatte sie tatsächlich ihre Eins bekommen. Als sie nach der Schule wieder zu Hause war, fragte sie alles, was man auf der Welt fragen kann.
Aber die Birne wurde müde von dem ganzen In-die-Zukunft-schauen und konnte langsam nicht mehr. Sie wurde immer schwächer. Ihre roten Bäckchen wurden immer blasser. Sie war bald zu schlapp, um noch antworten zu können und Lisa musste die Birne in Ruhe lassen. Aber dieser Tag war ein fantastischer Tag: eine Eins und auf fast alle Fragen der Welt hatte sie eine Antwort bekommen. Die Birne erholte sich wieder und sagte Lisa noch viele schöne Erlebnisse voraus.

Katharina Wörle
Realschule Maria Stern, Klasse 5c

Fantastisch

Es muss nicht groß sein, es muss nicht viel sein, es muss nicht lang sein und trotzdem kann es fantastisch sein.

Anna-Lucia Winiger
Gymnasium bei St. Anna, Klasse 6b

Der kleine Drache

Es war einmal ein Drache. Der Drache hieß Olaf. Er lebte im Dschungel. Er sah gefährlich aus. Der König Tedi wollte ihn verjagen, weil er so gefährlich aussah. Alle hatten Angst vor ihm. Aber Olaf sagte: „Bitte hört mir zu, ich bin nicht böse." Die Tiere hörten ihm nicht zu. Er war einsam und allein. Da hat Olaf einen Löwen getroffen. Jetzt sind sie beste Freunde und spielen jeden Tag im Dschungel zusammen.

Georg Merklinger
Fröbel-Grundschule, Klasse 2b

Das erste Haustier

Es lebte einst ein Ritter, der besaß eine Ritterburg. Diese war mit einem starken Fluch belegt: Dieser Fluch legte fest, dass der Ritter sieben Jahre in der Burg gefangen war. Das hatte er dem bösen Zauberer Rachnunsikuss zu verdanken. Er hatte den Fluch auf die Burg gelegt, weil er selbst die Prinzessin Anastasia heiraten wollte. Er und der Ritter stritten sich schon lange, wer Anastasia heiraten durfte. Als endlich sieben Jahre vorbei waren, kam der Ritter langsam aus seiner Burg. Er schaute sich um, es nebelte. Anastasia hatte bestimmt schon längst den bösen Zauberer geheiratet. Der Ritter wollte die beiden suchen und machte sich auf den Weg. Er ging ein Stück und plötzlich sah er ein Licht. Der Ritter ging auf das Licht zu und stand plötzlich vor einer riesigen Höhle. Da kam ihm ein weißer Elefant entgegen. Als er weitergehen wollte, folgte ihm der weiße Elefant. Also nahm er ihn mit auf seine Reise. Da kamen sie an ein Häuschen, das etwas weiter oben am Hang lag. Sie klopften an die Tür. Als der böse Zauberer Rachnunsikuss die Tür öffnete, erschraken sie. Der Zauberer sagte zu dem Ritter: „Wenn du eine Aufgabe löst, dann darfst du Anastasia heiraten. Du musst einmal um die ganze Welt reisen und aus jedem Ort etwas mitbringen." Ihr erstes Ziel war Katavista. Dort trafen sie eine Gestalt, die sagte: „Wenn ihr den Drachen Leonardo besiegt, habt ihr drei Wünsche frei. Der Drache lebt im Wald." Als sie den Drachen fanden, drehte er sich zu ihnen um. Seine Augen funkelten wütend und aus seinen Nasenlöchern kamen schwarze Rauchwolken. Der Elefant nahm ein Stück Feuergras und versuchte den Drachen anzulocken. Da rannte der Drache auf den Ritter zu. Dieser zückte sein Schwert und wollte kämpfen. Der Elefant aber kickte mit dem Fuß gegen den Drachen. Der Drache verlor das Gleichgewicht und fiel in einen Wassergraben, aus dem er nicht mehr heraus kam. Im selben Moment erschien die Gestalt und fragte den Ritter, was er sich wünschen würde. Als Erstes wünschte sich der Ritter, dass der böse Zauberer für immer in seinem Verlies wohnen sollte. Der zweite Wunsch war, dass Prinzessin Anastasia seine Frau werden sollte. Mit dem dritten Wunsch wünschte er sich, dass der weiße Elefant ihr Haustier sein sollte. Und so erfand der Ritter das erste Haustier. Und so lebten alle drei glücklich auf der Burg. Wer's nicht glauben will, der gehe selbst hin und frage selbst nach.

Hannah Bartl
Grundschule Kissing, Klasse 3d

Anfangsbuchstabengedicht

Frieden überall
Ausländer gibt es nicht
Nicht wegsehen
Toleranz
Akzeptanz
Sieg über Vorurteile
Träume leben
Inklusion
Stressfrei arbeiten
Christen und Nichtchristen
Heilung für alles
– das wäre fantastisch!

Sebastian Sroka
Grundschule Inningen, Klasse 4a

Das tragische Schicksal der Träumerin

Das Mädchen wurde geboren und lebte sorglos, noch nicht mit Intelligenz und Wissen gesegnet. Noch war sie frei, unbeschwert, mit sich selbst im Reinen. Gleichzeitig war alles irgendwie sinnlos und verzerrt, aber weil sie noch nicht wusste, dass sie etwas suchte, war das in Ordnung.

Das Mädchen kam in die Schule und lernte rechnen. Sie lernte schreiben. Sie lernte lesen. Besonders Letzteres hatte es ihr angetan. Sie las von Dinosauriern und Prinzessinnen, von Zauberern und Detektiven. Sie verlor sich in der Welt der Bücher. Sie wurde ruhelos. Sie verstand den Sinn. Sie wusste mittlerweile, dass sie etwas suchte, aber nicht was.

Das Mädchen wurde älter und zu diesem Zeitpunkt hatte sie schon von so vielen Dingen gelesen, dass sie hin und wieder dachte, ihr selbst seien diese geschehen. Manchmal konnte sie beinahe glauben, dass die Realität nicht das einzig Wahre war, dass es etwas gab, dort draußen, was nicht erklärbar war, nicht verständlich, nicht logisch. Sie fand Zuflucht in der Fantasie, der Vorstellungskraft, wusste nun, was sie suchte und konnte es sich nicht beschaffen. Es machte sie wahnsinnig.

Das Mädchen wurde reifer, realistischer und ihre Sucht nach Erlebnissen, die sie aus ihrer endlos währenden Routine entließen, ließ dennoch nie nach. Sie wollte nach wie vor in einer Welt leben, in der etwas bewegt werden konnte, für etwas gekämpft werden konnte, sie hasste die Schule, zu der sie jeden Tag ging, in der alles so verbohrt und langweilig war. Sie träumte von Hogwarts. Sie träumte von Narnia. Sie träumte vom Wunderland. Träumen war ihr aber nicht genug.

Das Mädchen begann ihre Vorstellungen niederzuschreiben. Wenn sie schon keine tolle Lebensgeschichte hatte, dann müsste sie eben eine erfinden, ganz einfach. Für eine Weile ging das gut, für eine kurze Weile. Sie war schlicht nicht zu sättigen, ihr Hunger nach Abenteuern verschwand nicht. Sie hasste es und liebte es zugleich. Sie brauchte es und es zerstörte sie. Hätte sie doch nie vom Apfel der Weisheit gekostet, es würde alles so viel leichter, unkomplizierter machen.

Das Mädchen hatte viele Freundinnen. Sie fand zudem einen netten Jungen, mit dem sie zusammenkam und den sogar ihr Vater mochte. Ihre Familie liebte sie. Sie machte ihren Schulabschluss und ihre Noten waren hervorragend. Eigentlich hätte sie also glücklich sein müssen, aber sie war es keineswegs. Etwas fraß sie von innen auf. Etwas hielt ihr vor Augen, dass die Menschen, die sie liebte, nicht so waren, wie sie sich in ihrer Fantasie ausgemalt hätte. Etwas stimmte nicht. Etwas brachte sie aus dem Gleichgewicht.

Das Mädchen wurde im Badezimmer ihres Elternhauses aufgefunden. Das Wasser in der Wanne, in der sie lag, war schon kalt. Der ganze Schaum war weg. Die Totenstarre hatte bereits eingesetzt. Auf den Fliesen lag eine Packung Schlaftabletten. „Gut genug ist mir nicht gut genug", stand mit rotem Lippenstift auf dem Spiegel geschrieben. In ihrem Abschiedsbrief entschuldigte sie sich bei ihren Angehörigen. Sie hätte es nicht mehr ausgehalten, ihr tragisches Schicksal als Träumerin.

Johanna Workneh
A. B. von Stettensches Institut, Klasse 9a

Fantasie

Warum?
Wieso?
Ich weiß es nicht.
Doch eines weiß ich:
Ich brauche dich.

Anouk de Beisac
Maria-Theresia-Gymnasium, Klasse 6b

Alles nur ein Traum

Das letzte, woran ich dachte, war die Mathearbeit der nächsten Woche und dann rannte ich in ihn hinein. Ich krallte mich an seinem Hemd fest, um nicht umzufallen. Ich hörte ein Fluchen, als ich schließlich doch, mit einem Stück Stoff in der Hand, zu Boden fiel. Gott, war das peinlich! Ich traute mich gar nicht nach oben zu schauen. „Ist alles in Ordnung?", fragte eine männliche Stimme. Eine Hand tauchte vor meinem Gesicht auf. Ich ergriff sie und zog mich hoch. Vor mir stand ein gutaussehender Mann in schwarzen, engen Jeans, mit einem weißen Hemd, das ich zerrissen hatte, und einer lässigen Lederjacke. „Geht es dir gut?", wiederholte er seine Frage. „Äh, ich, ich glaube schon." Sein gutes Aussehen hinderte mich daran, klar zu denken. Er schmunzelte. „Hast du Lust auf einen Kaffee?" Mir fiel die Klausur wieder ein, aber ich wollte viel lieber bei ihm bleiben. „Klar, es tut mir übrigens leid, das mit deinem Hemd. Ich zahle es dir auch zurück." Er sah an sich herunter. „Lass mal, ich kenne eine gute Schneiderin, die macht das zu einem günstigen Preis." – „Aber …" – „Kein Aber." Er ging los und drehte sich zu mir um, als er bemerkte, dass ich nicht neben ihm herlief. „Kommst du?"
Das Café war klein, aber gemütlich, mit wenig Kundschaft und deshalb sehr ruhig. Der Kaffee schmeckte gut und wir unterhielten uns ununterbrochen. „Also, wieso hast du mich noch nicht etwas über meine Karriere gefragt?" Ich wusste nicht, wovon er sprach. „Bist du etwa Anwalt oder etwas Ähnliches? Geht das überhaupt? Du bist doch erst 22." – „20. Und nein, ich bin kein Anwalt." Er lachte. „Ich rede von der Casting-Show

‚Song to Success'. Und überhaupt, sehe ich für dich wie ein Anwalt aus? Ich sollte mit meinem Stylisten reden." Jetzt fiel es mir wieder ein: die Castingshow, von der alle sprachen, die nur ich nicht sah, weil ich so etwas total langweilig fand, die ganzen Zeitungsberichte, der neue Song, der dauerhaft im Radio lief. „Du warst der Gewinner! Du hast die Show gewonnen. Wieso hast du das nicht gleich gesagt?" Fassungslos schaute ich ihn an. „Du hast nicht gefragt und außerdem, wie kommt es denn an, wenn ich mich als der Gewinner von ‚Song to Success' vorstelle? Dann wärst du doch gar nicht mit mir zum Café gegangen." Ich bemerkte ein herausforderndes Funkeln in seinen Augen. „Du hast ja Recht. Ich wäre nicht mit dir hierhergegangen, weil ich dich für einen arroganten, von sich eingenommenen Schnösel gehalten hätte. Aber wieso hast du mich überhaupt hierher eingeladen?" – „Weil du so süß am Boden aussahst." – „Oh", ich bemerkte, wie mir das Blut ins Gesicht schoss. Er lachte und sah auf seine Uhr. „Ich muss gehen. Hab noch ein paar Termine. Bis dann."

An diesem Abend war ich so müde, dass ich gleich ins Bett ging und sofort einschlief. Ich wachte früh am Morgen auf. War das alles nur ein Traum gewesen? Ich war mir nicht sicher. Ich schaute auf mein Handy, weil er versprochen hatte, mir zu schreiben. Ich hatte eine Nachricht. Es war kein Traum.

Marlene Willadt
Holbein-Gymnasium, Klasse 9d

Das ist fantastisch

Haustiere sind fantastisch!
Hunde sind fantastisch, weil man mit ihnen Gassi gehen kann.
Katzen sind fantastisch, weil man mit ihnen kuscheln kann.
Hasen sind fantastisch, weil man mit ihnen spielen kann.
Pferde sind fantastisch, weil man auf ihnen reiten kann.

Josie Wojtas
Grundschule Centerville-Süd, Klasse 2c

Mein Traum

Ich hatte einen fantastischen Traum,
ich glaubte ihn kaum.
Feen flogen durch die Lüfte,
sie verbreiteten süße Düfte.

Elfen versorgten fleißig die Pflanzen,
und waren immer fröhlich am Tanzen.
Hexen ritten auf ihrem Besen,
dabei verhexten sie schreckliche Wesen.
Drachen bewachten diese fantastische Welt,
das ist gut so, weil sie mir gefällt.

Lisa Weiche
Fröbel-Grundschule, Klasse 4b

Geträumtes

Fantastisch ist, wenn Menschen in allen Ländern gut leben können.
Fantastisch ist, dass Menschen Dimensionen im Weltall erforschen.
Fantastisch ist, dass die Wolke immer auch Regen bringt.
Fantastisch ist, wenn die Sonne hoch am Himmel steht und das Meer leuchten lässt.
Fantasie ist, wenn man mit einem Stern am Boden kickt.
Die Welt möchte ich durchwandern, denn sie steckt voller unentdeckter Überraschungen.
Fantasie begleite mich, denn ohne dich ist es langweilig.

Dilon Azemi
Löweneck-Mittelschule, Klasse 5CDL

Sturmpfeil

Es war einmal ein Mädchen namens Zoe. Sie wurde Weichei genannt, weil sie Angst vor bösen Menschen hatte. Weil sie nicht gehänselt werden wollte, war sie nur selten im Dorf. Meistens war sie auf einem Hügel in der Nähe, dort war sie immer allein.
Eines Tages lag Zoe, wie so oft, auf dem weichen Moos des Hügels. Sie blickte in den blauen Himmel. Was war da? Zoe stand auf. War das ein Vogel? Nein! Das war ein Drache! Der Drache landete vor ihr. Zoe merkte, dass der Drache ihr nichts tat. Sie kam noch etwas näher und betrachtete ihn. Er hatte grüne Schuppen, nur seine Augen waren gelb. „Hallo, ich bin Sturmpfeil, wer bist du?", fragte der Drache. „Ich heiße Zoe. Deine Schuppen sind sehr schön!" – „Danke", sagte Sturmpfeil. „Hörst du das auch?", fragte Zoe. Sie schaute hinunter ins Dorf, von wo plötzlich ungewöhnliche Geräusche kamen. Oh nein, Angreifer! Es waren die bösen Männer von Horos! „Setze dich auf meinen Rücken. Wir werden dein Dorf verteidigen!", rief Sturmpfeil und beugte sich zu Zoe hinab. Sie

kletterte auf seinen Rücken und so flogen die beiden hinab zum Dorf. Sturmpfeil half den Leuten aus dem Dorf und spie Feuer auf die Männer von Horos. Es vergingen nur fünf Minuten, dann waren die restlichen Männer von Horos geflohen. Alle Dorfleute jubelten.
Die Kinder nannten Zoe jetzt nicht mehr Weichei, weil sie zusammen mit Sturmpfeil gut gekämpft und das Dorf gerettet hatte. Sturmpfeil schenkte Zoe eine Schuppe und sagte: „Wenn du die Schuppe reibst, dann bin ich immer gleich bei dir."

Ksenia Kechele
Birkenau-Grundschule, Klasse 4d

Die magische Flasche

Es war ein ganz normaler Tag, ein stinklangweiliger Wintertag. Überall lag Schneematsch. Ich hatte keine Lust mehr auf diesen doofen Schneematsch. Ich hatte Lust auf richtigen Schnee. So einen, der, wenn man einen Schneemann baute, nicht gleich auseinanderfiel. In meinen Gedanken stellte ich mir so viel Schnee vor, dass der Hausmeister den Weg nicht mehr räumen konnte.
Doch das Wetter erfüllte meine Wünsche nicht, also nahm ich mit meiner Freundin eine leere Apfelsaftflasche und füllte Glitzer mit kleinen schimmernden Perlen hinein. Es sah bezaubernd aus, wie echter, blauer, glitzernder Schnee. Ich schüttelte die Flasche, bis alle Perlen und aller Glitzer wild durcheinanderstoben. Und als ich eine ganz Weile so geschüttelt hatte, konnte ich es fast nicht glauben: Es fing tatsächlich draußen an zu schneien. Ich schüttelte die Flasche noch mehr und tatsächlich, es schneite draußen noch mehr. Und ich schüttelte noch und noch und noch und noch mehr. Und es schneite immer mehr und mehr. Die ganze Zeit ging es so weiter.
Man sah schon fast nichts mehr vor lauter Schnee. Am nächsten Morgen wachte ich auf und es lag überall Schnee. Alles war über und über weiß. Einfach fantastisch! Genauso, wie ich es mir vorgestellt hatte. Schön war auch, dass an diesem Tag Samstag war, denn da musste man nicht in die Schule. Nun konnte ich mit meiner Freundin draußen Schneemänner bauen. Große und kleine Schneemänner, ganze Schneemann-Familien – und der Schnee hielt! Und wenn du dir mal wieder so richtig viel Schnee wünschst, dann versuch es doch auch einmal mit einer Flasche, Glitzer und Perlen. Vielleicht klappt es ja auch bei dir.

Emilie Oks
Realschule Maria Stern, Klasse 5c

Fantastische Liebe

Immer wenn ich dich seh',
immer wenn ich neben dir geh',
immer wenn ich mit dir rede,
immer wenn ich ohne dich nicht überlebe,
immer wenn ich vor dir steh,
immer wenn ich dein Lächeln seh',
immer wenn ich an dich denk',
du bist mein größtes Geschenk.
Immer wenn du neben mir stehst,
immer wenn es nicht mehr geht,
immer wenn ich dich küsse,
immer wenn ich dich vermisse,
immer wenn wir was unternehmen,
immer wenn wir uns wiedersehen,
immer wenn ich an dich denk',
du bist mein größtes Geschenk.
Allerdings passiert das nie,
denn du bist nur in meiner Fantasie.

Alina Suffner
Maria-Theresia-Gymnasium, Klasse 9c

Rudi, der Roboter

Ein Roboter, der für uns die Arbeit macht,
geschaffen in einer dunklen Nacht.
Vom Schaffer erschaffen,
Roboter, die unsere Arbeit machen.
Das Geschirr ist wieder blitzeblank,
wir geben dem Schaffer unseren größten Dank.
Die Arbeit ist jetzt ein Klacks,
der Roboter macht die Arbeit ratzfatz.
Unser Leben ist jetzt wunderbar,
der Roboter macht alles klar.
Ich dachte, ich habe es geträumt,
alles ist jetzt aufgeräumt.

Jakob Kretschmer und Alexander Meyer
Maria-Theresia-Gymnasium, Klasse 5c

Der Wolkenzeichner

Es war ein Junge, der hieß Nick. Nick hatte eine große Leiter, die bis in den Himmel führte. Einen Hammer hatte er und Nägel, denn er war ein Wolkenzeichner. Jeden Tag kletterte er mit seiner Leiter hoch. Er hämmerte und nagelte, bis Figuren entstanden. Die Wolken waren hart. Er zeichnete eine Taube und als sie fertig war, flog sie mit einem Schmetterling davon. Der Schmetterling war echt. Nick fühlte sich glücklich, weil die Leute wussten, dass es einen Jungen gab, der sehr begabt war.

Maya Ashmore Finney
St.-Anna-Grundschule, Klasse 2cgt

Der Fluch des Bösen

Jeremy, 17 Jahre alt, war der mit Abstand heißeste Typ der gesamten Highschool. Doch er sollte demnächst von Washington D. C. nach Dallas ziehen. Deshalb wollte er auch noch eine fette Fete steigen lassen und ich war sehr stolz darauf, als er mich dazu einlud.

Er war ein wirklich schöner Junge mit markantem Gesicht und ziemlich weit außen stehenden Wangenknochen, sehr blass, eine fast undefinierbare Blässe umspielte sein Gesicht, die hinreißend und wunderschön war. So sah sonst keiner aus. Doch jedes Mal, wenn ich ihn unauffällig betrachten wollte, erschrak ich, denn hinter dieser schönen, undurchschaubaren und verhängnisvollen Fassade musste sich etwas verbergen. Es war wohl ein dunkles Geheimnis …

Als er mich zu seiner Party einlud, schrieb ich seine Nummer auf ein Stück Papier, somit hoffte ich, mit ihm in Kontakt bleiben zu können. Er wollte mich schon am nächsten Tag treffen, bei sich zu Hause.

So stand ich dann auch pünktlich vor dem Haus, doch als ich klingelte, öffnete mir niemand. Daraufhin beschloss ich, im hinteren Garten nachzusehen. Die Terrassentür stand offen, ich überlegte zwar etwas, doch entschloss mich dann, vorsichtig einzutreten. Doch kaum war ich drinnen, knallte sie zu. Ein Zurück gab es nicht mehr. Mit pochendem Herzen schlich ich weiter, durchforstete langsam das ganze Haus, bis ich vor einer dunklen Tür stand. Ich zögerte, doch weil es ohnehin kein Entkommen mehr gab, entschloss ich mich endlich, die Türklinke zu drücken.

Mir schwirrte der Kopf, das Herz klopfte laut, denn ich sah Jeremy am Boden liegen, er hyperventilierte … und es sah sehr gefährlich aus. Vorsichtig näherte ich mich und fragte ängstlich, besorgt und aufgeregt zugleich: „Jeremy, was ist los?" Doch er blickte träge aufwärts und da sah ich, wie Hunderte kleiner dreckiger Käfer von seinem Haaransatz zum Boden krabbelten. Da packten seine widerwärtigen, sich schuppenden Hände auch schon nach mir und er zerrte mich durch das Zimmer. Ich schrie und fühlte mich total hilflos. Erst jetzt merkte ich, dass er sich zu einem vollkommen anderen Wesen entwickelt hatte. Mit einer düsteren, völlig anders klingenden Stimme befahl er mir, kaum verständlich, dass ich Satansanbeterin werden soll, denn so könne ich auf ewige Zeiten jung und wunderschön bleiben. Voller Angst, hilflos und in die Enge getrieben, gab ich ihm das Versprechen und daraufhin ließ er mich los.

In meinem Kopf schwirrten die Gedanken, ich konnte weder atmen noch denken oder klar sehen. Ich weiß auch nicht mehr, wie ich aus dem Haus entkam, ich rannte, floh, stolperte ... und kam irgendwie völlig aufgelöst zu Hause an, versuchte zu schlafen, zu verdrängen, zu vergessen, redete mir ein, dass diese Begegnung und das Versprechen nie stattgefunden hatten.

Jeremy sah ich seit dem Tag nicht mehr, das wollte ich aber auch gar nicht, denn zu tief noch steckte mir die Angst in den Knochen. Doch trotz alledem merkte ich nach einiger Zeit, dass etwas mit mir nicht stimmte: Ich wurde genauso wie Jeremy. Ich war blass, die Wangenknochen standen viel stärker hervor als bisher, ich war wunderschön ... aber ich war nicht mehr ich selbst: Der Fluch der Veränderung lastete auf mir und ich war die nächste, die ihn weitergeben musste!

Selin Eksen
Reischlesche Wirtschaftsschule, Klasse 8DH

Anfangsbuchstabengedicht: Schmetterlinge

SCHmetterlinge sind fantastisch!
Mir gefallen ihre bunten Flügel.
Es sieht aus, als ob sie Millionen von Farben hätten.
Toll finde ich auch die Muster auf ihren Flügeln.
Traumhaft fliegen sie durch die Luft.
Ein Schmetterling ist wunderschön.
Ruhig kann er auf einer Blume sitzen und Nektar trinken.
Lange Strecken kann er fliegen.
Ich beobachte Schmetterlinge gerne.
Nichts kann schöner sein.
Ganz lange schau ich dann zu, was die Schmetterlinge machen.
Es ist einfach fantastisch!

Veronika Scheuch und Xenia Velikan
Grundschule Centerville-Süd, Klasse 2c

Die Hexe und der Geist

Es war einmal eine Hexe, sie hieß Laura. Sie war so böse, dass sie Kinder, Erwachsene und sogar ältere Menschen geärgert hat.
Die Menschen erschreckten sich zu Tode, aber der Hexe Laura war es egal. Sie fand es sehr lustig, deshalb machte sie jeden Tag weiter und weiter. Eines Tages erschreckte sie ein kleines Mädchen so sehr, dass es auf den Boden fiel und ins Krankenhaus gebracht werden musste. Hexe Laura war es egal. Sie wollte Menschen nur erschrecken. Eines Tages schlief Laura und es kam ein Geist, der sie weckte. Laura fragte erstaunt: „Wer bist du und was willst du von mir?" Der Geist antwortete: „Ich bin ein Geist, der dir zeigt, was du den Leuten angetan hast! Also los, folge mir!" Laura erwiderte: „Ich komm nicht! Lass mich in Ruhe!" Aber der Geist zerrte sie trotzdem mit. So gingen sie und der Geist zeigte ihr, was sie getan hatte. Der Hexe Laura tat es nun sehr leid. Sie entschuldigte sich bei jedem. Alle sagten: „Wir verzeihen dir, aber wir brauchen Zeit." Die Hexe freute sich und war sehr glücklich. Seitdem erschreckte sie niemanden mehr und sie wurde zu einem besseren Menschen. Und wenn sie nicht gestorben sind, dann leben sie noch heute.

Albina Smajli
Albert-Einstein-Mittelschule, Klasse 6aGT

In der alten Mine

Es war einmal ein Prinz mit Namen Wackelzahn. Er wollte gern die wunderschöne Prinzessin Isolde heiraten, denn sein Herz schlug nur für sie. Er machte sich auf den Weg in das weit entfernte Königreich der Prinzessin. Dort angekommen, ging Wackelzahn als Erstes zum König, um die Hand seiner Tochter zu erbitten. Dieser aber rief: „Du willst meine Tochter heiraten? Zuerst habe ich eine Aufgabe für dich: Es gibt in den alten Minen einen Schatz mit Münzen und Schmuck. Wenn du ihn holst, sollst du meine Tochter zur Frau bekommen." Schnurstracks machte sich Wackelzahn auf den Weg. Um dorthin zu gelangen, musste er durch einen geheimnisvollen Wald. Es war düster und überall raschelte und knackte es. Als ihm auch noch eine schwarze Katze über den Weg lief, dachte er schaudernd: „Das bedeutet nichts Gutes." Plötzlich blitzte es. Der Prinz erschrak, stolperte über eine Wurzel und landete mit dem Gesicht in einer Pfütze. "Lieber mit dem Gesicht in der Pfütze als den Blitz auf der Mütze", dachte er und rappelte sich auf. Als er aufblickte, entdeckte er die Mine. Sie war durch ein großes Felsentor verschlossen. Er konnte klopfen und rütteln wie er wollte, nichts regte sich. Doch Aufgeben war seine Sache nicht! Nachdenklich setzte er sich auf einen

Stein und begann eine kleine Melodie zu summen. Wie von selbst reihten sich die Töne aneinander und flogen wie Schmetterlinge durch die Luft. Und siehe da, durch seinen Gesang begann sich das mächtige Tor zu bewegen. Vorsichtig näherte er sich dem Spalt und schaute hinein. Drinnen war es dunkel, aber in der Mitte der Höhle erblickte er den funkelnden Schatz. Daneben saß ein mächtiger Drache, mit Zähnen so spitz wie Dolche. Der Wächter über den Schatz! Wackelzahns Lied hatte ihn allerdings so eingeschläfert, dass aus seinem riesigen Maul nur ein dumpfes Schnarchen ertönte. Rasch zwängte sich der Prinz durch die schmale Felsenöffnung und stopfte sich die Taschen voll. Als er auch die letzte Perle eingesteckt hatte, huschte er davon und eilte zu seiner Prinzessin. Glücklich überreichte er ihr das Hochzeitsgeschenk. „Das hast du gut gemacht, mein Junge", flüsterte der König. Und auch Isolde nickte huldvoll. So lebten sie zufrieden mit Gesang bis an das Ende ihrer Tage.

Selin Catalano
Wittelsbacher Grundschule, Klasse 4a

Der arme Müller und der Drache

Hinter einem unbekanntem Gebirge, wahrscheinlich dem größtem Gebirge der Welt, lag ein Land. In diesem Land war alles freundlich und nett. Bis auf eines: der riesige Drache, der im großen, tiefen und finsteren Wald lebte. Der König namens Leopold, der das Land regierte, tat alles, um den Drachen zu besiegen. Doch was er auch tat, jedes Jahr fiel der Drache in das Land ein. Da er bis jetzt keinen gefunden hatte, der für ihn gegen den Drachen kämpfen konnte, wollte er wissen, wer das Zeug dazu hatte. Alle Männer des Landes wurden getestet. Schließlich wusste er es: Ein armer, junger Müller, der eine verfallene Mühle besaß. „Du sollst einen Teil meines Schatzes bekommen, wenn du den Drachen besiegst", sprach der König zu dem Müller und schickte ihn los. Als dieser bei der Höhle angekommen war, bekam er ein bisschen Angst. Doch dann nahm er all seinen Mut zusammen und ging in die Höhle. Da stand der Drache vor ihm! Er zog sein Schwert. Der Kampf dauerte lange. Schließlich traf er ihn mit dem Schwert am Hals! Endlich... Der Drache lag tot auf dem Boden und der Müller ritt zurück. Er trat vor den König und sprach: „Ich habe den Drachen besiegt. Hier! Als Beweis habe ich eine Schuppe des Drachen mitgebracht." Der König glaubte ihm und gab ihm einen Teil des Schatzes. Der Müller ließ damit seine Mühle reparieren und führte ein frohes Leben.

Elias Zwiener
Franz-von Assisi-Schule, Klasse 4 lila

Lotta und die Wunderbohne

Wie alles begann

Lotta war wie fast jeden Tag in ihrem Garten, doch dieses Mal fand sie inmitten ihres Tulpenbeetes einen Samen, den sie noch nie in ihrem ganzen Leben gesehen hatte. Er war in allen Regenbogenfarben und wie ein Ei geformt. Lotta beschloss, ihn genau da einzusetzen, wo die Gänseblumen wuchsen. Denn wenn es eine sehr schöne Blume wurde, dann konnte sie immer beobachten, wie sie wuchs.

Inzwischen waren zwei Tage vergangen und man konnte jetzt auch erkennen, was es wurde. Es war eine Bohne. Aber es war keine normale Bohne, das stand fest.

Die Wolkenstadt

Am nächsten Morgen schaute Lotta verschlafen aus ihrem Fenster und fiel fast aus dem Bett! Vor ihr war eine riesige Bohnenranke gewachsen. Lotta war verdutzt! Wie konnte über Nacht eine so kleine Bohnenranke zu einer so großen Bohnenranke werden. Zwar waren die Erdbeeren hier auch nicht gerade klein, aber … Bohnen?! Na ja, wie auch immer! „Hmm … ich frage mich, wie es da oben ausschaut", murmelte Lotta und so kam sie auf die Idee, auf die Bohne zu klettern.

So, und jetzt beginnt eigentlich die richtige Geschichte:

Lotta packte ihre Sachen zusammen und machte sich daran, mit ihrem Rucksack auf dem Rücken die Bohne hinaufzuklettern. Es war inzwischen Abend. Lotta, die es sich auf einem Blatt der Riesenbohne gemütlich gemachte hatte und eingeschlafen war, ahnte nicht, dass sie am nächsten Morgen schon bald eine neue Freundin finden würde.

Lottas neue Freundin

Als Lotta am nächsten Morgen aufwachte, spürte sie etwas Nasses an ihrer Hand und dann hörte sie auch etwas: „Aus! Fuß! Fuß! Krümel, bei Fuß! Man schleckt doch keine fremden Leute an! Also sapperlott! Ach übrigens, ich heiße Luna." – „Hallo Luna, ich heiße Lotta." So fand Lotta eine neue Freundin.

Der Notbrief aus Wurmhausen

„Komm", sagte Luna, „ich zeige dir mein Haus!"

Eine halbe Stunde später: „So, da wären wir! Das ist mein Haus! Komm, gehen wir rein. Oha, wir haben Post." – „Oh, der kommt ja von meiner Freundin Ella!?"

„Liebe Lotta,

ich wurde von Leuten mit so schwarzen Dingern über den Augen und Säbeln gefangen und in einen Käfig gesperrt! Bitte rette mich!

Deine Ella"

„Oh nein, wir müssen sie retten!", rief ich. „Jetzt beruhige dich doch mal!", entgegne Luna, „da steht doch noch was?!"
„P.S.: Die Karte steckt in deinem Rucksack!"

Die große Reise
„Komm, wir müssen sie doch retten!" Und so durchquerten sie Wüsten und Halbwüsten, Seen und Halbseen, Sümpfe und Halbsümpfe. Inzwischen ging es bei Ella wie beim Teufel zu.

Ella in Gefahr
„Oha, bin ich müde!" Wenige Minuten später: „ZZZZZZ." Am nächsten Morgen: „Oua, komm, wir müssen weiter!"
Bei Ella: „So, dieses – hick – Vieh – hick – muss weg – hick!"

Das große Wiedersehen
Und gerade rechtzeitig kamen die zwei Freundinnen. Denn Ella, die schon auf der Planke stand und gerade ins Moor geschubst werden sollte, war gar nicht wohl! „Ella, Elllla, bin ich froh …" Ella sprang zu Lotta hinüber. „Lotta!" – „Ella! Komm, wir ziehen dann mal ab."
Und so kehrten Lotta und Ella zurück, die Ranke hinunter und zurück nach Hause.

Amelie Paula
Montessorischule Augsburg, Klasse Luftklasse (3. Klasse)

Der bunte Drache im Wald

Als ich aufwachte, war es noch dunkel. Ich hatte eine Idee: Ich wollte im Wald einen Sparziergang machen. Plötzlich kam ein Schrei aus dem Wald. Ich wusste nicht, wer das war, also ging ich in den dunklen Wald hinein. Dort saß meine Freundin Nina auf dem feuchten Waldboden. Sie war ganz verzweifelt und schluchzte: „Da war ein Drache!" Ich setzte mich neben sie und fragte aufgeregt: „Wirklich?" Nina sagte: „Ja", so dass ich es glaubte. Da kam plötzlich ein Feuerstrahl zwischen den Bäumen hervor. „Da kommt schon wieder der Drache. Ich habe so große Angst!", jammerte Nina. Im gleichen Moment machte sich der buntschillernde Drache sichtbar. Wir zuckten zusammen. Der Drache sagte freundlich: „Wollt ihr auf mir fliegen?" Wir waren uns nicht sicher, ob der Drache nett war. Schließlich sagte ich: „Ja" und wir stiegen auf seinen Rücken. Am Rücken des Drachens konnte man sich gut an seinen bunten Schuppen festhalten. Dann hoben wir ab. Die Stadt lag unter uns. Wir flogen über den Wald und der Drache zeigte uns seine Höhle. In der Höhle war es ganz gemütlich. Dort saß an einem kleinen Tisch ein kleinerer Drache, sein Freund. Die beiden erzählten uns lustige Drachengeschichten. Plötzlich schaute Nina auf die

Uhr und sagte: „Wir müssen schnell nach Hause, damit unsere Eltern nichts von unserem Ausflug erfahren." Der große Drache brachte uns in den Wald zurück, wo wir uns zum ersten Mal getroffen hatten. Von dort rannten wir schnell nach Hause. Unsere Eltern haben zum Glück nichts von unserem fantastischen Ausflug erfahren.

Annika Müller
Westpark-Grundschule, Klasse 3c

Als der Weihnachtsmann einen Unfall hatte

Wie immer befand sich Santa Claus am 24. Dezember auf dem Weg, um Geschenke zu verteilen. Als ihm ein Päckchen runterrutschte, passte er beim Aufheben nicht auf und er krachte gegen einen Baum. Er polterte aus dem Schlitten – Glück gehabt! Er konnte gleich wieder aufstehen, es war ihm nichts passiert. Die Geschenke, die alle auf dem Boden verteilt lagen, wurden von ihm wieder sorgfältig auf den Schlitten gepackt. „Los geht's – wir dürfen nicht noch mehr Zeit verlieren!" Aber nichts rührte sich – der Schlitten war kaputt! „Wie soll ich denn jetzt die Geschenke verteilen – alle Kinder warten doch schon darauf! Da muss wohl dieses Jahr Weihnachten ausfallen!" In der Ferne sah er im Norden ein Licht. Darauf lief er nun zu und fand eine Familie vor, die gerade beim Abendessen war. Er stellte sich vor, schilderte sein Problem und konnte alle überzeugen, dass er der richtige Weihnachtsmann war. Die Familie hatte selber einen großen Schlitten im Garten stehen. Der wurde nun zu der Unfallstelle gezogen, der Weihnachtsmann spannte seine Rentiere davor und – schwupps – war er verschwunden und verteilte seine Geschenke gerade noch rechtzeitig! Es war Ehrensache, dass die Familie die ersten Gaben bekam!

Markus Dick
Goethe-Mittelschule, Klasse 6c

Die fantastische Fantasie

Ich rannte weiter und weiter, blieb nicht stehen, bis ich das Tor erreicht hatte. Es war groß, weiß und schimmerte irgendwie. Ich konnte nicht darüber hinwegschauen, es war zu hoch. Als meine Hand das Eisen berührte, durchzuckte es meinen ganzen Körper wie ein Elektroschlag und das Tor schwang auf. Dagegen war es, im Gegensatz zu draußen, taghell, nur dass keine Sonne zu sehen war. Grüne Hügel und Sträucher durchzogen die Landschaft hinter dem Tor. Ich wurde wie magisch angezogen und schritt durch das Tor hindurch. Unter meinen nackten

Füßen fühlte sich das Gras weich und warm an. Ich betrachtete staunend die vielen Schmetterlinge, die durch die Luft flogen. So viele!
Als ich mich zum Tor umdrehte, war dieses verschwunden und ewig zogen sich die Büsche, Hügel und Bäume dahin. Wunderschöne Blumen wuchsen auf der saftigen Wiese. Ich bückte mich, pflückte eine Blume und sog den Duft in meine Nase ein.
Plötzlich hörte ich eine Stimme von den Hügeln wiederhallen. Sie klang sanft und weich. „Das ist die Schönheit der Fantasie. Wenn alles träge und öde ist, dann leuchtet sie in allen Farben und gibt dir Mut, weiter in der Realität zu leben", sagte sie. „Wer ist da?", fragte ich, noch immer staunend, und blickte mich um. „Ich bin die Fantasie, die die Erde aus rauem Stein zu einem farbigen, schönen Planeten geschliffen hat." – „Das warst alles du, also die Fantasie?" Das klang irgendwie verrückt, aber ich hatte das Gefühl, das es stimmte. „Bald wirst du zu Hause aufwachen, aber denke immer daran, dass die Fantasie die mächtigste Macht auf dieser Welt ist. Sie macht die Traurigen glücklich! Jeder Mensch, der einmal hier war, hat die Möglichkeit, seine Fantasie zu verwirklichen!" Ich fühlte mich auf einmal müde, sank auf den Boden und schlief ein.

Carolin von Dohlen
Maria-Theresia-Gymnasium, Klasse 8a

Die Kartoffelwelt

Früher lebten in der alten Kartoffelwelt helle Pommes, dunkle Pommes und Kartoffelsalat. Die hellen Pommes waren die Guten und wohnten in Majohausen. Die dunklen Pommes waren die Bösen und wohnten im Ketchupvulkan. Der Kartoffelsalat unterstützte die hellen Pommes und wohnte im Klassenraum der 7b. Die dunklen Pommes arbeiteten mit den Menschen zusammen, weil die Menschen die hellen Pommes essen wollten. Die Menschen hatten immer Hunger, da sie im Nutellagurkenland lebten. Im Kartoffeljahr 3008, dem kartoffeligsten Jahr, das es je gegeben hatte, gab es eine große Schlacht auf dem grünen Gewürzgurkenfeld. In dieser Schlacht bekämpften sich die hellen und dunklen Pommes. Der Kartoffelsalat versteckte sich im Klassenraum der 7b und stellte eine neue Geheimwaffe für die hellen Pommes her. Diese Geheimwaffe wurde das Gewürzketchupkatapult genannt. Die Menschen unterstützten die dunklen Pommes nicht mehr, da sie zu sehr mit der Kartoffelbreijagd beschäftigt waren. Die hellen Pommes waren haushoch überlegen, da die dunklen Pommes keine Geheimwaffe hatten. Nach einer dreitägigen Schlacht wurden die dunklen Pommes von den hellen Pommes besiegt. Da die hellen Pommes so gutherzig waren, begruben sie die dunklen Pommes auf dem Friedhof, in der Nähe des Nachosoßenflusses. Die hellen Pommes lebten weiter bis ans Ende ihrer Kartoffeljahre.

Maik Langolf, Oliver Ramser, Simon Knab und Alexander Wagner
Reischlesche Wirtschaftsschule, Klasse 7b

Was Fantasie ist und macht

Fantasie ist grenzenlos
allen bewusst
niemals langweilig
toll
anders als der Alltag
streicht die Welt neu an
inszeniert
einmalige Gedankenexperimente

Noah Englhart
Löweneck-Mittelschule, Klasse 5CDL

Eine Fabel der Spezies Wort

Der WORT-SCHATZ wurde schließlich unter vereinter Kraftanstrengung aus dem warmen, weißen Küstensand unter der Kokospalme gehoben. Doch weil Numeralia zusammen mit den Kardinalia schon lange über alle Berge gerannt waren und die sturen Präpositionen trotz ausgefeiltester Überredungskunst, der auf ihren WORT-SCHATZ fiebernden gierigen Dichter sich weigerten, bei der genauen Ortsbestimmung behilflich zu sein, wurde die gerechte Verteilung des WORT-SCHATZEs zu einer äußerst umständlichen und langwierigen Angelegenheit, was die Adjektive wiederrum als ihr Aufgabengebiet ansahen. Die Artikel wollten Entlohnung für ihre stets treuen Begleitdienste, wurden aber schnell von diversen aggressiven Imperativen in ihren Forderungen abgeschmettert. Sie zogen sich daraufhin eilig, empfindlich wie sie waren, zurück und tuschelten lieber weiter mit den Genera über dieses Geschlechterding, für das sie sich neuerdings am meisten zu interessieren schienen. Vom Getümmel und Streit angelockt, fanden sich auch die Nomen außer Atem am Ausgrabungsort ein und pochten prompt darauf, dass ihnen als Hauptwörter sowieso der ganze Anteil zustehe. In ihrem Schatten schlich eine kleine Zusammenrottung listiger Pronomen, die nur nach einem Weg suchte, den Nomen ihren Rang abzulaufen. „Wer ohne uns keinen Finger krumm macht vor Faulheit und wer jemanden namens INAKTIVITÄT in seinen

Reihen führt, ja, der hat auch keinen Lohn verdient!" schrie ein erzürntes Verb, dem der Schweiß vom ständigen Tragen, Fahren, Ziehen, Klettern, Schleppen, Setzen, Stellen und Legen brennend die Keilschrift hinunterlief. Das folgende Wortgefecht konnte auch eine harmoniebedürftige Konjunktion, die von Bindung, Zusammensein, Herzschmerz und schrecklich kitschigen Liebesgedichten schwärmte, nicht verhindern. Es endete in einem grausamen Buchstabensalat. Die zerstrittenen Wortarten zogen, ohne dass irgendjemand den Schatz an sich genommen hätte, von dannen. Heute widmen sie sich dem Quälen von Schülern und Sprachanfängern. Oder sie organisieren sich in Sätzen, kriegen kleine Nebensätze, bilden manchmal sogar Geschichten und so wurde Sprache ziemlich kompliziert.

Moral: Gerechtigkeit trotz Unterschiedlichkeit macht Gemeinschaft aus.

Fabian Schubert
Maria-Theresia-Gymnasium, Klasse 10a

Der schönste Tag meines Lebens

Einen ganzen Tag waren wir unterwegs gewesen. Nur wir zwei, Soraja und ich. Ich bin eben ich und Soraja ist die gemischte Araberstute, die auf den ersten Blick mein Lieblingspferd gewesen war. Wir waren den Vormittag im Wald und ab Mittag auf der Weide und picknickten. Mal saßen wir, mal standen wir und mal lagen wir. Auf dem Rückweg durch den Wald galoppierten wir und dann starb ich fast. Es ging alles so schnell, dass ich mich nicht mehr erinnern kann. Erst traf der Ast meinen Kopf, dann fing alles an zu strahlen. Ich sah eine wunderschöne Landschaft. Es war wie ein Paradies, alles war saftgrün und lag in tiefem Frieden. Und dann traf ich eine Person, die ebenfalls gestorben war und die mir sehr gefehlt hatte. Meine Oma. Sie kam auf mich zu und ich konnte sie fast berühren, als ich plötzlich etwas ganz anderes sah. Ich lag in einem weißen Bett in einem weißen Raum und weiß gekleidete Menschen liefen um mich herum. Mit einem Blick auf die Uhr hatte ich es verstanden, ich lag im Krankenhaus. An den Schläuchen um mich herum erkannte ich, dass ich schon seit mindestens einer halben Stunde künstlich beatmet wurde.

Ein Jahr später

Mein Kopf hatte sich von der Verletzung nicht erholt, so dass ich starb. Ich trat ein in dieses wunderschöne Land und lebte mit meiner Oma ohne älter zu werden in Frieden!

Emma Lehn
Jakob-Fugger-Gymnasium, Klasse 6e

Angriff der Vampirbonbons

An einem wunderschönen Sonntagmorgen erfuhren die Auserwählten des Elfenlandes – Sophie Saphir, Jasmin Jade und Thamina Thurmalin –, dass sie im Zuckerland helfen mussten. Sie waren dafür zuständig, ihr Elfenland zu verteidigen und auch das Zuckerland. Denn dort im Zuckerland ging es nicht mit rechten Dingen zu. Sie packten ihre Sachen und brachen gleich beim nächsten Morgengrauen auf. „Mann, ist das holprig", jammerte Sophie als sie in der Kutsche saßen, die zum Stadttor des Zuckerlandes fuhr. Schließlich kamen sie am Stadttor an. Der Kutscher wünschte ihnen viel Glück im Zuckerparadies und fuhr zurück. Alle drei stiegen aus und bewunderten diese zauberhafte Landschaft. Im Zuckerland bestand alles nur aus Zucker und Süßem, auch die Bewohner: lebensgroße Lebkuchenmännchen und bunte Gummibärchen.
„Wow, da ist ja alles aus Zucker", schwärmte Jasmin und Thamina bekam vor Staunen den Mund nicht mehr zu. Sie wirbelten wild hin und her und freuten sich über die Pracht des Landes. Von dunklen Mächten und einer Bedrohung war hier nichts zu spüren. Plötzlich hörten sie Schritte und eine Frau im Zuckerwattekleid kam zu ihnen und sprach: „Hallo, ich bin Patricia Sweet, die Königin dieses Zuckerlandes. Wie ihr ja wisst, geht es hier nicht mit rechten Dingen zu." Sie führte die drei Elfen zu einem Tor, das so groß war wie ein Elefant. Was Sie dahinter sahen, verschlug ihnen die Sprache. Patricia ergriff das Wort und sagte: „Nun, jetzt wisst ihr, was unser Problem im Zuckerland ist." Was sie erblickten, waren angebissene Gummibärchen und schmelzende Schokoladenhäuser. Nun erklärte die Königin ihnen, was geschehen war. Von einer Nacht auf die andere wurde das Zuckerland zerstört. Sie und die anderen Bewohner konnten nichts dagegen machen. Sie mussten auf die Nacht warten, um etwas herauszufinden. Wer oder was war dafür verantwortlich? Sie gingen zu einem Haus aus Lebkuchen, das noch einigermaßen gut erhalten war. Dann warteten sie angespannt auf die Dunkelheit. Plötzlich vernahmen die drei Elfen und die Königin ein unheimliches Geräusch. „Was war das?", flüsterte Sophie mit angsterfüllter Stimme. Doch erst jetzt erkannten sie, dass es eine Art Vampirbonbons waren. Ihre Herzen rutschten vor Angst in die Hose. Die Bonbons verschlangen alle Leckereien und somit das ganze Land und spritzten eine Flüssigkeit aus ihren kleinen Mäulern, die alles zum Schmelzen brachte. Den Elfen stockte der Atem. „Was sollen wir unternehmen?", fragte Jasmin. „Wir sollten angreifen und sie vertreiben oder köpfen, so dass sie nie wieder zurückkommen können!", sagte Sophie. Jetzt machten sich die Auserwählten des Elfenlandes startklar für den entscheidenden Kampf. Sie

flogen aus dem kleinen Lebkuchenhaus in Richtung der Vampirbonbonbiester, bewarfen sie mit Brauseufos und allerlei anderen spitzen Süßigkeiten. Doch die Vampire ließen nicht locker! Sie sprühten immer noch ihre Flüssigkeit, die alles zum Schmelzen brachte, wild und wütend herum und drängten die Freunde langsam in eine Ecke. Was sollte nun geschehen? Thamina hatte die rettende Idee! Auf dem Zuckerboden lagen drei Kaugummis. Schnell steckten sie die Kaugummis in den Mund und fanden Schutz in der großen Kaugummiblase. Sie brachten die riesigen Blasen ins Rollen und überrollten die bösen Vampirbonbons, die keine Chance auf Flucht hatten. Der Kampf war gewonnen und die drei Elfenfreundinnen kehrten zufrieden in das Lebkuchenhaus zurück und legten sich beruhigt auf die Betten. Die drei Auserwählten aus dem Elfenland, Sophie Saphir, Thamina Thurmalin und Jasmin Jade, hatten das Zuckerland gerettet und die bösen Vampirbonbons vertrieben – sie waren mächtig stolz auf sich.

Johanna Förg, Sophie Förg und Amelie Schmid
Holbein-Gymnasium, Klasse 5a

FANTASTISCH

Ich stand auf und bekam Waffeln zum Frühstück, FANTASTISCH.
Ich ging in die Schule und bekam eine Eins, FANTASTISCH.
Ich ging nach Hause und fand einen Fünf-Euro-Schein, FANTASTISCH.
Ich ging nach Hause und bekam ein Geschenk, FANTASTISCH.
Meine Lieblingsserie läuft, FANTASTISCH.
Ich ging ins Bett und dachte: FANTASTISCH.

Cem Akcaglar und Teoman Özer
Rudolf-Diesel-Realschule, Klasse 6

Die lustigen Fantasiekämpfe

Ich bin Eisarm. Als Anführer der Fantasie-Eis-Welt lebe ich in der Eishälfte der Fantasie-Alles-Welt. Unsere Fantasie-Alles-Welt ist geteilt: Die zweite Kompanie ist die in der Wüsten-Welt. Ihr Anführer ist Armbrustschießer. Armbrustschießer und seine Kompanie und wir mögen uns nicht so gern und deshalb bekämpfen wir uns mit fliegenden Schlittenhunden, Kaktusbomben und erbärmlich stinkenden Kamelpupskanonen.

Bei unseren Kämpfen passieren immer lustige Versehen: Zum Beispiel als ich Armbrustschießer fünf Monate lang in ein Diamantengefängnis eingesperrt hatte und er mit fröhlichem Gesicht wieder herauskam und

sagte: „Hallo Eisarm, wie ging es dir? Mir ging es super. Ich habe gebadet." Da dachte ich mir: Nein! Picklige Bananenmantsche! Früher war das Gefängnis eine meiner Skulpturen gewesen und als ich die Skulptur umgewandelt hatte, vergaß ich ganz, den Whirlpool herauszunehmen.
Oder als Armbrustschießer mich mit Kamelpupskanonen beschießen wollte, kam es so: Armbrustschießer hatte seine Kanonen bereit. Doch eine blieb stecken und explodierte nicht. Als der Kanonenputzer seinen Kopf in die Röhre steckte, explodierte die Bombe und es stank in der ganzen Wüsten-Welt sehr, sehr schlimm. Armbrustschießer murmelte: „Beim buckligen Frühstücksei! War das eine Bombe!"
Irgendwann lachten wir gemeinsam so viel über uns selbst, dass wir uns doch noch zusammenschlossen. Seitdem sind wir eine große Kompanie.

Vincent Sessing
Franz-von Assisi-Schule, Klasse 2 oliv

Mein Stein

Meinen Stein habe ich von Jakob bekommen. Er ist rau, wellig und hart. Er hat auch Dellen, es ist ein Stück weggebrochen. Mein Stein ist ein Erzählstein.

Yannick Gewitz
Grundschule Inningen, Klasse 2a

Mein besonderes Erlebnis mit meinem Delfin

Ich flog mit meiner Familie nach Griechenland in den Urlaub. Sobald wir dort ankamen, fuhren wir ins Hotel. Ich wollte sofort an den Strand. Auf dem Weg dorthin, fiel ich plötzlich in ein tiefes dunkles Loch. „Ah, Hilfe! Was ist das?", rief ich. Da merkte ich, dass ich wie schwerelos war. Ich bewegte mich, als ob ich fliegen würde. Jetzt bemerkte ich, dass ich mich schon im Meer befand. Es war schön zu schwimmen und zu tauchen. Ich konnte auch atmen. Plötzlich schwamm ein Delfin auf mich zu. Er war wunderschön und sprach mich an: „Komm bitte mit mir mit. Ich möchte dir etwas zeigen!" – „Ich kann aber nicht so schnell schwimmen wie du!", antwortete ich. „Das macht nichts!", meinte er. Er stupste mich mit seiner Schnauze an. Auf einmal war ich auch ein Delfin und schwamm ihm hinterher. Plötzlich tauchte ein Hai auf. Er raste auf mich zu. Beinahe hätte er mich getötet, aber mein Delfin war sofort zur Stelle. Er vertrieb den Hai. Der Delfin rettete mich. Ich war sehr froh und bedankte mich bei ihm. Anschließend schwammen wir zurück zur Höhle. Ich wollte durch das tiefe dunkle Loch wieder nach Hause. Aber es ging nicht, weil das Loch nicht mehr aufging. Ich hatte Angst, nicht mehr zurückzukommen. Mein Delfin machte mir Mut. „Ich drücke mit meiner Schnauze von unten dagegen, damit das Loch wieder frei wird", erklärte er. Mit ganzer Kraft stemmte er sich dagegen. Endlich war es geschafft. Der Delfin half mir wieder. „Ich danke dir für deine Hilfe. Es war schön, mit dir zu schwimmen. Das war ein tolles Erlebnis. Danke, mein Freund!", sagte ich zum Abschied. Dann glitt ich durch das Loch nach oben. Ich freute mich auf meine Familie.

Dominic Zeise
Friedrich-Ebert-Grundschule, Klasse 4bgt

Die Zeitreise

Im 21. Jahrhundert gingen Enes, Joni und Mario spazieren. Nach einiger Zeit fanden sie auf einem Schrottplatz eine Zeitmaschine. Sie gingen zu der Zeitmaschine und setzten sich hinein. Enes sagte: „Joni, leg mal den Hebel um!" Jetzt merkten sie, dass sie nicht mehr im 21. Jahrhundert waren. Plötzlich landeten die drei im Mittelalter. Joni fragte: „Wo sind wir hier?" Ein König kam auf sie zu und sagte grimmig: „Woher kommt ihr?" Mario antwortete: „Wir kommen aus dem 21. Jahrhundert." Der König schüttelte ungläubig seinen Kopf und nahm sie als Gefangene mit in sein Schloss. Sie versuchten zu fliehen, als das Schloss angegriffen wurde. Sie hatten fast ihr Ziel erreicht, aber was war das? Jetzt merkten sie, dass es nur ein fantastischer Traum war.

Enes Duran, Jonathan Friedrich und Mario Vuletic
Fröbel-Grundschule, Klasse 4a

Fantastisches Denken

Harry Potter oder die fantastische Welt der Zauberer. Hier kämpfen Harry, Ron und Hermine mit Hilfe ihrer Freunde gegen den bösen Voldemort. Alle drei besitzen die fantastische Begabung, zaubern zu können. Doch nicht nur dadurch ist ihre Welt, die Welt der Zauberer, zu einer fantastischen Welt geworden. An jeder Ecke trifft man auf andere, der Fantasie entsprungene Dinge, wie fliegende Besen und Autos, sprechende Hüte und kleine Hauselfen. Die Meinungen über diese Art der fantastischen Welt gehen bei den „Muggeln" weit auseinander. Doch wie viele andere habe auch ich mich von dieser Verwirklichung alter Menschheitsträume in Form dieser fantastischen, magischen Welt hinreißen lassen. Natürlich faszinieren mich die fliegenden Besen, tanzenden Tassen, die Magie der Zauberschule Hogwarts und die Fähigkeit, zaubern zu können, doch vor allem hat es mir Hermine angetan, da ich in ihr einen Teil von mir selbst erkannt habe. Sie ist für mich Vorbild und Freundin zugleich, obwohl sie nicht in dieser Welt lebt, sondern nur in den Geschichten existiert. Und nur aus diesem Grund gibt es diesen Text überhaupt, weil ich angefangen habe darüber nachzudenken, über das Fantastische. Ist es nicht fantastisch, …

… wie die Autoren immer die richtigen Wörter finden und sie zu so ausdrucksvollen Sätzen zusammensetzen, welche uns wiederum manchmal von fantastischen Dingen erzählen.

… wie kleine, einzelne Wörter und Sätze ausreichen, um den Personen einen unverwechselbaren Charakter geben zu können.

… wie die Geschichten aus den Sätzen und Wörtern uns so in ihren Bann ziehen können, dass wir manchmal nicht mehr aufhören wollen oder können zu lesen.

… wie die Bücher und Texte uns Bilder – die zu Filmen werden –, Selbstvertrauen, Mut und Trost schenken.

… wie die Handlungen und Worte der Personen, auch wenn sie nur auf dem Papier Wirklichkeit sind, uns so stark rühren, dass wir unsere Tränen der Wut, der Rührung, der Freude und des Verlustes nicht mehr zurückhalten können und haltlos zu Weinen beginnen.

… wie wir beim Lesen selbst eine der beteiligten Personen sind und wie sie bangen, hoffen, weinen und uns freuen dürfen.

… wie wir in die Welten versinken können, die uns vom Alltag ablenken, uns zur Ruhe bringen und uns unsere Sorgen für eine Weile vergessen lassen.

… wie die Abenteuer mit ihren Helden in unseren Köpfen und in unserer Fantasie weiterleben und zum Leben erwachen. Und uns manchmal sogar bis in unsere Träume verfolgen, wo wir die fantastischen oder auch realistischen Handlungen als die Charaktere selbst oder als Zuschauer erleben dürfen.

… wie uns die Charaktere auch ins wirkliche Leben verfolgen, indem wir sie in unseren Mitmenschen und Freunden erkennen.

Auch wenn die Charaktere, ob nun mit oder ohne fantastische Fähigkeiten, nur aus ausdrucksvollen Wörtern und Sätzen bestehen.

Für mich ist aufgrund dieser Überlegungen jedes Buch fantastisch, egal ob wegen der üblichen fantastischen Dinge wie Zaubern oder Fliegender Besen, der Tränen oder der Worte. Auch Hermine wird für mich deshalb immer etwas Fantastisches, etwas Besonderes sein. Nicht nur weil sie zaubern kann, sondern auch wegen ihres unverwechselbaren

Charakters: in der Person der fantastischen Hexe, der altklugen, rechthaberischen, verschrobenen, aber niemals unfairen Streberin, der besten Freundin, die J. K. Rowling erfand und ihr mit starken Worten diesen fantastischen Ausdruck verlieh. Und so geht es mir auch mit vielen anderen „Buchfiguren". Ich finde, dass wir „Muggel" uns für das Fantastische öffnen und den Begriff nicht nur auf die in aller Munde als fantastisch geltenden Tätigkeiten und Fähigkeiten beschränken sollten. Und erst, wenn uns dies gelingt, dann können wir wahrnehmen, wie fantastisch die Welt der Bücher und die richtige Welt eigentlich sind.

Anna Nerlich
Maria-Theresia-Gymnasium, Klasse 8c

Die fantastischen Schmetterlinge

An einem grauen Samstagmorgen saß Tom als Erster am Tisch. Er bewunderte die Schmetterlinge auf der Tischdecke und wünschte sich, sie wären echt. Dann frühstückten alle zusammen. Lisa, Tom, Papa und Mama aßen Honig- und Marmeladenbrote. Tom war fröhlich, machte aber ganz viel Quatsch. Mama sagte zu Tom: „Nimm die Ellbogen vom Tisch!" Papa sagte: „Knie dich nicht auf den Stuhl!" Lisa sagte auch noch: „Man sieht genau, wo Tom isst, weil er bröselt…"
Dann fing Tom an zu schluchzen und schaute traurig auf den Brösel-Haufen auf der Tischdecke. Die anderen gingen vom Tisch weg. Eine Träne tropfte auf einen der Schmetterlinge, die auf der Tischdecke waren. Er erwachte und schüttelte sich so, dass Glitzerstaub in der Luft schwebte. Hungrig fraß er die Krümel auf und flatterte weg. Dann erwachten auch die anderen Schmetterlinge von der Tischdecke. Sie bestäubten den ganzen Tisch und Tom. Dann flogen alle durchs Fenster weg.
Als Mama aus der Küche mit dem Schwamm zurückkam, sah sie eine glänzende, weiße Tischdecke. Mama rief erstaunt: „Wie hast du das denn hinbekommen …?"

Ben Burkart
Grundschule Vor dem Roten Tor, Klasse 3b

Die reale Comicwelt

Wie wäre es wohl, wenn die Figuren aus der Comicwelt zu uns in die reale Welt kommen würden? Wie wäre es wohl, wenn der Kampf zwischen den guten und den bösen Mächten aus „Star Wars – The Clone Wars" auf dem Augsburger Rathausplatz stattfinden würde und die

Panzerknacker würden dann die Stadtsparkasse ausrauben? Spiderman würde vermutlich die ganze Stadt mit Spinnennetzen verkleben, der fiese Joker würde alles mit seinem Lachgas einsprühen. Dr. Eggman würde alles mit seinen Raketen zerstören. Ja, so wäre das.
Aber es ist zum Glück nicht so, denn die Comicfiguren gehören nicht in die reale Welt.

Sunny Steinke und Joshua Fischer
St.-Anna-Grundschule, Klasse 4a

Aufräummaschine

„Mama, muss ich aufräumen?" – „Ja!" Ich gehe in mein Zimmer. „Ja, Mama." Kim saust in ihr Zimmer und überlegt sich: Soll ich eine Maschine bauen in einem Versteck? Sie geht raus und holt sich Holz. Und sie geht rein. Ihre Freundin kommt und dann kann sie die Maschine bauen. Die Geschichte ist zu Ende .

Faye-Iris Craig
Franz-von Assisi-Schule, Klasse 1 grün

Unglaublich

An einem helllichten Tag im Juni in der Luis-Müller-Straße 19 adoptierte Frau Schenker gerade ein Kind. Nach der Adoption ging sie mit ihm zu sich nach Hause. Dort schnaubte sie den achtjährigen Jungen an: „Wie heißt du?" Er aber blickte nur stumm zu Boden. Da wiederholte sie ihre Frage und wollte wissen, ob er schwerhörig sei. Weil er immer noch nicht antwortete, schob Frau Schenker ihn in die staubige, enge und von Spinnen befallene Besenkammer. Sie verriegelte die Tür mit einem großen Schloss.
Bevor sich der Junge in der dunklen Besenkammer umdrehen konnte, fiel ein Besen hinter ihm um. Er schaute nach hinten und erblickte ein Tier. Als er genauer hinsah, stellte er fest, dass es ein Meerschweinchen war. Der Junge murmelte: „Meerschweinchen* – hier?!?"
Auf einmal erschrak er, weil es das Fell aufstellte, die Ohren spitzte und mit den Augen funkelte. Der Junge presste sich gegen die kalte Wand und versuchte nicht aufzufallen. Als die Taschenlampenaugen auf ihn fielen, blieb sein Herz stehen. Das Meerschweinchen kam mit gefletschten Zähnen auf ihn zu, zuckte mit den Barthaaren und schnupperte an den zittrigen Beinen des Jungen herum.
Da öffnete es sein Maul und flüsterte: „Hab keine Angst, Artus! Ich komme, dich abzuholen." Der Junge war ganz erstaunt, woher das Meer-

schweinchen seinen Namen kannte. Er mochte wissen, wohin es ihn führen wollte. Das Meerschweinchen antwortete nicht, öffnete aber stattdessen wie von Geisterhand die Tür der Besenkammer. Artus wurde kreidebleich und fragte erstaunt: „Wie kannst du das?" – „Ich bin ein magisches Meerschweinchen und kann so allerlei", entgegnete es leise.
Anschließend machten sich die beiden auf die Suche nach Frau Schenker. Artus und sein Meerschweinchen fanden sie in der Waschküche. Frau Schenker ballte eine Faust, holte mit der anderen Hand aus und wollte Artus eine Ohrfeige geben. Aber Artus' Meerschwein verwandelte die Hände von Frau Schenker in weiche Kissen. Mit diesen weichen Kissen streichelte sie Artus über das ganze Gesicht. Vor Schreck kreischte Frau Schenker so laut, dass das Meerschweinchen für sich und Artus auch gleich noch Ohrenstöpsel zaubern musste.
Artus steckte die Kissen an den Armen von Frau Schenker in die Waschmaschine und schaltete sie ein. Das Meerschweinchen wählte das Programm „Dauerwäsche". So wurde Frau Schenker zwar nicht der Kopf gewaschen, aber ihre Boshaftigkeit verlor sie für immer.
Artus atmete tief durch. Er war frei! Sein magisches Meerschweinchen versprach, ihm eine fantastische Welt** zu zeigen, in der er sich wunderbar fühlen würde.
*Meerschweinchen gab es früher nur in Südamerika.
** *Wenn Sie mehr über diese fantastische Welt erfahren wollen, warten Sie, bis mein Buch veröffentlicht wird.*

Rudolf Tim Kessler
Friedrich-Ebert-Grundschule, Klasse 3d

Ein großer Freund

Eines Tages kam ein Dinosaurier nach Deutschland. Der Winter kam, es war kalt und alles war weiß. Die Teiche waren zugefroren. Man sah die Fußstapfen im Schnee. Viele Menschen bestaunten ihn, aber viele hatten auch Angst. Da kam er an einem Schlittenberg vorbei. Er blieb stehen und beobachtete die Kinder auf dem Schlitten. Sie sausten den Berg hinunter und hatten viel Spaß dabei. Er schaute ganz traurig. So fanden die Kinder heraus, dass er auch Schlitten fahren wollte. Sie bauten aus allen Schlitten einen großen Schlitten. Da nahm der Dinosaurier die Kinder auf den Rücken. Der Dino ging nach oben auf die Bergspitze. Endlich war er angekommen. Er setzte sich auf den Schlitten und sauste hinunter. Auf einmal kam eine Schanze. Er flog hoch in die Luft. Die Kinder schrien: „Juhu, wir fliegen!" Und sie fingen die Schneeflocken ein, die um sie herumwirbelten. Der Dino merkte, dass sie bald landeten und sagte zu ihnen: „Bitte festhalten, wir landen." Die Kinder hielten sich gut fest. Auf einmal machte es „Bums!" und der Dinosaurier war mit allen Kindern auf dem Boden. „Wie kommen wir jetzt wieder runter?", fragten die Kinder. Der Dino überlegte. Da hatte er eine Idee: „Ihr rutscht alle an meinem Hals hinunter, ok?" Die Kinder nickten und machten es so. Dann umarmten sie ihren großen Freund. So waren alle fröhlich und erlebten einen schönen Wintertag.

Daniela Peintinger
Fröbel-Grundschule, Klasse 4b

Das Monster Kralle

Das Monster Kralle war klein. Es hatte acht Beine und eine lange Nase. Es war hellgrün mit dunkelgrünen Flecken. Einmal wollte es zu seinem Freund gehen und ging aus seiner schwarzen Hütte. Doch da war ein reißender Fluss. Wenn er zu seinem Freund wollte, musste er über den Fluss. Er überlegte: Wie sollte er über den Fluss kommen? Da kam ihm eine Idee. Er musste nur einen Baumstamm über den Fluss legen. Aber das schaffte er natürlich nicht allein. Er brauchte jemanden, der den Baum durchbeißt und ihn dann über den Fluss legte. Da kam ihm wieder eine Idee, wer das machen könnte: das Monster Eduart. Er wusste, dass er ganz leicht zu ihm kommt. Als er mit ihm zurückkam, legte er den Baum über den Fluss. Kralle musste nur noch durch Finsterwald. Er rannte so schnell er konnte und kam zufrieden bei seinem Freund an.

Jakob Maximilian Peters
Franz-von Assisi-Schule, Klasse 3 blau

Der verzauberte Drache

Eines Tages gingen die Geschwister Denisa und Elisa im Wald spazieren. Auf einmal sahen sie einen Schatten von einem riesengroßen Drachen. Die beiden Mädchen bekamen einen großen Schreck. Aber es war Gott sei Dank nur ein Baby-Drache. Sie fanden ihn so süß, dass sie ihn mit nach Hause nehmen mussten. Ein paar Tage später klingelte es an der Tür. Ihre Mutter kam zu Besuch. Die Mutter entdeckte sofort den Drachen, der gemütlich auf dem Wohnzimmersofa schlief. Sie fand, dass die Mädchen ihn an den Fundort zurückbringen mussten. Er würde bestimmt vermisst. Die Mädchen stimmten zu. Dann brachten sie den süßen Drachen wieder zurück. Tatsächlich wartete seine Drachenmutter schon auf ihn. Die Mädchen drückten ihn nochmal ganz fest an sich und machten sich wieder auf den Heimweg. Die Drachenmutter erfüllte den beiden Mädchen einen großen Wunsch als Dankeschön. Sie durften auf dem Rücken der Drachenmutter einen Rundflug über Deutschland machen. Es war fantastisch!

Elisa Niedermaier
Fröbel-Grundschule, Klasse 4a

Ein Familiengeheimnis

Im Zimmer war es dunkel und sehr still. Ich schlief tief und fest, bis ... piep, piep, piiiep! Das letzte Piep war so lang und so laut, dass ich aufwachte. Sofort schlug ich die Augen auf. Ich wollte aufstehen und mich anziehen, doch ich merkte, dass es nicht ging. Wie auch, überlegte ich im Nachhinein, wenn man im Rollstuhl sitzt? Also schnappte ich mir ein Buch. Es lag auf meinem Nachttisch. Kurze Zeit später kam meine Oma und half mir, wie jeden Tag, beim Anziehen, setzte mich in den Rollstuhl und schob mich in die Küche. Dort frühstückten wir. Danach rollte ich traurig in die Schule. Um eins war sie zu Ende und ich machte zu Hause am Küchentisch meine Hausaufgaben. Ich war gut in der Schule und deswegen war ich, vermutlich, so schnell fertig. Natürlich weiß ich, dass sich (fast) jedes Kind wünschen würde, so schnell fertig zu sein, doch nicht ich. Ich hatte keine Freunde mehr und alle Bücher in meinem Zimmer waren schon mindestens zehnmal durchgelesen. Also ging ich zu meiner Oma und sprach: „Omi, kannst du mir die Geschichte von dem letzten Ballettauftritt erzählen, bitte!" – „Na gut" sagte meine Oma. Nun fing sie an: „Bei dem letzten Ballettauftritt deiner Schule hast du das Dornröschen getanzt. Das war so schön!" Sie musste schluchzen und ich fing fast an zu weinen. „Na ja, und dann war es aus." Sie holte tief Luft und sprach weiter: „Ich bin mit der Straßenbahn Richtung Norden gefahren, ihr seid aber mit dem Auto in den Süden gefahren." Die erste Träne rollte über ihre Wangen, das ist auch verständlich, denn ihre einzige Tochter starb bei dem Unfall. Ich dachte schon, sie erzähle nicht weiter, aber sie schlug sich tapfer durch: „Euch kam dann der Geisterfahrer entgegen und dein Papa konnte nicht mehr ausweichen und ... dann ist es passiert." Weiter erzählte sie nicht, aber das brauchte sie gar nicht. Um mich abzulenken, redete sie nun plötzlich über meinen Geburtstag: „Teodora, wen hast du denn jetzt zu deinem zwölften Geburtstag morgen eingeladen?" – „Niemand, ich habe seit dem Unfall keine Freunde!", sagte ich müde. Meine Oma merkte dieses, weil ich gähnte. Sie brachte mich jetzt ins Bett. Ich schlief schnell ein und fing an zu träumen. In dieser Nacht sah ich den Baum der Zeit. In der Zukunft zeigte er mir mich auf Spitzenschuhen, aber eben in der Zukunft. Erst stutzte ich, doch dann tat ich es als Wunschdenken ab. An diesem Morgen wachte ich auf und bekam Frühstück ans Bett. Erst jetzt erinnerte ich mich an die zwei Besonderheiten heute: Erstens war es Wochenende, zweitens hatte ich Geburtstag. Meine Oma gab mir zwei Päckchen. Das eine war sehr klein, darin lag ein Ballettschuh an einer feingliedrigen Silberkette. Das zweite war mittelgroß, darin lagen sehr alte Spitzenschuhe. Meine Oma zog sie mir in Windeseile an. Zuerst spürte ich ein Kribbeln, es zog sich von den Zehenspitzen langsam in die Oberschenkel. Plötzlich verspürte ich den Drang aufzustehen. Als ich aufstand, konnte ich sofort laufen und tanzen. Danach probierte ich es auch ohne die Zauberschuhe und sogar das funktionierte! Auf einmal wusste ich, was das Familiengeheimnis war: die Schuhe! Es waren die Schuhe! Sofort löcherte ich meine Oma mit Fragen: „Woher wusstest du das? Wem gehören sie? Und vor allen Dingen: Warum gibst du sie mir jetzt erst?" Dann musste ich Luft holen. In dieser Zeit begann meine Oma mit der Antwort der ersten Frage: „Teodora, bei mir war es genauso. Es ist wie Gut gegen Böse. Der Fluch holt uns, aber wir bekämpfen ihn mit den Spitzenschuhen. Bei mir war es auch so! Jetzt zur zweiten Frage: Seit Jahrhunderten gehören die Schuhe unserer Familie, nun sind sie dein. Deine dritte Frage: Ich hätte sie dir früher gegeben, doch dann hätte es nicht gewirkt und der Fluch hätte bekommen, was er wollte. Weshalb es der zwölfte Geburtstag ist, wurde mir so erklärt: Die Zwölf ist die Zahl der Vollkommenheit. Die Uhr hat zwölf Ziffern, das Jahr hat zwölf Monate und du bist auch die Zwölfte, die Letzte, die das durchmachen musste. Denn jetzt haben wir den Fluch besiegt. Aber bewahre dieses Geheimnis bis an dein Lebensende." Schon am nächsten Tag besuchte ich wie früher den Ballettunterricht. Meine Lehrerin war überrascht und sehr froh, mich wiederzusehen. Ich weiß nicht mehr, wie viele Fragen ich beantworten musste. Es waren aber sehr viele Fragen. Jeder wollte wissen, wie das möglich war. Unter anderem konnte ich mich an diese oft gestellte Frage erinnern: „Wie ist das denn möglich?" Die einzige Antwort, die ich geben durfte, war: „Ich weiß es nicht! Aber es ist fantastisch!" Mein Leben ging fast so weiter, wie es vor dem Unfall geendet hatte: Ich war der Star der Akademie, auf einmal wollten alle mit mir befreundet sein und meine ehemalige beste Freundin Renesme war wieder meine beste Freundin. Jetzt tanzte ich auf der ganzen Welt und bekam Engagements aus Paris, Sidney, New York und London. Aber das Geheimnis wahrte ich immer noch, so wie Oma es gesagt hatte.

Madita Cara Reinke
A. B. von Stettensches Institut, Klasse 5a

Alles Fantastisch!

Fantastisch ist,
... wenn du einem Menschen begegnest und du automatisch lächeln musst.
... wenn du vor dich hin grinst, sobald du an eine Person denkst, die du sehr magst.
... wenn du den Weg vor dir verloren hast und allein wieder zurückfindest, nur mit Hilfe deiner eigener Intuition.
... wenn du kurz davor bist, etwas aufzugeben, und die Hoffnung fast verloren hast und es plötzlich doch schaffst.
... wenn du mit jemandem tanzt und sich alles richtig anfühlt, ohne viele Worte miteinander zu wechseln.
... wenn dir die schönste Erinnerung im Kopf bleibt, so dass du schon beim Aufwachen richtig glücklich bist, wenn du daran denkst.
... wenn du auf dein Recht verzichtest und damit deinen Mitmenschen ein Lächeln ins Gesicht zauberst.
... wenn du deine Zeit mit lieben Menschen verbringst und die Zeit nur so davonfliegt.
... wenn du mit Menschen dieselben Gedanken teilen kannst und ihr euch auch ohne Worte versteht.
... wenn eine Person dich so akzeptiert, wie du bist, und du dich fallenlassen kannst, ohne dich verstellen zu müssen.
Es sind oft Kleinigkeiten, die das Leben immer wieder aufs Neue fantastisch machen und uns die eine oder andere Freude bereiten.

My Linh Pham Dang
Berufsschule Neusäß, Klasse 12 BK b

Der Tänzer

Hast du je etwas gesehen, das dich vor Faszination aus der Bahn geworfen hat? So, dass du es mit glitzernden Augen und einem offenen Mund einfach nur anstarrst? Etwas, das das Leben wieder lebenswert macht? Genau das ist mir passiert. Wie, fragst du?
Indem ich ihn habe tanzen sehen. Die schnellen, geschmeidigen Bewegungen, die mit dem Rhythmus der Musik verschmelzen. So wie ich ihn beobachtete, sah es so leicht aus, so fließend. Als wäre er dafür geboren zu tanzen. Wir waren allein im Studio, es war dunkel. Nur ein kleines spärliches Licht schien aus einer Lampe, die ihn beleuchtete, jedoch konnte ich sein Gesicht nicht erkennen. Er tanzte weiter. Immer weiter, lange, schien nicht zu ermüden, passte seine Schritte stets der Musik an. Langsam, schnell, elegant, leidenschaftlich, exzentrisch. Ich konnte nicht

genug bekommen, bewunderte ihn. Das Tanzen weckte in mir Gefühle, die ich noch nie erlebt habe. Es war das erste Mal, dass ich bedingungslos glücklich war. Ich vergaß meine Sorgen, meine Vergangenheit, meine Ängste, alles. Es gab nur uns beide, hier in diesem Studio. Wir redeten nicht, und er zeigte mir nicht sein Gesicht. Aber das war egal.
Jeden Tag kam ich nun, um ihn anzusehen. Niemand wusste von uns, und das war auch gut so. Ich hatte ihn für mich allein.
In unserer kleinen Welt.

Nur Mohamad
Maria-Theresia-Gymnasium, Klasse 10d (Schreibwerkstatt)

Die fantastische Fantasie

Ein rosa Drache, der Glitzer spuckt, eine Giraffe, ein Regenbogeneinhorn und Winnie Pooh gingen an einem Sommer-Mittwoch in die Shishabar „Palma", was übersetzt Palme bedeutet. Als die Shisha endlich an war, versuchte der rosa Drache Kreise mit dem Rauch zu bilden und spuckte unabsichtlich Glitzer aus. Sein Glitzer war sehr glitschig, weil er davor noch Cola getrunken hatte. Als die Giraffe auf das Klo wollte, rutschte sie aus und fiel genau auf die Kohle der Shisha. Das Regenbogeneinhorn machte sich große Sorgen. Aber dem rosa Drachen war das egal. Er machte sich mehr Sorgen um die Shisha. Ihn interessierte es nicht. Er wollte nur noch die Shisha rauchen. Nachdem die Wasserpfeife ausgeraucht war, nahmen sie noch eine und noch eine, bis sie keine mehr bekamen. Am Abend war es allen schwindelig und sie versuchten nach Hause zu gehen. Vor lauter Rauchen sahen sie schon Menschen. Alle mussten so sehr lachen, dass sie nicht mehr nach Hause fanden.

Isabell Sirch, Antonia Roth, Alina Dzaek und Laura Bikic
Reischlesche Wirtschaftsschule, Klasse 7b

Die fünf fantastischen Fragen

Ich ging über eine Blumenwiese und da kam mir eine fantastische Idee: Ich frage einfach fünf Tiere, was sie an sich fantastisch finden. Also machte ich mich auf den Weg. Als Erstes wollte ich die Seeschlange fragen. Ich fand sie am See. Ich fragte sie, was sie an sich fantastisch finde. Sie antwortete: „Dass ich ohne Flossen genauso fantastisch schwimmen kann wie die Fische." Danach dachte ich mir, dass ich die Krebse fragen werde. Das tat ich auch. Also fragte ich jeden Krebs im Lande. Alle sagten: „Wir können so fantastisch seitlich gehen." Als nächstes wollte ich in den

Dschungel. Dort befragte ich alle Affen. Alle Affen sagten: „Wir können so gut klettern." Als nächstes habe ich die Papageien befragt. Die Papageien antworteten mir, dass sie so fantastisch fliegen könnten. Dann bin ich wieder zurück zur Blumenwiese gegangen und bin zu einer winzigen Ameise gelaufen. Die fragte ich nun, was sie denn so Fantastisches kann. Sie piepste: „Ich kann so fantastisch gut tragen."

Jan Werner
Grundschule Vor dem Roten Tor, Klasse 3b

Ein fantastischer Traum mit Wirklichkeit

Es ist ein Tag wie jeder andere, als ich mich wie immer auf den Weg zur Arbeit mache. Ich arbeite in der Stadt, weswegen ich jeden Tag eine 45-minütige Autofahrt auf mich nehmen muss. Es ist immer wieder das Gleiche: sehr langsam voranschreitender Verkehr, hupende Autos, hetzende Menschen und ich mitten in dem ganzen Trubel. Jeden Tag. Als ich mich jedoch vor zwei Jahren für dieses einmalige Jobangebot entschied, wusste ich allerdings noch nicht, was es alles mit sich brachte. Manchmal, nein, jeden Morgen wünsche ich mir, an einem Ort weit weg von dem ganzen Chaos und dem Lärm zu sein. Ich kann nicht verstehen, wieso die Menschen schon so früh morgens schlechte Laune haben. Das liegt wahrscheinlich daran, dass sie – wie fast alle Menschen, denen ich in der Stadt begegne – keine Zeit haben. Zeit ist Geld. Das habe ich mit der Zeit gelernt. Na ja, mit der Zeit passt man sich eben an seine Umgebung an. Heute ist wieder so ein Tag, an dem ich lieber im Bett geblieben wäre. Aber ich konnte ja nicht ahnen, was heute noch alles passieren würde. In der Arbeit angekommen, flüchte ich mich sofort in die Arbeit, die sich auf meinen Schreibtisch bis zur Decke stapelt. „Na dann mal los", denke ich mir und nehme mir den ersten Stapel und mache mich an die Arbeit. Als ich das nächste Mal auf die Uhr schaue, kann ich nicht fassen, dass es schon Zeit für die Mittagspause ist. Nun hatte ich Zeit in meine fantastische, eigene Welt zu verschwinden. Erschrocken springe ich auf, um die Minuten meiner verlängerten Mittagspause wieder einzuholen. „Jedes Mal passiert dir das, kannst du nicht endlich lernen, nicht immer in deinen Tagträumen zu versinken!", mahne ich mich selber. „Reiß dich einfach zusammen!", befehle ich mir, während ich mich wieder in die Arbeit stürze. Wie im Flug vergeht auch der Nachmittag und schon ist es Zeit nach Hause zu fahren. Zuhause angekommen, läuft der Feierabend immer gleich ab. Eine heiße Tasse Schokolade, mein Buch und meine Couch.

Ich stehe in einem Wald, der überall mit kleinen Lichtern ausgestattet ist. Anfangs habe ich Schwierigkeiten zu erkennen, was das für Lichter sind. Als ich näher herantrete, erkenne ich kleine fliegende Wesen. Ich kann sie nicht verstehen, doch ich verstehe, dass ich ihnen folgen soll. Ich setze einen Fuß vor den anderen, ich fühle mich gut – was mir erst jetzt auffällt. Meine besorgten Gedanken sind wie weggeblasen. Das alles ist nicht mehr wichtig, das Einzige, was im Moment wirklich wichtig zu seien scheint, sind die kleinen Wesen. Ich sehe mich um und ich erkenne, dass ich in einem schönen Wald, der das Gefühl der Geborgenheit mit sich bringt, bin. Überrascht von der schönen Umgebung, setze ich weiter einen Fuß vor den anderen. Es scheint, als wäre ich angekommen. Die kleinen Wesen schwirren nun alle im Kreis vor einem kleinen, aber wunderschönem Häuschen. Zögernd bewege ich mich auf die Tür zu, jedoch mahnt mich mein Gewissen, dass ich da vielleicht nicht so ohne Weiteres reingehen sollte, schließlich kenne ich mich ja gar nicht aus. Aber hier ist alles anders. So ruhig, ja geradezu ohne ein Fünkchen des Negativen. Beeindruckt von der Umgebung, öffne ich ohne zu zögern die Tür. Als ich eintrete, kann ich meinen Augen kaum trauen. Ich muss blinzeln. Das kleine Häuschen entpuppt sich als wahres Traumland. Überall flattern kleine und große Wesen umher. Ich schaue ihnen interessiert zu und bewege mich, ohne sie zu stören, langsam durch den Raum. Plötzlich erscheint eine Fee vor mir. Sie sieht mich mit großen, liebenswürdigen Augen an und gibt mir das Gefühl, mich bereits zu erwarten. Langsam trete ich näher. Ihre Stimme klingt wie Musik in meinen Ohren, obwohl ich sie nicht richtig verstehen kann. Sie merkt das und reicht mir einen kleinen Becher mit einer klaren Flüssigkeit. Der zauberhafte Duft steigt mir in die Nase und ich nehme einen großen Schluck. Nichts passiert. Allmählich merke ich, dass die Stimmen um mich herum immer deutlicher werden. Nun verstehe ich auch die Fee. „Willkommen in meinem Reich, Anastasia. Ich habe dich schon erwartet", sagt sie lächelnd. Woher weiß sie meinen Namen? Aber es ist mir egal, ich fühle mich hier so wohl und das scheint sie auch zu merken. „Ich bin deine gute Fee Zoe. Es ist schwierig, alles zu erklären, wir haben nicht mehr viel Zeit. Aber du musst wissen, dass ich mich dir aus einem ganz bestimmten Grund zeige. Ich merke, dass du dich unwohl fühlst. Ich bin hier, um dir neuen Mut zu geben. Du bist ein guter Mensch und ich helfe dir, dich wieder über das Leben zu freuen und die schönen Dinge zu betrachten. Die schönen Dinge im Leben überwiegen die schlechten." Verwirrt schaue ich sie an. Sie fängt an zu lachen. Das Letzte, was ich dann wahrnehme, sind ihre Abschiedsworte. „Anastasia, denk dran. Die positiven Dinge überwiegen. Bis bald!"

Noch müde, wache ich langsam auf und stelle fest, dass ich auf der Couch eingeschlafen sein muss. „Schon elf Uhr", merke ich und gehe benommen vor Müdigkeit ins Badezimmer und anschließend ins Bett. Am nächsten Morgen wache ich auf und die Welt scheint sich verbessert zu haben. Ich fühle mich so unglaublich gut. Wie jeden Tag mache ich mich auf den Weg zur Arbeit. Irgendwas ist anders. Wie ich so vor mir hin grüble, wird mir bewusst, was anders ist. Der Verkehr, der Stress. All das stört mich nicht mehr. Ich habe gute Laune und freue mich regelrecht auf die Arbeit. Ich erinnere mich wieder an den Traum. Kann ein Traum so viel ausmachen? Das Leben und deine Einstellung ändern? Unmöglich. Feen gibt ist noch nicht mal. In Gedanken laufe ich zur Arbeit und stoße mit jemanden zusammen. Als ich aufschaue, sehe ich diese auffällig schönen Augen. Die Frau lächelt mich nur an und sagt: „Was für ein schöner Tag, Liebes." Erschrocken schaue ich ihr nach. Feen existieren nicht, oder etwa doch?

Sonja Hagenbuch
Berufsschule V, Klasse ST10B

Das zauberhafte „R"

An einem langweiligen Samstagmorgen überlegte Sabrina, was sie heute anstellen könnte. Der Dachboden! Ihr Vater hatte ihr eigentlich verboten, dorthin zu gehen. Aber jetzt war sie doch neugierig. Sie ging aus ihrem Zimmer und schlich die Treppen hoch. Als sie die Tür zum Dachboden öffnete, war das Erste, was sie sah: Staub! Der Raum war vollkommen leer, nur ein Tisch stand in der Mitte und darauf lag: ein Märchenbuch. Zögernd näherte sie sich, denn eigentlich hatte es ihr Vater ja verboten. Sabrina setzte sich auf den Stuhl und blätterte im Buch herum, immer schneller und schneller. Bis sie auf einer Seite ein schönes, verziertes „R" fand. Laut las sie das Wort mit dem „R": „Rapunzel". Gedankenverloren strich sie mit ihrem Finger darüber. Auf einmal drehte sich alles. Sie schloss die Augen. Plötzlich hörte sie Vogelgezwitscher – das konnte unmöglich auf dem verlassenen leeren Dachboden sein! Aber wo sollte sie denn sonst sein? Sie öffnete die Augen und sah in ein Gesicht, es war eindeutig ein Mädchengesicht – und irgendwie kam es ihr bekannt vor: blaue Augen und lange Haare ... sehr lange Haare! Rapunzel? Das konnte nicht sein! Wie war sie hierhergekommen? Doch da sagte das Mädchen: „Ich heiße Rapunzel." Sabrina dachte sich, dass sie darauf inzwischen auch schon gekommen war, stellte sich aber trotzdem höflich vor und schaute sich um. Dabei fiel ihr auf, dass der

Raum, in dem sie sich befand, rund war. Das musste der Rapunzelturm sein! „Cool, ich bin in einem echten Märchen", rutschte es ihr heraus. Bevor sie sich weitere Gedanken machen konnte, fing Rapunzel wieder an zu reden: „Wo kommst du denn her? Du siehst aus wie ein Junge, du trägst ja gar kein Kleid! Na ja, wenigstens bekomme ich mal Besuch! Magst du Tee und Kuchen?" – „Gerne", sagte Sabrina und rieb sich die Hände. Doch während sie aß, überlegte sie, wie sie wieder heil nach Hause kommen sollte. Sie entschloss sich, Rapunzel alles zu erzählen. „Hm", machte Rapunzel und wischte Krümel von ihrem pinkfarbenen Kleid. „Du hast über das ‚R' gestrichen. Vielleicht geht das auch andersherum!" Sabrina schöpfte Hoffnung: „Du meinst, ich muss das hier noch einmal machen?" Sie sah sich im Raum um. Nirgends stand auch nur ein Buch! Vermutlich konnte Rapunzel nicht einmal lesen! Wie sollte sie denn da an ein „R" herankommen? Langsam glaubte sie, dass es kein Zurück mehr gab. Doch da erzählte Rapunzel: „Ich habe eine Kette, auf dem Anhänger steht mein Name. Sie ist ein Glücksbringer, ich habe sie schon, seit ich denken kann. Vielleicht geht es ja mit der!" Sie nahm die Kette ab und legte sie vor Sabrina auf den Tisch. Gerade als sie mit dem Finger über den Buchstaben streichen wollte, sah sie Rapunzels traurigen Blick. Da hatte sie eine Idee, um das arme Mädchen zu trösten: „Wenn es klappt, darf ich dich dann wieder besuchen?" – „Na klar!" Rapunzels Miene hellte sich auf. „Vielen Dank für alles und bis bald", sagte Sabrina und strich mit dem Finger über das „R". Wieder drehte sich alles und als sie die Augen öffnete, saß sie wieder auf dem Stuhl auf dem Dachboden, vor sich das aufgeschlagene Buch. Das war wirklich eine fantastische Reise! Von nun an wusste sie, dass ihr an den nächsten Wochenenden sicher nicht mehr langweilig werden würde …

Johanne Freienstein und Christina Schwenk
St.-Anna-Grundschule, Klasse 4a

Das Fantastische

Was ist das Fantastische?
Ist es das Magische?
Das muss jeder für sich selbst entscheiden.
Auf jeden Fall ist es nicht zu vermeiden.
Das Fantastische lebt in allem und jedem.
Es lebt im öffentlichen oder privaten Leben.
Sei es nur das Lesen eines guten Buches,
oder das Brechen eines bösen Fluches.

Die Frage ist nicht: Ist es realistisch?
Es ist auf jeden Fall – fantastisch.

Julian Gschwilm
Reischlesche Wirtschaftsschule, Klasse 9cM

Eine neue Freundschaft

Hallo, ich bin Anika. Es ist noch nicht so lange her, da wollte ich nach ein paar Stöcken für ein Lagerfeuer suchen. Mein Vater verriet mir, dass im Wald die beste Stelle sei, also stürmte ich los. Doch auf einmal kam ein heftiger Schneesturm auf. Ich rief: „Hilfe!", doch niemand hörte mich durch das laute Gedröhne des Schneesturms. „Ob ich sterben muss?", dachte ich voller Angst. Eine Gänsehaut überzog meinen gesamten Körper. Ich schaute durch den ganzen Wald und zum Glück sah ich einen hohlen, schneebedeckten Baum. Sofort quetschte ich mich in ihn hinein. Darin roch es nach Tannennadeln, Äpfeln und nach Moos. Aber zum Im-Baum-stehen hatte ich keine Lust. Ich legte meine Jacke auf den feuchten Boden und schlief ein. Als ich am nächsten Tag aufwachte, lag ich zu meiner Verwunderung auf einem Bett aus Eis. Die Sonne schien durch ein kleines Fenster am Ende meines Eisbettes. Sofort sprang ich aus meinem Bett und stürmte zur Tür hinaus. In diesem riesigen Eisgebäude war es still, zu still. Ich lief auf Zehenspitzen zur nächsten Tür. Als ich die Klinke hinunterdrückte, knarzte sie so laut und schrill, dass sich unter mir ein kleiner Riss bildete. Als ich in den Raum eintrat, war es stockdunkel. Neben mir spürte ich einen feuchten Atem, er kam immer näher, mein Bauch kribbelte, als ich auch ein warmes Fell spürte. Das war mir zu viel, ich rannte so schnell ich konnte aus dem Zimmer und suchte verzweifelt ein gutes Versteck. „Da ... ein Vorhang aus Eis", dachte ich zu meiner Erleichterung. Ich drückte mich hinter die dicken Eiszapfen, die die warme Sonne verdeckten und somit dem riesigen Eisgebäude nur wenige Sonnenstrahlen schenkten. Ich hörte ein Gähnen, danach bewegten sich riesige Tatzen auf mein Versteck zu. Mein Herz rutschte mir in die Hose. Die scharfen Krallen eines Eisbären kratzten an den riesigen Eiszapfen. Leise bibberte ich: „Hör doch bitte auf, Eisbär!" Auf einmal blieb seine große Pranke stehen. Langsam steckte ich meinen Kopf durch die schmale Öffnung des Eiszapfenvorhangs. Der Bär schaute mich mit seinen kühlen Augen an. Er brummte: „Köftes du den Stopf aus meinem Pfahn fiehen?" Langsam stotterte ich: „Ja ... klar ... könnte ich!" Vorsichtig zog ich einen schmalen Stock aus den Zähnen des Eisbären. Auf einmal schmiegte der Eisbär seinen Kopf an meine Hose. Ich fragte mit meiner weichsten Stimme: „Wie heißt du denn?" Der Eisbär schaute beschämt zu Boden. Er nuschelte: „Ich habe keinen Namen." Ich blickte entschieden auf den Eisbären und zitterte vor Aufregung. Langsam legte ich meine Hand auf seine Stirn: „Ab heute heißt du Tofee!" Tofee schaute mich glücklich an und fragte: „Solltest du nicht langsam nach Hause gehen?" Auf einmal rasten meine Gedanken: Anika, hol das Holz, Anika, geh lieber nach Hause! Als ob Tofee meine Gedanken lesen könnte, sagte er: „Geh lieber nach Hause!" Ohne nachzudenken gab ich Tofee einen Kuss auf die Stirn und lief los. Als ich zu Hause ankam, stürmte ich meinem Vater in die Arme. Am nächsten Tag war ich sofort bereit, das Lagerfeuerholz zu holen.

Lena Herrmann
Friedrich-Ebert-Grundschule, Klasse 4c

Das Haus am See

„Haus zu verkaufen" stand auf einem Schild an einer kleinen Einfahrt zu einem kleinen Grundstück mit einem kleinen Haus darauf. Dahinter lag ein kleines Erlenwäldchen. Familie Huber, die zufällig vorbeikam, bog in den Weg ein, denn sie suchten schon eine Weile ein kleines, billiges Haus für sich. Als die Hubers ans Ende des kleinen Weges kamen, erkannten sie, dass das Haus sogar an einem kleinen See lag, in dem prächtige Seerosen blühten. Der See war von hohen Bergen umschlossen, die kalte Winde abhielten. Der richtige Ort für eine junge Familie. „Ich glaube, der See heißt Mummelsee", meinte Frank zu seiner Frau Maria. „Das Haus sieht so aus, als wäre es schon seit Jahren unbewohnt", erwiderte die Frau. „Das lässt sich schon wieder gut herrichten", beschwichtigte der selbst ernannte Heimwerker Frank. Er beschloss, gleich am Montag bei der Nummer des Maklers auf dem Schild anzurufen, um sich zu erkundigen. Gesagt, getan. Am Wochenanfang erkundigte er sich nach dem Haus am Mummelsee. Der Makler am anderen Telefonende verschluckte sich und fragte nochmal nach: „Sie interessieren sich wirklich für das Haus?" Frank wunderte sich zwar über die Nachfrage, bejahte sie aber. Als sich herausstellte, dass das Haus unschlagbar günstig war, verflogen gleich alle misstrauischen Gedanken und schon nach zwei Wochen zogen die Hubers mit ihren zwei Kindern, Ben und Jonas, ein.
Die Wochen vergingen und Frank renovierte das Haus, wie er es gesagt hatte. Die dreizehnjährigen Zwillinge vergnügten sich im Garten und am See. Das Familienglück konnte nicht größer sein. Das Einzige, was der Ehefrau auffiel, war, dass die Bürger der nahegelegenen Gemeinde

Achern sie mieden und immer hinter ihrem Rücken tuschelten. Als sie dann einmal eine Frau darauf ansprach, bekam sie nur eine verdruckste, wirre Antwort: „Sie sehen aber noch gut aus, obwohl sie im Mummelhaus leben. Ich fürchte, aber nicht mehr lang." Mehr aber war nicht aus der Frau herauszubekommen. Maria kümmerte sich nicht viel um die Aussage, da sie mit den Bürgern der Gemeinde nicht viel zu tun hatte und ihr das letztlich egal war.

Als sich nach einigen Wochen merkwürdige Dinge rund um das Haus am Mummelsee ereigneten, erinnerte sich die Ehefrau aber wieder an die Aussage der Frau. Die Zwillinge vertrugen sich plötzlich nicht mehr. Es ging so weit, dass Ben seinen Bruder Jonas mit einem Messer verletzte und danach behauptete, dass er das tun musste. Nachts wachten die Eheleute immer wieder auf, weil sie laute Schreie oder unheimliche Gesänge vom See her hörten. Ihr Auto war plötzlich weg und die Spuren führten Richtung See. Am nächsten Tag war es aber wieder unversehrt aufgetaucht. Als sie starke Kratzspuren an der Haustür endeckten und darüber in der Tür geritzt stand „Ich komme, um euch zu holen!", bekam es die Familie richtig mit der Angst zu tun. Tage später in der Nacht hörte Maria ein Geräusch aus dem Kinderzimmer. Sie stand auf und sah nach. Ein lauter Aufschrei, Frank sprang auf, lief ins Kinderzimmer und sah seine Frau vor dem Bett von Ben stehen, das blutgetränkt, aber leer war. Die Blutspuren wiesen zum offenen Fenster und von dort hinunter zum See. Jonas schlief im anderen Bett trotz Lärm immer noch fest. Sie eilten zum See, konnten aber bis auf die Schleifspur nichts entdecken. Der Ehemann verständigte die Polizei, die aber auch Tage später den Zwilling nicht wiederfinden konnte. Ab dieser Nacht war das Leben in dem Haus am See für die Eheleute ein Albtraum. Sie konnten sich jedoch kein Hotel oder anderes leisten und mussten weiter darin wohnen. Eine Woche später hörte Maria in der Nacht wieder ein Geräusch. Sie machte das Licht an und schrie erneut auf, da auch Jonas verschwunden war, obwohl er direkt neben ihrem Bett geschlafen hatte. Das Bett war wieder voll Blut und die Spuren gingen erneut Richtung See. Die herbeigerufene Polizei konnte wieder nichts entdecken. Da die Eheleute psychisch am Ende waren, brachte die Polizei Frank und Maria in Fremdenzimmern in Achern unter. Da aber nach Wochen der Ermittlungen keine Spuren zu finden waren, mussten sie wieder in ihr Haus ziehen. In derselben Nacht hörten beide Schritte vor ihrer Zimmertür. Schauer liefen ihnen den Rücken hinunter, als die Tür sich öffnete. Beide waren totenbleich vor Schreck, weil plötzlich die Zwillinge in der Tür standen. Beide Buben waren wie die Eltern bleich, ihre Kleidung war zerfetzt, ihre Augen blut-

unterlaufen und beiden war die Kehle durchgeschnitten. Plötzlich sprach Ben in einer dunklen Stimme, die auch von einem König hätte stammen können: „Wir kommen, um euch zu holen!"
Da wachte Maria schweißgebadet auf. Neben ihr schlief Frank seelenruhig. Sie stand auf und ging zum Kinderzimmer, wo zu ihrem Erleichtern Ben und Jonas friedlich schliefen. Später am Frühstückstisch sagte sie zu Frank: „Ich finde es hier zwar immer noch recht schön, wir müssen das Haus am See trotzdem nicht unbedingt kaufen." Frank aber schaute recht verdutzt. Er kannte seine Frau, Widerrede war hier zwecklos. Bestimmt hatte sie in der Nacht über den Namen des Sees nachgedacht. Und ihr war wieder eingefallen ...

Simon Goll
Städtische Berufsoberschule, Klasse 11a

Noel – der Fußballelch

Es war einmal ein Elch namens Noel. Sein größter Wunsch war es, einmal den Schlitten des Weihnachtsmannes zu ziehen. Eines Tages geriet er an den Rand der Stadt Augsburg. Dort entdeckte er die Chance seines Lebens. Ein Plakat mit der Aufschrift: „Weihnachtselch gesucht – muss Fußball spielen können" – „Fußball? Was ist das?", fragte sich der Elch. Weil er fand, dass „Fußball" sich sportlich anhörte, ging er in den Wald, um einen sportlichen Elch zu fragen. Der sportliche Elch hatte einen blauen Trainingsanzug an und an seinem Geweih hing eine Trillerpfeife. „Was ist eigentlich Fußball?", fragte Noel. Der sportliche Elch hieß Luca. Luca richtete den Sky-Receiver her, schloss ihn an und fuhr ihn hoch. Er wählte den Sender „Sky Wald Fußball" aus und beide sahen sich das Spiel „FC Nordpol gegen SC Alaska" an.
Nach einer Weile sagte Luca: „Das ist Fußball." – „Der FC Nordpol braucht einen neuen Torwart", ertönte die Stimme des Kommentators. „Der Torwart vom FC Nordpol ist der Weihnachtsmann und dieser hat dieses Jahr einfach zu viel zu tun. Dieses Jahr wollen die Kinder extra viele Geschenke. Dem Weihnachtsmann wird es zu viel, Geschenke und Fußball. Außerdem sucht der Weihnachtsmann einen Weihnachtselch. Er wünscht sich einen Elch, der Fußballspielen und ihm bei der Arbeit behilflich sein kann", ertönte die Stimme des Kommentators.
„Mein Wunsch soll in Erfüllung gehen! Hilfst du mir? Ich muss Fußball spielen können! Kannst du das?", platzte es aus Noel hervor. „Mir gefällt der Teamsport generell." – „Ja, ich kann dir helfen, da ich Fußball spielen kann. Soll ich es dir beibringen?", fragte Luca. „Ja! Ja!! Ja!!!", antwortete Noel. Die ersten

Trainingseinheiten waren sehr anstrengend. Er erlernte das Dribbeln und den Torschuss und natürlich auch die Fähigkeiten des Torwarts.
Einen Monat später war Noel schon ein Halbprofi. Er gab Vorstellungen als Ballkünstler in einem Pavillon mit Seitenwänden und verdiente nach nur einer Woche so viel Geld damit, um einen Flug in die Antarktis zum Weihnachtsmann zu bezahlen. Im November war es dann endlich soweit. Noel flog in die Antarktis. Er arbeitete für den Weihnachtsmann und spielte in der Nordpolliga. Die Spiele der Nordpolliga waren so gelegt, dass sie sich nicht mit den Weihnachtsterminen kreuzten. So schaffte er es, der erste Fußball-Weihnachtselch zu werden. Und wenn er sich nicht verflogen hat, dann ist er das auch heute noch.

Luca Marcroft
Staatliche Realschule Zusmarshausen, Klasse 5b

Urlaub mit Umwegen

In einem Wald lebte der kleine Fuchs Tom mit seinen Eltern. An einem schönen Tag im September maulte der kleine Fuchs: „Hier ist es mir zu langweilig. Jeder Tag ist immer gleich. Können wir vielleicht im Süden mal Urlaub machen?" Seine Eltern fanden die Idee spitze. Sie zögerten nicht lange und gingen gleich los.
Papa Fuchs ging voraus. Nach einiger Zeit bemerkte Tom, dass sie in die falsche Richtung liefen. „Papa, wir laufen nach Norden!" Papa erwiderte: „Nein, Tom, vertrau mir!" Aber Tom wusste aus der Schule, dass die Sonne tagsüber im Süden stand und es fiel ihm auf, dass sie entgegen der Sonne liefen. Mit der Zeit wurde es immer kälter und kälter. Plötzlich sprang ein Elch aus dem Gebüsch: „Was sucht ihr denn hier?" Papa Fuchs antwortete: „Wir wollen in den Süden!" Der Elch belehrte sie: „Das war aber ein Schuss in den Ofen! Ihr seid hier im hohen Norden." Da waren die Füchse niedergeschlagen und Tom weinte. Daraufhin rief der Elch: „Seid nicht traurig! Unten im Hafen gibt es eine großes Schiff, das euch nach Süden bringt." Da waren die Füchse alle erleichtert. Also wanderten sie hinunter zum Hafen. Kurz bevor sie da waren, erklärte der Elch: „Ich kann ab hier nicht weiter mit euch mitgehen. Wenn die Menschen mich sehen, dann jagen sie mich." Also verabschiedeten die Füchse sich vom Elch und gingen weiter zum Hafen. Hinter einem Gebüsch lauerten sie auf eine Gelegenheit, um auf das Schiff zu gelangen. Ihnen fiel auf, dass ein Kran große Holzkisten auf das Schiff hievte. Als gerade niemand in ihre Richtung schaute, sprangen die drei Füchse in eine Kiste. Zum Glück war in der Kiste genügend Obst und Gemüse, damit sich alle so

richtig satt essen konnten. Nachdem sie sich den Bauch vollgegessen hatten, schliefen sie die ganze Nacht. Als sie am Morgen aufgewachten, fiel ihnen auf, dass es nicht mehr kühl, sondern schön warm war. Deswegen schob Tom den Deckel der Kiste zur Seite und stellte fest, dass ein großer Sandstrand sowie ein Palmenwald direkt vor ihnen lagen. In einem unbeobachteten Moment sprangen sie aus der Kiste auf die Reling, von dort auf den Strand und verschwanden flink im Palmenwald.
Familie Fuchs suchte sich eine schöne Erdhöhle. Papa Fuchs erjagte schöne Kokosnüsse, während Mama Fuchs am Strand lag und Tom Sandburgen baute und im Meer schwamm. Den restlichen Urlaub hatten sie viel Freude und Spaß. Das machen wir nächstes Jahr wieder.

Jannik Möller
Rudolf-Diesel-Realschule, Klasse 5

Der Totenacker

In einer finsteren Vollmondnacht waren Thomas und Daniel auf dem Weg nach Hause, als Thomas auf die bekloppte Idee kam, die Abkürzung durch den Friedhof des Schreckens zu nehmen. Daniel machte selbst bei Tag einen großen Bogen um das düstere Gräberfeld und nun wollte sein Freund mitten in der finsteren Nacht hindurchlaufen. Es gehen so einige gruselige Gerüchte über diesen Totenacker herum. Allein bei dem Gedanken nachts durch den Schauerfriedhof zu laufen, lief es Daniel kalt den Rücken hinunter. Natürlich gelang es ihm nicht, seinen Kumpel von dieser hirnrissigen Idee abzubringen und beide betraten das Gelände der Toten.
Nach etwa zehn Gehminuten hörten sie einen furchterregenden Schrei, der aus einer düsteren Ecke des Friedhofs kam. Zuerst ignorierten ihn beide, doch dann kam der nächste unheimliche Ausruf aus dieser Richtung, der so laut war, dass Daniel zusammenzucken musste. Der sonst so mutige Thomas hatte die Hosen auch ziemlich voll, doch ließ er sich nichts anmerken. Die Knie der beiden zitterten, doch die Neugier siegte und langsam schlichen sie sich in die Richtung, aus der die angsterregenden Geräusche kamen. Plötzlich sahen sie, dass sich etwas hinter einem der Grabsteine bewegte. „Was war das?", flüsterte Daniel angsterfüllt zu Thomas, doch dieser bekam vor Furcht kein Wort aus seinem Mund. Keiner der beiden Knaben hatte den Mut, sich dem Grabstein weiter zu nähern. Plötzlich kam hinter dem Stein eine entsetzliche Gestalt hervor, die ihnen mit dämonischer Stimme befahl näherzutreten. Thomas und Daniel sprangen sich vor Angst in die Arme und schrien misslich um Hilfe. Das furchterregende Wesen kam den zweien näher

und griff nach Thomas, welcher sich gegen die Kraft der Kreatur nicht wehren konnte. Daniel gelang es, in Richtung Ausgang zu rennen, um Hilfe zu holen, doch konnte er seinen Freund mit dieser abscheulichen Gestalt nicht alleinlassen. Entschlossen, seinen Freund zu retten, nahm er ein schmiedeeisernes Kreuz von einem der Gräber in die Hand und verpasste dem düsteren Geschöpf einen Schlag. Die Kreatur ging reglos zu Boden. Die beiden Jungs hasteten zum Ausgang des Friedhofs und schlossen die Pforten des Totenackers. Schweißüberronnen und zitternd bedankte sich Thomas bei Daniel für seine furchtlose Hilfe. „Wir erzählen niemandem davon!", sagte Daniel und sein Kumpel nickte. Beide gingen, entschlossen ewig zu schweigen, nach Hause.

Adrian Bogner
Städtische Berufsoberschule, Klasse 11a

Die Sonne hilft

Die Sonne scheint am Himmel und die Kinder spielen im Garten. Sie freuen sich. Da kommt eine dicke Wolke – die Kinder rennen schnell ins Haus. Die Wolke am Himmel fängt bitterlich an zu weinen. Die Sonne fragt besorgt: „Was ist denn los?" – „Ich mache die Kinder traurig, sie rennen vor mir davon! Du machst sie froh, sie lachen und spielen, wenn du da bist." Die Sonne antwortet: „Aber dafür bist du gut für die Blumen und Bäume!" Die Sonne umarmt die Wolke und drückt sie ganz fest. Sie sagt: „Du bist gut!" Durch diese Umarmung entsteht ein wunderschöner Regenbogen, der in allen Farben über den Himmel leuchtet. Das sehen die Kinder und ganz aufgeregt fragen sie ihre Mutter: „Mama, Mama, dürfen wir raus, um unter dem Regenbogen zu spielen?" Die Mutter antwortet lachend: „Ja, natürlich, aber zieht eure Gummistiefel an!" Schnell laufen die Kinder nach draußen und freuen sich darüber, dass es kurz geregnet hat, denn sonst würde es jetzt keinen Regenbogen geben.

Rania El-Hammoud
Grundschule Vor dem Roten Tor, Klasse 3b

Ein ungewöhnlicher Freund

Hallo, ich bin Isa und zwölf Jahre alt. Ein ganz normales Mädchen aus der Stadt. Ich möchte euch von meinem letzten Sommerurlaub in Italien erzählen – ihr glaubt nicht, was mir da passiert ist: In der Nähe unseres Ferienhauses ging ich im Wald spazieren und habe mich dann verlaufen. Ich irrte im Wald umher, bis ich zu einer Lichtung kam. Dort wuchsen

viele bunte Blumen, die mir sehr gefielen. Zu meinem Pech stolperte ich auch noch über eine Baumwurzel. Auf dem Boden liegend sah ich direkt vor mir eine Pusteblume! Nachdem ich mich aufgesetzt hatte pflückte ich sie. Ich blies … Der Wald drehte sich um mich und wurde immer schneller. Mir wurde schwindelig und ich schloss meine Augen.
Als ich wieder aufwachte, traute ich meinen Augen nicht. Ich saß in einem ungewöhnlich großen Nest auf dem Boden. Es konnte niemals einem Vogel gehören! Überall lagen riesige zerbrochene Eierschalen herum. Ich wartete ein bisschen. Doch der Besitzer schien das Nest verlassen zu haben. Plötzlich knackte es laut – ich drehte mich um. Was ich sah, erschreckte mich sehr. Vor mir lag ein riesengroßes Ei. Es hatte grüne Punkte. Jetzt knackte es ein zweites Mal und ein langer Riss zog sich durch das Ei. Ich lugte langsam in den Spalt hinein: ein grüner, dünner Schwanz mit Stacheln kam mir entgegen. Im ersten Moment dachte ich, es wäre ein Krokodilbaby. Doch was ich dann sah, ähnelte eher der Form eines Drachen – nur, dass das Wesen einen kleineren rechten Flügel und einen eingeknickten Fuß hatte. Ich erschrak fürchterlich, rutschte nach hinten und verletzte mich dabei an meinem Knie. Es tat schrecklich weh. Ich betrachtete die Wunde, die bereits heftig blutete. Ein Schatten fiel auf mich und ich blickte nach oben. Vor mir stand ein echter Drache! Er kam ganz nah zu mir und mein Herz raste. Er kam immer näher und kuschelte sich an mich. Er erblickte meine Wunde und schleckte sie ab. Ich wartete kurz und meine Wunde fing an zu heilen! „Oh! Wer bist du denn?", fragte ich. „Brrr…", machte der Drache, dann sagte er: „Ich habe noch keinen Namen. Ich glaube, ich habe meine Eltern verloren." – „Ich vermute, sie haben dich im Ei vergessen oder mussten plötzlich fliehen? Wie wäre es, wenn wir dich Dragi nennen?" Seine Augen leuchteten und er nickte glücklich. „Wollen wir Freunde sein?", fragte Dragi schüchtern, „ich habe noch keine anderen Drachenfreunde und du bist der erste Mensch, der mir begegnet ist." – „Ja gerne, aber kann ein Drache auch mit einem Menschen befreundet sein?", fragte ich. „Aber klar doch!", entgegnete das Fabelwesen. „Kannst du eigentlich Feuerspucken, so wie ein echter gefährlicher Drache?", erkundigte ich mich fragend. „Ich versuche es mal", sagte Dragi. Er tat es – doch keine Flamme war zu sehen. Auf einer Tanne saßen ein paar vorlaute Vögel, die in beobachteten und auslachten. „Das lernst du schon noch", versuchte ich ihn aufzumuntern, „lass uns an einen Ort gehen, an dem du ungestört üben kannst", forderte ich ihn auf. Plötzlich wurde es still und die Vögel flohen rasch. Da drehten wir uns um: Ein riesiges Flusskrokodil lag vor uns! „Ihr kommt mir gerade recht als Mittagssnack!", fauchte es uns grimmig an. Dann kam es Schritt für Schritt näher. Wir standen wie erstarrt da. Doch plötzlich – völlig unerwartet – stieß mein kleiner neuer

Freund einen riesigen Feuerstrahl aus. Das Krokodil erschrak, da es mit solch einer Gegenwehr nicht gerechnet hatte, und wich zurück. „Na wartet! Irgendwann krieg´ ich euch!", rief es uns noch zu, bevor es flüchtete. Dann war es im Gebüsch verschwunden. „Wir haben es vertrieben! Du warst super!", rief ich Dragi zu.
Plötzlich hörte ich die Stimme meines Vaters: „Isa, wo bist du …" Ich wachte langsam auf und fand mich auf der Waldlichtung in Italien wieder. Ich hielt noch die Pusteblume in der Hand! Da fiel mir alles wieder ein: Durch meinen Sturz war ich in eine leichte Ohnmacht gefallen. Meine Eltern fanden mich schließlich und trugen mich in unser Sommerhaus. Es war alles nur ein Traum! Schade! Ich hätte so gerne solch einen ungewöhnlichen Freund gehabt. Aber in meinem Herzen war er für immer mein Freund! Mein Traumfreund!

Sarah Dietlein und Marco Dietlein
Maria-Theresia-Gymnasium, Klasse 6b

Glück und Schmerz

Es war so kalt, nein warm. Es war eine angenehme Wärme. Als ich meine Augen öffnete, sah ich viele kleine Lichter vor mir. Sie sagten zu mir mit einer sehr leisen Stimme: „Hallo Neuling, du bist im Himmel!" – „Was?", rief ich laut. Ich richtete mich auf und fragte die Wesen: „Wer seid ihr? Was mache ich hier?" – „Wir sind Engelbabys und du warst auf dem Weg nach New York City. Als dein Flieger abgestürzt ist, hast du alles getan, damit die Mutter mit ihren Kindern überleben konnte." – „Ja", sagte eine kräftige Stimme, „du warst immer auf der Jagd und hast dein Leben riskiert." Wir gingen in ein Schloss hinein. „Das ist dein neues Zuhause!" „Und was ist meiner Schwester, sie war doch auch dabei?" – „Ja", antwortet die Stimme, „sie ist in die Hölle gekommen." – „Warum?", fragte ich mit Tränen in den Augen. „Weil sie immer an sich gedacht hat und nie an andere. Sie ist zwei Wochen nach dir gestorben." – „Darf ich sie besuchen?", fragte ich mit geröteten Augen. „Ja, ok, aber unter einer Bedingung: Du darfst nicht länger als eine Wolkenstunde dort bleiben." Ich fragte daraufhin: „Was sind denn Wolkenstunden?" Er erklärte mir, dass das zwei Stunden in der echten Welt seien. Also ging ich in die Hölle und traf meine Schwester. Als ich sie sah, fing sie an zu weinen. „Schwester, ich habe dich so vermisst!", sagte sie. Ich antwortete ihr unter Schluchzen, dass es mir genauso ging. Als die Wolkenstunde zu Ende war, bin ich wieder in den Himmel zurückgegangen.

Denise Jäger
Albert Einstein Mittelschule, Klasse 7aGT

Dieses fantastische Gefühl

Die Scheinwerfer brennen. Meine Knie zittern. Mir ist übel. Ich kann meine Arme vor Aufregung nicht stillhalten und richte meine Frisur. Ich überprüfe noch ein letztes Mal, ob ich in der richtigen Position stehe. Mit leisem Knirschen öffnet sich der Vorhang. Hunderte Augen starren mich an und es werden immer und immer mehr. Doch dann beginnt die traumhafte Musik. Sie fängt leise mit einzelnen, leisen Tönen an und wird lauter. Sie gibt mir das Gefühl als würden Hunderte kleine Feen um mich herum tanzen und ich tanze mit ihnen. Mit immer schneller werdenden Pirouetten und hohen Sprüngen lasse ich mich mit der Musik treiben. Ich lasse alles los, Sorgen, Ängste und Hilflosigkeit. In diesem Moment existiere nur ich – ich und meine Bühne. Dieses fantastische Gefühl kann mir nur das Tanzen geben. Das einzigartige Gefühl, für diese paar Sekunden die gesamte Welt zu regieren.

Reyhan Sahin
Maria-Theresia-Gymnasium, Klasse 9b

Die geheimnisvolle Welt

Es war einmal eine reiche Familie, die hatte zwei Kinder, einen Jungen und ein Mädchen. Das Mädchen hieß Sofi und war 9 Jahre alt. Der Junge hieß Leon und war 8 Jahre alt. Die beiden lebten mit ihrer Familie in einem schönen alten, aber auch gruseligen Schloss. Das Schloss hatte einen gewaltigen Garten und war von hohem Efeu umgeben. Riesige Türme waren zu sehen, die die Wolken durchstachen. Sofi und Leon fanden alles so spannend. Sie erforschten das Schloss jeden Tag und entdeckten immer etwas Neues. Auch heute entdeckten sie wieder etwas Neues. Soll ich euch verraten, was sie fanden?
Hinter einem Bild versteckte sich eine Schatzkarte. Sie folgten ihrer Anweisung und fanden einen leckeren Schokoschatz. Sie aßen den Schatz natürlich auf und sprachen über Sofis Geburtstag. Sofi hatte nämlich morgen Geburtstag. Bald wurde es Abend, sie gingen ins Bett und schliefen schnell ein.
Am nächsten Morgen sprang Sofi aus dem Bett. Heute würde sie zehn Jahre alt werden. Sie hoffte, dass sie heute ein besonderes Abenteuer erlebte. Sie kam herunter in den festgeschmückten Ballsaal. Es waren Girlanden und Luftballons aufgehängt und vor ihrer Nase stand ein gut duftender Schokokuchen. Sie leckte sich die Lippen. Tausende Geschenke standen dort. Alle riefen im Chor: „Überraschung!" und sie umarmte ihre Eltern. „Dieser Tag wird bestimmt super. Heute Abend gibt es eine Riesenparty und alle können

kommen." Sofi rief: „Setzt Euch! Es gibt Schokokuchen!", und sie teilte den Kuchen aus. Mampfend saßen sie am Tisch. Leon und Sofi sagten: „Mama, Papa, dürfen wir wieder das Schloss erforschen?" – „Ja, natürlich!", kriegten sie als Antwort. Sie sprangen auf und rasten davon. Sie gingen in die Türme, doch nichts war zu entdecken. Sofi lehnte sich im höchsten Turm gegen die Wand. Plötzlich, wie aus dem Nichts, löste sich die Wand und Sofi erschrak. Sie hatten doch ein neues Abenteuer entdeckt!

Vor ihnen war ein wunderschönes Tor, das mit Diamanten besetzt war. Vorsichtig näherten sie sich, aber überlegten, ob das eine gute Idee war, denn heute Abend war ja die Party. Leon war etwas schüchtern, aber Sofi sagte: „Ich muss einfach erfahren, was das ist." Sie gab ihrem Bruder die Hand und sie gingen hinein. Plötzlich standen sie auf einer einsamen Wiese. Dort hinten war ein prächtiger Wasserfall. Sie gingen darauf zu und entdeckten dahinter einen kleinen Tunnel. Gespannt gingen sie den Tunnel entlang. Vor ihnen tauchte eine kleine Welt auf. Es wirrten Kobolde herum. Feen flogen durch die Luft. Elfen sammelten Blumen. Es war so wunderschön hier! Plötzlich erschraken alle Kobolde, Feen und Elfen, als Sofi „Hallo" sagte. „Hallo" sagte eine kleine blonde Fee. „Ich bin Kati." – „Und ich bin Sofi und das ist mein Bruder Leon." Die kleine Fee sagte zu den anderen: „Habt keine Angst. Sie sind ganz lieb." Sofi und Leon halfen allen bei der Arbeit und sie wurden alle miteinander Freunde. Sofi und Leon wollten gar nicht mehr weg von hier. Sie spielten immer so toll und backten Plätzchen. So ging das noch viele, viele Stunden weiter. Doch plötzlich erschraken Sofi und Leon. „Wie viel Uhr ist es eigentlich?" Sie sahen auf die Uhr. „Oh, nein! Es ist 8 Uhr!" – „Was ist denn da?", fragte die kleine Fee. „Wisst ihr, ich habe heute Geburtstag." Bevor Sofi aussprechen konnte, riefen sie alle: „Zum Geburtstag viel Glück." – „Danke!" sagte Sofi zögernd und sprach weiter, „und um kurz nach acht findet eine Party bei mir zu Hause statt und da muss ich hin und das heißt, ich muss Abschied von euch nehmen." Alle machten einen Seufzer. „Aber ich komme euch jeden Tag besuchen." – „Jipieee", schrien alle. „Jetzt wird es aber Zeit!" Sofi und Leon gingen mit Tränen in den Augen nach Hause, aber es wurde noch eine tolle Party.

Amelie Celine Bleicher
Grundschule Göggingen-West, Klasse 3d

Fantasie

Drachen, Feen und Riesen gibt es nur im Fantasieland und im Traum. Man kann sich dort sogar etwas wünschen und es geht in Erfüllung.

Man kann Zeitreisen machen und fremde Länder besuchen. Dort kann ich fliegen und mit Tieren sprechen oder in einem Schloss wohnen. Ich bin dort Schauspielerin oder ein Star, bin unsterblich, springe auf Wolken und esse süße Zuckerwatte. Ich kann dann auch zaubern und noch viele andere Sachen. In meiner Fantasie kann ich einfach alles!

Giulia Stranieri
Grundschule Centerville-Süd, Klasse 2c

Der kleine Drache

Eines Tages, es war sieben Uhr abends, war irgendetwas ganz laut. Auf einmal war es auch ganz hell. Ich schaute aus dem Fenster und bekam einen riesigen Schreck. Was ich gesehen hatte, war ein Drache, der ein helles Feuer spuckte. Ich hatte Angst, aber der Drache hatte noch viel mehr Angst. Er war ein junger Drache und ungefähr sechs Jahre und drei Monate alt. Voller Furcht schnaufte er. Da streichelte ich ihn. Plötzlich hörte ich ein lautes Gebrüll. Das war der Vater des kleinen Drachen. Der kleine Drache musste nach Hause.
Am nächsten Tag um die gleiche Uhrzeit kam der kleine Drache wieder und war schon etwas größer geworden. Dieses Mal war er ohne seinen Vater gekommen. Auf einmal schnaufte er und wollte, dass ich auf ihn stieg. Ich kletterte langsam auf ihn drauf und er flog ganz hoch in den Himmel. Das hat uns viel Spaß gemacht.
Als der kleine Drache mich am nächsten Tag besuchte, flogen wir zu ihm nach Hause. Unter uns waren viele Bäume und er wohnte in einem großen Schloss.
Von da an besuchte mich der kleine Drache jeden Tag. Als wir wieder einmal durch die Luft flogen, sahen wir, dass Menschen in das Schloss hineingingen. Sie hatten den Drachen gesehen und weil sie Angst vor dem Vater des kleinen Drachen hatten, töteten sie ihn. Der kleine Drache war darüber sehr traurig. Aber der kleine Drache wurde immer größer und hatte schließlich vergessen, dass sein Vater tot war, denn er hatte ja mich.

Klemens Kefale
Grundschule Centerville-Süd, Klasse 2c

Der Schatz der Liebe

Es war einmal eine arme Bauerntochter namens Anna, die nur noch ihren Vater hatte. Als dieser eine Frau heiratete, musste sie immer auf die Ziegen und Schafe ihres Vaters aufpassen. Einmal kam ein kleiner Hirtenjunge vorbei, dieser fragte sie: „Hast du vielleicht meine Ziege gesehen, sie haut immer ab, weil sie meint, dass das Gras auf der anderen Seite des Flusses besser schmeckt." – „Sieh doch in meiner Herde nach. Ich glaube, die kleine braune könnte deine sein, denn so eine hatte ich noch nie", antwortete sie. Der kleine Junge ging zu der Ziege und nahm sie mit, denn sie war seine. „Lass mich runter, ich kann schon laufen, ich werde nie wieder abhauen!", meckerte die Ziege. Als Anna das hörte, erschrak sie und fragte den Jungen, wo er die Ziege bekommen hatte. Er antwortete: „Sie stand eines Tages vor meiner Tür und erzählte mir irgendetwas von einem Schatz, der auf der anderen Seite des Flusses in der alten Burg liegt. Aber ich glaube ihr bis heute nicht." – „Lass uns doch dort hingehen und den Schatz suchen, denn mein Vater wird nicht merken, dass ich weg bin, seitdem er meine Stiefmutter geheiratet hat", schlug das Mädchen vor. Der Hirte gab ihr noch letzte Anweisungen: „Wir treffen uns, wenn der Mond über dem See steht wieder hier auf der Wiese." Als es Abend wurde, packte das Mädchen ihr Bündel und ging zu dem Jungen; dieser wartete bereits mit seiner Ziege auf sie. Die drei brachen auf und als sie in einem Wald ankamen, legten sie sich auf einer moosbewachsenen Lichtung schlafen. Als sie aufwachten, erklärte die Ziege ihnen den Weg zur Burg: „Wir gehen jetzt den Weg durch den Wald zu Ende, dann kommen wir über eine Wiese. Dort machen wir kurz Rast und dann kommen wir zum Moor." Bei dem Wort Moor stockte Anna der Atem: „Du weißt aber schon, was es für Legenden über das Moor gibt und dass Menschen, die dorthin kommen, nie wieder zurückkommen!" Aber die Ziege beruhigte sie, dass sie ja auf die beiden aufpassen würde. Nun gingen die drei weiter durch den dunklen, kalten Wald und kamen auf die Wiese, dort legten sie eine Rast ein und aßen ein Stück Brot von dem Laib, den Anna mitgenommen hatte. Sie brachen auf, um ihre Wanderung fortzusetzen und kamen in der Dämmerung am Moor an. Die Ziege sagte zu Anna: „Mädchen, komm mit mir, ich will dir etwas zeigen, aber du musst mir versprechen, dass du keine Angst hast." – „Ja, ich versuche es und komme mit dir", willigte Anna ein. Die beiden gingen näher an das Moor heran und warteten, bis der Vollmond über dem Moor stand. Langsam wurde es neblig und ein Mann auf einem Pferd kam hinausgeritten, ritt ein paar Mal über das Moor und kam dann vor den beiden zum Stehen. Er sprach: „Holde Maid, bist du das Mädchen, das mich und die ganze Burg vom Fluch der Hexe befreien soll?" – „Sprechen Sie von mir?", fragte Anna ihn. Die Ziege antwortete darauf: „Ja, sie ist es. Ich habe sie gefunden und spürte sofort, dass sie unsere Retterin ist." – „Gut, es wird bald hell, deswegen muss ich jetzt wieder zurück. Kommt morgen wieder, dann werde ich euch alles erzählen, was ihr für meine Erlösung braucht", sprach der Ritter und verschwand langsam wieder im Nebel. „Von was hat der Ritter gerade gesprochen?", fragte Anna erstaunt. „Leg dich erst mal schlafen, ich erkläre dir morgen alles", sagte die Ziege. Durch die ersten Sonnenstrahlen geweckt, wachten Anna und der Hirtenjunge auf. Die Ziege stand am Moor, Anna ging zu ihr und fragte sie nochmals, was die Begegnung mit dem schwarzen Ritter auf sich hatte. Die Ziege erzählte ihr alles. Am Abend gingen sie wieder zu der Stelle. Der Ritter kam wieder und erklärte ihnen alles: „Anna, der Junge und du, Ziege, geht morgen früh gleich zu meiner Burg. Passt aber auf, denn durch den Fluch der Hexe herrscht dort seit Jahren ein riesiges Unwetter. An der Pforte angekommen, sagt ihr dann, dass ihr drei arme Wandersleute seid, die nur ein Dach über dem Kopf suchen. Man wird euch daraufhin aufmachen. Wenn ihr im Hof steht, seht ihr ein Fenster, das immer offensteht, dort ist mein Zimmer früher gewesen. In dem Zimmer liegt eine Karte, auf dieser ist eingezeichnet, wo sich mein Schatz befindet. Ich fand ihn noch nicht, weil ich zu gierig war, aber vielleicht findet ihr ihn ja, denn dann bin ich erlöst." Es wurde wieder hell und der Ritter verschwand. Anna sagte, dass sie sich sofort auf den Weg machen sollten. Die drei brachen sofort auf. Als sie an der Burg ankamen, machten sie alles so, wie es ihnen der Ritter gesagt hatte. Als sie in der Burg waren, suchten sie das Zimmer und fanden es. Dort lag auf einem Tisch eine Karte mit einem eingezeichneten Weg. Sie suchten gleich die ganze Burg ab, fanden aber nichts. Sie legten sich traurig schlafen, um am nächsten Tag weiterzusuchen. Gleich in den frühen Morgenstunden des neuen Tags suchten sie weiter im Kellergewölbe der Burg und fanden nach langem Suchen eine alte, eiserne Tür. Diese stand seltsamerweise offen, also gingen sie hinein und fanden dort eine Kiste. Der Junge rief sogleich: „Da ist der Schatz, so schwer war es ja gar nicht, ihn zu finden!" Er ging zu der Kiste, doch bevor er sie öffnen konnte, wurde er zu Stein. Die Ziege sagte daraufhin zu Anna: „Nur ein Mensch, der ein reines Herz hat, kann die Kiste öffnen, er ist, so wie viele, an seiner Habgier gescheitert. Du wirst sehen: Bei dir wird gar nichts geschehen, denn du bist sicherlich nicht auf das ganze Gold, Geschmeide und die leuchtend hellen Kleider aus. Oder?" – „Nein, natürlich nicht. Ich werde es versuchen", antwortete Anna fest entschlossen. Sie näherte sich der Kiste und sie öffnete sich von allein, aber statt Gold, Geschmeide und leuchtend hellen Kleidern lag in der Kiste nur ein Zettel, auf dem stand: Die Menschen suchen immer danach, aber finden es nie, denn sie sehen meistens nur das Vergängliche. „Was meint dieser Zettel nur? Was meint er mit dem Vergänglichen oder mit ‚die Menschen suchen immer danach'?", fragte Anna. Die Ziege sagte diesmal nur: „Denk doch mal nach: War dein Vater damals mit deiner Mutter glücklich?" – „Ja, das war er. Also meint der Schreiber dieses Textes Liebe – und was ist jetzt mit dem Vergänglichen gemeint?", antwortete sie. „Was dachtest du, was du hier finden würdest? Dann hast du auch die andere Antwort", meinte die Ziege. „Also meint er etwa Gold, Geschmeide und kostbare Gewänder", riet Anna. „Genau, und jetzt schau dich mal in der ganzen Burg um", sagte die Ziege. Denn der Hirtenjunge und alle anderen, die im Schloss herumstanden, verwandelten sich wieder zurück. Der schwarze Ritter kam aus dem Moor herausgaloppiert und zur Burg. Die drei gingen in den Hof und empfingen den Ritter. Dieser sagte zu Anna: „Nun, Mädchen, da du mich und meine ganze Burg befreit hast, darfst du einen Wunsch äußern." – „Ich wünsche mir, dass mein Vater hierher kommt und diese Hexe, die er heiratete, für immer in den finsteren Hexenwald kommt!" Und ehe sie diesen Wunsch ganz ausgesprochen hatte, kam ihr Vater und schloss sie in die Arme. Nun, da auch ihr Vater da war, kam der Hirtenjunge und hielt um ihre Hand an. Die beiden heirateten und waren glücklich bis an ihr Lebensende. Denn Anna wusste nun, dass ein wahrer Schatz nicht an dem Reichtum gemessen werden kann, sondern der größte Schatz die Liebe ist. Und wenn sie nicht gestorben sind, dann leben sie noch heute.

Susanne Zander
Dr.-Max-Josef-Metzger-Realschule, Klasse 9

Das Fantas-Tier

Es war ein kleines Fantas-Tier,
sah aus wie so ein Fanta-Stier.
Ein bunter Hund ist im Vergleich
alltäglich wie ein Gartenteich.
Ich dachte mir: Das glaub' ich kaum!
Und fühlt' mich wie in einem Traum.
Das Fantas-Tier jedoch entwich -
ob ihr's nun glaubt oder auch nich!

Sara Schneider und Emily Schneider,
Hans-Adlhoch-Grundschule, Klasse 1c und Gymnasium bei St. Anna, Klasse 7b

Silberne Hufe

Mittelalter. Mitten im Wald, drei Stunden entfernt vom nächsten Dorf.
„Sieh dort!", sagte Murial zu Serana, als sie eine Hütte erblickte, die schon lange verkommen zu sein schien. „Meinst du, das ist jener Ort, der uns

genannt wurde?", erwiderte Serana. „Es gibt nur einen Weg, das herauszufinden", meinte Murial und die beiden näherten sich der Hütte. Es dauerte nicht lange, bis ihnen klar wurde, dass diese schon einige Jahre unbewohnt sein musste: Die Fenster waren zerstört, die Tür herausgerissen und ein Großteil der Hütte war abgebrannt. Sie betraten die Hütte. Innen wie außen herrschte komplettes Chaos, alles war zerstört. „Wir teilen uns auf. Ich suche hier und du dort drüben", sagte Serana, die gerade vor einem verbrannten Bücherregal stand. Kurze Zeit später meldete sich Murial: „Serana, komm mal her. Ich glaube, ich habe hier was." Die Zerstörung hatte einen geheimen Hebel sichtbar gemacht, an dem ein Stück Stoff hing. Ein Fetzen dunkelgrüner Seide, an dem ein Anstecker mit dem Abzeichen der ‚Silbernen Hufe' hing. „Also waren sie tatsächlich hier, dann sind wir richtig", meinte Serana, die den Anstecker genauer betrachtete. Murial indessen interessierte sich mehr für den Hebel und legte ihn kurzerhand um. Als sich vor ihnen eine geheime Tür öffnete, stieg ihnen ein fauliger Geruch in die Nase. „Uh ... was riecht denn hier so?", fragte Serana. „Riecht nach etwas Totem", meinte Murial, „komm, lass uns nachsehen, was da so riecht." – „Nun ... in Ordnung", meinte Serana unsicher. Man konnte ihr ansehen, dass sie nicht mitgehen wollte, dennoch machten sich beide auf den Weg, die Treppe hinunter, die sie in eine gigantische Bibliothek führte. Dort fanden sie auch den Grund für den Gestank: fünf zerfetzte Leichen.
„Oh Gott ...!", entfuhr es Murial entsetzt. Serana wandte sich angewidert ab. „Ich durchsuche die Bibliothek auf andere Sachen, die vielleicht hilfreich sein könnten. Ich kann hier nicht bleiben, sonst übergebe ich mich noch." – „Ist in Ordnung", antwortete Murial und begann, sich die Leichen genauer anzusehen. Es war ganz klar. Das Logo auf den Brustharnischen, die Silberwaffen – das waren ganz klar einmal Mitglieder der ‚Silbernen Hufe' gewesen. „Das wird der Grund sein, warum niemand etwas Genaueres über das Ganze weiß", murmelte Murial vor sich hin, als sie ein mit Blut bedecktes Buch erblickte, das neben den Leichen lag. Murial nahm es und schaute es sich genauer an. Der Titel war stark verblasst, aber man konnte ihn noch erkennen: „Tagebuch der Silbernen Hufe, Jägergruppe 41". Murial begann zu lesen.
Tag 53, warmer Tag
Wir haben den Unterschlupf einer dieser Bestien gefunden und ihn dazu gebracht, uns zu erzählen, wo ihre Archivarin einst lebte, die mit den anderen geflohen ist. Außerdem haben wir erfahren, dass ein anderer von Ort zu Ort reist. Den verfolgen wir später.
Viele der Seiten waren durch Blut unleserlich geworden.

Tag ...
Wir haben sie gefunden. Das Miststück ist zäh und der Wald bereitet uns auch Probleme, aber aus irgendeinem Grund ist sie dennoch schwach geworden. Wir haben ihre Hütte angezündet, um sie herauszulocken, aber vergebens ... Wir haben die Bibliothek gefunden und dieses Biest gebrochen, aber irgendetwas stimmt hier nicht, ich spüre es ...
Der Satz hörte abrupt auf und eine Seite weiter stand in Blut geschrieben: *Wer das hier liest, sei gewarnt, ich werde euch töten!*
„Das muss ich unbedingt Serana zeigen", dachte Murial, als plötzlich ein lauter Schmerzensschrei von tiefer in der Bibliothek zu hören war. „Mist, das klang wie Serana", dachte sie bei sich und rannte los, um nach ihr zu suchen. Wenige Momente später erstarrte Murial bei dem Anblick, der sie traf. Serana war getötet worden, der Körper war völlig zerfetzt. „Oh Gott ..." Murial konnte es nicht fassen, ihr kamen die Tränen. Vor einigen Momenten war sie noch am Leben gewesen und nun war sie weg. Für immer. Doch was im Moment für Murial am wichtigsten war, war, dass sie sich gerade mit einer wild gewordenen Werwölfin im selben Raum befand. Sie befand sich in ihrem Territorium. Jeden Moment konnte sie aus dem Nichts angefallen werden. „Raus!" – das war der einzige Gedanke, der Murial durch den Kopf ging. Sie musste weg, raus aus dieser Bibliothek und raus aus diesem Areal. Doch sie kam nicht weit, denn als sie die Treppe, die zurück in die alte, zerstörte Hütte führte, erreicht hatte, hörte sie ein wütendes Knurren hinter sich. Murial drehte sich langsam um und sah die Werwölfin, die schon zum Angriff bereit war. Dies war auch das Letzte, was Murial sah, bevor sie angefallen wurde und ihr die Lichter ausgingen.

Lars Scheuffele
Reischlesche Wirtschaftsschule, Klasse 11 ZB

Das Hamsterquad

Hamsterquads, nur bei Dehner, aber nur für Hamster!
Mein Hamster hängt jeden Hund ab mit seinem Quad, somit kann ich meinen kleinen Hamster überallhin mitnehmen. Man muss ihn aber an die Leine nehmen, dass er nicht wegfährt.
Ich muss ab und zu wieder tanken gehen, weil mein Hamster nicht an den Tankschlauch kommt. Wenn er will, kann er mit einem Knopfdruck aus dem Quad ein Motorrad machen. So kann er mit seinem Freund ausfahren und ist ein glücklicher Hamster.

Simon Klopner
Franz-von Assisi-Schule, Klasse 3 orange

Anfangsbuchstabengedicht: Fantastisch

Fantasie ist fantastisch!
Alle können sich vorstellen, was sie wollen.
Nichts ist unmöglich!
Träume werden in meinem Kopf wahr.
Aliens, Einhörner, Riesen, Meerjungfrauen, Drachen und Welten aus Zuckerwatte:
Sie alle gibt es!
Tentakelmonster, Zombies, Hexen, Zwerge und Kaugummiwelten:
Ich kann mir alles ausdenken.
SCHau doch auch einmal in deiner Fantasiewelt vorbei!

Gemeinschaftsarbeit
Grundschule Centerville-Süd, Klasse 2c

Die Nacht auf dem Friedhof

O schaurig ist's in der Nacht,
wo der Friedhofswärter wacht,
ganz allein der Rabe kräht
und der Wärter durch die Gräber späht.
Nun geht der Mann allein nach Haus
und wird genießen seinen Abendschmaus.
Plötzlich geht meine Lampe aus
und ich will sofort nach Haus.
Dann steigt ein Toter empor
und ich renne schnell Richtung Tor.
Die Tür schließt sich mit Gerumpel
und der Tote kommt mit Gehumpel.
Ich versuche wegzurennen,
denn bei Tageslicht wird er verbrennen.
Ich sehe schon den Morgen grauen
und habe großes Vertrauen.
Jetzt brennt er lichterloh
und ich schreie: „Juhoo!"
Als ich dann kam zu meinem Häusle,
entdeckte ich viele Mäuse.
Ich grinste nur verschlagen,
denn leer war mein Magen.
Zu essen gab es heute
eine ganze Mäusemeute.

Ich geh zu Bett heut früh,
dann macht mir nichts mehr Müh.
Nun sag ich gute Nacht
und werde schlafen sacht.

Luca Schelle
Jakob-Fugger-Gymnasium, Klasse 7b

Die besten Freunde der Welt

„Das ist doch nicht zu fassen!" Die Fee Luna bebte vor Wut. Nur weil sie einmal eine schlechte Note in Feenkunde hatte, durfte sie nicht auf den Ausflug mit. In ihrem Zimmer schmiss sie sich aufs Bett. Nach einiger Zeit stand Luna auf und verließ ihr Zimmer. Leise trat sie aus dem Haus und ging zielstrebig auf den Zauberwald zu. Immer tiefer drang sie durch das Dickicht. Plötzlich hörte sie jemanden weinen. Ängstlich dachte Luna daran, dass es irgendwo im Wald Orks gab. Doch mutig ging sie weiter. Die Geräusche wurden immer lauter. Und da sah Luna etwas: An einem Baum saß ein kleiner Igel und weinte. „Wer bist du und warum weinst du?", fragte Luna. „Ich heiße Iwann und ich weine, weil ich so klein bin und die anderen Igel mich deswegen immer auslachen", antwortete der Igel. „Und wer bist du?" – „Ich bin Luna und ich bin sauer, weil meine Mutter mich nicht zu einem Ausflug lässt", erwiderte Luna. Eine Weile schwiegen sie. Dann fragte Luna: „Willst du mit zu mir kommen?" – „Au ja!", rief Iwann. Und dann gingen sie nach Hause. Dort lebten Iwann und Luna als die besten Freunde der Welt.

Hannah Epple
Franz-von Assisi-Schule, Klasse 4 lila

Das Lummerland

Einst herrschten unsere Eltern als König Rudolf und Königin Maria in unserer schönen Burg über das schöne Lummerland, das mit viel Freude, Sonne und Glück gefüllt war. Es gab aber auch die dunkle Seite im Königreich, die vom bösen Magier Snakebreaker beherrscht wurde. Unser Vater besiegte ihn vor etlichen Jahren und verbannte ihn aus dem hellen Reich der Guten. Zur gleichen Zeit war unsere Mutter mit uns vier Brüdern - Kevin, Simon, Fabian und Adonis - schwanger. Als wir dann auf der Welt waren und älter wurden, brachte unser Vater uns jeden Tag etwas mehr Wissen über das Zaubern bei. Wir bekamen alle unsere Zauberstäbe und unsere Zauberhüte. Als uns dann unser Vater alles beigebracht hatte, was er wusste, war es uns vieren noch nicht genug. Wir wollten noch mehr über die Zauberkunst wissen, deshalb meldeten wir uns an der „Fachoberschule für die Zauberei" an. Dort lernten wir Tag für Tag mehr über das Zaubern. Nach einem langen lehrreichen Tag, an dem uns gezeigt wurde, wie wir uns in ein Tier verwandeln konnten, wollte Simon, der das Verwandeln schon perfekt beherrschte, dies unserem Vater zeigen. Deswegen liefen wir alle schnell nach Hause. Dort fanden wir unseren Vater in seinem Arbeitszimmer tot auf. Kevin fragte: „Was ist passiert und warum ist hier alles verwüstet?" Wir suchten nach Spuren. Adonis fand schließlich einen Brief. In ihm stand:

Söhne des Königs Rudolf,

endlich bekam ich meine Rache an eurem Vater. Er musste dafür bezahlen, dass er mich damals aus dem ach so schönen Lummerland verbannt hatte. Ich war gerade dabei, mir alles unter den Nagel zu reißen, als euer Vater das herausfand. Bald aber wird das Königreich eures Vaters mir gehören. Da gibt es nur noch ein Problem: Ihr habt das Königreich von ihm geerbt. Da denkt ihr euch einfach so, ihr könntet alles übernehmen. Tja, falsch gedacht. Dass ihr zu mir auf die dunkle Seite kommen müsst, hatte ich ja schon geplant, aber wie, wusste ich noch nicht so recht. Jetzt ist es mir eingefallen. Ich habe eure Mutter! Wenn ihr sie lebend wiedersehen wollt, dann löst meine zwei Rätsel. Wenn ihr eins der Rätsel gelöst habt, dann erhaltet ihr ein Stück der Karte, auf der der Weg zu meiner Burg zu erkennen ist. Dann könnt ihr mich besiegen, wenn ihr nicht davor schon kläglich versagt und das Ende der Rätsel nicht erlebt.

Hier mein erstes Rätsel: Geht zu dem großen Moor. Dort leben zwei Trolle. Sie haben sich vor vier Jahren zerstritten und haben seitdem kein Wort mehr miteinander gewechselt. Wenn ihr es schafft, sie zu versöhnen, dann wird euch das nächste Rätsel erwarten. Glaubt mir, das ist das einfachste Rätsel.

Snakebreaker

Fabian fragte seine Brüder: „Wollen wir das wirklich machen?" Die anderen schwiegen erst einmal. Aber dann kam es bei allen wie aus der Pistole geschossen im Chor: „Wir befreien unsere Mutter und rächen unseren Vater!" Die vier Söhne packten hastig ihre Sachen und zogen am nächsten Tag im Morgengrauen los. Sie liefen bis die Dämmerung kam. Mit dem Sonnenuntergang kamen sie am Berggipfel an und konnten dort im Tal das große Moor erkennen. Sie hatten schon viele Legenden davon gehört, dass es hier spuken und Monster geben solle. Auch von den zwei Trollen, Grieselbär und Jochen, wurde ihnen schon erzählt. Kevin wollte Jochen aufsuchen, Fabian Grieselbär, Simon und Adonis mussten dafür einen Plan schmieden, wie sie die zwei Trolle wieder vereinten. Während die anderen das Nachtlager aufbauten, suchte Kevin Jochen auf. Er suchte überall und fand ihn schließlich in der Gaststätte der Fantasiewesen. Er fragte ihn: „Bist du Jochen?" Dieser antwortete: „Ja, und wer bist du und was willst du von mir?" Kevin erzählte ihm alles von der Verbannung des Zauberers bis zu seinem Brief und ihrer Suche nach den Trollbrüdern. Die vier Söhne wollten einfach ihre geliebte Mutter wieder in die Arme nehmen. Dann begann Kevin über die Aufgabe zu berichten, die ihnen der böse Zauberer zu lösen aufgab. Der Troll hatte kein Mitleid mit ihm und begann ihn anzuschreien: „Du kleiner Dummkopf! Du versuchst ehrlich mich mit meinem Bruder wieder zu versöhnen? Glaub mir, das wird nie passieren!" Kevin überlegte und überlegte. Dann kam er schließlich zu einer letzten Frage an ihn: „Warum habt ihr euch eigentlich zerstritten?" Der Troll meinte: „Weißt du, es ist schon so lange her, dass ich es vergessen habe, und ganz tief in meinem Inneren wünsche ich mir, wir würden wieder so gute Brüder, wie vor unserem Streit waren." Der Troll fing an zu weinen und Kevin nahm ihn in den Arm. Kevin meinte: „Wir kriegen das schon wieder hin. Komm einfach morgen Abend bei uns vorbei. Wir haben unser Lager bei der alten Eiche an der Biegung des Flusses aufgeschlagen." Kevin verabschiedete sich von Jochen und machte sich auf den Weg zu seinen Brüdern. Als er bei ihnen ankam, merkte er, dass Fabian nicht da war. Auf seine Frage, wo denn Fabian sei, antworteten seine Brüder, dass dieser Feuerholz suche. Kevin erzählte über sein Treffen mit Jochen und dass er ihn morgen Abend zum Essen eingeladen habe. Während Kevin mit seinen Brüdern über das morgige Abendessen redete, fand Fabian einen riesigen Ast fürs Feuer. Grieselbär wollte er eigentlich morgen aufsuchen. Plötzlich hörte er in der Ferne ein Geschrei: „Hilfe, Hilfe! Hört mich denn keiner? Hilfe, so helft mir doch!" Fabian schossen tausend Gedanken durch den Kopf. Wer könnte das sein? Ist es jemand, der wirklich Hilfe braucht oder ist es ein Räuber, der mich ausrauben möchte? Vorsichtig ging er dem Geschrei nach. Als er sah, was da war, gefror ihm das Blut in den Adern. Ein Baum war auf einen kleinen, mickrigen Troll gestürzt. Nach kurzem Überlegen kam Fabian eine Idee. Er holte den Zaubertrank aus dem Geheimfach seines Zauberhutes. Den Trank hatte sein Vater für ihn vor etlichen Jahren heimlich gebraut. Dieser Zaubertrank half ihm, in weniger als fünf Sekunden superstark zu werden. Nachdem die halbe Flasche leer war, fühlte er sich megastark. Um den Troll zu befreien, versuchte er den Baum hochzuheben. Es gelang ihm auch. Der Troll rappelte sich auf und sagte: „Vielen Dank, du bist mein Lebensretter, ich heiße übrigens Grieselbär." Der Königssohn konnte sein Glück kaum fassen. Er erwider-

te: „Wir haben so einiges zu besprechen, kannst du morgen Abend bei uns zum Abendessen vorbeikommen? Ich würde mich freuen. Meine drei Brüder und ich sind im Moment an der alten Eiche." Der Troll willigte ein und verabschiedete sich von Fabian. Dieser steckte die Flasche mit dem Zaubertrank wieder in seinen Hut und machte sich so schnell wie möglich auf den Weg zu seinen Brüdern. Als er bei seinen Brüdern ankam, erzählte er ihnen von der Begegnung mit dem Troll und dass er diesen zum morgigen Abendessen eingeladen habe. Aber vom Zaubertrank erzählte er nichts. Als Kevin Fabian auch seine Geschichte erzählte, kamen sie auf eine Idee. Sie würden die Trolle zu Tisch bitten, sie dann jeweils an ihren Stuhl fesseln und erst wieder losbinden, wenn sie sich vertragen würden. Die vier Geschwister gingen schnell schlafen, um für den morgigen Abend gut ausgeschlafen zu sein. Am nächsten Abend setzen sie dann ihr Vorhaben in die Tat um. Die Trolle schauten blöd aus der Wäsche, als Fabian, Kevin, Adonis und Simon sie festbanden. Die vier Brüder redeten mit den Trollen und erzählten alles ausführlich: von ihrer Geburt über den Tod des Vaters bis zur Entführung ihrer Mutter und dem Rätsel des Zauberers. Die Trolle bekamen Mitleid mit den vieren und schauten sich erstmals sehr lange an. Nach einer halben Ewigkeit fingen sie an, miteinander zu reden. Die Brüder zogen sich zurück, sodass die Trolle unter sich waren. Nach einer halben Stunde schauten die Prinzen nach Grieselbär und Jochen. Diese unterhielten sich über alte Zeiten und man konnte meinen, dass es nie einen Streit gegeben hatte. Die Trolle sagten zu den vier Brüdern: „Danke, dass ihr uns versöhnt habt, jetzt sind wir wieder so vereint wie in alten Zeiten. Aber könnt ihr uns jetzt losbinden? Wir würden gerne noch ein Glas Trollsaft bei mir daheim verzehren", bat Grieselbär. Kevin band die zwei los und sie verabschiedeten sich voneinander. Auf einmal tauchte mitten im Nichts ein Stück einer Karte auf. Fabian nahm es vorsichtig in die Hand. Dann fing er an, fröhlich in die Luft zu springen und herumzutanzen. Die anderen dachten, er hätte was getrunken oder so. Plötzlich schrie er laut herum: „Das ist ein Stück der Karte des bösen Zauberers und das nächste Rätsel!" Auch die anderen fingen an zu springen und zu tanzen, weil sie sich freuen. Aber Simon stoppte und fragte die anderen, was in dem nächsten Rätsel überhaupt stünde. Alle schauten auf den kleinen Fabian. Fabian fühlte sich bedrängt und gab die Karte Kevin; dieser las laut vor:
Also habt ihr das leichtere Rätsel gelöst. Glaubt mir, das nächste Rätsel ist nicht so leicht: Geht zu dem Riesenlabyrinth. Es befindet sich hinter dem großen Moor. Wenn ihr angekommen seid, findet ihr davor eine Karte, die hinein in die Mitte führt. Dort befindet sich ein Stier, den ihr besiegen müsst,

aber ihr dürft eure Zauberstäbe nicht mit hineinnehmen. Ihr dürft euch jedoch einen Gegenstand zaubern, mit dem ihr meint, den Stier besiegen zu können – mehr nicht.
Mit vielen bösen und schrecklichen Grüßen,
Snakebreaker

Alle waren erst einmal überrascht, denn keiner von ihnen hatte bis jetzt gegen einen Stier gekämpft. Aber Adonis meinte: „Wir müssen das durchziehen für unsere Mutter! Wir werden im Morgengrauen aufbrechen." Als sie am nächsten Tag mittags vor dem Labyrinth ankamen, sahen sie dort einen Mann. Er sagte: „Hier habt ihr eure Karte. Wenn ihr euch den Gegenstand, den ihr mit hineinnehmen wollt, gezaubert habt, bekomme ich eure Zauberstäbe. Die Brüder zogen sich erst einmal zurück. Sie unterhielten sich, was sie mit dem einen Zauber erreichen sollten. Kevin war für Essen, denn er hatte einen riesigen Hunger, aber Fabian meinte, ob er verrückt sei, denn wie sollte man einen Stier mit Essen besiegen. Simon fiel etwas ein. Er schlug vor: „Wir nehmen eine Kugel oder einen Ball mit, am besten in Rot, da Stiere diese Farbe nicht mögen." Nachdem Fabian eine rote Kugel hergezaubert hatte, gaben sie dem Mann ihre Zauberstäbe, nahmen die Karte und zogen los in das Innere des Labyrinths. Mit der Karte in der Hand sagte Kevin, wo sie entlanglaufen mussten.

Auf dem Weg zum Stier kreuzten andere Tiere ihren Weg. Komischerweise schliefen sie alle. Genau in der Mitte des Labyrinths kamen sie an einen großen Platz, auf dem der riesige Stier ebenfalls schlief. Simon bat die anderen zu sich und meinte: „Wir stellen uns alle um das Tier herum. Dann machen wir solange Krach, bis der Stier aufwacht. Adonis nimmt als erster die rote Kugel und wirft sie so zu Kevin, dass der Stier sie sieht. Kevin dann zu Fabian, Fabian dann wieder zu mir und so weiter." Nachdem sich die vier im Kreis um den Stier aufgestellt hatten, schrien und klatschten sie so lange, bis dieser aufwachte. Adonis hob vorsichtig den Ball hoch und zeigte ihm den Stier. Das Tier sprang auf und raste auf Adonis zu. Der warf den Ball sofort zu Kevin weiter, der Stier bremste bei Adonis ab und raste dann auf Kevin zu. Dieser warf den Ball weiter zu Simon und der weiter zu Fabian. Sie spielten das Spiel eine halbe Stunde, dann brach der Stier zusammen und verwandelte sich in eine Karte. Fabian hob die Karte auf und steckte sie in seine Tasche. Die vier begaben sich auf den Weg zum Ausgang. Dort angekommen, sahen sie den Mann mit ihren Zauberstäben. Er war sehr überrascht, sie zu sehen, denn er hatte nicht geglaubt, sie wiederzusehen. Er überreichte ihnen die Stäbe und löste sich im gleichen Moment in Luft auf.

Fabian holte die zwei Kartenstücke aus seiner Tasche und lege sie nebeneinander auf den Boden – aber nichts war zu erkennen. Nach kurzem Überlegen kam Fabian die Idee, dass alle vier Brüder die zwei Kartenstücke in die Hand nehmen und zusammenfügen mussten. Also taten sie es zu viert als Brüder. In dem Moment, als sie die zwei Stücke zusammentrugen, gab es einen riesigen Knall und alles um sie herum löste sich auf. Sie wurden wie von selbst in einem Sog herumgewirbelt, immer schneller und schneller. Ihnen wurde richtig schlecht und bevor sie die Besinnung verloren, wurde ihnen bewusst, dass die Karte ein Portschlüssel war. Als die Brüder wieder zu sich kamen, lagen sie vor einem riesigen, düsteren Schloss. Es musste das Versteck des bösen Zauberers sein. Die Brüder standen auf und versteckten ihre Sachen hinter ein paar Büschen vor der Burg. Alle nahmen ihre Zauberstäbe in die Hand und gingen vorsichtig an das Burgtor. Es war nur angelehnt. Mit ihren Zauberstäben bewaffnet, gingen sie vorsichtig hinein. In der Eingangshalle hörten sie aus einem angrenzenden Raum die Stimme ihrer Mutter und noch eine, ihnen unbekannte, Stimme. Leise schlichen sie durch die große Halle und kamen in einen weiteren großen Raum, in dem viele Gemälde, Ritterrüstungen, Folterwerkzeuge und ausgestopfte Tiere standen. Am anderen Ende des Raums sahen sie eine kleine Tür, die einen Spalt geöffnet war. Simon schaute hindurch und flüsterte: „Dort sitzt unsere Mutter an einen Stuhl gefesselt und neben ihr steht Snakebreaker. Hinten in der Ecke sind noch mehr Menschen in einem Käfig gefangen. Was machen wir jetzt?" Die vier überlegten leise, denn sie wollten den Zauberer ja nicht sofort wissen lassen, dass sie hier waren. Nach längerem Hin und Her kamen sie zu dem Entschluss, dass sie sich ihm entgegenstellen mussten. Also gingen sie hintereinander hinein und forderten: „Wir wollen unserer Mutter wiederhaben und unseren Vater rächen." Sie umkreisten den Zauberer und sagten: „Lass jetzt unsere Mutter frei." Er lachte nur und meinte: „Ihr seid schön dumm. Eure Mutter ist bei mir, ich kann sie jederzeit umbringen. Legt also eure Zauberstäbe auf den Boden, kickt sie mir zu und geht zu dem Käfig in der Ecke, dann wir eurer Mutter nichts passieren." Alle gingen in die Ecke, bis auf Fabian. Er blieb stehen und sagte nur: „Du hast unseren Vater umgebracht. Glaubst du ernsthaft, ich gebe so schnell auf? Da hast du dich getäuscht. Mein Vater hat immer zu mir gestanden und mich getröstet, wenn meine Brüder sich über mich lustig gemacht haben, weil ich der Kleinste und Schwächste in der Familie bin. Er war auch mein Freund und sagte, dass ich mir nichts denken soll, da ich später mal ein ganz großer Zauberer werde. Und da glaubst du ernsthaft, ich gebe jetzt einfach so auf?" Er stürmte auf den Zauberer los, schlug ihm den Zauberstab aus der Hand und schrie: „Jetzt weißt du, wie es sich anfühlt, wenn man machtlos ist!" Doch Snakebreaker war leider stärker als er, riss Fabian den Zauberstab aus der Hand und sprach den Zauber aus: „Du kleiner Narr! Du hast dich gegen mich gewehrt – jetzt bist du dran!" Fabian bewegte sich nicht mehr und lag einfach nur da. Er war tot. Die Mutter, immer noch gefesselt, fing an zu weinen. Die andern drei Brüder stürmten gleichzeitig auf den Zauberer los. Sie sprachen miteinander genau den gleichen Zaubersatz aus wie dieser bei ihrem Bruder. Der Zauberer war auf der Stelle tot. Kevin, Simon und Adonis befreiten sogleich ihre Mutter und alle fielen sich in die Arme. Nachdem auch die Gefangenen aus dem Käfig befreit waren, verließen sie das Schloss und machten sich auf dem Heimweg.

Das ganze Volk der guten Seite trauerte um Fabian, der sich für alle geopfert hatte, um den Zauberer zu besiegen. Adonis, Kevin und Simon herrschten zusammen über das schöne Lummerland. In den darauffolgenden Jahren heirateten alle drei und bekamen Kinder. Die Brüder gaben ihr Wissen über die Zauberei, wie sie es von ihrem Vater gelehrt wurden, an ihre Kinder weiter, sodass das Gute im Lummerland weiter blieb und das Böse keine Chance hatte.

Fabian Titze, Kevin Bez, Adonis Muhaxeri und Simon Pulczynski
Reischlesche Wirtschaftsschule, Klasse 7b

Fantastisches Leben!

Fantastisch ist das Leben.
Ohne viel Fantasie
wäre das Leben kein Genie.
Der Wind weht,
das Leben vergeht.
Der Winter geht heim,
der Sommer zieht ein
und mein Leben könnt nicht
fantastischer sein.
Die Pool-Party beginnt,
der Spaß gewinnt.
Wir holen das Eis
und das Leben ist ein Preis.

Julia Akgüc und Amanda Saraiva Lohre
Kerschensteiner-Mittelschule, Klasse 6 b

Marco – sein großer Traum

Es war einmal ein Junge, er hieß Marco und war zwölf Jahre alt. Sein größter Wunsch: Er wollte, wie viele aus seinem Freundeskreis, Fußballprofi werden. Seit über drei Jahren spielte Marco bereits beim FC Neuhafen 06 e. V. Er war ein großer Fan vom BVB und wollte natürlich auch mal dort spielen – wie die großen Stars Lothar Emmerich, Shinji Kagawa, Marco Reus usw.

Dieses Wochenende war ein großes, internationales Jugendturnier und Bayern München, die Stuttgarter Kickers sowie der Hamburger SV waren zusammen mit dem FC Neuhafen in einer Gruppe. In der anderen Gruppe spielten Arsenal London aus England, der BVB, der FCA und der Veranstalter 1860 München. Marco war schon gespannt, wie die Torhüter waren, denn an denen musste er ja schließlich vorbeitreffen.

Es war Samstag, er saß bereits mit seinen Eltern im Auto und war auf dem Weg nach München. Seine Mannschaft und er wussten, dass sie nicht gewinnen würden, aber sie wollten trotzdem alles geben. Und dass sie überhaupt dabei waren, verdankten sie dem guten Verhältnis ihres Jugendleiters zu 1860 München.

Sie waren schon in der Umkleidekabine und zogen sich um. Der Trainer sagte: „Wir spielen wie gewöhnlich in der Halle mit einer 2–2–1-Aufstellung. Wer spielt, sage ich später." Schon waren die ersten beiden Spiele vorbei und wir waren an der Reihe – gegen Bayern München.

Wir verloren 0:3 und waren damit erst einmal Letzter. Aber Marco sagte, dass das noch nichts zu bedeuten hätte. Nach dieser Ansage gingen die Köpfe hoch und wir waren uns einig – wir müssen noch mehr kämpfen.

Das nächste Spiel war gegen die Stuttgarter Kickers. Nach kurzer Zeit fiel das 1:0 für uns und das war auch der Endstand nach zwölf Minuten. Fröhlich und siegesbegeistert gingen wir auf die Tribüne zu unseren Eltern. Alle wurden gelobt und Marco besonders wegen seinem Tor. Nun spielten die Bayern gegen den HSV und es stand schnell 2:0 für die Münchner. Aber plötzlich spielten sie sehr eigensinnig und es klappte nichts mehr so richtig. Der Trainer versuchte vergeblich seine Mannschaft wieder zu ordnen. Durch eine Unachtsamkeit verkürzten die Hamburger auf 2:1. Als noch 40 Sekunden zu spielen waren, hatte der HSV den Ball. Ihr Trainer rief: „Letzter Angriff, alles nach vorne – auch der Torwart." Und die Fans schrien und feuerten die Mannschaft an. Sechs Sekunden vor Schluss schoss ein HSVler den Ball unhaltbar ins linke Eck. Die Hamburger freuten sich, als ob sie gewonnen hätten. Und unser Trainer sagte, dass jetzt wieder die andere Gruppe dran sei.

Nun war der HSV unser Gegner. Die waren jetzt natürlich noch selbstbewusster und gingen nach zwei Minuten auch in Führung, aber die Neuhafener ließen nicht locker. Die Zeit lief und es waren noch viereinhalb Minuten zu spielen. Der FC Neuhafen schaffte den Ausgleich, es war wieder Marco. Die Hamburger hatten nun keine echten Chancen mehr, Neuhafen war jetzt einfach besser und stärker. In der letzten Minute hämmerte Marco den Ball an die Latte und den Abpraller schoss er über den am Boden liegenden Torwart ins Netz. 2:1 gewonnen! Wir, unsere Fans und alle Eltern jubelten.

Marco und seine Mannschaftskameraden schauten sich gerade den Spielplan an. Da kam ihr Trainer und sagte: „Jetzt dürft ihr euch aber wirklich freuen." Marco wusste aber gar nicht, wieso. Dann kam jemand von der Turnierleitung und tauschte den alten Spielplan mit den aktuellen Ergebnissen und den Finalpaarungen aus. Jetzt waren Marco die Worte seines Trainers klar. Er rannte zu seinen Eltern und sagte, dass sie das Halbfinale geschafft hatten.

Kurz danach spielte Marco mit seiner Mannschaft gegen den BVB, seinen Traumverein. Dortmund war sehr gut und führte schnell 2:0. Neuhafen wurde stärker und nach einem schönen Pass von Marco erzielte sein Freund Tobi das 2:1. Kurz vor Schluss gab es noch einen Eckball. Marco schoss den Ball einfach scharf und flach vor das Dortmunder Tor. Und irgendwie lag der Ball im Netz. Ob von einem Neuhafener oder Dortmunder Spieler, war egal, es stand 2:2 und jetzt musste ein Neunmeter-Schießen entscheiden.

Unsere drei Schützen waren Tobi, Frank und, unser sicherster, Torwart Manuel. Tobi traf zum 3:2, aber der BVB glich aus. Frank verwandelte und es stand 4:3 für uns. Die Nummer elf der Dortmunder, die im Spiel schon die beiden Tore geschossen hatte, war jetzt dran. Ein knallharter Schuss – aber der Ball ging an die Latte. Das Tor wackelte etwas, aber wir blieben in Führung. Jetzt musste nur noch Manuel treffen und wir wären im Finale. Manu schoss, aber der Ball landete am Pfosten. Nun der letzte Schuss der Dortmunder – scharf in die rechte Ecke. Aber Manuel, eben noch sauer über seinen verschossenen Strafstoß, konnte den Ball gerade noch abklatschen. Den Abpraller haute der BVBler zwar ins Tor, aber das zählt beim Neunmeterschießen nicht – wir waren im Finale! Und der Gegner war Arsenal London. Die Engländer hatten die Bayern im anderen Halbfinale 7:0 geschlagen. Während die Platzierungsspiele liefen, waren wir in der Kabine zur Besprechung. Aber die meisten Spieler waren so nervös, dass sie gar nicht hörten, was der Trainer sagte.

Endlich – das Finale: FC Neuhafen gegen Arsenal London. Wir gingen auf das Spielfeld, der Schiedsrichter pfiff an. Es war ein rasantes und ausgeglichenes Spiel. Die Engländer waren natürlich besser, aber wir glichen dies durch enormen Kampfgeist aus. Je länger das Spiel dauerte, desto nervöser wurden unsere Gegner. Schließlich waren sie der große Favorit, wussten aber auch, dass wir schon einige Überraschungen geschafft hatten. Und so kam es dann auch. Marco dribbelte sich durch die ganze Abwehr und knallte den Ball noch im Fallen an die Latte. Von dort sprang der Ball unhaltbar ins Tor. Dabei war er aber umgeknickt und hatte sich den Knöchel verletzt. Marco wurde ausgewechselt und wir mussten noch die restlichen fünf Minuten überstehen. Die Verletzung war so schwer, dass Marco im Krankenhaus in München bleiben musste.

Als er nach der Operation wieder zu Hause war, besuchten ihn seine Mannschaftskameraden. Sie gaben ihm einen großen Pokal und sagten: „Schau mal, was dort drauf steht." – „Peter-Grosser-Cup 2014, 1. Platz", flüsterte Marco ganz leise. Er freute sich erst riesig, aber als er auf sein Bein schaute, wurde er etwas traurig. Schließlich konnte er jetzt sechs Wochen nicht Fußball spielen.

Als wieder alles verheilt war und er einmal mittags von der Schule nach Hause kam, sagte seine Mutter: „Du hast Post bekommen." Auf dem Kuvert war das Emblem vom BVB. Marco war ganz nervös und riss den Brief auf. Er las den Brief und dann kullerten ihm ein paar Tränen über die Wangen. Bei dem Turnier in München war Marco vor allem auch im Spiel gegen den BVB den dortigen Jugendtrainern aufgefallen. Und nun hatte ihn Borussia Dortmund tatsächlich zum Probetraining eingeladen. „Einfach fantastisch", dachte sich Marco. Sein großer Traum begann jetzt vielleicht ein Stück Wirklichkeit zu werden.

Bastian Endres
Gymnasium Königsbrunn, Klasse 5d

Der magische Wald

In einer weit entfernten Galaxie schwebte ein Planet namens Gripton. Auf Gripton, in einem Wald weit weg von der Zivilisation, herrschte ein Krieg, der die Pixels und die Anti-Elfen spaltete. Alles begann so:
Einst lebten die Pixel und Anti-Elfen glücklich und zufrieden miteinander bis zum 114. Freitag, den 13. Da sagte der älteste und weiseste der Pixel, Uruguru, dass eine Horde aus 15 Drachen, 1111 Samurais und 80 Magiern ihr Dorf am 115. Freitag, den 13., überfallen und niedermetzeln würde. Die Anti-Elfen dachten, das würde nie passieren, und so zogen Uruguru und die Pixel auf die verbotene Seite des Piqurindesus-Waldes. So lebten sich die Stämme der Pixel und Anti-Elfen über Jahrhunderte auseinander. Als der 115. Freitag, der 13., kam, überfiel die Armee aus 15 Drachen, 1111 Samurais und 80 Magiern das Dorf der Anti-Elfen. Außer sich darüber, dass die Pixel ihnen nicht geholfen hatten, überfielen sie die Pixel.

Ich bin Pixel Calinco und ich verachtete die Anti-Elfen so sehr wie mein ganzes Dorf. Heute griffen wir noch einmal an. Wir zogen unsere Rüstung an und los ging es. Ich war Außenposten, erste Flanke. Wir gingen immer reihenweise vor. Nun griffen wir an. Wir durchquerten den Piqurindesus-Wald, um zu den Anti-Elfen zu gelangen. Das Gebiet war sehr gut bewacht. Drei Außenposten gab es, aber ich kümmerte mich um die drei. Schnell huschte ich einen Baum hoch, holte drei meiner fünf Lanzen heraus, die sich im Wurf selber ausführen, und schon passierte es. Jetzt gingen wir in den Angriffsmodus über. Ich holte meine Machete heraus und … Angriff! Es folgte eine erbitterte Schlacht, die wir gewannen. Ihr müsst wissen, dass wir niemanden töteten – das war strengstens verboten. Wir betäubten uns nur. Sogleich ließen die Anti-Elfen ihren Drachen frei. Doch unsere Bogenschützen machten kurzen Prozess. Nun war nur noch der Häuptling der Anti-Elfen übrig. Uruguru zögerte, dann ließ er die Waffe fallen und half ihm auf. „Keinen mehr betäuben!", schrie Uruguru. Ich rief: „Fantastische Entscheidung! Gebt ihnen das Gegengift!" Und sie gaben ihnen das Gegengift, halfen ihnen hoch und wir luden sie ein, zu uns zu kommen und sie kamen auch. Über Jahrhunderte lebten wir wieder zusammen und nannten uns Pixelelfen. Und von nun an führten wir jede Schlacht gemeinsam.

Alexander Simon Hörner
Gymnasium Königsbrunn, Klasse 5d

Die dunkle Fee

Es war einmal vor langer, langer Zeit eine wunderschöne Welt auf der anderen Seite der Erde. Die Welt war voller Fantasiewesen. Sie tanzten, arbeiteten zusammen und waren alle Freunde – außer der dunklen Fee Melifecent.
Melifecent wurden vom König die Flügel geklaut. Darum hatte Melifecent die Prinzessin verflucht. Durch den Fluch wurde die Prinzessin immer größer und größer!
Eines Tages ging die Prinzessin in den dunklen Wald und Melifecent wartete schon auf sie. Melifecent sagte: „Hallo, Prinzessin!" Die Prinzessin erwiderte ihren Gruß, obwohl Sie leicht erschrak. Sie fragte: „Was ist mit deinen Flügeln?" Melifecent tropfte eine Träne herunter und sie sagte: „Sie wurden mir gestohlen!" Die Prinzessin sah Melifecent traurig an und fragte: „Wer hat deine Flügel gestohlen?" – „Meine Flügel hat dein Vater mir gestohlen!" – „Mein Vater?! Mein Vater würde so etwas niemals tun!" Melifecent fragte: „Kannst du mir meine Flügel zurückholen?" Die Prinzessin antwortete: „Ok." Melifecent zauberte sich weg. Die Prinzessin rannte

daraufhin so schnell, wie sie nur konnte, zum Schloss und suchte in den dunkelsten Kammern des Schlosses nach den Flügeln. Nach stundenlanger Suche fand sie die Flügel in der ältesten Kammer des Schlosses.
Sie rannte mit den Flügeln wieder in den Wald, wo Melifecent schon mit voller Begeisterung auf ihre Flügel wartete. Die Prinzessin übergab die Flügel an Melifecent. Daraufhin bedankte sich Melifecent bei der Prinzessin und sagte: „Du bist eine fantastische Prinzessin!" So lebten alle wieder fröhlich und glücklich miteinander.

Esma Yildirim
Gymnasium Königsbrunn, Klasse 5d

Die Sage der Ulrichshöhe

Vor rund 955 Jahren griffen die Ungarn Augsburg an. Im Heer hatten sie viele Kobolde, die eigentlich gar nicht kämpfen wollten. Aber die ungarischen Kämpfer hatten einen Vertrag mit den Kobolden abgeschlossen:
Wenn sie die Augsburger besiegten, dann wären sie frei und dürften machen, was sie wollten. Also gaben sie alles, um sie zu besiegen, aber das Augsburger Heer war einfach zu stark. Deshalb nutzten die Kobolde eine günstige Gelegenheit und flohen vor den Ungarn. Die Ungarn wollten die Kobolde wiederhaben und setzten alles daran, sie zu finden. Da kamen die Kobolde auf die Idee, einen Berg zu bauen, den sie dann als Unterschlupf nutzten. Da sie die Fähigkeit hatten, sehr schnell arbeiten zu können und fleißig waren, war der Berg nach zwei Tagen fertig. Weil die Menschen trauerten und das Schlachtfeld aufräumten, fiel ihnen der Berg zuerst gar nicht auf. Auch die Ungarn kamen wegen der Schmach, eine Schlacht verloren zu haben, nie wieder auf das Lechfeld. So kann man auch heute noch in Vollmondnächten die Kobolde auf der Ulrichshöhe kichern hören!

Lara Höppner
Gymnasium Königsbrunn, Klasse 5c

Feuervogel

„Sieh her, ich fliege, sieh doch her!"
Sie jauchzt herab vom höchsten Ast,
die Welt von Luft und Leere schwer,
vor Leben weit und lichtumfasst.
Der Bruder schaut, wild tanzt im Wind
ihr Haar, sie lacht. Ein Himmelskind,

ein Wolkentier auf Wiesenblau,
das gierig nach der Weite strebt.
Er wünscht sie frei vom Weltenbau,
in dem sie auf der Erde lebt.
Den Ast wagt sie sich kühn entlang,
die Luft riecht feucht, nach Dunkelheit,
nach Sommerglut und ihr wird bang,
der Sturmwind zerrt an ihrem Kleid.
Ein Krachen – Splittern – birst die Welt,
ein Blitz zerfetzt die Luft, sie fällt.
Ein Schrei reißt aus der Brust heraus,
den rasch ein Donnerschlag verwischt.
Ihr Körper bricht und sie geht aus
wie eine Flamme, die erlischt.
Er springt und ruft in raschem Lauf,
die Augen tränenleer und weit,
fast bricht das Herz den Leib ihm auf.
Er sinkt in namenlosem Leid,
als still, in Schmutz und rotem Blut,
sie tot am Erdenboden ruht,
stürzt dann, von Irrsinn ganz erfasst,
davon, in Grauen, uferlos,
durchzuckt von Qual und Herzenslast,
und stolpert hin durch Gras und Moos.
Ein Aufglühn fasst den Wald, Gebell,
ein roher Blutdurstlaut, auf den
ein schrilles Kreischen folgt. Dann hell
ein Feuerstoß, von weit zu sehn.
Der Junge stockt, die Welt erstarrt,
ein Hase, der auf Jäger harrt.
Ein Wesen kracht durchs Blätterdach,
schreit auf und bricht in Flammen aus,
ein goldner Vogel, alt und schwach,
ein Hund reißt ihm die Flügel aus.
Er fletscht die Zähne, keift und zerrt,
bis Blut mit Speichel sich vermengt
und macht doch auf der Stelle kehrt,
als Hitze ihm das Fell versengt.
Das Kind, es starrt, und was geschieht
dem trüben Blick sich fast entzieht:

Der Vogel blutet, flattert auf,
ein Feuersturm, ein Flammenmeer,
kriecht lichterloh den Leib hinauf,
packt lodernd ihn von innen her.
Das Federkleid, es leckt und schlingt,
verzehrt ihn rasch mit Haut und Haar,
er fällt, er stirbt, die Flamme singt
und trinkt von seinem Leben gar,
bis dieses fort gen Himmel eilt
und nichts als Asche übrig weilt.
Der Junge sieht's und Schmerz erwacht
erneut, sie stieg den Baum hinauf
und nahm sich nicht genug in Acht.
Die Schwester schrie vorm Tode auf.
Dann plötzlich flammt die Asche neu,
und setzt mit einem Wirbelwind
das Unterholz in Brand, als scheu,
so unbeholfen wie ein Kind,
der Phönix aus den Gluten naht,
ein junger Trieb aus Aschesaat.
Dem Kind kommt mit Nachdrücklichkeit
ein altes Märchen in den Sinn,
das Mutter ihm vor langer Zeit
erzählt, von Tod und Neubeginn.
„Es steht der Flammenvogel auf
vom Tode, der die Menschen plagt,
schwebt weit im Ascherauch hinauf,
an dem der Zahn der Zeit nicht nagt,
die Glut facht Lebensfunken an,
die Asche weckt den Sensenmann."
Der Junge denkt an Schwesters Licht,
das ausgelöscht, vom Baum geweht,
als er den Ast vom Busche bricht,
der flackernd hell in Flammen steht.
Den Funken in ihr wecken, das
ist sein Begehr, mit Phönixglut
und das Gesicht, noch tränennass,
zeigt Spuren nun von neuem Mut.
Sie liegt noch dort, am Wurzelstock
des Baums, und ihr zerrissner Rock

bedeckt versehrte Glieder nicht.
Er stapelt um sie Holz auf Holz,
bedeckt mit Stroh dann ihr Gesicht,
er keucht und lächelt schwach vor Stolz
Der Scheiterhaufen brennt, doch sie
bleibt tot und stumm und regungslos,
ihr Haar flammt auf und dort am Knie
liegt nacktes Fleisch auf Knochen bloß.
Ein schwarzer Qualm steigt himmelweit,
ein düstres Flammentodgeleit,
des Vogels Macht war nichts als Schein,
er weint, als Feuer sie zerfrisst,
ein Märchen, dessen Kraft allein
das Wecken falscher Hoffnung ist.

Lisa Gebauer
Gymnasium Maria Stern, Klasse Q11

Eine große Leidenschaft und jede Menge Unkraut

Es war ein sonniger, warmer Sonntagmorgen, ich war auf einem ausgedehnten Spaziergang durch den Siebentischwald. Laue Sommerwinde raschelten in den Blättern der Bäume und Vögel sangen fröhlich ihre Lieder. Plötzlich kam aus dem Gebüsch am Wegesrand ein merkwürdiger Singsang: „Grasragrigiie!" Die Büsche vibrierten bedrohlich und heraus sprang – ein GRÜNER LÖWE MIT LILA PUNKTEN! Frustriert schüttelte das merkwürdige Geschöpf den Kopf und jammerte: „Oh, ich kann immer noch nicht böse brüllen! Was soll ich bloß machen? Huch, ein Mädchen! Wie niedlich!" Und ehe ich mich versah, schlich der komische Löwe schnurrend um meine Beine. „Wer bist du?", fragte ich geradeheraus. „Oskar", antwortete der Löwe, „Oskar, der gute Löwe aus der bösen Zauberlöwenfamilie. Aber keine Angst, nur Löwen mit blauen Tupfen sind böse. Doch meine lila Punkte bewirken nur Gutes. Ich fresse nur Unkrautwurzeln und überall, wo ich hintrete, wächst neues Unkraut." Er blickte mich mit seinen großen dunklen Augen treuherzig an und erzählte aufgeregt weiter: „Durch die Kraft meiner Punkte kann ich fliegen, mich unsichtbar machen und noch vieles mehr. Ich will dein Freund werden. Meine Familie hat mich wegen meiner lila Flecken ausgestoßen. Darf ich bei dir wohnen?"

So kam es, dass ich Oskar mit nach Hause nahm. Meine Familie nahm ihn auch mit Freuden auf. Im Garten durfte von nun an das Unkraut wuchern, damit er genug Futter hatte. Im Haus und sonst überall schwebte Oskar dank seiner Punkte, denn er wollte die Häuser, Gärten und Parks der Menschen nicht mit Unkraut verwüsten. Am selben Nachmittag stellte sich dann heraus, dass Oskar eine Vorliebe für Fußball hatte. Abgesehen davon, dass er eine Handbreit über dem Boden schwebte, spielte er wie ein normaler Mensch auf den Hinterpfoten Fußball. Naja, fast, denn er war wahrscheinlich noch besser als Lionel Messi. Oskar half mir beim Lernen und den Hausaufgaben für die Schule und am nächsten Tag, einem Montag, trug er mich sogar im Flug dorthin. Wow, war das ein tolles Gefühl im Bauch! Dort traf ich meine beste Freundin Katja glücklich grinsend auf dem Rücken eines BLAU-ORANGEN ELEFANTEN! Dieser konnte offensichtlich auf seinen dicken Elefantenbeinen laufen, ohne Spuren zu hinterlassen. „Hallo, ich bin Olaf, der gute Elefant aus der bösen Zauberelefantenfamilie", trompetete er uns entgegen und blubberte bunt schillernde Seifenblasen aus seinem Rüssel, „auch ausgestoßen – wie dein Freund Oskar." Es stellte sich heraus, dass sich die beiden schon seit Ewigkeiten kannten, sich aber immer wieder aus den Augen verloren hatten. Katja berichtete mir stolz, dass Olaf nun bei ihnen wohnte und soooo gut Fußball spielen konnte. Das fand ich wirklich fantastisch: Zwei ausgestoßene Wunderwesen hatten endlich neue Familien gefunden und ihre große Leidenschaft: FUSSBALL.

Stefanie Altmannshofer
Gymnasium Maria Stern, Klasse 5c

Keberios

Es war einmal ein Drache, er hieß Keberios. Er wohnte in einem Schloss, das Kalabin genannt wurde. Einmal verirrte sich eine wunderschöne Prinzessin in das Schloss, weil sie auf dem Weg zu einer befreundeten Prinzessin im finsteren Wald die Orientierung verloren hatte.
Keberios freute sich, endlich einmal wieder Besuch zu bekommen. Schon seit 100 Jahren hatte es niemand mehr gewagt, Kalabin zu betreten, denn alle Menschen nah und fern wussten, dass er ein ziemlich böser Drache war. Nur die Prinzessin war nicht gewarnt. Ihre Erziehung beschränkte sich auf Musizieren, Stricken und Kochen.
Darum dachte sich die Prinzessin auch nichts dabei, als sie an der Tür des Schlosses Kalabin klopfte, um nach dem Weg zu ihrer Freundin zu fragen. Wie groß war da der Schreck, als plötzlich der fürchterliche und stinkende Drache vor ihr stand! Er brüllte sie an und schrie: „Schön, dass du da bist, ich sperre dich gleich in meinem Turm ein!" Die Prinzessin war viel zu

erschrocken, als dass sie sich hätte wehren können. Und –schwupps – schon saß sie in einem Verließ hoch oben im höchsten Turm des Schlosses. Dort musste sie tagaus, tagein für den Drachen musizieren, stricken und kochen. Dem Drachen gefiel das gut und bald kannte er alle schönen Musikstücke, kleidete sich in drachengrüne Pullover mit rosa Streifen und setzte sich giftgelbe Strickmützen auf. Und sein Bauch wurde immer runder, denn die Prinzessin konnte königlich kochen. Doch die Prinzessin hatte Heimweh und keine Lust mehr auf Musik, Selbstgestricktes und Kochtöpfe. Bis zum gestrigen Tag musste sie aber im Schloss leben, ob sie wollte oder nicht.

Doch gestern, da kam endlich ein Prinz ins Schloss und entdeckte die Prinzessin. Er nahm sein Schwert und tötete Keberios. Zack! Der Prinz nahm die Prinzessin mit in sein Schloss. In der Kutsche noch küsste er die Prinzessin und versprach ihr den Himmel auf Erden. Dieser Moment war für die Prinzessin einfach fantastisch! Der Prinz und die Prinzessin feierten eine wundervolle Hochzeit und luden dazu das halbe Königreich ein. Und was tat die Prinzessin schon kurze Zeit später? Sie musizierte für ihren Prinzen, sie strickte ihm wunderbar weiche Wollpullover und Bommelmützen und kochte ihm all seine Lieblingsspeisen. Es kommt eben immer darauf an, warum und für wen man etwas macht. Stimmt's?

Elena Kerler
Gymnasium Maria Stern, Klasse 6b (Kreatives Schreiben)

Gestatten, Fantasie

Hallo! Ich bin's, deine Fantasie! Vielleicht kennst du mich, vielleicht aber auch nicht. Ich wohne in deinem Gehirn, genauer gesagt, wohne ich sehr schön gelegen bei deinem Temporallappen. Ich kann sehr viele Dinge. Zum Beispiel kann ich die schönsten Welten erschaffen oder die wildesten Kreaturen lebendig werden lassen. Ich kann auch schnell mein Äußeres verändern. Jetzt bin ich vielleicht noch ein ferner Planet und im nächsten Moment schon ein paradiesischer Strand. Du kannst von einem Ort zum anderen springen, durch Wände gehen oder durch Kleidung sehen. Zusammen können wir fliegen, uns verwandeln und Heldentaten vollbringen. Nur zu, trau dich! Alles ist möglich, denn meine Kraft ist grenzenlos. Mit mir kannst du für eine kurze Zeit dem Alltag entfliehen. Du kannst mir deine geheimsten Geheimnisse, deine tiefsten Wünsche und Gedanken anvertrauen. Ich bin der wohl sicherste und schönste Ort der Welt.

Selin Duran
Agnes-Bernauer-Realschule, Klasse 9c

Fantastisch – 11 Elfchen

F
Freundschaft
Macht glücklich
Freunde halten zusammen
Wahre Freundschaft hält lang
Fantastisch

A
Ausflüge
Wunderschöne Landschaften
Verzaubern den Geist
In allen vier Jahreszeiten
Fantastisch

N
Neujahr
Buntes Feuerwerk
Alle feiern zusammen
Feuerblumen in der Luft
Fantastisch

T
Tor
Fußball spielen
In Führung gehen
Mit der Mannschaft feiern
Fantastisch

A
Ausschlafen
Keine Schule
Im Bett liegen
Wohliges und warmes Gefühl
Fantastisch

S
Schnee
Weiße Flocken
Schneekristalle am Fenster
Schneemänner im Garten bauen
Fantastisch

T
Tanzen
Gute Musik

Spaß an Bewegung
Fröhliche Gesichter, lachende Menschen
Fantastisch
I
Italienurlaub
Im Sommer
Ministranten in Rom
Papstaudienz auf dem Petersplatz
Fantastisch
S
Skifahren
Schnelle Abfahrten
Wind im Gesicht
Glücksgefühl im ganzen Körper
Fantastisch
C
Christkindlesmarkt
Weihnachtliche Stimmung
Glühwein am Abend
Schneefall, Kinderlachen und Weihnachtsmusik
Fantastisch
H
Heimat
Geborgen fühlen
Immer willkommen sein
Bei Familie und Freunden sein
Fantastisch

Lena Egger
Gymnasium Maria Stern, Klasse 10c

Der Drachenspiegel

Hallo, ich bin Lisa und ich muss euch unbedingt etwas erzählen: Vor ein paar Tagen habe ich auf unserem Dachboden einen geheimnisvollen Spiegel gefunden. Er war sehr verstaubt, weshalb ich ihn säuberte. Ich sah ein merkwürdiges Schimmern auf dem Glas. Wie gebannt starrte ich in den Spiegel und auf einmal wurde ich in mein eigenes Spiegelbild gezogen. Von einer Sekunde auf die andere war ich in einer anderen Welt.
Ich sah vom Boden auf und blickte in das Gesicht eines großen, roten Drachen. Er schien zu lächeln. Einladend winkte er mit dem rechten

Flügel und begann loszustapfen. Ich folgte ihm. Überall waren Drachen verschiedenster Art zu sehen. Als „mein" Drachen auch noch zu sprechen begann, wunderte mich das nicht mehr. „Ich kann dir unsere Welt zeigen, wenn du willst." – „Ja, gerne", freute ich mich. „Hier leben wir Drachen", grummelte der rotschimmernde Riese. Ich konnte nur ein leises „Wow" hervorbringen. Das war ja ein riesiges Dorf aus lauter Grotten! „Und wo wohnst du?", fragte ich den Drachen. Er deutete auf die größte der Höhlen. „Dort drüben. Ich bin der Oberdrache und du bist bei uns willkommen." Wir liefen weiter. „Wie viele Drachen leben hier?", wollte ich wissen. „111 Drachen aller Arten, vom Goldenen Peitschschwanz bis zum Prickelnden Einhornzahn. Dort drüben halten wir unsere Versammlungen ab." Er deutete auf einen großen Baum, dessen Art mir nicht bekannt war. Natürlich fragte ich nach: „Was ist das für ein Baum?" – „ Das ist der heilige Mondbaum. Wie der Name schon sagt, ist er heilig. Seine Art ist sehr selten und er blüht einmal im Monat und zwar immer bei Vollmond, wenn wir uns versammeln. Du hast Glück, heute Abend ist es soweit." Natürlich freute ich mich, doch etwas anderes bedrückte mich. „Aber was ist mit meiner Familie? Die vermisst mich doch." Der Drache antwortete ruhig. „ Nein, solange du hier bist, vergeht keine Sekunde." Nach einiger Zeit waren wir am Ende der Führung angelangt. „Hier ist unser Grenzfluss. Dort endet unser Reich und wenn du nach Hause möchtest, musst du dort hineinsteigen. Du kannst uns natürlich immer besuchen." Ich drehte mich zu dem Schuppendrachen – denn so einer war er, wie ich inzwischen erfahren hatte – um und wollte mich verabschieden (denn etwas besorgt war ich doch wegen meiner Familie), als mir noch etwas einfiel. „Was ist mit eurer Versammlung?" – „Komm doch noch einmal in einer Stunde, dann ist es soweit." – „Ok, dann bis nachher." Ich stieg in den Fluss, spürte den bekannten Sog und „flog" zurück auf unseren Dachboden. Sofort sah ich auf die Uhr und stellte fest, dass wirklich keine Sekunde vergangen war.

Eine Stunde später reiste ich noch mal zu den Drachen. Dort blühte der magische Mondbaum in allen Farben des Regenbogens. Als ich nach zwei Stunden zurück daheim war, fiel ich müde, aber glücklich in mein Bett und schlief ein.

Am nächsten Tag in der Schule musste ich in mich hineingrinsen, als unsere Deutschlehrerin ankündigte, dass wir bald einen Aufsatz über Fabelwesen schreiben würden. Natürlich habe ich über Drachen geschrieben, da ich ja nun so etwas wie eine Expertin war.

Heute haben wir unseren Aufsatz zurückbekommen und mir hat selbstverständlich eine Eins entgegengeleuchtet. „Wie hast du das geschafft?", wollte Frau Laika, meine Lehrerin, wissen. „Das war ja geradezu so, als ob du da gewesen wärst." Bisher war ich eine ziemliche Niete in Deutsch gewesen. Doch ich lächelte nur und zuckte mit den Schultern. Die Wahrheit würde für immer mein Geheimnis bleiben. Nur ihr dürft es wissen, aber pssst! Nicht weitersagen!

Juliane Liehr
Gymnasium Maria Stern, Klasse 7c

Erster Kuss

„Kann ich dich kurz sprechen?", fragte mich ein dunkelhaariger Junge, dessen Augen in den verschiedensten Blautönen funkelten. Sein Anblick raubte mir voll und ganz den Atem. Er war etwa einen Kopf größer als ich, sehr schlank, aber dennoch muskulös. Wer er war und was er wollte, wusste ich nicht und doch nickte ich schüchtern und folgte ihm dann nach draußen. Es war bereits dunkel und der riesige Garten wurde von dem fahlen Licht der vielen Laternen beleuchtet. Wir setzten uns an den Brunnen, als er plötzlich nach meiner Hand griff und sie an seine Brust hob, ungefähr dorthin, wo sein Herz lag. Meine Augen weiteten sich und mein Herz hämmerte mir lautstark in den Ohren. „Ich beobachte dich schon seit Längerem und …", begann er, „anfangs dachte ich, dass es nichts als dummes Verknalltsein war, doch mit der Zeit hatte ich mich immer mehr und mehr in dich verliebt." Seine Stimme blieb dabei so ruhig und sanft. Mir stockte der Atem und ich war komplett verwirrt. Wie konnte er sich in mich verlieben? Er kannte mich doch kaum und ich war auch nicht gerade beliebt unter den Jungs. Sie sagten immer, ich wäre eine graue Maus, viel zu nichtssagend. Doch anscheinend schien ihn das nicht weiter zu stören, denn er kam näher. Viel zu nah. Er sah mir tief in die Augen und ich versank förmlich in seinen: Sie waren so endlos blau wie das Meer. Plötzlich lagen seine Lippen auf den meinen, seine Augen bereits geschlossen und seine rechte Hand in meinem Nacken. Schock. Was soll das denn jetzt auf einmal, dachte ich und wollte ihn gerade wegstoßen, doch er packte fester zu und zog mich so noch näher an sich heran – falls das überhaupt noch möglich war. Er grinste kurz und küsste mich erneut. Diesmal ließ ich es zu und erwiderte den Kuss. Er war dabei so unglaublich zärtlich. Nach einer gefühlten Ewigkeit lösten wir uns voneinander. „Fantastisch!", hauchte ich, er grinste mich daraufhin an und zog mich zurück in seine Arme. So verweilten wir noch ein bisschen und sahen gemeinsam hoch zu den Sternen, welche wie kleinste Diamanten den Himmel zierten.

Amidala Spitzer
A. B. von Stettensches Institut, Klasse 8b

Worte um Worte und viel mehr

Das Buch, das dich Stunden fesselt, die Geschichte, die du so feierst. Fantastisch! Ein anderes Wort wäre untertrieben. Jeder ist von etwas anderem fasziniert, jeder findet etwas anderes besser. Du findest die Geschichte, die du so sehr liebst, nicht? Sie wurde vielleicht noch nicht geschrieben. Was ich rede, fragst du dich gerade? Na ja, nicht ganz einfach zu erklären. Ich versuche es dennoch. Du kannst Stunde um Stunde suchen, findest ein oder zwei Bücher, die dich interessieren, dennoch ist es nicht so, wie du es dir wünschen würdest. Die Schlüsselwörter sind Eigeninitiative und Kreativität. Setz dich mit einem Block in dein Zimmer oder einfach in den uninteressanten Matheunterricht, fang an zu schreiben und entfliehe dem Alltag! Sei verrückt und einfach das Wesen, das du in deiner fantastischen Fantasie bist. Am Ende wird die Geschichte so, wie du sie dir immer gewünscht hast. Lass dich inspirieren und faszinieren – dir fällt nichts ein? Ich kann dir nicht sagen, worüber du schreiben sollst, da ich es selber nicht weiß. Ich setzte mich an meinen PC und schreib einfach drauflos, es kann nichts schiefgehen! Du hast nichts zu verlieren, genauso wie ich.

Ein Beispiel: J. K. Rowling hatte sich vorbereitet, Jahre lang hat sie sich auf das Buch „Harry Potter und der Stein der Weisen" vorbereitet. Die Autorin von der „Twilight"-Saga träumte zunächst nur von den heute so beliebten Büchern. Bereite dich vor oder mach es wie ich und schreib einfach drauflos. Deine Geschichte, deine Worte, dein Buch, das dich Stunden fesselt, die Geschichte, die du so feierst. Nun sind wir da, wo wir angefangen haben. Ich weiß nicht, ob ich dir helfen konnte, aber ich habe dich dazu gebracht zu lesen – und das war das, was ich erreichen wollte. Also lies doch auch noch etwas anderes! Ich hoffe, dass meine Geschichte das beschreibt, was ich dir näherbringen wollte. Vielen Dank.

Leonie Michelle Di Leo
Agnes-Bernauer-Realschule, Klasse 6b

Das Monster im Schrank

Es war Freitagabend, als ich in meinem Bett lag und Mama mir gerade meinen Gutenachtkuss gab. Denn ohne ihn konnte ich überhaupt nicht einschlafen. Ich lag in meinem Bett und Mama sagte: „So, und jetzt schlaf schön und träum was Süßes. Du weißt ja, dass wir morgen zum Wandern wollen und da musst du ausgeschlafen sein." Ich nickte und vergrub meinen Kopf im Kissen. Meine Mama löschte das Licht und verließ das Zimmer. Ich schlief schnell ein.

Doch einige Zeit später wachte ich auf. Ich schaute auf den Wecker und sah, dass ich gerade einmal eine Stunde geschlafen hatte. Das Geräusch, das mich geweckt hatte, kam aus dem Schrank. Ich schüttelte mich und drehte mich auf die andere Seite. Ich fiel wieder in einen unruhigen Schlaf. Dabei träumte ich, dass ich in einem Raum war und überall Schränke standen, deren Türen ständig auf- und zugingen. Das Geklapper wurde immer lauter, meine Ohren dröhnten. Schweißgebadet wachte ich auf. Da war es wieder, das Kratzen und Klopfen am Schrank, und plötzlich hörte ich ein Jammern und Klagen, das mir das Blut in den Adern gefrieren ließ. Mit einem Satz war ich aus dem Bett und rannte in das Schlafzimmer meiner Mutter. „Mama, Mama! Wach auf, da ist ein Monster in meinem Schrank!", rief ich. Meine Mutter gähnte und murmelte: „Ach Mäuschen, da ist bestimmt nichts in deinem Schrank. Das hast du nur geträumt." – „Darf ich trotzdem bei dir schlafen?", bettelte ich. „Nein", sagte meine Mutter, stand auf, nahm mich an die Hand und lief mit mir ins Kinderzimmer. Sie knipste das Licht an. Eine Zeit lang hörten wir in die Stille hinein. Dann sagte meine Mama: „Siehst du, keine Monster in deinem Zimmer!" Sie gab mir einen Kuss auf die Stirn und ging zurück in ihr Bett. Ich stieg ebenfalls in mein Bett und dachte nach, wie ich von hier aus das Licht ausmachen könnte. Da hatte ich eine Idee. Ich nahm das Steckenpferd, das neben meinem Bett lag, und schob es vorsichtig in Richtung Lichtschalter. Nachdem ich es geschafft hatte, das Licht auszuknipsen, verkroch ich mich tief unter meiner Decke. Ich versuchte zu schlafen, es klappte auch.

Als es kurz vor Mitternacht war, hörte ich wieder dieses Kratzen. Jetzt beschloss ich, das Ruder selbst in die Hand zu nehmen, da ich von meiner Mutter ja wohl keine Unterstützung bekam. Ich nahm die Taschenlampe vom Nachttisch und ging vorsichtig auf den Schrank zu. Bei jedem Schritt wurden meine Knie weicher, ich zitterte vor Angst. Dann ging ich noch einen Schritt und stand schließlich direkt vor dem Schrank. Noch einmal hörte ich dieses markerschütternde Krächzen und Jammern. Dann fasste ich mir ein Herz. Ich streckte den Arm aus, umfasste die Klinke und riss die Tür auf. Ich wollte schon schreien, doch da sah ich ein fettes, schleimiges, ekliges Monster. Vor mir lag mein kleiner rotweißer Kater Pavian und schnurrte. „Du hattest bis jetzt wohl auch schon eine ziemlich unruhige Nacht", dachte ich mir. Das konnte man nur unschwer an der zerkratzten Schranktür erkennen. Er musste wohl die ganze Zeit gegen die Tür getreten haben. Ich nahm ihn vorsichtig auf den Arm, stieg zurück in mein Bett und legte ihn auf meinen Schoß. Er rollte sich zusammen, schlief sofort ein und ich tat es ihm gleich.

Victoria Beisecker
A. B. von Stettensches Institut, Klasse 5b

Manyko

Blaufuchsschwanz
Die Sage vom Drachen ist schon sehr weit verbreitet. „Der große und starke Drache ist zu gefährlich!", schreibt man in den Büchern. „Der furchterregende Drache kann mit einem Fingerschnipsen ein Erdbeben verursachen!", erzählt man herum. „Wenn ihm was nicht passt, macht er, was er will!", sagen die Erwachsenen. „Der Drache hat hässliche lange Krallen, Ohren und ein furchterregendes Gesicht!", sagen die anderen Kinder. Doch ich … ich habe ihn gesehen, den wunderschönen Drachen. Ja …, ich erinnere mich, er war so schön: wasserblau, und er hatte einen Schwanz, der so aussah wie ein Fuchsschwanz! Ich nenne ihn Blaufuchsschwanz.

Vereint
Es war an einem wunderschönen Sommertag, als die Legende Wirklichkeit wurde. Ich traute meinen Augen kaum, Blaufuchsschwanz war wirklich da! Alle Dorfbewohner gerieten in Panik, doch ich … ich stand wie angewurzelt da. Er kam näher, um mich herum gab es Schreie, panische Eltern und … „Feuer?", fragte ich mich leise, „Ach du meine Güte! Feuer!" Ich kam wieder zu Sinnen und bemerkte, wie Blaufuchsschwanz Feuer spuckte und zum Schloss flog. Als ich das alles endlich realisieren konnte, rannte ich dem Drachen hinterher. Blaufuchsschwanz war schon kurz vor der Zerstörung des Schlosses, als ich aber aus tiefster Kehle „Stopp" schrie, herrschte Stille. Ich konnte sehen, dass der Drache mich vernommen hatte. Ich sah ihm tief in die Augen, als er das auch plötzlich machte. Ich hatte das Gefühl, dass er sich für mich interessierte, doch dann gab er mir ein Zeichen, sprang auf und flog davon. Ich glaube, ich sollte ihm folgen. Das tat ich auch.

Freunde fürs Leben
Ich nahm also Hüriyan, mein treues Pferd, und ritt los. Als ich am Boden dann große Fußabdrücke sah, wusste ich, wo er war. Plötzlich hörte ich ein Geräusch und Hüriyan erschreckte sich so sehr, dass er mich runterschmiss und davonrannte. „Von wegen treu", dachte ich mir. Doch dann sah ich über den großen Hügel und sah ihn. Ich schrie innerlich nach ihm, doch plötzlich sah er mich. Er kam näher und ich ging, als ich mich wieder aufgerichtet hatte, ein wenig zurück. Ich hörte, wie er versuchte „Manyko" zu sagen. Das war unmöglich! Woher wusste er meinen Namen? „M… Manyko." Ich zuckte zusammen. Er … er hatte es tatsächlich gesagt! Ich nahm also all meinen Mut zusammen und sprang auf ihn.
Ich spürte seinen Puls, es war ein toller Moment. Ich spürte seinen Atem und wie er ruhiger wurde, ich hatte das Gefühl, dass wir zusammenge-

hörten. „Ja, ich heiße Manyko", sprach ich ihm sanft in die Ohren und gleichzeitig umarmte ich seinen warmen Körper. Ich hatte das Gefühl, hier nie mehr weg zu wollen. Das Einzige, was ich wollte, war, für immer bei ihm zu sein und ich wusste, als ich in seine Augen sah, dass er meinte: „Wir bleiben immer zusammen, egal was passiert!" – „Das werden wir", versprach ich ihm. „Wir werden zusammen alt und grau." – „Ich liebe dich", sagte ich zu ihm und ich spürte, wie ich immer müder wurde und dann schließlich einschlief.

Irem Iscioglu
Agnes-Bernauer-Realschule, Klasse 6a(n)

Der kleine Spind

Ich bin John, elf Jahre alt, und wurde vom übergroßen Hornochsen der neunten Klasse oft geschlagen und in mein Schließfach gesperrt. Doch heute würde es ganz anders sein. Ich schlich mich durch die Hintertür der Schule. Normalerweise durften nur Lehrkräfte diesen Eingang benutzen, aber sie taten es nicht, weil die Tür viel zu klein und die Lehrer viel zu dick waren. Ich ging vorsichtig, aber schnell die Treppen hoch, vom ersten Stock zum zweiten. Doch plötzlich hörte ich eine zärtliche Stimme mich rufen. Es war Emba, meine allerbeste Freundin. Ich versuchte, sie still zu kriegen und machte ihr von Weitem dieses Sei-endlich-leise-Zeichen, aber wie immer verstand sie nichts. Es dauerte nicht eine Sekunde, bis diese unterbelichteten Hornochsen da waren. Einer von ihnen kümmerte sich um Emba, die zwei anderen klebten mir den Mund mit Tesa zu und zogen mich in den dritten Stock. Verwundert überlegte ich mir, wohin sie mich brachten. Doch als wir da waren, konnte ich es nicht glauben: Sie wollten mich ernsthaft in den kleinsten Spind aller Spinde hineinstopfen. Als ich drinnen war, hörte ich noch eine der Stimmen rufen: „Du musstest uns ja ärgern!"
Plötzlich verschwand der Boden zwischen meinen Füßen und ich tauchte in einer Welt voller Spinde auf. Einen nach dem anderen machte ich auf. Einmal war ein Einhorn drin, das andere Mal eine Meerjungfrau oder eine sprechende Ziege, doch beim letzten Spind war ein großer, bunter Drache drin. Er sagte: „Komm und lerne viele andere Drachen kennen." Ich folgte ihm und war in einer Welt voller Farben und Blumen aufgetaucht. Der Drache sprach mit sanfter Stimme: „Kunterbunt und nett wie ich ist meine Welt". Daraufhin fragte ich ihn, ob es eine Welt mit Drachen gäbe, die einen beschützen würden. Der knallbunte Drache antwortete mir, dass ich nur dem lila Weg folgen müsse.

Dort angekommen, sah ich überall Rüstungen, Schilde und Drachen natürlich. Ich bat einen um seine Hilfe und erklärte ihm meine Situation. Er beschloss, mit mir in die Menschenwelt zu kommen. Nach einer Weile machte jemand den Spind auf – es waren die Neuntklässler. Sie fragten mich, ob es mir da drinnen gefallen habe. Doch ich sagte nichts und ließ meinen Drachen sprechen. Die Hornochsen bekamen einen gewaltigen Schock und ließen mich von nun an in Ruhe.

Laurita Ismaili
Agnes-Bernauer-Realschule, Klasse 6a(n)

Der Zauberesel

Es war einmal ein Mädchen; sie hieß Mia und sie war schön. Wer sie sah, war gleich in sie verliebt. Eines Tages, an Vollmond, küsste sie einen Jungen namens Erik und in der nächsten Sekunde wurde aus der wunderschönen Mia ein hässliches Biest. Erik wurde auch ein Biest. Ihr Drang nach wilder Zerstörung wurde immer stärker, doch sie konnten sich noch beherrschen. Erik war immer noch in sie verliebt. Eines Tages, als sie nichts Schlimmes dachten, kam ein Drache. Sie merkten schnell, dass sie keine Chance hatten. Wie aus dem Nichts kam ein Esel und sagte ganz laut: „IA!" Und der Drache fiel zu Boden. Der Esel ging ganz langsam heran und schaute, ob er noch lebte. Der Drache war tot. Das Paar bedankte sich beim Esel. Er machte drei Mal „IA" und das Paar wurde wieder zu Menschen.

Charlotte Reiswich
Agnes-Bernauer-Realschule, Klasse 6a(n)

Wie ich zu einem Drachen kam

Eines Tages radelten mein Freund Eric und ich mal wieder an die Wertach, um unserem Hobby nachzugehen. Als wir dort ankamen, stellten wir als Erstes unsere Fahrräder ab, nahmen unsere Ausrüstung, die aus Hammer und Meißel bestand, und begaben uns an das Flussufer, wo jede Menge Steine und Felsbrocken herumlagen. Dann begannen wir, die großen Brocken zu bearbeiten. Unser Hobby war nämlich an der Wertach nach Kristallen zu suchen. An diesem Tag waren wir sehr erfolgreich und fanden einige glitzernde Exemplare. Gerade als wir uns auf den Heimweg machen wollten, fiel unser Blick auf einen Stein, den wir vorher gar nicht bemerkt hatten. Wir sahen uns an und wussten: Ohne diesen besonderen Fund gingen wir nicht von hier weg. Auf der Stelle fingen wir an, auf den Stein

einzuhämmern – der übrigens ganz aus Quarz zu bestehen schien – jedoch vergeblich. Das Ding schien aus Stahl zu sein. Da schlug ich vor: „Wir könnten doch den ganzen Brocken mitnehmen." – „Gute Idee", meinte mein Freund und wir luden das unhandliche Teil auf mein Rad.
Als wir zu Hause ankamen, fragte ich: „Wer behält ihn denn nun? Wenn ich ihn kriege, kannst du die ganze Ausbeute des heutigen Tages haben. Hm, was hältst du davon?" Eric stimmte zu und als er weg war, widmete ich mich wieder diesem „Stahlstein" und legte ihn zu meiner Edelsteinsammlung. Ich beachtete ihn den Rest des Tages nicht weiter, sondern blickte ihn erst abends von meinem Bett aus nachdenklich an. Er war irgendwie schon sehr merkwürdig ... Und so schlief ich ein.
Am nächsten Morgen war mir ziemlich heiß und es roch sehr streng in meinem Zimmer. Ich stand auf und knipste das Licht an. Als ich zur Lampe sah, traf mich fast der Schlag: Dort, wo vorher eine durchsichtige Kugellampe hing, war nur noch ein verkokeltes ... äh ... Ding. Als ich meiner Mutter Bescheid geben wollte, fühlte ich mich beobachtet. Ich sah mich um und bemerkte eine Echse an der Decke hängen. Als ich genauer hinsah, fiel mir auf, dass das Wesen Flügel hatte. Kein Zweifel: Es war ein Drache. Ein Drache in meinem Zimmer! Könnt ihr euch das vorstellen? Ja? Oh, egal. Langsam streckte ich meinen Arm aus. Da stieß er eine kleine Flamme aus und einen Laut, der so ähnlich wie „Mama" klang. Er dachte, ich wäre seine Mama! Ich gab ihm den Namen Blaze (Flamme). Er lernte schnell zu fliegen und sogar zu sprechen! Ich erzählte es niemandem, denn sie würden mich für verrückt halten. Doch das sollte sich bald ändern, denn schon nach einem Monat konnte ich Blaze nicht mehr im Haus verbergen. Er fraß Unmengen und ich musste meine Familie einweihen. Die Begeisterung hielt sich in Grenzen. Eines Tages konnte mich Blaze sogar zur Schule in Augsburg fliegen. Alle waren fasziniert von ihm und jeder wollte auf ihm reiten. Die Lehrer verboten es uns, wir jedoch ignorierten sie einfach. Was will ein mickriger Lehrer gegen einen Drachen ausrichten, hä? Seit mein Drache bei uns lebt, ist das Leben nicht mehr so öde wie früher, nein, es ist ein einziges großes Abenteuer!

Simon Oppel
Bertolt-Brecht-Realschule, Klasse 6c

Der Rabe und das Schwein

Ein Wildschwein ging an einem sehr heißen Tag in den tiefen Wald, weil es auf Nahrungssuche war. Da sah das Wildschwein einen Eichelbaum und fraß sich mit den Eicheln voll. Es machte ein Nickerschläfchen unter dem Baum. Der Baum hütete das Schwein und schütze es vor der Sonne. Da kam auch ein Rabe angeflogen und staunte, weil der Baum sich so gut um das Schwein kümmerte. Als das Schwein aufwachte, grub es Löcher in die Erde, um die Wurzel des Baumes zu fressen. Da schimpfte der Rabe: „Hey, warum bist du so undankbar? Der Baum gab dir Nahrung und schützte dich vor der Sonne und du machst ihn einfach kaputt!" Da schämte sich das Schwein und entschuldigte sich beim Baum. Der Baum vergab dem Schwein und bat ihn, das nie wieder zu tun. Lehre: „Was du nicht willst, das man dir tu, das füg auch keinem andern zu!"

Carolin Weinbender
Agnes-Bernauer-Realschule, Klasse 6a(n)

Die wundersame Reise nach Avar

Wie jeden Nachmittag saß ich am Schreibtisch und brütete über meinen Hausaufgaben. Na ja, so gut konnte ich mich nicht konzentrieren und ich riskierte einen Blick aus dem Fenster. Doch was war das? Eine Amsel mit geheimnisvoll funkelnden Augen fixierte mich so, dass ich mich nicht mehr von ihr abwenden konnte. Sie hatte pechschwarze runde Augen und ein stockdunkles Gefieder. Und irgendwie funkelte das dunkle Gefieder silbrig. Wie magisch angezogen stand ich auf und ging in den Garten. Als die Amsel mich sah, schwang sie sich auf, umkreiste mich und flatterte dann weiter durch den Garten. Ich sah, wie sie hinter einer Hecke verschwand und, ohne nachzudenken, schlüpfte ich ebenfalls zwischen den Sträuchern hindurch. Doch kaum stand ich hinter der Gartenhecke, erblickte ich vor mir eine weite Wiese, auf der viele schillernde Blumen wuchsen.

„Wo bin ich nur hingeraten?", dachte ich laut. Da flog mein Begleiter auf mich zu und sprach: „Du bist in Avar, im Reich der Zauberer." Verdutzt schaute ich ihn an. „Ich heiße Beo und habe einen Auftrag für dich!", erwiderte die Amsel. „Was für einen Auftrag?", fragte ich neugierig. Beo antwortete: „In dem roten Haus am heiligen Berg lebt ein Zauberer namens Merlin. Er braucht deine Hilfe, damit er die grausamen Drachen vertreiben kann. Die Drachen zerstören unsere Häuser und töten kleine Kinder. Es gibt da nur ein Problem, der Zauberer ist zwar nett, aber zurzeit ist er sehr in Panik und zerstreut. Du kannst ihm helfen, indem du ein bisschen Menschenspucke zu dem Trank gibst, der das Feuer der Drachen löschen soll.

„Dann lass uns zu dem Zauberer aufbrechen!", rief ich. Beo kannte einen schnellen Weg durch den Wald, der zwar unheimlich war, aber wir würden den heiligen Berg so schneller erreichen. Ich lief über Stock und Stein, die

Amsel flog neben mir her und war ganz schweigsam. Endlich kamen wir an dem riesigen, purpurroten Haus an. Ich klopfte zaghaft an und die Tür ging mit einem Schwung auf. Vor mir stand ein ungefähr eineinhalb Meter großer und ein bisschen pummeliger Mann. Sein grauer Bart war auffallend – 25 Zentimeter lang! Das war er also, der Zauberer Merlin. Er winkte mich hinein in seine Zauberküche und wir begannen sofort den Trank zu brauen. Die Zutaten waren sehr ungewöhnlich: Zehn Spinnenfüße, eine Ladung Menschenspucke, Krötenschuppen und Zauberpulver. Dazu kam dann noch Krötenschleim. Nun war der Trank fertig. „Wir müssen sofort aufbrechen, sonst wird der Trank schwächer und das kann schlimme Folgen haben." Also machten wir uns abermals auf den Weg, stolperten über Stock und Stein, um zum Drachenkliff zu kommen. „Wenn wir durch den Wald der Finsternis gehen, brauchen wir nur eine Stunde", sagte Merlin. Ich nickte nur ängstlich und wanderte mit dem Zaubertrank im Gepäck eine Stunde lang dem Zauberer und Beo hinterher. Auf einmal ragte das Drachenkliff vor uns aus dem Nebel empor. „Es sieht so aus, als wäre dort gerade eine Versammlung. Wir müssen jetzt ganz leise sein und uns anschleichen", flüsterte Merlin, „das da vorne muss der Feuerkessel sein, in den wir den Trank schütten müssen, weil die Drachen aus diesem Kessel trinken, um Feuer speien zu können." Aber der Kessel wurde sehr, sehr gut bewacht. Trotzdem, wir mussten versuchen, dorthin zu kommen, und wir schlichen uns überaus vorsichtig an. Doch was jetzt passierte, war das Allerblödeste, was je passieren konnte. Es rollten ein paar Steine den Hang hinunter und die Drachen spitzten die Ohren. Mich packte die Panik und ich rannte weg, gefolgt von Beo und Merlin, der den Zaubertrank in letzter Minute packte und mitnahm. So schnell wir konnten rannten wir zurück in den Finsterwald, um unser nächstes Vorgehen zu besprechen. Glücklicherweise fiel es dem verwirrten Merlin rechtzeitig wieder ein: „Es gibt einen unterirdischen Geheimgang aus dem Finsterwald nach oben. Und dieser Geheimgang endet genau hinter dem Drachenkliff!" – „Also, worauf warten wir! Auf geht's! Suchen wir den Gang!", wisperte ich und wir suchten für ein paar Minuten und fanden ihn auch. Sofort stolperten wir in den Gang hinein. Hier war es ziemlich finster und überall tropfte Wasser von der Decke. Glücklicherweise dauerte es nicht lange, da sahen wir schon den Ausgang. „Jetzt müssen wir noch vorsichtiger sein!", krächzte Beo heiser. Wir steckten die Köpfe aus dem Ausgang und waren tatsächlich hinter dem Drachenkliff. Doch zu unserem Entsetzen wurde der Feuerkessel nun noch besser bewacht. Da hatte ich eine Idee und flüsterte: „Wenn wir uns da nur einfach heranschleichen, schaffen wir es nicht. Aber ich habe einen Plan. Ich laufe los und lenke die Drachen ab. Dann, wenn die

Drachen mir folgen und weg vom Kessel sind, kommst du mit dem Zaubertrank, Beo. Flieg so schnell du kannst und leere den Zaubertrank in den Kessel." Die Amsel schaute mich mit großen Amselaugen an und nickte dann. „Gut, los geht's!", sagte Merlin. „Hallo, ihr da!", schrie ich zu den Drachen. Die drehten sich ruckartig zu mir um, starrten mich verwundert an und gingen auf mich los. „War das vielleicht doch keine so gute Idee?", schoss es mir durch den Kopf. Aber es war keine Zeit nachzudenken. Ich flitzte davon und die Drachen brüllten vor lauter Wut. Aus den Augenwinkeln sah ich, wie sich Beo blitzschnell auf den Weg machte und den Trank in den Feuerkessel schüttete. Ein Drache entdeckte sie und setzte schon an, Feuer zu spucken, um den armen Vogel in der Luft zu grillen. Aber es kam kein Feuer! Also streckte er seinen Hals und trank schnell einen Schluck aus dem Feuerkessel. Er versuchte es erneut und dann begriff der Drache es erst: Sein Feuer war erloschen! Beo hatte glücklicherweise die Pause genutzt und war wieder im Wald verschwunden, ihr schwarzes Gefieder machte sie im Wald unsichtbar. Auch ich nutzte die Gelegenheit und rannte wie ein Flitzebogen zurück zum Stollen. Kurz beobachteten wir aus unserem Versteck heraus, wie andere Drachen aus dem Kessel tranken und danach ihr Feuer erlosch. Wir hatten bald genug gesehen und verschwanden im Geheimgang, liefen durch den Finsterwald und kamen geschafft, aber glücklich am roten Haus des Zauberers an. Hier verschwand Merlin sofort in seinem Haus, weil er dringend seinen Fünf-Uhr-Tee trinken wollte. „Du siehst, er ist nicht mehr der Jüngste. Scheinbar hat er schon vergessen, was gerade geschehen ist", meinte Beo kopfschüttelnd, „aber jetzt müssen wir schnellstens zur Wiese zurück." Dort bedankte sich Beo noch einmal überschwänglich und lachte: „Denen haben wir es aber gezeigt. Wie verwundert die Drachen waren, als sie bemerkten, dass sie kein Feuer mehr spucken konnten. Das war richtig lustig!" Dann erstarb das Lachen und Beo sagte: „So, jetzt musst du wieder zurück. Aber bitte, besuch uns doch einmal wieder, wir würden uns sehr freuen." Auch ich war ein wenig traurig, Beo hier zu verlassen. Aber ich ging trotzdem hinter die Hecke. In unserem Garten versuchte ich so wenig wie möglich Aufmerksamkeit zu erregen und schlich mich so schnell wie möglich in mein Zimmer. Als meine Mutter hereinkam, tat ich so, als ob ich Hausaufgaben machen würde. „Kommst du? Das Essen ist fertig!", rief sie. „Ich komme gleich!", antwortete ich und dachte mir: „Wenn die bloß wüsste, was ich erlebt habe!"

Leon Spatz
Bertolt-Brecht-Realschule, Klasse 6d

Ein Traum?

Es fühlte sich an, als wäre es ein Traum, ein wunderschöner Traum! Doch war es das wirklich? Ich atmete tief durch, schloss die Augen und sah es, sah wie alles begann.
Barfuß tapste ich, in ein weißes Nachthemd gehüllt, über den alten knarzenden Holzboden in Richtung Bett. Ich setzte mich auf mein schweres Federbett und rieb mir die Füße, es war doch schon sehr kalt geworden. Meine rot gelockten Haare flocht ich zu zwei Zöpfen. Als ich gerade im Begriff war, den zweiten zu verknoten, vernahm ich in der Ferne die Melodie, zu welcher die feinen Leute auf ihrem Ball heute Abend tanzten. Ich konnte nicht widerstehen, stand auf, tanzte und summte.
Anfangs sehr zaghaft, da der Boden so knarzte und ich niemanden wecken wollte, doch mein Tanz wurde von Schritt zu Schritt freier und schneller. Mir war es egal, ob man mich hörte, alles war mir egal. Langsam schloss ich meine Augen. Am Ende des Liedes blieb ich stehen und öffnete sie wieder. Um mich herum wirbelten Sterne, nein, keine Sterne. Beim genaueren Hinsehen erkannte ich Bilder, Bilder meiner eigenen Fantasie. Ich drehte mich mit, schneller, schneller und immer schneller. Ein Mädchen zog mich mit in die Kreise der anderen und riss mich aus meinen Gedanken. Und ich fand mich tanzend in der hohen Gesellschaft wieder. War es Wirklichkeit oder doch nur die blühende Fantasie meiner selbst?

Mandy Wartenberg
Bertolt-Brecht-Realschule, Klasse 9d

Die Rettung

Vor langer Zeit lebte eine Magd namens Lisa bei einer Familie, die gut verdiente, viele Kinder hatte und ein schönes Haus besaß. Lisa träumte schon lange von so einem Leben. Sie arbeitete hart, war fleißig und sehr zuverlässig. Sehr beliebt war sie auch. An einem Abend bekam die Familie Schöneich Besuch von einer königlichen Familie, den McCartneys. Lisa musste deswegen den ganzen Vormittag putzen, kochen und dekorieren. Sie war ganz aufgeregt, denn so berühmte und reiche Leute hatte sie noch nie gesehen. Um 13 Uhr kamen die McCartneys zum Mittagessen. Die Hausherrin machte sich fertig, sie wurde geschminkt, gekleidet und aufgebrezelt. Schließlich klingelte es. Lisa öffnete die Tür und sofort sah sie diese Augen. Sie waren blau wie das Meer. Sie leuchteten wie die Sonne. Er war der Sohn der Familie, Harry. Lisa bekam keinen Ton heraus, die McCartneys schauten schon komisch, doch dann sprach sie leise: „Guten Tag, Familie McCartney, treten Sie doch ein." Sie lächelte Harry an, und er lächelte zurück. Es war Liebe auf den ersten Blick. Doch es stand etwas zwischen ihnen. Er kam aus einer königlichen Familie und sie aus einer einfachen. So etwas durfte damals nicht sein, ein königlicher Junge musste eine Prinzessin heiraten. Sie saßen alle am Tisch und aßen. Lisa und Harry hatten die ganze Zeit Augenkontakt. Sie waren im siebten Himmel. Als der Hausherr sagte: „Lisa, könntest du mir bitte ein Glas Wasser bringen?", ging sie los. Plötzlich sagte Harry: „Entschuldigt mich für einen kurzen Moment." Er folgte ihr in die Küche, wo sie gerade das Glas Wasser vorbereitete. Er sagte: „Hallo, du Schönheit, du bist mir sofort aufgefallen, deine wunderschönen Augen, einfach du." Sie war sprachlos, ging einen Schritt zu ihm und küsste ihn. Sie waren überglücklich. Später lebten sie in einem Schloss mit vielen Kindern, so wie es sich Lisa schon immer gewünscht hatte.

Vanessa Buchmann
Maria-Ward-Realschule, Klasse 10c

Besuch in Afrika

Ferien sind immer schön
Afrika, da war ich schon
Nashörner standen neben mir
Tiger, bei denen hab ich geschlafen
Affen, mit denen bin ich geklettert
Schlangen, ich hatte Angst, dass sie mich beißen
Tiere mag ich sehr gerne, deswegen war ich in Afrika
Insekten gab es richtig viele
Schmetterlinge waren zauberhaft
Chamäleons waren in meinem Zelt
Habe mich bei den Tieren und dem Land verabschiedet

Nadja Erdhofer, Nicola Lieder, Michelle Schäfer,
Leticia Bühler und Lisa-Marie Sofarin
Maria-Ward-Realschule, Klasse 5b

Antonio

Bestimmt wissen alle, was Vampire sind. Wenn wir an dieses Wort denken, fallen uns solche Worte wie Blut, Mord, schnell und schön ein. Aber wer sagt uns, dass es wirklich so sein muss? Vielleicht ist ja alles ganz anders, als es schon vor hunderten von Jahren von irgendwelchen Menschen mit viel Fantasie weitergegeben wurde. Es mag zwar komisch klingen, aber ich kann von meinen eigenen Erfahrungen reden.

Es war damals, an einem wunderschönen Tag, an dem ich die Schule total überflüssig fand und sich die Stunden nur so dahinzogen. Als dann endlich, nach gefühlten zehn Stunden, der Gong ertönte, der das Schulende ankündigte, packte ich so schnell wie möglich meine Sachen zusammen und ging nach Hause. Man sollte vielleicht dazu sagen, dass mein Schulweg nicht wie der anderer mit der Straßenbahn oder dem Bus verbunden ist oder an einer Straße entlangführt. Nein, meiner ging einen guten Fußmarsch durch ein Waldstück, für das man zwar nur zehn Minuten brauchte, das aber dennoch ein gutes Stück hineinführte. Es war ein sehr schöner Wald, mit großen Bäumen um einen herum und einem kleinen Pfad, der von gelegentlichen Spaziergängern, die sich hierher verliefen, eingetreten war. Wenn man diesen Weg betrat, war es als würde man in eine andere Welt eintauchen und den Alltag vergessen. Obwohl es für mich nichts Neues war, hatte ich an diesem Tag ein komisches Gefühl – was sich später auch als richtig herausstellte. Als ich mich auf den Nachhauseweg machte, hörte ich nicht weit vom Weg einen Knacks. Da dies nichts Unnormales im Wald war, ging ich einfach weiter. Ein großer Fehler. Kurze Zeit später erklang ein Knurren in unmittelbarer Nähe. Leider sah ich nicht, woher es kam, noch was es war. Eines war mir klar, ein Hund konnte es nicht sein, da keiner so knurren konnte. Wölfe, geschweige denn Bären, gab es hier schon lange nicht mehr. Wahrscheinlich erlaubte sich nur irgendjemand einen Scherz. Doch es klang so unheimlich, dass mein Körper schrie: „Lauf!" Ich versuchte, mich zu beruhigen. Trotzdem schoss mir das Adrenalin in den Körper, auf direktem Weg in meine Beine. Bevor mein Gehirn überhaupt meinen Muskeln den Befehl gab, sich zu bewegen, rannte ich schon, so schnell ich konnte, was nicht sonderlich schnell war. Ich gehörte schon in der Schule immer zu den langsamsten Läufern, manchmal wünschte ich mir, ich könnte richtig schnell rennen, besonders in diesem Moment. Kurz vor dem Ende des Pfades stand plötzlich ein junger Mann vor mir. Ungefähr mein Alter. Was mir sofort auffiel, waren seine wunderschönen blauen Augen. Als würde man in einen glasklaren See hineinschauen oder in den wolkenlosen Himmel an einem heißen Sommertag. Dennoch entgingen einem weder sein braunes, perfekt gestyltes Haar noch die Muskeln, die sich unter seinem weinroten T-Shirt anspannten. Ich wollte gar nicht wissen, wie ich in seinen Augen aussah. Ein Mädchen, das wie eine Geistesgestörte durch den Wald rannte, die Wangen gerötet und die Wimperntusche verschmiert. Um wenigstens cool rüberzukommen, wenn ich schon so aussah, wollte ich einen lockeren Spruch sagen, um lässig dazustehen. Doch zu meinem eigenen Entsetzen brachte ich nur heraus, ob er denn neu hier sei. Bis ich begriff, wie taktlos meine Frage war,

war sie auch schon ausgesprochen und ich lief knallrot an. Zum Glück guckte er mich nicht komisch von der Seite an, sondern lachte. Es war ein wundervolles Lachen, das seine geraden und weißen Zähne zum Vorschein brachten. Zudem hatte er eine schöne, warme und zugleich tiefe Stimme, mit der er mir die Antwort auf meine wenig höfliche Frage gab: „Ja, das bin ich. Mein Name ist Antonio. Antonio Raffaelli. Ich bin erst vor Kurzem aus Italien hierhergezogen und ich denke, wir zwei gehen auf dieselbe Schule. Ich weiß, es mag sich vielleicht komisch anhören, da wir uns gerade mal seit dreißig Sekunden kennen, aber hättest du vielleicht Zeit und Lust, mir den Rest dieser Stadt zu zeigen, außer dem schönen Wald hier?" Das Erste, was ich mir dachte, war: „Was?! Er will mich auf den Arm nehmen." Doch dann sah ich seinen Blick, der keinerlei Hinterlistigkeit oder Boshaftigkeit zeigte. Dort spiegelten sich allein Aufrichtigkeit und Ehrlichkeit. Da ich daheim eh nichts zu tun hatte und meine Eltern erst spät am Abend nach Hause kamen, dachte ich mir, was soll schon schlimmes dran sein. „Äh … gerne, aber ich bezweifle, dass es hier irgendetwas Sehenswertes gibt."

So schlenderten wir also nun als sehr komisches Duo durch die Kleinstadt und sprachen über dieses und jenes. Während unseres Spaziergangs guckten manche von meinen Klassenkameraden, die gerade shoppen gingen, nicht gerade unauffällig zu uns herüber, was wahrscheinlich mehr an meiner Begleitung lag als an mir. Antonio ist, um es nicht zu überheblich auszudrücken, perfekt. Perfekt für mich. Wir lieben dieselbe Musik, dieselben Leute und dieselben Filme. Er lacht sogar über meine Witze, obwohl das wirklich nur die wenigsten Leute können. Nur als wir auf das Essen zu sprechen kamen, sagte er nicht viel, daher wechselte ich schnell wieder das Thema.

Als es langsam dunkel wurde, musste ich mich wieder auf den Rückweg machen, um rechtzeitig daheim zu sein, um mir peinliche Fragen von meinen Eltern, wo ich denn gewesen sei, ersparen zu können. Also schlenderten Antonio und ich zurück zum Waldstück, an dem wir uns zum ersten Mal getroffen hatten. Da mir ein einfaches „Tschau!" zu wenig vorkam, sagte ich: „Naja, vielleicht sehen wir uns ja mal in der Schule wieder. Es war nett, dich kennenzulernen." – „Also, das ist aber nicht gerade die feine Art, seine neue Bekanntschaft so abzuschütteln. Du bist die einzige, dich ich kenne und zum Glück haben wir auch denselben Schulweg. Dann musst du nicht immer allein durch den Wald laufen, man weiß ja nie, welche komischen Typen hier einem so über den Weg laufen. Ich hol dich dann morgen bei dir zu Hause ab." Und dann ging er einfach weg, ohne dass ich noch die Gelegenheit gehabt hätte zu protestieren. Erst als ich schon daheim war, kam mir der Gedanke, dass ich ihm überhaupt nicht erzählt hatte, wo ich wohnte.

Am nächsten Tag holte mich Antonio wie verabredet bei mir daheim ab. Meine Eltern waren zum Glück schon zur Arbeit gefahren, sodass ich sturmfreie Bude hatte. Als ich ihm die Tür öffnete, musste ich wirklich aufpassen, dass ich nicht umfiel. Heute hatte er ein königsblaues Hemd an, zudem trug er eine von diesen Ray-Ban-Sonnenbrillen, die mir noch nie sonderlich gut standen, aber an ihm aussahen, als wären sie extra für ihn gemacht worden. Der Tag ging so schnell vorbei an der Seite von Antonio. Wie sich herausstellte, besuchte er sogar noch dieselbe Klasse wie ich. Da leider neben mir kein Sitzplatz mehr frei war, wies ihn der Lehrer an, sich in die hinterste Reihe zu setzen. Nach dem Ausdruck auf den Gesichtern der Mädchen zu urteilen, hätten sie alles dafür gemacht, neben Antonio sitzen zu dürfen. Bei den Jungs sah es eher so aus, als würden sie sich Sorgen machen, dass sie dieses Jahr relativ wenig Dates bekämen, da alle Herzen nun Antonio gehörten, einschließlich meines. Die nächsten Wochen lief alles nach demselben Muster ab. Antonio und ich gingen zu Schule und wieder nach Hause, bis er mich eines Tages unerwartet vor meiner Haustür in den Arm nahm und mich küsste. Es war ein wunderschöner Kuss, obwohl ich das nicht wirklich beurteilen konnte, da es mein erster Kuss war. Er küsste sehr gut und mein Herz schlug so laut, dass ich Angst hatte, dass er es auch hören konnte. Als er mich nach einer gefühlten Ewigkeit wieder freigab, wusste ich nicht, was ich nun dazu sagen sollte. Doch er lachte. Na super, bestimmt hatte ich irgendetwas falsch gemacht. Doch Antonio meinte nur, dass er das schon seit unserer ersten Begegnung machen wollte. Jetzt wurde ich auch noch rot, schlimmer konnte es wohl kaum werden. Aber es wurde doch noch besser, denn seit diesem Tag waren wir offiziell zusammen, auch in der Schule, was mich bei vielen meiner Mitschülerinnen nicht gerade beliebter machte. Ich schwebte dennoch auf Wolke sieben und sah regelrecht alles durch die rosarote Brille – bis zu dem einem Tag, an dem sich meine ganze Welt verändern sollte.

Ein paar Tage später war Antonio krank, was mich schon von Anfang an erstaunte, denn er war bis jetzt noch keinen einzigen Tag daheim geblieben und hatte auch gestern keinerlei Anzeichen einer Erkältung oder Schlimmerem gezeigt. Nach der Schule machte ich mich also sofort auf den Weg zu ihm nach Hause, doch dort ging niemand an die Tür. Was danach geschah, tat ich nur aus Sorge und unter normalen Umständen hätte ich es niemals getan, aber wie gesagt, ich machte mir wirklich große Sorgen. Mein Instinkt sagte mir, dass irgendetwas nicht stimmte und der hatte mich noch nie getäuscht. Ich ging hinters Haus in den Garten von

Antonio und hatte Glück: Die Gartentür zum Haus war offen. Trotzdem bemerkte ich so ein komisches Gefühl im Bauch, was immer auftrat, wenn ich aufgeregt war, doch ich ermahnte mich und ging ins Haus. Als Erstes stand ich im Wohnzimmer mit einem von diesen überdimensionalen Flachbildfernsehern, einer großen Familiencouch und einem kleinen Esstisch für eine Handvoll Leute. Da ich annahm, dass Antonio oben sein Zimmer hatte, ging ich den Flur entlang, die Treppe hoch. Oben angekommen, gab es nur eine einzige Tür und ich machte sie auf und ging ins Zimmer. Ich lag richtig, es war Antonios Zimmer. Auf den ersten Blick sah es ganz normal aus, ein paar Poster an den Wänden, ein Bett und ein Schrank. Doch das Ungewöhnliche war der Kühlschrank: nicht so einer, in den man Flaschen zum Abkühlen hineinlegt, nein, sondern einer, wie man ihn in der Küche stehen hat. Die Neugier überkam mich und ohne es vorhergesehen zu haben, machte ich die Tür auch schon auf. Hätte ich gewusst, was mich erwartete, wäre ich wahrscheinlich niemals in dieses Haus hineingegangen, doch zu spät ist zu spät. Denn als ich die Tür öffnete, fand ich von unten bis oben nichts als Blutbeutel. Sie waren sogar beschriftet mit dem jeweiligen Datum oder dem Hinweis, um welche Blutgruppe es sich handelte. Keine Ahnung, wie lange ich da genau stand, doch plötzlich spürte ich jemanden hinter mir. Ich fluchte leise, da es ja nur Antonio sein konnte. Natürlich hatte ich Recht. Bestimmt hätte ich anders reagiert, doch durch den Schock schrie ich ihn an, ob er denn normal sei und dass er sich ganz dringend einen Arzt suchen sollte. Aber er sagte nichts, bis ich fertig war und dann meinte er nur, dass ich mich beruhigen sollte und das tat ich dann auch. Antonio sprach jetzt mit so einer Stimme, mit der man immer auf Selbstmörder zugeht, wenn diese knapp davor sind, von der Brücke zu springen. Er sagte, dass es dafür eine Erklärung gebe, nämlich die, dass er ein Vampir sei. Ich konnte meinen Gesichtsausdruck förmlich vor mir sehen. Doch er redete weiter und erzählte, dass das Blut im Kühlschrank aus dem Krankenhaus von Blutspendern sei. Deswegen war er auch heute krank, um sich Neues zu besorgen. Ich sollte ihn doch bitte nicht so schnell verurteilen. Und dann zeigte er seine Fangzähne. Ich wich einen Schritt zurück und sah daraufhin die Kränkung in seinen Augen. Ich sagte, dass ich das nicht glaube und er sich ab heute von mir fernhalten solle, da ich nichts mehr mit ihm zu tun haben wolle. Dann stürmte ich einfach hinaus und spürte, dass ich Tränen in den Augen hatte. Ich hoffte inständig, dass er mir nicht nachlief, aber ich hörte, wie er noch „Ich liebe dich!" schrie. Total verweint kam ich bei mir zu Hause an und auch da konnte ich nicht aufhören zu weinen.

Am nächsten Tag fürchtete ich mich davor, in die Schule zu gehen, doch er war nicht da. Und am nächsten auch nicht. Eine Woche lang. Als ich die Lehrerin fragte, wo denn Antonio sei, sagte sie mir, dass er die Schule verlassen hätte, aus einem unbestimmten Grund. Und jetzt sitze ich hier, ohne Antonio, den ich niemals wiedersehen werde, und dabei hätte ich so viel über ihn erfahren können. Ich muss immer an seine letzten Worte denken und denke mir dann auch immer: „Ich liebe dich auch, Antonio. Für immer."

Sina Bücklers
Maria-Ward-Realschule, Klasse 9c

Fantastisch

„Hey!" – „Hi!" – „Weißt du, was mir heute passiert ist?" – „Was denn?" – „Ich habe heute meinen Hund wiederbekommen." – „Echt! Cool, wo war der?" – „Er war in einem Tierklinikum." – „Oh, was hatte er?" – „Er hatte den Fuß gebrochen, aber jetzt geht es ihm wieder gut." – „Gut, kann ich vorbeikommen?" – „Ja, bis gleich!"

Rebecca Feeß und Michelle Krugljak
Maria-Ward-Realschule, Klasse 6a

Das Spukschloss

Eines Tages war mir langweilig, deshalb fuhr ich mit meinem Lamborghini mit 180 kmh in den abgelegenen Wald am See, wo ich wandern wollte. Ich ging immer weiter in den düsteren Wald hinein, bis ich an ein schauriges Schloss kam. Ich war mutig und ging mit schlotternden Knien hinein. Ich klopfte an der riesigen Tür, doch niemand machte auf! Dann merkte ich, dass die große Tür offen war und ging hinein. Innen war alles grau und überall hingen Spinnennetze. Ich lief weiter und plötzlich merkte ich, dass irgendetwas meinen Fuß berührte. Ich sah erschrocken hinunter, konnte aber aufatmen, da es nur eine kleine Maus war. Nun ging ich die morsche Treppe hinauf und hörte ein lautes Schnarchen aus dem Zimmer vor mir. Langsam ging ich voran und öffnete die Tür, sie knarzte sehr laut und das Schnarchen wurde leiser. Da sah ich vor mir im Bett einen megagroßen Riesen, der gerade am Aufwachen war. Ich war wie erstarrt, doch plötzlich wachte der Riese auf. Als er mich erblickte, wurde er richtig wütend und rannte mir hinterher. Ich rannte blitzschnell die morsche Treppe hinunter und wollte raus. Doch was war das? Die Tür war verschlossen. Ich rannte weiter, aber der Riese war immer noch hinter mir. Ich ging in einen engen, aber langen Raum, in den der Riese nicht hineinkonnte. Ich setzte langsam Fuß vor Fuß, da ich Angst vor dem hatte, was vor mir war. Nach ungefähr 100 Metern kam ich wieder in einen leeren Raum. Ich setzte mich auf den nassen Boden und war traurig. Ich lehnte mich an die Wand, plötzlich drehte sie sich und ich war in einem glänzenden Raum. Ich sah Gold, Diamanten und Juwelen. Zu meinem Glück hatte ich einen großen Beutel dabei, in den ich alles reintun konnte. Dann suchte ich einen Ausweg aus diesem Raum. Ich fand einen kleinen Spalt, durch den ich mich hindurchquetschte. Da sah ich schon wieder ein bisschen Sonne. Ich gelangte an eine Treppe hinter dem Schloss und rannte pfeilschnell die Treppe hinauf. Ich ging zu meinem Auto und fuhr heim. Als ich ankam, war ich froh, dass ich aus dieser Situation wieder heraus war. „Das war ein merkwürdiger Tag!", sagte ich und legte mich mit meinem Gold ins Bett.

Matthias Hofmann
Maria-Ward-Realschule, Klasse 5b

Fantastisch

Es war einmal ein kleines Mädchen, das lebte in einem Zauberwald. Sie hieß Anna, war immer gut gelaunt und hatte viel Fantasie. In dem Wald gab es Drachen, Trolle, Feen, Einhörner und undefinierbare Wesen. Anna hatte einen Lieblingsdrachen namens Smoke. Er war sehr böse, aber zu Anna war er sehr lieb. Eines Tages spielte Anna mit ihm, sie flogen durch den Wald, gingen schwimmen und redeten über alles Mögliche. Er half ihr immer, wenn sie Probleme hatte. Am Abend flogen sie nach Hause und aßen zusammen. Smoke aß sein Lieblingsessen, Fleisch, und Anna aß Döner. Letztendlich war es ein fantastischer Tag.

Julia Kuhn
Maria-Ward-Realschule, Klasse 10c

Fantastisch

Was fällt euch bei dem Wort „fantastisch" ein? Vielleicht euer Lieblingsessen, das von eurer Mutter fantastisch zubereitet wird? Oder ein fantastisches Feuerwerk? Mir fällt dazu ein Erlebnis ein, das ich euch nun schildere ...
Es war September und es war Oktoberfest. Ich beschloss, mit meinen Freunden Lea und Christoph hinzugehen. Ich wusste, dass Lea insgeheim in Christoph verliebt war. Sie war schließlich meine beste Freundin.

Nun ja, wie vereinbart trafen wir uns um 12 Uhr vor dem Eingang. Wir gingen erst einmal eine Runde, um uns anzusehen, was es für Attraktionen gab. Wir entschieden uns, als Erstes durch ein Spiegellabyrinth zu gehen. Wir gingen getrennt, da es so mehr Spaß machte. Zuerst ging Lea. Christoph, der ihr verträumt nachgesehen hatte, ging als Nächster. Nach ca. sieben Minuten ging auch ich. Um nicht gegen eine Wand zu laufen, streckte ich meine Arme nach vorne und so ging ich los. Unterwegs dachte ich nach und kam zu dem Entschluss, dass ich wie ein bescheuerter Zombie aussehen musste. Als ich nach zehn Minuten immer noch keinen Ausgang sah, wurde ich langsam skeptisch. Nach weiteren zehn Minuten wurde ich richtig panisch und rannte los. Leider lief ich in vollem Tempo gegen einen Spiegel. Mein ganzer Körper schmerzte. Ich setzte mich. „Und wenn ich hier nie wieder herauskomme?", dachte ich. Ich wusste, dass ich wahrscheinlich ziemlich überreagiert hatte, aber ich saß bestimmt schon eine Dreiviertelstunde in diesem Labyrinth. Eine Träne kullerte langsam meine Wange hinunter. Plötzlich tippte mir jemand auf die Schulter. Mein Kopf drehte sich langsam in die Richtung, in der ich die Person vermutete. Vor mir stand ein Junge, vielleicht ein oder zwei Jahre älter als ich, mit blonden, mittellangen Haaren und lächelte mich aufmunternd an. „Was ist denn los?", fragte er mich mit der schönsten Stimme, die ich je gehört hatte. „Ich dachte, ich komme hier nie mehr raus", fing ich an zu stottern. „Mann, jetzt hält der mich bestimmt für total bekloppt." In mir breitete sich langsam ein angenehmes Kribbeln aus. Was war nur los mit mir? Auf einmal merkte ich, dass ich den Jungen die ganze Zeit angestarrt hatte. „Entschuldigung, das wollte ich nicht", sagte ich. Komisch, er starrte genauso. Ich fragte mich schon, ob meine eigentlich wasserfeste Mascara verlaufen sei, als er wieder anfing mit seiner wunderschönen Stimmer zu reden: „Entschuldigung, dass ich so starre! Ich heiße übrigens Dominik." – „Lena, angenehm." – „Schöner Name." Inzwischen war ich aufgestanden. „Danke, gleichfalls. Weißt du rein zufällig den Weg nach draußen?" – „Klar! Schließlich haben deine Freunde mich hier reingeschickt, weil sie sich Sorgen gemacht haben." Schließlich standen wir zu viert vor dem Spiegellabyrinth.
Lea hatte plötzlich eine tolle Idee: „Achterbahn fahren!" Also gingen wir los. Unterwegs bemerkte ich, wie Lea und Christoph Händchen hielten. Sie stiegen in einen Zweierwagen der Achterbahn, Dominik und ich in einen anderen. Plötzlich spürte ich auf meiner Hand eine warme zweite Hand. Verdutzt schaute ich Dominik an, der so tat, als wenn nichts wäre. Schon wieder dieses warme Kribbeln. Noch fünfzig Meter bis zur Spitze, noch vierzig Meter, noch dreißig Meter. Da sprudelten die Wörter nur so aus ihm

heraus: „Ich weiß, es klingt total bescheuert, aber …" – „Ich glaube, ich liebe dich", sagten wir im Chor. Noch zehn Meter. Er liebt mich, er liebt mich, er liebt mich, schoss es mir durch den Kopf. Noch fünf Meter. Langsam kamen unsere Köpfe sich näher und wir küssten uns ganz oben auf der Achterbahn. Ich bin jetzt seit ca. sechs Monaten mit Dominik zusammen. Das Lebkuchenherz, das er mir auf dem Oktoberfest geschenkt hat, hängt nun an meiner Wand. Es erinnert mich jeden Tag an mein großes Glück, das ich damals hatte. Mein Verdacht hatte sich bestätigt. Lea war nun mit Christoph zusammen. Ich freute mich sehr für die beiden. Diesen Tag werde ich immer als den „fantastischen" Tag im Kopf behalten.

Veronika Langer
Maria-Ward-Realschule, Klasse 8a

Akrostichon

Freundschaft
Angriff
Niederschlagen
Toll
Angst
Schrecklich
Troll
Island
Schön
Cool
Herrscher

David Langer und Michael Peter
Maria-Ward-Realschule, Klasse 6a

Aufregendes Eishockeyspiel

Wir gingen gestern ins Eishockeystadion und sahen uns das Spiel Augsburg gegen Krefeld an. Die Stimmung im Stadion war fantastisch. Nun ging das Spiel los. Krefeld schoss das erste Tor und die etwa hundert mitgereisten Fans tobten auf den Rängen, aber dem AEV machte das nichts aus und er traf nach fünf Minuten den Anschlusstreffer zum 1:1. Dann war das erste Drittel schon zu Ende. Jetzt begann der nächste Spielabschnitt. Der AEV kämpfte viel besser und schoss im Powerplay das 2:1. Die Stimmung wurde immer fantastischer. Krefeld schoss ebenfalls im Powerplay zum 2:2. Jetzt waren nur noch 20 Minuten zu spielen.

Die Krefelder gingen überraschend in Führung. Jetzt mussten die Panther unbedingt noch den Anschlusstreffer schießen, um einen Punkt sicher zu haben, um sich in die Overtime zu retten. Die Gemüter der Spieler erhitzten sich und es gab eine Schlägerei, aber nach ein paar Minuten ging das aufregende Spiel weiter. Der AEV schoss dann den verdienten Ausgleichstreffer zum 3:3 und rettete sich damit in die Overtime. Die Fans vom AEV wurden immer lauter und machten eine fantastische Stimmung. In der Overtime spielten beide Mannschaften vorsichtig, denn keiner wollte verlieren und dann war die spannende Overtime zu Ende. Nun kam das Schießen. Der AEV schoss daneben und Krefeld auch. Der AEV traf, Krefeld nicht. Der AEV traf wieder und Krefeld wieder nicht. Damit hatte Augsburg gewonnen. Wir blieben noch ein wenig im Stadion, und da wir hungrig waren, gingen wir zum Abschluss des Tages zum Pizza-Essen und ließen den Tag ausklingen.

Max Schmid
Maria-Ward-Realschule, Klasse 9a

WhatsApp

An einem regnerischen Tag bekam ich eine WhatsApp-Nachricht, darin stand: „Wenn du diesen Brief liest und nicht weiterschickst, werde ich dir jede Nacht um Mitternacht schlechte Träume einflößen. Sofia aus Hamburg hat diesen Brief nicht beachtet und ich habe sie zwei Tage später verflucht!" Also schickte ich die Nachricht weiter vor lauter Angst. Nach einer Woche kam der nächste Kettenbrief mit einer Erklärung: „Liebe Leute, alle, die diesen Kettenbrief gelesen haben, möchten wir beruhigen, da diese Nachricht nicht gestimmt hat. Es ist fantastisch, denn wir haben den Absender gefunden. Er ist im Gefängnis. Liebe Grüße von der Polizei!"

Nicole Lieder, Nadja Erdhofer und Michelle Schäfer
Maria-Ward-Realschule, Klasse 5a

Die Welt der Bücher

Wenn ich Bücher lese, dann kommt es mir so vor, als wäre es selbstverständlich, dass Zwerge in den Bergen hausen, Drachen durch die Lüfte brausen oder Einhörner und Feen sich in den Wäldern tummeln. Manchmal kommt es mir sogar so vor, als seien sie direkt neben mir und passten auf mich auf. Es wäre schön, so schön, wenn wirklich Zwerge in den Bergen hausen, Drachen durch die Lüfte sausen oder Einhörner und

Feen sich in den Wäldern tummeln. So schön, so schön, ach, wär es nur wahr – es wär so wunderbar.
Aber wer weiß, wer weiß, vielleicht sind sie da, behüten uns und behalten uns immer im Auge und wir bemerken es nicht.

Anna-Lena Münch
Maria-Ward-Realschule, Klasse 7c

Fantastisch

Es war fantastisch,
einfach nur bombastisch.
Als ich dich sah,
war mir alles klar.
Ich bin so unsterblich in dich verliebt.
Ich bin so froh, dass es dich gibt.
Und darum möchte ich dir sagen,
wie schön es ist, dich zu haben.
Das ist kein Witz und nicht sarkastisch,
denn du bist einfach nur fantastisch.

Svenja Oehler und Sarah Drotleff
Maria-Ward-Realschule, Klasse 9b

Was für ein Traum

Es war ein ganz normaler Montagmorgen, als ich zur Schule ging. Ich lief den Weg zur Schule entlang und an der Kreuzung traf ich Melanie. Wir gingen wie jeden Schultag zusammen zum Unterricht. Nach der Schule trafen wir uns bei mir zu Hause. Wir spielten verschiedene Spiele. Doch dieses eine Spiel zog uns irgendwie magisch an. Es war wie ein Treppen-Lauf-Spiel. Wir kannten das Spiel von der Schule, nur dass es etwas älter war. Ich hatte dieses Spiel in einer vergilbten Schachtel oben auf dem Dachboden gefunden. Papa sagte, dass es meiner Ur-Ur-Ur-Oma gehört hatte. Sie hieß Maria. Man nannte sie auch Maria, die Geheimnisvolle. Melanie und ich schauten uns die Spielanleitung an. „Komisch, in der Beschreibung steht nicht viel", sagte ich zu Melanie. „Doch!", erwiderte Melanie, „Dort!" Sie zeigte auf eine glitzernde Schrift. Wir lasen gleichzeitig im Chor die Wörter: „Eins, zwei, drei – Zauberei." Im selben Augenblick gab es ein „Kabumm" und wir befanden uns auf einen Schlag in einem anderen Raum.
Auf dem Boden stand ein hölzerner Kasten und darauf lag ein Schlüssel. Melanie nahm ihn in die Hand und schaute nachdenklich die Kiste an. Wir

beide wussten, was der andere dachte. Wie auf ein stilles Kommando schlossen wir die Kiste auf und der Deckel ließ sich knarrend öffnen. Am Boden der Kiste lagen ein zweiter Schlüssel und ein Zettel mit einem Spruch. Ich las Melanie den Spruch vor. Es war ein Rätsel: „Es ist ein Zwerg, ein großer Zwerg, ein sehr großer Zwerg. Wie nennt man ihn?" Melanie und ich sagten gleichzeitig: „Riese." Plötzlich stand ein Riese vor uns. Und der hasste alles, was rosafarben war. Dummerweise hatten wir beide unsere rosa Freundschafts-T-Shirts an. Der Riese wurde sofort sauer, als er uns sah. Ängstlich liefen wir weg, doch er verfolgte uns. Nie zuvor hatte ich mich so klein gefühlt wie in dieser Situation. Wir rannten und rannten, bis wir an eine Schlucht gerieten. Wir bemerkten den Abgrund zu spät und stürzten hinunter. Melanie konnte sich noch an einer dicken Baumwurzel festhalten. Doch ich nicht, ich musste mich an Melanie festhalten, damit ich nicht in die dunkle Schlucht fiel. Der Riese hatte weniger Glück, er stürzte in die Schlucht hinunter. In diesem Moment riss aber auch die Wurzel, an der wir beide baumelten. Wir kreischten wie am Spieß.
Doch als ich noch tiefer und tiefer in die Schlucht stürzte, hörte ich eine Stimme: „Wach auf! Hallo! Julia!" Plötzlich wachte ich auf und bemerkte, wie Melanie mich schüttelte, bevor Frau Müller, meine Lehrerin, zu mir an meinen Tisch kam. Ich war doch tatsächlich in der langweiligen Geschichtsstunde eingeschlafen. Frau Müller schaute mich grimmig an. Dank Melanie war ich aber noch rechtzeitig wieder wach geworden.
Als ich am Mittag nach Hause kam, schrieb ich meinen Traum auf und malte dazu sehr viele Bilder. Ich erzählte dann alles meinen Eltern und die meinten, meine Ur-Ur-Ur-Oma hätte als Kind eine ganz ähnliche Geschichte aufgeschrieben ...

Julia Schuster
Maria-Ward-Realschule, Klasse 5c

Fantastisch wäre ...

Fantastisch wäre, wenn jeder Mensch hier auf Erden FREUDE an seinem Leben hätte, egal welche Umstände und Probleme er um sich hat.
Fantastisch wäre, wenn jeder Mensch RUHE und GEDULD hätte bei komplizierten Situationen.
Fantastisch wäre, wenn Menschen sich gegenseitig LIEBEN, ertragen und treu bleiben könnten in schweren Zeiten.
Fantastisch wäre, wenn die Menschen FRIEDEN in ihrem Herzen mit sich tragen und ihrem Nächsten weitergeben.

Alle diese Eigenschaften findet man nur bei einer einzigen und wahren Persönlichkeit. Sei Licht für diese Welt. Er wartet auf dich: Jesus.

Anna Scherer und Chalina Kiefl
Maria-Ward-Realschule, Klasse 9b

Benni online

Johannes: Hi Benni, ich habe echt was Fantastisches erlebt.
Ich: Echt, was denn?
Johannes: Ich habe einen neuen Freund gefunden, er heißt Benni, dieser Freund bist du!
Ich: Hey, das ist sehr toll, ich habe mich nicht getraut, es dir zu sagen, aber ich wollte dir das auch sagen!
Johannes: Cool, wollen wir uns jetzt gleich bei mir treffen?
Ich: Okay, ich bringe was Süßes mit. Bis gleich!

Benjamin Winckler
Maria-Ward-Realschule, Klasse 6a

Das blaue Geheimnis

Endlich war es soweit, die Flitterwochen standen vor der Tür. Das frisch verheiratete Paar Jack und Elisabeth fuhr mit dem Schiff in die Karibik. Dann passierte das:
Ein sehr starker Wind zog auf. Man hörte den Sturm schon von Weitem, denn er blitzte, donnerte und Sturmböen traten auf. Es kamen große Wellen zum Schiff. Das überaus riesige Schiff schwankte heftig. Elisabeth trat aus ihrem Zimmer, um zu sehen, was da draußen passierte. Doch plötzlich stolperte sie über ihre Beine, flog vom Schiff und fiel ins Meer. Als sie aber ins Wasser prallte, pulsierte ihre Kette, die sie trug, auf. Die Meeresbewohner, die erschöpft am Boden des großen Gewässers lagen, atmeten wieder auf, weil sie spürten, dass eine Person, die zum Meer gehörte, kam. Die Delphine, die ebenfalls wieder aufatmeten, hatten aber das Gefühl, dass das Etwas, das ins blaue Wasser gefallen war, in Nöten war. So schnell sie konnten, schwammen die besorgten Delphine zu Elisabeth und brachten sie auf eine verborgene Insel. Elisabeth war leicht schwindlig. Sie blickte auf. Dort sah sie eine silberne Tür. Elisabeth hatte die Gier, diese anzufassen. Als sie das eiskalte Tor berührte, merkte sie, dass etwas Spitzes ihre Hand stach. Die Türe knirschte und wurde zu einem Eingang. Dahinter befand sich eine lange, steinerne Treppe. So schwarz wie die Stufen auch waren, Elisabeth kam unbeschadet unten an. Sie kam in einem dunklen

Raum an, den nur ein Lichtstrahl durchdringen konnte. Elisabeth sah eine mysteriöse Gestalt. „Na Elisabeth, lässt du dich auch mal wieder blicken nach all den Jahren?", murmelte das Etwas mit männlicher Stimme. Elisabeth erschrak und ging ein paar Schritte nach hinten. Es kam ihr so vor, als kenne sie diese Stimme. Sie war zu neugierig, deshalb zog sie den Mann, von dem sie dachte, es wäre ihr Vater, ins hineinschimmernde Licht. Elisabeth traute ihren Augen nicht, es war tatsächlich ihr Vati. Er sagte düster: „Wo ist denn Mutti? Wartet sie draußen? Kannst du dich noch erinnern? Ja! Ich habe deine Mama getötet!" Elisabeth fragte sich, warum er so etwas gemacht hatte. „Das Gleiche mache ich jetzt auch mit dir!", lachte der Vater. Der böse Papa jagte Elisabeth an den Strand, wo sie gestrandet war. Er nahm einen Pfeil und einen Bogen. Damit schoss der böse Mann auf das arme Mädchen. Sie sank zu Boden. Doch daraufhin erhob sich ihr Körper, flog über das Meer und löste sich in kleine hellblaue Sternchen auf. Aber dann kam Elisabeth aus dem Meer gesprungen. Sie hatte ein meerblaues Kleid, goldenes, lockiges Haar und war eine Schönheit. Voller Zorn schrie sie: „Dafür wirst du büßen!" Sie nahm ihre ganze Kraft und schloss ihren Vater in einen verfluchten Wasserstrudel. Damit schickte Elisabeth ihren Papa auf den Grund des Meers. Daraufhin kam eine aus purem Gold bedeckte Truhe zu ihr. Diese öffnete sich langsam. Da kam aus heiterem Himmel eine sehr nett aussehende Frau heraus. Diese sagte: „Hör mir bitte zu, Kindchen, ich bin deine Mutter. Ich nehme an, dein Vater hat dir alles gesagt, oder?" – „Ja!", rief Elisabeth. Das befriedigte die Mutter schon. Ihre Mama erklärte Elisabeth noch alles in Ruhe, woraufhin die junge Frau Königin wurde. Gemeinsam mit ihrer Mutter regierte sie bis in alle Zeit. Doch von ihren Meeresbewohnern hatte Elisabeth erfahren, dass ihr Mann bei dem Schiffsunglück gestorben war. Trotzdem führte sie mit ihrer Mutter ein glückliches und zufriedenes Leben auf dem Meeresgrund.

Lena Griechbaum, Habiba El Karimy, Yelda Isler und Laura Yörg
Gymnasium Maria Stern, Klasse 5a

Mail

Hi Susi,
habe ich dir schon erzählt, was gestern gewesen ist? Ich bin mit meiner Mutter shoppen gegangen. Eigentlich ist das nervig, aber als wir in der City-Galerie waren, war es echt toll. Denn als wir in ein Kleidergeschäft gingen, hat sie gesagt: „Du bekommst das, was du willst!" Das war echt fantastisch.

Malte Winter
Maria-Ward-Realschule, Klasse 6a

Osterhase online

„Hey, Weihnachtsmann, willst'n Witz hören?" – „Ja klar, erzähl mal." – „Sankt Nikolaus, ich – der Osterhase – und eine Putzfrau steigen zusammen in den gleichen Lift. Wer drückt den Knopf?" – „Keine Ahnung, haha." – „Natürlich die Putzfrau, die anderen existieren gar nicht." – „Hahaha, du bist so ein Spaßvogel!"

Lara Ziegler
Maria-Ward-Realschule, Klasse 10b

Der Ozean in Gefahr

Athiba fuhr heute mit ihren Eltern nach Fantastica. „Endlich fahren wir in den Urlaub!", rief sie fröhlich. Es war ziemlich langweilig im Flugzeug. Doch endlich waren sie da. „Hurra, Hurra, Hurra!", schrie sie überglücklich durch das Ferienhaus. „Darf ich jetzt baden gehen?", bettelte sie ihre Eltern an. „Nein, nicht dass dir noch etwas passiert!", sagte die Mutter. „So macht der Urlaub gar keinen Spaß!", sagte sie mit beleidigter Stimme. Sie ging in ihr Zimmer und spielte mit ihren Puppen. Aber bald wurde es Nacht und sie ging in ihr Bett.

Aber sie konnte nicht einschlafen. Athiba schaute vorsichtig in das Zimmer ihrer Eltern. Sie schliefen schon tief und fest. Als sie die Tür zumachen wollte, knarrte diese. Athiba hielt ihren Atem an. Aber die Eltern wurden nicht wach. Also packte sie ihre Badesachen und schlich aus dem Ferienhaus. Athiba lief an das Meer. Dann schlüpfte sie in ihren Badeanzug. Sie sprang ins Meer und tauchte unter. Plötzlich konnte sie atmen, da kam ein Delfin zu ihr. Sie erschrak sich fürchterlich und fuchtelte mit ihren Armen. Der Delfin beruhigte sie: „Du musst uns helfen, unsere Königin wird von der bösen Königin gefangen gehalten. Sie will die ganze Herrschaft an sich reißen. So ist Ozeana in Gefahr. Halte dich an meiner Schwanzflosse fest, ich werde es dir zeigen." – „Wer bist du und warum kann ich den Ozean retten? Ich bin ein ganz normales Mädchen … halt außer, dass ich unter Wasser atmen kann", sprach Athiba. Bald waren sie in den Tiefen des Ozeans angekommen. Der Delfin rief: „Oh, entschuldige, ich habe mich noch gar nicht vorgestellt, ich heiße Nifled. Damit dich die böse Königin nicht erkennt, müssen wir dir eine Schwanzflosse kaufen." Also schwammen sie in einen Laden und probierten ein paar Schwanzflossen an. Als sie rauskamen, sah Athiba aus wie alle anderen in Ozeana. Athiba fragte neugierig: „Wie kann ich die böse Königin denn besiegen?" – „Du musst es schaffen, ihre Krone zu klauen, ohne diese Krone ist sie machtlos. Komm schnell! Die Königin

will uns etwas mitteilen." Sie schwammen so schnell sie konnten vor den Palast, dort stand auch schon die böse Königin und sprach: „Wer ist die Beste und Stärkste von Ozeana?" Das Volk rief unerwartet zu der Königin: „Die gute Königin, Annabella." Sie wurde böse und sperrte zehn Meerjungfrauen ein. Alle schwammen davon. Doch Athiba blieb mit ihrer Schwanzflosse hängen. Nifled rief: „Schwimm schnell an Land, dort kann dir nichts passieren." Doch die böse Königin holte Athiba noch mit der Wasserkutsche ein. Ariella, eine Freundin von Nifled, schwamm hinter der Kutsche her und holte sie zum Glück ein. Sofort sperrte Arielle die böse Königin in ein Gefängnis. Athiba kletterte mit zitternden Knien die Felswand hoch. Sie holte den Schlüssel von dem Brett. Da kam der Delfin Nifled. „Komm mit, ich zeige dir, wo Annabellas Gefängnis ist", rief Nifled. Sie schwammen leise zum Gefängnis. Gerade als Athiba das Schloss aufsperren wollte, kam die böse Königin. Nifled versuchte die böse Königin zurückzuhalten und Athiba befreite Annabella. Die böse Königin erschrak. Nifled und Annabella lenkten die böse Königin ab und Athiba klaute heimlich ihre Krone. Sofort schwamm Athiba zur guten Königin und setzte ihr die Krone auf. Dann verlor die böse Königin ihre Macht. Jetzt war Ozeana gerettet. So feierten sie ein großes Fest.
Als die Eltern ihr Kind nicht im Bett fanden, suchten sie ihre Tochter überall auf der Insel Fantastica. Sie dachten panisch, ihre Tochter könnte im Wasser ertrunken sein. Sie suchten am Strand und als sie im Wasser waren, merkten sie, dass sie unter Wasser atmen konnten. Die Mutter bekam eine Schwanzflosse, ganz von allein, und der Vater wurde zum Teil ein Fisch. Dann sahen sie, dass da ein Fest gefeiert wurde und schwammen dorthin. Glücklicherweise fanden sie auch dort ihre Tochter. Gerade bekam sie die prächtigste Schwanzflosse und Krone von Ozeana. So wurde die Familie zu glücklichen Meeresbewohnern.

Luise Lantzsch, Annika Kastner, Luisa Schelhorn,
Sara Yilmaz und Tabitha Schröder
Gymnasium Maria Stern, Klasse 5a

How I met your father

„Also Kinder, soll ich das jetzt wirklich erzählen?", frage ich meine Kinder. „Ja, Mama, bitte, bitte!", rufen sie daraufhin im Einklang. „Nun gut. Früher, kurz nach dem Krieg zwischen unserer Welt, Solis Ortus, und der Dämonenwelt, Occasus, da lebte ein Mädchen. Es war ein Jahr, nachdem der Friedensvertrag zwischen beiden Welten geschlossen wurde und alle Zugänge zwischen den Welten zerstört worden waren, außer dem einen im Palast, der als Spiegel getarnt war. Dieses Mädchen war die Tochter des Königs von Solis Ortus und eines sonnigen, warmen Tages ging sie mit ihrem Hund im Schlossgarten spazieren. Doch plötzlich tat sich vor ihr eine Dimensionsspirale auf. Erschrocken wich sie zurück, denn sie wusste, dass nur sehr mächtige Dämonen so etwas erschaffen konnten. Bevor sie sich aber umdrehen konnte, um wegzurennen, griffen zwei muskelbepackte, braungebrannte Arme durch die Dimensionsspirale. Mit einem erschrockenen Hilferuf ließ sie die Hundeleine fallen und wurde in die Spirale gesogen.

Der Hund, der spürte, dass etwas nicht stimmte, rannte laut bellend durch den Garten hinauf zum Schloss. Dort genoss der König gerade seinen morgendlichen Kaffee. Als er den Hund hörte, stand er auf, lief auf ihn zu, ging in die Knie und fragte: „Was ist denn los, mein Kleiner?" Doch der Hund, anstatt zu antworten, bellte weiter und deutete ihm zu folgen. Der König folgte dem Hund bis zu dem Spiegel, dem Pfad zwischen den Welten. Auf dem Weg schnappte sich der Hund mit seinem Maul ein Bild von Prinzessin Adrianna und wies auf den Spiegel. Der König, in seiner allumfassenden Weisheit, verstand und machte sich bereit, durch den Spiegel zu schreiten und seiner Tochter das Leben zu retten. Aber als er gerade auf der Schwelle war, wurde ihm der Durchgang verweigert. „Dieser verfluchte Satan. Wachen!", schrie er aus vollem Halse. Unterdessen waren der Mann und die Prinzessin in einem dunklen Zimmer angekommen. Als Adrianna wieder festen Boden unter ihren Füßen hatte, wich sie zurück. Als sie wieder einigermaßen zu Bewusstsein kam, rannte sie zur nächstbesten Tür, riss sie auf und war gerade im Begriff hindurchzustürzen, als ihr auffiel, dass dahinter gar kein Weg lag. Nein, es ging senkrecht hinunter. Langsam taumelte sie zurück. „Ich bin in einem Turm gefangen", murmelte sie. Zwei muskulöse Arme zogen sie nach hinten. „Was machst du da? Willst du dich umbringen?", fragte der Mann sie aufgebracht. „Was wollen Sie denn überhaupt von mir?", stotterte die Prinzessin, „Lassen Sie mich doch bitte einfach gehen." Der Fremde antwortete gelassen: „Keine Angst. Ich tu dir nichts. Trotzdem kann ich dich nicht einfach gehen lassen, du bist nicht mehr in deiner Welt." Verschreckt sah sie sich um und registrierte, dass er Recht hatte: Sie sah riesige Wiesen, weite Wälder und auf allem lag eine geheimnisvolle Dunkelheit. „Nein", dachte sie, „das kann nicht sein. Mir scheint, als wären wir in der Dämonenwelt. Aber dann müsste der majestätische Fremde ja Satan sein. Bei seinem Auftreten und seiner Gestalt? Nein, das kann nicht sein. Was sollte Satan von mir wollen?" Bevor sie ihre Gedanken vollenden konnte, passierte das Unerwartete. Ihr

Gegenüber fing an zu reden: „Wie du es dir vielleicht schon gedacht hast: Ich bin Satan. Was ich von dir will? Du sollst hier ein fürstliches Leben führen – als meine Gemahlin."

„Mama, komm zum Punkt!", beschweren sich meine Kinder. „Ja, ja, ich bin gleich fertig", meine ich daraufhin nur. „Na ja, also wo war ich stehengeblieben? Ach ja, Satan bat sie gerade, ihn zu heiraten."

Mit gemischten Gefühlen im Bauch verbrachte Adrianna einen Monat bei Satan und spielte mit dem Gedanken, ihn wirklich zu heiraten. Er war ja eigentlich ein ganz netter Kerl. Er hätte sie auch zwingen können oder grausam zu ihr sein können, aber nein, er war immer sehr nett und zuvorkommend und es kam ja eh keiner, um sie zu retten.

Während dieser eine Monat verstrich, hatte der König, ihr Vater, im ganzen Reich verkünden lassen, dass, wer seine Tochter befreie, sie ehelichen dürfe und ihm somit auch irgendwann das Reich gehören würde. Von Nah und Fern kamen Männer angereist, um diese Tat zu vollbringen, aber keiner vermochte es, durch den Spiegel zu schreiten. Doch eines wunderschönen Sonntags kam ein Zauberer, Zayn war sein Name, in das Schloss und ihm gelang es als Erstem, den Spiegel zu durchschreiten. Mit einer königlichen Armee machte er sich dann eines Wintertages auf, um Satan zu besiegen. Als er jedoch in der Dämonenwelt ankam, erspähte ihn ein Lakai Satans und berichtete diesem von der Ankunft der Krieger, sodass jener auch seine Streitkräfte mobil machte und es zu einem Kampf kam, der mehrere Tage hin und her wog. Doch am siebten Tag gelang Satan ein entscheidender Schlag gegen Zayn und so gewann er die Schlacht. Doch der Zauberer hatte sich zum Turm geschlichen, in dem die Prinzessin hauste, und stahl sich mit ihr davon. Doch auf der Zugbrücke standen sie dann Satan gegenüber, der Adrianna zurief: „Willst du wirklich mit diesem Mann mitgehen? Er ist nur an deinem Reich interessiert und nicht an dir, so wie ich es bin. Adrianna meine Teure, ich liebe dich." Das versetze ihr Herz so in Schwung und es wurde ihr klar, dass auch sie ihn liebte. So heirateten sie mit dem Einverständnis ihres Vaters im Sommer und die beiden Reiche wurden zu einem und lebten in ewiger Freundschaft.

„Häh, Mama, also hast du Satan geheiratet und nicht Zayn? Das hätte ich nicht von dir erwartet!", sagt das jüngste der drei Geschwisterkinder. Doch ich antworte nur mit einem Lächeln: „Aber immerhin hab ich keine neun Staffeln gebraucht, um euch die Geschichte zu erzählen, wie sich eure Eltern kennengelernt haben!"

Anna Stuhler, Chiara Carbone und Amine Sarikaya
Agnes-Bernauer-Realschule, Klasse 8c

Ein großes Abenteuer

Es waren einmal drei Wesen, die sahen aus wie Besen. Der eine hieß Manfred, der andere hieß Dennis und der dritte Emre. Sie wohnten im Wald. Der Wald wurde von einem großen, blauen Kobold bedroht. Darum mussten sie von dort fliehen. Sie mussten zu dem Zauberer von Woz, dem Herrscher von dem Wald. Auf dem Weg dorthin mussten sie durch den Dschungel der Weisheit, durch die Schlucht des Todes und durch die Höhle des Drachen. Als Erstes mussten sie durch den Dschungel der Weisheit. Als sie dort ankamen, sahen sie ein Schild, auf dem stand: „Sie müssen eine Frage beantworten." Die Frage lautete: „Welche Blume ist gelb und rund?" Dennis antwortete schnell: „Die Antwort lautet Knackblume." Als sie sich durchgekämpft hatten, waren sie in der Schlucht des Todes. Sie kämpften gegen dreibeinige Monster. Als sie das geschafft hatten, kamen sie in die Höhle des Drachen, wo sie mit dem Drachen kämpften. Sie besiegten ihn und gingen aus der Höhle hinaus. Als sie draußen waren, sahen sie den wundervollen Palast von Woz. Sie hatten drei Wünsche frei. Der erste Wunsch war ewiges Wasser der Jugend, der zweite war Schutz vor dem großen, blauen Kobold und der dritte war ewiges Essen. Danach gingen sie wieder in den Wald und sahen, dass der große, blaue Kobold ganz winzig war. Sie sperrten ihn in ein leeres Marmeladenglas und schrien: „Unser Wald ist gerettet!"

Ivan Jurcevic, Niklas Rodemer und Mert Kula
Staatliche Fachoberschule Augsburg, Klasse 7b

Der reiche Prinz – das Gedicht

Prinz und Krone
Reiche Leute machen einen Tanz am Tag
Heute
Wer hat Spaß mit dem Reichen?
Prinz Kopf ist ein kleiner Witzkopf.

Sabina Sodel
Blériot-Grundschule, Klasse 3b

Das verzauberte Band

Weit im Westen lag das Königreich Amadeus. Es lag im Wald nah an den Feuerbergen, wo auch ein Feuerdrache lebte. Lange Zeit war der Drache lieb und ließ die Menschen in Ruhe, bis sein Herr einen schrecklichen, juckenden Ausschlag bekam. Das machte den Mann so wütend, dass er das Königreich zerstören wollte. Deshalb legte er dem Drachen ein verzaubertes Band um und konnte nun über ihn herrschen. Der Mann befahl dem Drachen: „Brenne alle Felder und auch die Wälder mit deinem Feuer nieder." Der Drache flog los und steckte alles in Brand. Die Menschen flohen aus dem Königreich. Als der König das sah, rief er seinen mutigsten Ritter, Malia, zu sich und sagte: „Malia, du sollst den Drachen besiegen, bevor er mein ganzes Königreich zerstört." – „Ja, mein König!", antwortete Malia. Er schnappte sich sein Pferd und ritt davon, um den Drachen zu finden. Nach einem kurzen Ritt durch den verbrannten Wald, kam er zu den Bergen und dort fand er den Drachen schlafend in einer großen Höhle. Als Malia sich dem Drachen näherte, bemerkte der Drache ihn und richtete sich auf. Er brüllte böse, seine Augen wurden zu schmalen Schlitzen und er schoss Feuerbälle aus seinem Maul. Malia lief zurück zum Höhleneingang und lockte so den Drachen aus der Höhle heraus, direkt an den Abgrund. Jetzt sah Malia das Band um den Bauch des Drachen. Er wusste nun, was den Drachen so böse gemacht hatte. Mit einem gewaltigen Sprung sprang er darum auf den Rücken des Drachen. Der Drache wollte ihn abwehren und schlug mit seinem Schwanz nach ihm. Dabei traf er einen großen Stein am Höhlenrand und löste dadurch eine Steinlawine aus. Diese riss den Drachen und Malia mit sich und während sie zusammen mit den Steinen den Abhang hinunterrutschten, konnte Malia das Band mit seinem Schwert durchschneiden. Der Drache blieb schwer verletzt am Boden liegen. Malia hatte sich schwer aufgeschürft, konnte aber auf seinem Pferd zurückreiten. Dort wartete sein König auf ihn. Als dieser hörte, dass der Drache besiegt war, jubelte er und der ganze Palast feierte ein Fest.

Damian Abt
Grundschule Altenmünster, Klasse 2a

Die Welt in der Fee-Erde

Anna saß auf der Schaukel. Auf einmal kam ein starker Wind. Etwas Rosafarbenes fiel ins Gebüsch. Anna guckte ins Gebüsch. Dort war eine kleine Fee mit einem rosa Kleid und blonden Locken. Die Fee hatte sich erschrocken. Sie wollte wegfliegen, aber sie konnte nicht, weil sie im Flügel einen Riss hatte. Sie war ins Gebüsch auf einen kleinen Stock gefallen. Anna sagte: „Du brauchst keine Angst haben. Ich bin Anna und wie heißt du?" Die Fee antwortete mit leiser Stimme: „Rosi." – „Und von wo kommst du?" Die Fee sagte: „Aus dem Feenland Fee-Erde." – „Hä? Pferde?" – „Nein, Fee-Erde." Anna fragte neugierig: „Was gibt es denn in der Fee-Erde?" Rosi sagte: „Dort gibt es Zwerge und Mini-Katzen, die nur einen Zentimeter groß sind. Und wenn es schneit, fällt kein Schnee auf den Boden, sondern Zucker. Es gibt sogar große Schmetterlinge, die dich überallhin bringen können und Blumen zum Karussellfahren." Anna sagte: „Oh, ich will auch in so einer schönen Welt sein!" So wurden die beiden Freundinnen. Anna band der Fee einen Verband um den Flügel. „Jetzt muss ich aber nach Hause", sagte die Fee. Anna fragte: „Darf ich mitkommen?" Die Fee sagte: „Ja." Anna jubelte: „Juhu." Die Fee gab Anna noch ein bisschen Feenpuder, damit sie fliegen konnte und schon flogen sie los. Sie flogen über Italien, über Russland, über Afrika und über viele andere Länder. Endlich waren sie da. Anna sagte: „Das Fliegen macht ganz viel Spaß." Anna staunte, als sie das alles sah. Sie fiel vor Aufregung fast um. Zuerst gingen sie zu den Zwergen. Es gab drei Zwerge. „Der dicke heißt ‚Dick', der normale heißt ‚Normal' und der dünne heißt ‚Dünn'!", erklärte die Fee. Dick, Normal und Dünn waren ganz lustig. Sie sagten: „Gutene Morgene." Als nächstes gingen sie zu den Mini-Katzen, die nur einen Zentimeter groß waren. Die Katzen waren so niedlich! Anna gefiel am allerbesten die weiße Katze, sie war so weich. Die Fee sagte: „Das ist noch ein junges Kätzchen. Sie ist vor einer Woche geboren." Dann gingen sie zu einem Blumenkarussell. Anna sagte: „Aber das ist doch viel zu klein für mich!" – „Kein Problem, ich zaubere das Blumenkarussell größer." Die Fee zauberte das Blumenkarussell größer und schon fuhren sie im Kreis. Danach wollten sie zum Schneezucker. „Aber es gibt doch keinen Schnee", sagte Anna. Doch die Fee sagte: „Es gibt in der Fee-Erde einen Ort, an dem der Schnee nie aufhört zu schneien." – „Aber das ist doch viel zu weit", sagte Anna. Die Fee sagte: „Wir können auf dem großen Schmetterling fliegen." Sie setzten sich auf einen Schmetterling und flogen los. Nach einer Stunde waren sie da. „Wow!", staunte Anna. Der ganze Boden war mit Schneezucker bedeckt. Erst aßen sie ein bisschen den Zucker, dann bauten sie Zuckermänner. Anna sagte: „Ich muss jetzt nach Hause. Danke, dass du mich eingeladen hast. Es war ganz schön in deinem Land." Als Erinnerung schenkte die Fee ihr noch das kleine weiße Kätzchen, das erst vor einer Woche geboren worden war. Dann sagte die Fee noch: „Du darfst es keinem verraten. Tschüss!" Dann flog sie mit dem Schmetterling und mit dem Kätzchen nach Hause. Erst dann merkte sie, dass alles nur ein Traum gewesen war. Aber sie hatte einen Beweis: Ihr kleines weißes Babykätzchen, das nur einen Zentimeter groß war, schlief auf ihrem Bett.

Angelina Müller
Grundschule Herrenbach, Klasse 3c

Die faule Prinzessin

Es war einmal eine faule Prinzessin, die mit ihren Eltern vor vielen, vielen Jahren in einem wunderschönen Schloss lebte. Die Eltern regierten glücklich und zufrieden, wäre da nicht ihre faule Tochter gewesen.
An diesem Nachmittag durchsuchte ein Zauberer seinen geheimen Turm. Er schaute sogar auf den Dachboden. Da fand er, was er suchte – den zerbrochenen Spiegel seines Meisters, der die Zauberei erschaffen hatte. Der Zauberer war aber nicht immer im Turm, sondern er war auch des Öfteren im Dorf, in der Nähe des Schlosses, in dem die faule Prinzessin mit ihren Eltern lebte.
An einem wunderschönen Sommertag sagten die Leute des Dorfes: „Was hat eigentlich ihre Tochter für eine Arbeit?" Da antwortete der König: „Sie ist sehr fleißig und holt jeden Tag Holz aus dem Wald." Er wusste, dass er gelogen hatte, doch er wollte es vor seinem Volk nicht zugeben, weil eigentlich die Bevölkerung die ganze Arbeit erledigen musste. Der Zauberer hatte jedoch den Satz des Königs gehört. Da kam ihm eine Idee. Er sagte zu sich: „Wenn die Prinzessin so fleißig ist, kann sie bestimmt auch meinen zerbrochenen Zauberspiegel reparieren!" Gesagt – getan. Der Zauberer entführte kurzerhand die Prinzessin. Damit sie nicht flüchten konnte, sperrte er sie in einen Wagen. So waren sie drei Stunden unterwegs und als der Zauberer stehen blieb, jammerte das Mädchen lautstark: „Lass mich doch frei!" Der Zauberer aber sagte: „Ich möchte mich vorher selbst von deinem Fleiß überzeugen." Er brachte sie hoch in seinen geheimen Turm. Dort befand sich auch der kaputte Spiegel. Vor den Scherben des Spiegels sagte er: „In drei Tagen hast du diesen Spiegel repariert, ansonsten verwandle ich dich in eine Katze." Die faule Prinzessin wusste nicht, was sie machen sollte. Darüber hinaus war sie auch viel zu faul, um auch nur einen Finger krumm zu machen. Als drei Tage vorbei waren, kam der Zauberer wieder. Der Spiegel lag immer noch in Scherben am Boden und so verzauberte er die Prinzessin in eine hilflose und kleine Katze. Der Zauberer verschwand und ließ die Katze im geheimen Turm eingesperrt zurück. Da kam ein Prinz an dem Turm vorbei und hörte eine klägliche Katzenstimme. Er suchte den Eingang, trat die Tür ein und rannte dorthin, von wo er die Stimme hörte. Als er endlich die Katze gefunden hatte, fragte er: „Was ist denn los?" Da sagte die Katze: „Ich bin von einem Zauberer, der mich hier eingesperrt hat, verzaubert worden – miau – miau – miau!" Der Prinz nahm die Katze und trug sie aus dem Turm in eine Höhle. Dort überlegte er sieben Tage, wie er der jammernden Katze helfen konnte. Doch es wollte ihm nichts einfallen. Die Katze jammerte von Tag zu Tag mehr. Erst in der siebten Nacht hatte er einen Traum. In diesem Traum erschien ihm der Zauberspiegel. Er träumte weiter, dass die Katze nur

in diesen Spiegel hineinsehen musste und schon war sie wieder eine Prinzessin. Der Prinz bat die Katze um Geduld und ging nochmals zum Turm zurück. Dort war jedoch der Zauberer zurückgekehrt. Erst im Schutz der Nacht gelang es dem Prinzen, heimlich in den Turm zu kommen. Als er durch das alte Gemäuer schlich, hatte er so große Angst, dass ihm das Herz fast in die Hose rutschte. Sein Herz pochte so laut, dass er meinte, der Zauberer könne davon aufwachen. Er schaffte es jedoch, unbemerkt in den Dachboden zum Zauberspiegel vorzudringen. Dort sammelte er alle Teile des Spiegels in seinen Rucksack. Heimlich, still und leise schlich er sich auch wieder davon. In der Höhle zeigte er alles der Katze. Die Katze half nun mit, mit ihren Pfoten die Scherben des Spiegels wieder zusammenzusetzen. Nach vielen Stunden Arbeit war es dann soweit, der Prinz und die Katze schoben die letzte Scherbe an die richtige Stelle. Die Katze schaute in den Spiegel. In diesem Moment rumorte und zischte es wie bei einem starken Erdbeben. Als sich der Nebel wieder verzogen hatte, erkannte der Prinz, dass sich die Katze wieder in die Prinzessin zurückverwandelt hatte. Auch der geheime Turm und der Zauberer waren verschwunden.
Die Prinzessin und der Prinz gingen zurück zum König und der Königin. Dort erzählten sie alles, was passiert war. Die Prinzessin hatte aus diesem Ereignis gelernt, dass man auch als Prinzessin nicht faul sein durfte. Von da an war sie die fleißigste Prinzessin der ganzen Welt. Darüber hinaus hatte sie sich unsterblich in den Prinzen verliebt. Schnell wurde eine Hochzeit gefeiert. Bis ans Ende ihrer Tage lebten sie glücklich auf dem Schloss zusammen.

Maximilian Engler
Gymnasium Mering, Klasse 5b

Das purpurrote Tagebuch

An einem Sonntag, wie es an jedem Sonntag üblich war, musste Lissy mit ihrer Mama zum Spazieren in den Wald gehen. Eigentlich mochte es Lissy sehr, mit ihrer Mama spazieren zu gehen, aber manchmal nervte es ganz schön. Lissy fand, dass es wie ein Fimmel war, es jeden Sonntag tun zu müssen. Als sie an diesem milden Sonntagabend spazieren gingen, musste Lissy mal. Also ging sie ins Gebüsch. Als sie fertig war und zu ihrer Mutter zurückging, entdeckte sie ein purpurrotes Tagebuch. Es war in Leder eingebunden. Der Waldboden war so schmutzig wie in jedem anderen Wald. Aber das Tagebuch strahlte wie frisch gewaschene Wäsche. „Sowas gibt es doch nicht!", dachte Lissy. „Nimm mich mit, nimm mich mit!", rief eine unbekannte Stimme. Sie war hell. „Wer war das?",

fragte Lissy erschrocken. „Ich bin Vanessa, das Tagebuch, das vor dir liegt, bitte nimm mich mit, bitte!" – „Also gut", seufzte Lissy immer noch mit Herzklopfen. Als sie zu Hause war, schrieb sie zum ersten Mal in ihr Tagebuch, das sie Vanessa genannt hatte:
22.04.2015
Heute habe ich im Wald Vanessa gefunden. Sie ist das Tagebuch, in dem ich schreibe. Es ist wunderschön.
Als sie am nächsten Morgen aus der Tür ihres Zimmers ging, fand sie einen Zettel. Er schimmerte in allen Farben. Darauf stand: „Liebe Lissy, ich bin die Elfe Luise. Ich komme um 10 Uhr früh zu dir." Bald war es 10 Uhr. Auf einmal kam eine kleine Elfe durch das Zimmerfenster. Sie hatte ein blaues Kleid an, schwarzes, lockiges Haar und ein zartes Gesicht. „Hallo, willst du meine Freundin sein?", fragte Luise. „Ja, gerne", antwortete Lissy, „aber du wohnst doch ganz woanders." – „Dafür gibt es das magische Armband", sagte Luise. „Wo ist es denn?", fragte Lissy. „In meiner Innenseite!" rief das Tagebuch. „Das ist super!" jauchzte Lissy. Sie zog das magische Armband an. Es war wunderschön. „Jetzt sind wir immer Freunde", sagte Luise.
Von dem Tag an sagten sie dem Armband, wenn sie sich sehen wollten. Dieses leitete es weiter und sie konnten sich treffen. Seitdem sie sind glücklich und dazu noch dicke Freunde!

Marie Schuster
Johann-Strauß-Grundschule, Klasse 3b

Schätze dieser Welt –
wie der Diamant zu seinem Namen kam

Es war einmal, vor langer Zeit, in einem weit, weit entfernten Land, ein sechzehnjähriger Königssohn, der ausziehen wollte, um eine Liste über die Schätze, die so in dem Land seines Vaters zu finden waren, aufstellen wollte. Als er jedoch seinem Vater, dem König, sein Anliegen vortrug, verneinte dieser zuerst, sah aber doch ein, dass er ihn nicht ewig halten konnte, und trug ihm auf, dass er, nach Vollendung seines siebzehnten Lebensjahres, also wenn er volljährig wäre, seine eigenen Entscheidungen treffen und auf Wanderschaft gehen könne, sofern er die Landesgrenzen nicht zu überschreiten versuche. Insgeheim hoffte der König, dass er von der Reise mit einer schönen Prinzessin, reich an Gold und an Erfahrung, gesund und munter wieder zurückkäme. Die Erfahrungen würde er als künftiger König sicher nötig haben, das wusste er aus eigener Erfahrung.

Als nun zwei Jahre verstrichen waren, wurde zu Ehren des Prinzen ein rauschendes Fest gefeiert. Inzwischen hatte der König die ganze Sache vergessen und auch der Prinz erinnerte sich erst am darauffolgenden Tag an seine ehemaligen Pläne. Als er sich wieder seiner Pläne ersann, sprach er sogleich bei seinem Vater vor und bat ihn, sie nun endlich ausführen zu dürfen.

Da dieser ihm ja sein Wort gegeben hatte und ihm gerade keine Ausrede einfallen wollte, gab er seinem Sohn sein bestes Ross und eine große Rolle Papier. Außerdem bestückte er die Satteltaschen mit reichlich Essen, einem Tintenfass mit Feder und einer vollen Feldflasche. Vor seinem Aufbruch drückte der König seinem Sohn mit den Worten „Du wirst sie sicher nötig haben!" noch einen Schild und ein zweischneidiges Schwert in die Hand. Der Prinz bezweifelte zwar, dass er für diese Waffe Verwendung haben würde, da er an das Gute im Mensch glaubte, doch das Schicksal sollte ihn bald eines Besseren belehren. Glücklich über die erlangte Freiheit, ritt er frohgemut von dannen, durch dichte Wälder und saftige Wiesen, immer weiter der untergehenden Sonne entgegen. Bald kam er an ein Dorf, das von einem furchteinflößenden Drachen jeden Tag um die Mittagszeit heimgesucht wurde, und als die Menschen ihn sahen, baten sie ihn, er möge sie doch von diesem Ungetüm befreien. Da sie ihm im Gegenzug eine Auflistung der hier vorhandenen Bodenschätze anboten und gerade die schöne Isolde, eine Tochter des Fürsten Richard Löwenherz, anwesend war, der er insgeheim sehr zugetan war, versprach er, den Drachen zu besiegen, wenn er im Erfolgsfall neben der Liste die Fürstentochter zur Frau bekäme. Da von den Drachenheimsuchungen doch auch ein paar Besitztümer des Fürsten betroffen waren, sah dieser ein, dass er keine Wahl hatte, ging auf den Handel ein und befahl den Dorfbewohnern, dass sie ihn gleich zur Drachenhöhle bringen mögen. Und wie der Prinz nun so vor der Drachenhöhle stand, zweifelte er doch an seinem Mut und fragte sich, was ihn dazu gebracht hatte, auf das Angebot einzugehen. Mit zitternden Knien und dem Schwert schlagbereit in der rechten Hand, ging er auf den Höhleneingang zu, nur der Gedanke an Isolde half ihm dabei, die Angst zu vergessen. Ein letztes Mal blickte er zum Himmel auf, ungewiss, ob er die Sonne jemals wieder zu Gesicht bekäme, dann verschwand er in dem schwarzen Höhlenschlund, der einem beim bloßen Ansehen den Schweiß den Rücken hinuntertrieb. Von der Tiefe schallte das ohrenbetäubende Schnarchen empor, ein Geräusch, das einen die gewaltigen Ausmaße des Tieres erahnen ließ. Überall in der Höhle verstreut lagen Dutzende von Knochen. Der Prinz erkannte sechs Kuhskelette, zum Teil erst halb abgenagt. Was verwunderlich war, war, dass der Prinz zwar so ziemlich alle Tierarten, aber beim besten Willen keine Menschenknochen erkennen konnte, was ihn schon etwas langsamer atmen ließ. Aber wahrscheinlich war ihm sein Essen auch noch nie in die Höhle gelaufen, redete er sich ein. Mittlerweile war das Schnarchen massiv angeschwollen und klang, aus Gründen, die er nicht kannte, fast wehleidig. Nun klang es so, als wäre er nur noch wenige Meter von seinem ahnungslosen Opfer entfernt. Etwa in der Höhlenmitte tat sich ein großes Loch auf. Als er an den Rand der Grube trat, sah er ein etwa zwanzig Meter langes, fünf Meter breites, eidechsenähnliches Ungetüm, und noch viel besser, einen riesigen glitzernden Edelstein, der sich deutlich von der Felswand abhob. Dann, auf einmal, verstummte das Schnarchen, und die Echse begann aufzuwachen. Mit lautem Stöhnen kroch sie aus der Grube. Der mutige Prinz sprang dem Tier mit seinem Schwert an den Hals und war gerade dabei, es zu Ende zu bringen, als der überrumpelte Drache zur Überraschung des Königssohnes unter der Klinge zu wimmern begann. „Bitte lasst mir mein Leben. Ich wollte nie auch nur einem Menschen etwas zuleide tun. Ich hole mir nur jeden Tag etwas zu essen, aber da alle Angst vor mir haben, rennen sie jedes Mal, wenn ich vorbeifliege, davon. Mein Name ist Diamant." Der zutiefst berührte Prinz bot dem Drachen Diamant an, mit ihm zu ziehen. Er müsse ihm lediglich den Stein überlassen. Der Prinz steckte aber sein Schwert nicht weg, da er nicht wusste, ob man ihm wohl trauen konnte. Der Drache flog daraufhin ein letztes Mal in die Grube zurück, drückte dem Prinzen den Edelstein in die Hand, welcher dies als Ehrlichkeitsbeweis sah, ließ ihn aufsteigen und flog mit ihm direkt in den Schlossgarten des Fürsten, wo er schon sehnlichst erwartet wurde. Der Prinz erzählte sogleich sein Abenteuer und der Fürst meinte, dass sein Mut nahezu unübertrefflich gewesen sei und wirklich eine Belohnung verdient habe. Vierzig Tage lang dauerte die Hochzeit. In einer feierlichen Rede erklärte der Königssohn, dass er den Stein „Diamant" nennen wolle, da er ihn in der Höhle von Diamant gefunden habe. Natürlich wusste er damals noch nicht, dass diese Art Stein einer der wertvollsten Steine überhaupt werden würde. Da er aber nun mit dem Drachen die Liste der Schätze fortsetzen wollte, bat er Isolde, noch ein halbes Jahr durchs Land ziehen zu dürfen. Diese war zwar über den Entschluss ihres Mannes nicht sonderlich begeistert, ließ ihm aber diese Freiheit. So zogen die beiden von Dorf zu Dorf, begegneten einem Herzog namens Herbert van Gold und einer Fürstin namens Rubina. Dann, als das halbe Jahr verstrichen war, zog es den Prinzen zurück zu Isolde und zu seinem Vater. Und da das Papier doch gut beschrieben war, machten sich die beiden auf den Heimweg. Eines Nachts kam ein weiser Zauberer namens Merlin zu ihnen und sprach zu dem Prinzen: „Ihr habt sicher eine Menge Dinge auf eure Liste geschrieben. Doch das alles sind keine wirklichen Schätze. Die wahren habt Ihr zwar gefunden, aber nicht aufgeschrieben. Eure wahren Schätze sind Eure Erlebnisse; zudem Güte, als ihr den Drachen am Leben gelassen habt, und Liebe, wie ihr sie für Isolde empfindet. Außerdem kann man ganz allgemein auch jede Art Obst oder Gemüse nennen – kein Mensch kann Rubine essen. Goldbarren sind auch schwer verdaulich. Nehmt euch meine Worte zu Herzen, dann werdet ihr einmal ein weiser Mann werden!" Mit diesen Worten verschwand der Zauberer und ward nie mehr gesehen. Der Prinz jedoch, daheim angekommen, kaufte mit dem Staatsschatz dem benachbarten Königreichen eine große Fläche Land ab und legte riesige Kornspeicher an. Als dann eine Hungersnot ins Land zog, hatte niemand in den anderen Reichen etwas zu essen. Die anderen Könige saßen auf ihren Thronen und hatten zwar volle Schatzkammern, jedoch leere Mägen. Der nunmehr König gewordene Prinz erbarmte sich ihrer und gab jedem im Tausch gegen ihr Gold etwas ab. Und wenn sie nicht gestorben sind, dann leben sie noch heute.

Tobias Berchtold
Schmuttertal-Gymnasium Diedorf, Klasse 7c

Ein fantastischer Fund

Eines Tages, als ich mit meiner Familie einen Ausflug machte, entdeckten wir etwas richtig Cooles: In einer Ecke im Park lagen acht frisch geborene Welpen. Die Mutter war leider entlaufen, doch meine Familie und ich haben ihnen geholfen. Wir haben sie mit zu uns nach Hause genommen. Wir sind mit ihnen auch gleich zum Tierarzt und es war gut, dass wir sie gefunden hatten, sonst wären sie vermutlich gestorben. Als wir heimkamen, haben wir ihnen Namen gegeben. Es waren alles Jungs und ihre Namen sind: Sparky, Rodgy, Jack, Paul, Hendrik, Karlo, Bernie und Rex. Es sind alles Bernhardiner und heute sind sie alle fast so groß wie ich.

Felix Ehrenberg
Frère-Roger-Schule Augsburg, Klasse 5b

Jede Fantasie ist anders

Ich bin in der Schule und habe vor ein paar Tagen einen Test geschrieben. Ich habe schon fantasiert, welche Note ich haben könnte. Vielleicht ist es eine Eins oder eine Zwei, aber da bin ich mir nicht sicher, denn es kann immer anders kommen. Ich denke mir sogar schon aus, wie ich es meinen Eltern erzähle. Ich denke praktisch schon, dass die Note super ist. Als ich am nächsten Tag zu der Schule gehe, habe ich gute Laune und denke mir nichts Besonderes. Meine Lehrerin kommt durch die Tür und ich freue mich schon auf die Note, doch dann stellt sich heraus, die Note ist schlechter als ich dachte. Ich lief mit meiner Freundin nach Hause und als ich ankam und meine Mutter fragte, wie mein Tag gewesen sei, antwortete ich: „Ganz ok." Doch als ich ihr von der Note berichtete, war mir nicht ganz wohl und ich ging nach oben und legte mich in mein Bett. Ich schloss die Augen, war in einer komplett neuen Welt und war nur fasziniert, denn so etwas Schönes hatte ich noch nie gesehen. Ich konnte alles tun und lassen, was ich wollte. Ich war glücklich. In meiner Fantasie hatte ich sogar eine gute Note. Als ich meine Augen wieder öffnete, war ich wieder in der Realität und dann wurde mir klar, dass man sich in seine Fantasie zurückziehen konnte, denn es war ein Tagtraum – mein eigener Tagtraum.

Aber irgendwann muss jeder in die Realität zurückkehren, man kann sich nicht davor drücken. Und das muss jeder lernen, denn so etwas ist keine Lösung. Jede Person hat eine eigene Fantasie und die wird keinem genommen, denn deine Fantasie bleibt deine Fantasie – für immer.

Jessica Kuru
Kapellen-Mittelschule, Klasse 7cMGT

Die Wahrheit über Hexen, Geister und Vampire

„Guten Abend, ehrenwerte Gäste, ich bin sehr erfreut darüber, dass Sie heute die Zeit gefunden haben, mich in meiner Radiosendung ‚Schlag Mitternacht' zu besuchen und unseren Hörern interessante Einblicke in Ihr Leben zu präsentieren. Darf ich Sie bitten, sich unseren Zuhörern kurz vorzustellen? Vielleicht beginnen wir ja mit Ihnen, liebe Frau Hexe – ich darf Sie doch so nennen? Oder wie ist die korrekte Anrede in Ihren Kreisen?" – „Vielen Dank für die Einladung. Mein Name ist Esmeralda Zauberkröte. Sie können mich gerne einfach Esmeralda nennen. Die ‚Hexe' dürfen Sie ruhig weglassen. Ich wohne in Besenhausen, das ist ungefähr zwei Flugstunden von hier. Den Beruf Hexe übe ich seit ca. 200 Jahren aus." – „Vielen Dank. Nun zu meinem nächsten Gesprächspartner, Sir Poltero von Spukburg." – „Guten Abend, meinen vollen Namen haben Sie ja schon genannt. Sie dürfen mich aber kurz ‚Polto' nennen. Ich bin schon 300 Jahre lang Poltergeist auf einer kleinen Burg bei Gruselberg. Dort ist heute ein gemütliches Hotel, in dem ich regelmäßig für die Abendunterhaltung sorge." – „Nun zu Ihnen, Graf Flederblut. Ein paar Worte zu Ihrer Person?" – „Gerne. Ich heiße eigentlich Blutus Willhelm Durstbert Beißhorst Guntod Eckzahn von und zu Flederblut-Nachtgestalt. Langer Name, alte Familientradition. Graf Flederblut gefällt mir aber besser. Ich bin in der Tourismusbranche tätig und mache nachts Führungen im hiesigen Strafvollzugs- und Foltermuseum. Sehr beliebt, diese Führungen. Sehr beliebt." – „Ich danke Ihnen allen vielmals für Ihre Bereitschaft, unseren treuen Hörern ein bisschen zu erklären, wie Ihr Alltag so aussieht. Man hört und liest ja recht viel, aber mir scheint, da gibt es ab und zu ein paar Missverständnisse ..." – „Da haben Sie völlig recht! Ich sage nur: Knoblauch. Man sagt ja, damit kann man Vampire vertreiben. Alles Humbug. Liegt an Urururururopa Dracula. Konnte Knoblauch nicht ausstehen. Einzelfall. Knoblauch ist eine meiner Leibspeisen. Sehen Sie, ich habe mir hier ein paar Knoblauchbonbons mitgebracht. Möchten Sie mal versuchen? Sehr erfrischend. Auch die Holzpfähle. Quatsch mit Soße. Kitzeln nur ein bisschen." – „Viel Quatsch erzählt man auch über uns Geister. Wir können schon durch Wände gehen und durch Schlüssellöcher kriechen, aber davon bekomme ich immer Kopfschmerzen. Deshalb benutze ich normalerweise die Tür. Unsinn ist aber, dass wir immer zur Geisterstunde, also um 12 Uhr nachts auftauchen. So ein Blödsinn. Wir Gespenster sind sogar eher unpünktlich. Im Grunde spuken wir den ganzen Tag oder die ganze Nacht, je nachdem, wann wir aufwachen oder Lust dazu haben – hi, hi. Man behauptet ja auch, wir seien fies und gemein. Die meisten von uns sind jedoch nette Geister mit ganz normalen Berufen. Viele Hörer haben uns schon gesehen, vielleicht ohne es zu bemerken. Einige meiner Kollegen arbeiten als Nachtwächter, in der Geisterbahn, als Assistenten von Zauberern – das sind oft die Unsichtbaren, die können heimlich die Kaninchen hereintragen und die ‚schwebenden' Sachen halten. Wird übrigens gut bezahlt. Ich arbeite, wie schon erwähnt, in einem Hotel. Dort sorge ich dafür, dass es den Touristen nachts nicht langweilig wird." – „Bei uns Hexen ist es genau das Gleiche. Hakennase und Warzengesicht, das ist ja wohl die Höhe! Nur weil Tante Gruselda so hässlich war. Schauen Sie doch nur meine süße kleine Stupsnase an. Wir veranstalten sogar Schönheitswettbewerbe. Die letzte Gewinnerin war Jennifer Lawrence. Kennen Sie die? Nettes Ding. Kann nicht nur zaubern, sondern auch singen. Die meisten haben ja Angst vor uns, doch wir sind nicht zum Fürchten. Im Gegenteil, wir haben ein Händchen für Heilpflanzen und können gut kochen, deshalb arbeiten wir in Apotheken, im Krankenhaus, als Köchinnen und Gärtnerinnen. Eine Freundin hat eine Tierhandlung und verkauft Spinnen, Kröten, Schlangen und Katzen." – „Sehr interessant, was Sie da berichten. Dann stimmt es bestimmt auch nicht, dass die Vampire Blutsauger sind, oder? Sonst wäre ich ja jetzt schon nicht mehr gesund und munter!" – „Doch, doch, das stimmt: Blut saugen wir gerne. Aber nur zu medizinischen Zwecken, z. B. bei Bluthochdruck oder Nierenkrankheiten. Viel billiger als Pillen oder Dialyse. Wird von den Krankenkassen gerne bezahlt. Meine Verwandten mit besonders großem Durst arbeiten oft auch im Schlachthof. Blutwurst ist ja zurzeit nicht so beliebt, da bleibt immer genug übrig." – „Ich finde immer die Geschichten über die Geister mit der Rasselkette witzig. Die meisten meiner Freunde haben nämlich eine Nickelallergie, die bekommen von den Ketten fürchterlichen Ausschlag. Grüne Pickel. Dann behaupten die Leute, wir leuchten grün. Und das juckt ganz fürchterlich. Ich verwende die Ketten deshalb nie." – „Viele Leute glauben auch, zur Hexe wird man geboren. Das stimmt nicht. Ich habe mir diesen Beruf hart erarbeitet. Erst Gymnasium, dann 70 Jahre Studium, dann viele Praktikumsplätze bei alten, erfahrenen Hexen. Wie ist das denn bei euch Gespenstern, Polto? Wir wird man Geist?" – „Manche behaupten, dass man einen fürchterlichen Tod erlitten haben muss, um Geist zu werden, und dann spukt, um sich zu rächen. Dabei ist es ganz einfach. Jeder, der stirbt, wird zu einem Geist. Dann muss man sich beim ‚Amt für Spuk und Ordnung' melden, um zu erfahren, wo man spuken soll. Nur die richtig Faulen weigern sich und bleiben lieber auf dem Friedhof liegen. Das wissen bloß die meisten nicht. Ich z. B. bin an einer Halsentzündung gestorben, deshalb klingt meine Stimme immer noch ein bisschen heiser. Ist in meinem Beruf übrigens ganz praktisch. Wie man als Gespenst aussieht, das kann man sich aber nicht aussuchen, das wird einem zugeteilt. Diejenigen, die mit ihrem Aussehen nicht zufrieden sind, das sind dann meistens die fiesen Geister. Jemanden zu Tode zu erschrecken, ist übrigens gesetzlich verboten. Darauf leistet man sogar einen Gespenstereid." – „Bei uns liegt das Blutsaugen in der Familie. Wir sind Vampire in der 14256. Generation." – „Tragt ihr alle diese langen schwarzen Umhänge?" – „Nur an Fasching. Damit kann man sich prima als Batman verkleiden. Sonst ist der Umhang beim Fliegen eher hinderlich. Verheddert sich immer in den Bäumen. Musste meinen schon dreizehn Mal flicken lassen." – „Ich habe hier gerade eine E-Mail eines Hörers bekommen. Der möchte wissen, ob Ihr Vampire immer so bleich seid, wie behauptet wird." – „Ja, das stimmt. Aber nicht, weil wir im Sonnenlicht zu Staub zerfallen, sondern nur, weil viele von uns eine Sonnenallergie haben. Da hilft nur Sonnencreme mit Lichtschutzfaktor 333 oder eben Dunkelheit. Sonst gibt es auch bei uns Pickel, aber rote. Die Zivilisationskrankheit Allergie macht auch vor uns nicht Halt, das ist wie bei euch Gespenstern. Deshalb schlafen wir auch gerne in Särgen. Auf Holz sind die wenigsten allergisch, eher auf Daunendecken, Baumwollbezüge und Rosshaarmatratzen." – "Oh je, die Turmuhr schlägt eins, unsere Sendung ist nun leider vorbei. Ich bedanke mich im Namen unserer Hörer für diese interessante Sendung und hoffe, dass wir uns irgendwann irgendwo einmal wiedersehen werden. Bis dahin: Frohes Hexen, Spuken und Blutsaugen. Nächste Woche interviewe ich an dieser Stelle einen Zombie, einen Werwolf und einen Ork. Auf Wiederhören, herzlich, Ihr Nachtmoderator Merlin Dumbledore."

Collin Albrecht
Gymnasium bei St.Stephan, Klasse 6c

Aberglaube bringt Unglück

„Puh! Hier stinkt es ja heftig nach Knoblauch!", maulte das Zimmermädchen und hielt sich angewidert die Nase zu. Sie trat in das Zimmer und schaute sich um. Bei diesem Anblick erstarrte sie, riss die Augen weit auf und ihr Mund klappte nach unten. Doch das Mädchen konnte nicht viel sagen, denn hinter ihr trat schon die Frau ein, der das Zimmer gehörte. „Guten Tag!", rief diese. „Kann ich Ihnen behilflich sein?" Die Frau trat ein und schaute das Zimmermädchen, das mitten im Zimmer mit ihrem Putzkarren stand, fragend an. Es war in der Tat ein erstaunlicher Anblick: An den Wänden hingen Knoblauchketten, der Spiegel im Badezimmer war verschwunden, das Bett war gedreht worden und daneben lag ein weißes Tigerfell. Bevor das Mädchen zu einer Antwort ansetzen konnte, erklärte die alte Dame: „Knoblauch verscheucht Vampire, Spiegel sind sehr gefährlich und, wie Sie wissen müssten, sollte das Bett nach Osten schauen. Dieses wunderbare Fell schreckt Hexen und Dämonen ab! Das ist sehr wichtig, um den Schrecken der Nacht nicht in die Quere zu kommen!" Das Zimmermädchen nickte langsam und bewegte sich Richtung Tür. Es wurde allmählich schon Abend auf der mittelalterlichen Burg. Die Zimmer wurden für Ferienbesucher vermietet und obwohl alle sehr wohlig eingerichtet worden waren, war es doch eine unheimliche alte Burg mit dumpfen, grauen Steinwänden und wenig Licht. In einem Zimmer legte sich eine alte Frau zufrieden in ihr Bett. Draußen heulte der Wind um die Mauern und die Sonne war schon lange hinter dem Horizont verschwunden. Auf ihrem Nachttisch flackerte eine Kerze. Die abergläubische Dame hatte alles für eine ruhige Nacht eingerichtet und hatte nicht vergessen, die Kerze anzuzünden, da sie dachte, dass Geister das Licht verabscheuten. Nun schloss sie die Augen und schlief friedlich ein. Doch auf einmal öffnete sich langsam und leise das Fenster wie von Geisterhand, eine kalte Brise wehte von draußen ins Zimmer und die Kerze erlosch. Plötzlich schoss etwas Weißes durch das Zimmer. Was war das? Es huschte von einer Seite zur anderen, aber so schnell, dass man es nicht erkennen konnte. Das Weiße streifte die Nase der Frau, die unter der Bettdecke hervorguckte. Sie nieste, doch sie wachte nicht auf. „Hi, hi, hi!", flüsterte eine piepsige Stimme. „Hier kann ich mich ein bisschen umschauen und nach Herzenslust spuken", freute sich die Stimme. Tatsächlich! Es war ein echtes Gespenst! Aber warum huschte es nicht von dem starken Knoblauchgeruch in der Kammer weg? Das Gespenst blickte im Zimmer umher. Zuerst erblickte es die Knoblauchketten an der Wand. Es flog direkt dorthin. „Mmh! Es gibt sehr viele gutmütige Menschen, aber so lieb habe ich noch niemanden gesehen." Es schlich zur Wand und riss sich die größte Knolle Knoblauch ab. Das Gespenst war so hungrig und stopfte sich alles, was an der Wand hing, in den Mund. Doch da schaute sich der Geist auf einmal um, als hätte er etwas vergessen. „Gibt es hier einen Spiegel? Das wäre sehr gefährlich!", rief er erschrocken. Zu seinem Glück fand er jedoch keinen. Von dem großen Knoblauchmahl war das Gespenst so satt, dass es beschloss, an einer bequemen Stelle zu ruhen. „Wow! Dieser Mensch denkt an alles: Er weiß, was mein Lieblingsessen ist, zündet kein Licht an und er macht mir ein gemütliches Versteck!", jubelte der Geist begeistert. Er legte sich in das Fell und schlief augenblicklich ein. Als die Kirchturmuhr eins schlug, wachte das Gespenst auf und streckte sich. „So, jetzt muss ich leider gehen", rief es traurig. „Aber natürlich möchte ich diesen Menschen für seine Arbeit belohnen!" Es dachte nach. Was sollte das Gespenst denn der Frau geben? „Aah! Jetzt weiß ich es! Ich werde ihr eine meiner dicksten Vogelspinnen schenken", freute es sich. Es griff in eine seiner Taschen und zog eine riesengroße Spinne hervor. „So, das wird der Frau sicherlich gefallen!", meinte der Geist. Er legte die Vogelspinne auf die Nase der Dame und huschte eilig aus dem Fenster in die Nacht hinaus. „Aaah! Was ist das?!", brüllte die Frau. Sie griff mit der Hand an die Nase und warf die fette Riesenspinne aus dem Bett. Sie fuhr wie der Blitz aus dem Bett. Als sie die abgeknabberten Knoblauchknollen und das verdrehte Fell erblickte, packte sie ihre sieben Sachen und schoss durch die Tür hinaus. In einer Burg, wo riesige Vogelspinnen hausten, wollte sie keine Sekunde mehr bleiben. Als das Gespenst in der nächsten Nacht die Spinne fand, dachte es: „Wahrscheinlich wollte sie die tolle Spinne nicht annehmen." Danach machte es sich auf die Suche nach einem genauso nett eingerichteten Zimmer wie dem der alten „abergläubischen" Frau.

Ethel Angeles Domínguez
Gymnasium bei St. Stephan, Klasse 6c

Fantastisch!

Findest du es genauso wahnsinnig?
Am liebsten denke ich daran!
Nachdem ich daran gedacht habe, fühle ich mich toll.
Trösten kannst du mich, wenn ich traurig bin.
Ach, die Fantasie ist grenzenlos.
Sie ist nie hastig.
Täuschen kann die Fantasie mich oft.
Ich denke daran sehr gerne.
So etwas Schönes gibt's nur einmal.
Cool finde ich dich – auf alle Fälle.
Halte an, du schöne Zeit!
Sie ist nie hastig.

Julian Romanowsky
Gymnasium bei St. Stephan, Klasse 5b

Ich fass es nicht

Synchronschwimmen – ein fantastischer Sport. Wie würdest du dich fühlen, wenn am nächsten Tag dein erster Synchronschwimmwettkampf auf deutscher Ebene wäre? Okay, du hast davor an Wettkämpfen teilgenommen, bei denen du gegen andere aus Bayern angetreten bist, aber auf deutscher Ebene ist das etwas ganz anderes. Wahrscheinlich würdest du, genauso wie ich, vollkommen ausflippen :-)
Für alle, die nicht wissen, was Synchronschwimmen ist: Es ist sozusagen Bodenturnen im und unter Wasser, mit Figuren, Sprüngen und Drehungen wie beim Eiskunstlauf, wie Wettschwimmen mit wenig Gelegenheit zum Luftholen und wie Tanzen mit Musik und einer Choreographie. Ja, ich glaube, das beschreibt es am besten. Aber wie schon der Name sagt: Es muss synchron sein. Das Lustige ist, dass man nicht nur in der Gruppe schwimmen kann, sondern auch nur zu zweit oder auch ganz allein. Aber um noch einmal zurück zu kommen, morgen ist Wettkampf ...
Du schwimmst deine Pflichtübungen, du duschst dich und ziehst dich an ...
Das war erst die erste Runde des Wettkampfes. Wenn man dort unter die besten acht seiner Altersklasse kommt, dann kommt man in die zweite Runde, das „Finale", und dann gibt es eine Siegerehrung mit Urkunden und Medaillen. Du hast Pause ... du wartest ... das Ergebnis wird berechnet ... und ... du wirst Dritte!
Ach ja, bevor ich es vergesse: Du hast dir ungefähr neun Monate zuvor auch noch den Arm gebrochen und wärst auf jeden Fall mit dem achten

oder neunten Platz zufrieden gewesen. Aber dann wurdest du sogar Dritte! So erging es mir. Ich fasse es immer noch nicht!
Der zweite Tag folgt – das Finale: Du schwimmst deine Pflichtübungen ... du duscht dich, ziehst dich an ... hast Pause ... wartest ... die Ergebnisse werden bekanntgegeben ... und ... du bist Vierte! Du bist tatsächlich die Viertbeste aus ganz Deutschland in deiner Altersklasse! Und du bist mit 0,3 Punkten an dem dritten Platz vorbeigehuscht. Das ist so fies ... Na ja – eigentlich ist es ja fantastisch!

Teresa Grüner
Gymnasium bei St. Stephan, Klasse 6b

Abitur-Gefühle (ein Akrostichon)

Fix und Fertig
Aber glücklich
Nie wieder Schule
Tue, was ich will
Andere bleiben noch
Studium? Vielleicht später
Tee trinken und faul sein
Ich habe keine Pflichten
So könnte es immer sein
Cool – oder?
Hey! Das Leben ist fantastisch

Sarah Steinmeier
Gymnasium bei St. Stephan, Klasse 7b

Ein Drilling kommt selten allein – eine wahre Geschichte

Die Nacht. Erinnerungen von Fabienne

Es war eine klare Sommernacht, in der meine drei kleinen Schwestern geboren wurden. Schon seit Wochen war der Bauch meiner Mutter immer größer geworden, auf den Ultarschallbildern zeichneten sich immer deutlicher Arme und Beine und schließlich sogar das Gesicht meiner neuen Schwester ab. Meine neuen Schwestern! Statt zwei Armen und Beinen konnten wir sechs Ärmchen und Beinchen spüren, die gegen die Bauchdecke meiner Mutter traten. Wir – Mama, Papa, meine große Schwester Lennie und ich – sollten auf einen Schlag Zuwachs von drei kleinen Mädchen bekommen. Drillinge! Und wenn ich eine Sache niemals vergesse, dann sind es die Umstände ihrer Geburt:

Eines Sonntagnachts weckte mich mein Vater. Schlaftrunken sah ich auf die Uhr: 3 Uhr nachts! Zuerst dachte ich, mein Vater wolle sich einen von seinen Späßen erlauben. Meine Mutter stand ruhig im Bad und kämmte sich. Also drehte ich mich um, um mich wieder aufs Ohr zu legen. Doch mein Vater rief mich zurück: „Fabienne, zieh dich schnell um. Wir müssen losfahren. Mamas Wehen setzen ein!" Mit diesen Worten verschwand er schon im Zimmer meiner Schwester, um sie mit den gleichen Worten aufzuwecken. So schnell es ging, zog ich mich an, vor Aufregung in meinen Pullover verkehrt herum hineinfahrend. Ich lief aus dem Zimmer und stieß prompt mit Lennie, meiner großen Schwester, zusammen. „Schnell, Kinder!", rief uns unser Vater von der Tür aus zu, „wir müssen uns beeilen! Wir setzen euch wie besprochen bei Oma und Opa ab." Schnell schlüpften wir in unsere Schuhe und zogen uns die erstbesten Jacken über. Draußen war es stockfinster, so dass ich kaum etwas erkennen konnte. Mein Vater stützte meine Mutter, die von Zeit zu Zeit wegen den einsetzenden Wehen stehenbleiben musste.

Ich erinnere mich kaum noch an die Fahrt. Ich glaube, ich bin eingeschlafen. Unsere Eltern setzten uns bei Oma und Opa ab, die nicht weit von uns entfernt wohnten, und fuhren schnell zum Krankenhaus weiter. Lennie und ich krochen schnell in unsere gemachten, warmen Betten und schliefen sofort ein.

Als ich am nächsten Morgen erwachte, waren meine Oma und meine Schwester schon dabei, das Frühstück vorzubereiten. Ich hörte Teller und Gläser klirren, wie an einem ganz normalen Sommertag. Aber, Moment mal! Warum waren Lennie und ich denn bei Oma und Opa? Mit einem Mal fielen mir die ganzen unglaublichen Geschehnisse der gestrigen Nacht wieder ein. Schlagartig war ich wach. Aufgeregt stürmte ich in die Küche. „Oma, Lennie! Die Babies, Mama und Papa – was ist mit ihnen?" Meine Oma erzählte mir, dass die Kleinen um fünf Uhr am Morgen auf die Welt gekommen waren. „Alles ist gut gegangen. Mama und den Babies geht es gut", beruhigte mich mein Opa. Gleich nach dem Frühstück fuhren wir ins Krankenhaus, um sie zu besuchen.

Der Morgen. Erinnerungen von Vivienne

Jedes Kind ist ein kleines Wunder. Wir haben in dieser Nacht gleich drei von diesen kleinen Wundern auf einmal bekommen. Und nun sollten wir zum ersten Mal ihre kleinen Körper sehen und zum ersten Mal fühlen, wie das ist, eine große Schwester von Drillingen zu sein.

An die Geburt von Fabienne erinnere ich mich nur noch in einigen prägnanten Details. Damals, ich war gerade fünf geworden, habe ich ihre ganze Entwicklung als etwas gewissermaßen Selbstverständliches genommen. Ihre ersten Worte, wie sie gelaufen ist; das Unglaubliche hinter all dem habe ich erst mit den Jahren gesehen und verstanden.

Doch dieses Mal war alles anders. Ich war schon seit zwei Tagen 13 Jahre alt und sollte nun große Schwester von nicht mehr nur einer, sondern gleich drei kleinen Schwestern werden.

So brachen wir an diesem Montagmorgen auf. Die Sonne schien und auch wenn wir noch von all der Aufregung müde waren, war an ein kurzes Nickerchen auf dem Weg zur Klinik nicht zu denken. Wir zählten die Sekunden, bis wir die Babys endlich mit eigenen Augen sehen würden. Wenn ich davon spreche, dass wir unsere kleinen Schwestern unbedingt sehen wollten, so war uns das Wiedersehen mit unseren Eltern mindestens genauso wichtig. Außer den Aussagen unserer Oma und einigen Worten am Telefon wussten wir ja nichts über die Geburt und das Befinden unserer Mutter. Umso glücklicher waren wir, als unser Vater uns als allererstes nach unserer Ankunft in ein freundliches, luftiges Dreibettzimmer auf der Wöchnerinnenstation brachte und wir uns mit eigenen Augen von dem deutlich geschrumpften Bauch unserer Mutter überzeugen konnten. Nach einem kurzen, aber freudigen Wiedersehen machten wir uns auf nach oben – zur Station auf der die „Drillis" lagen.

Nun standen wir also vor der Frühchenstation. Und hier kam die große Ernüchterung. „Weil die Frühchen (also Babys, die zu früh auf die Welt gekommen sind) noch so klein sind und ihr Immunsystem noch so schwach ist, ist ein Besuch, abgesehen von den Eltern, von Seiten des Krankenhauses nicht vorgesehen", erklärte uns unser Vater. Man kann sich vorstellen: Unsere Enttäuschung war groß. Ich sehe noch Fabiennes Gesicht vor mir, deren strahlende, vor Aufregung glänzende Augen buchstäblich innerhalb von einer Sekunde trüb vor Enttäuschung wurden. All die Freude, all die Spannung, all die Aufregung, umsonst?! Ja, wir haben wirklich Glück gehabt, dass unser Vater so gut darin ist, andere Leute zu überzeugen. Er sprach von der besonderen Situation, von unserer Freude und unserer Aufregung mit einem der Ärzte. Mit bangen Blicken beobachteten wir das Gespräch der beiden durch die Glastür der Station und hofften auf gute Neuigkeiten. Und wirklich, wir durften reinkommen. „Ausnahmsweise, nur für euch beide", erklärte uns der Arzt lächelnd. Aber natürlich war dieses Zugeständnis auch mit Auflagen verbunden. Zum Beispiel mussten wir uns immer die Hände desinfizieren und einen Mundschutz aufziehen, wie man sie im OP finden kann. Natürlich, durch unseren Eintritt sollten die Kleinen ja nicht in Gefahr gebracht werden, zumal unsere Schwestern zum Glück zwar noch sehr klein, aber rundherum gesund waren, aber auch kranke Kinder auf der Station lagen, die nicht ein solch großes Glück hatten. Ich erinnere mich noch an die Woge von Dankbarkeit und die Freude darüber, dass wir alle gesund waren, als ich diese kleinen Kinder dort liegen sah.

Unsere Schwestern lagen an diesem ersten Morgen noch getrennt in zwei verschiedenen Zimmern. Während Fabienne zuerst mit Mama und Papa Leticia und Elianna besuchte, ging ich mit einer netten, jungen Krankenschwester zu Valeria. Und dort lag, in einem der warmen „Brutkästen", die für so kleine Kinder unerlässlich sind, voll mit Kabeln und Sonden, meine kleine Schwester. Bis auf eine warme Mütze und ihre Windel trug sie nichts und lag auf ihrem kleinen, runden Bauch. Sie wirkte so zierlich und so zerbrechlich, dass ich es kaum fassen konnte, als die Krankenschwester den Brutkasten öffnete und ich in das warme Innere fassen durfte, wieder „ausnahmsweise!" So weich war ihre Haut und so warm. So neu und frisch! Es war überwältigend. Vor allem dieses Gefühl, dass sie UNSERE kleine Schwester war. Nicht nur irgendein kleines, süßes Baby, sondern wirklich UNSERE kleine Schwester. An dieses Gefühl muss ich noch heute oft denken, wenn ich die drei mit ihren nunmehr dreieinhalb Jahren schon so groß sehe. Es ist wirklich unglaublich. Ja, in gewisser Weise über alle Maßen fantastisch, dieses Gefühl. Auch bei Leticia und Elianna war es nicht anders, nur wirkten sie fast noch zerbrechlicher. Vor allem Leti. Mit ihren knapp über 1,5 kg ... Es ist wirklich erstaunlich, wie schnell und gut sie sich entwickelt haben. Heute ist Leti, unser „Nesthäkchen", die größte und schwerste der drei.

Nach einer Woche durfte unsere Mutter wieder nach Hause. Unsere Eltern besuchten die drei täglich, sie mussten nämlich nach der Geburt noch drei Wochen im Krankenhaus bleiben. In den nächsten Wochen fuhren Fabienne und ich auch immer wieder nach der Schule und am Wochenende zu ihnen. Alles war damals für uns neu und aufregend. Mit der Zeit wuchs das Gefühl der „wahren Geschwisterliebe". Denn gerade wenn man seine Schwestern nur durch einen Mundschutz küssen darf, muss diese Liebe wie ein kleiner Samen immer mehr wachsen, bevor es ein großer und starker Baum wird. Dieser Baum wächst immer noch. Mit jedem Tag mehr.

Vor allem als sie dann auf die normale Neugeborenenstation verlegt wurden und wir sie über eine kleine Nasensonde füttern durften, habe ich das bemerkt. 5 ml alle fünf Minuten. Diese Messeinheiten werde ich wohl nie vergessen. Heute brauchen sie keine fünf Minuten mehr für ihren Kakao. Oder wie sie zum ersten Mal nicht mehr in den Brutkästen, sondern in normalen Babybettchen schlafen durften. Und wie ich zum ersten Mal keinen Mundschutz mehr brauchte, um mit ihnen zu kuscheln. Oder wie sie ihr erstes Flugzeug als „Auto" bezeichnet haben.

Und noch so viele kleine, für Fremde unscheinbare Ereignisse, die uns aber täglich zeigen, wie viel Freude man an den Kleinen haben kann.
Inzwischen sind mehr als drei Jahre vergangen. In unserem Leben hat sich seitdem viel verändert. Manchmal fragen uns heute Leute, wie wir unser Leben mit so vielen kleinen Kindern gestalten können. Andere bemitleiden unseren Vater, da er ja der einzige Mann im Haus ist. Manche warnen von einem ewigen „Zickenkrieg", wenn die Kleinen erst einmal größer sind. Doch wenn wir mit unseren kleinen Schwestern eines gelernt haben, dann, dass vielleicht nicht immer alles auf Anhieb klappt, aber mit etwas Organisation, Zusammenhalt und vor allen Dingen mit viel Liebe und Freude jedes Hindernis bewältigt werden kann. Ganz egal, was es auch sein mag.

Fabienne Baltazar Castillo und Vivienne Baltazar Castillo
Maria-Ward-Gymnasium, Klasse 6b und Q11

Begegnung mit Wesen des Lichts

In glitzernd leuchtendem Gewand,
gehüllt im Kleid der Blütenblätter,
schwingen ihre prächtigen Flügel im Sonnenschein,
tanzen anmutig um mich herum, Feen wunderschön,
der vier Elemente Gebieterinnen.
Ihr Feenstaub in meinem Haar
macht lieblicher mich bei jener Schar.
Ihre himmelsgleichen Rufe scheinen auszuströmen
Lebensfreude, Hoffnung, Liebe.
Reines Wasser durchläuft meine Glieder,
spült weg alles Bedrückende.
Feuer brennt Schwächen ab,
lässt Hindernisse bewältigen.
Erde festigt meine Füße,
ermutigt mich zu neuem Anfang.
Luft durchweht meine Gedanken,
löst angespannte Gefühle.
Hüllen alles in Zauber und Magie
und machen aus mir ihresgleichen
Fee.

Fulya Karin Yarasir
Maria-Ward-Gymnasium, Klasse Q11

Was ist Fantasy?

Fantasy
surreale Begebenheiten
übernatürliche Fähigkeiten und Wesen
ein einzigartiges Erlebnis
andere Dimensionen
Fantasiewelten

Rebekka Schlosser
Gymnasium bei St.Stephan, Klasse 8e

Sophie und der Faden der Ariadne

Sophie war mit ihren Eltern für vier Wochen nach Kreta gefahren, um dort ihre griechischen Verwandten zu besuchen. In den Gassen von Iraklion war viel los: Händler priesen ihre Ware an, Touristen knipsten Fotos und lautes Stimmengewirr erfüllte die Gassen. Das Mädchen bummelte mit ihren Eltern durch die Straßen, da fiel ihr ein heruntergekommener kleiner Laden ins Auge. Irgendwie zog er sie magisch an. „Mum, Dad, ich gehe da mal rein", sagte sie. Ihre Eltern meinten, sie würden draußen warten, und Sophie betrat den Laden.

Es war staubig und roch nach Kräutern und altem Pergament. Dem Mädchen gefiel das sehr gut. Sie sah sich um: In den wurmstichigen Regalen standen milchig angelaufene Apothekergläser, in einer Ecke stapelten sich alte Pergamentrollen, verbeulte Blechdosen und allerlei Gerätschaften unbekannter Herkunft und Bestimmung. An den Wänden hingen mehrere verblichene Gemälde und auf der Theke reihten sich einige mehr oder weniger antik aussehende Tongefäße auf. „Kann ich dir irgendwie helfen?", ertönte plötzlich eine tiefe Stimme mit griechischem Akzent aus der hintersten Ecke. Sophie fuhr herum. Zwischen den Blechdosen und den vergilbten Pergamentrollen stand ein älterer, kleiner Herr. „W ... wie?", stammelte Sophie erschreckt und rempelte aus Versehen gegen einen Stapel Kartons. Scheppernd fiel ein kleiner, silbrig schimmernder Gegenstand zu Boden. Der Mann räusperte sich. „E ... Entschuldigung", murmelte das Mädchen. „Ach, was! Hier fällt ständig irgendetwas herunter", sagte er, „was war es denn diesmal?" Der kleine Herr sah etwas näher hin, es war ein kleiner Handspiegel mit einem Kristall und schnörkeligen Verzierungen am Griff. Sophie gefiel der Spiegel auf Anhieb. „Ach, der! Der fällt mir schon seit Tagen runter, ist schon fast ganz kaputt. Niemand will ihn haben, wenn du möchtest, kannst du ihn mitnehmen." – „Danke, vielen, vielen Dank!", meinte Sophie fassungslos.

Freudestrahlend verließ sie den Laden und zeigte ihren Eltern das unerwartete Geschenk. „Was für ein Plunder!", rief ihr Vater, „Ich hoffe nur, dass du dafür nicht dein ganzes Taschengeld ausgegeben hast." – „Ich finde ihn toll, und außerdem habe ich ihn geschenkt bekommen!", entgegnete Sophie wütend. Ihre Mutter zuckte nur mit den Schultern und sagte: „Hauptsache, er gefällt dir."
Zurück im Hotel, legte Sophie den Spiegel auf ihr Nachtkästchen und ging anschließend zum Abendessen in den Speisesaal. Danach las sie in ihrem griechischen Sagenbuch, das die Eltern ihr auf dem Markt gekauft hatten. Gerade war sie bei der Sage von Theseus und dem Faden der Ariadne. Sophie war an der Stelle, wo Theseus in das Labyrinth ging und dann ... fehlte eine Seite, an der spannendsten Stelle!
Als sie ihr Buch enttäuscht auf den Nachttisch legte, stieß sie den Spiegel versehentlich hinunter. „Oh, nein! Der schöne Spiegel! Hoffentlich ist er nicht kaputtgegangen!", rief sie aus, stieg aus dem Bett und hob ihn auf. Da sah sie den blauen Stein aufleuchten. Neugierig beäugte sie das Geschenk: Als ihr im Spiegel plötzlich ein Männergesicht mit lockigem Haar entgegenblickte und mit tiefer Stimme verkündete „Ich bin der göttliche Dionysos. Du hast mich geweckt! Was willst du?", sprang sie mit einem erstickten Aufschrei zurück und stammelte: „G ... Gar nichts." „Weißt du denn nicht, wen du vor dir hast?", dröhnte die Stimme. „Ja ... nein ... ich habe keine Ahnung." – „Ist dir denn wenigstens bewusst, was du da für einen wertvollen Spiegel besitzt?" – „Nicht wirklich, ich fand ihn einfach nur schön", antwortete Sophie. „Du hast also keinen Schimmer, dass dies der sagenumwobene Spiegel des Dionysos ist, mit dem man durch die Zeit reisen kann?", vergewisserte sich die Erscheinung. Verblüfft starrte das Mädchen ihn an. „Durch die Zeit reisen? Im Ernst jetzt?" – „Machst du dich über mich lustig?", fragte Dionysos. „Nein, aber geht das wirklich? Also, das mit dem Zeitreisen und so?", löcherte Sophie weiter. „Natürlich, du dummes Mädchen! Glaubst du vielleicht, ich mache hier einen auf Märchenonkel? Du musst einfach sagen, in welche Zeit du willst, den blauen Stein berühren, und dann geht alles ganz von selbst." – „Wenn das so ist, will ich in die Zeit von Theseus und Ariadne, ins alte Griechenland, da kann ich erstens den Minotaurus einmal live sehen und zweitens herausfinden, wie die Sage endet." – „Jetzt drück auf den blauen Kristall und dann kann es losgehen." Gesagt, getan.
Plötzlich wurde Sophie von einem Wirbel erfasst. Alles verschwamm, es gab kein Oben, Unten, Rechts oder Links. Sie spürte den Sturm der Zeiten auf ihrer Haut. Dann legte sich der Wirbel. Es war hell, die Sonne schien warm auf Sophie herab, die auf einmal ein locker fallendes, weißes Ge-

wand trug. Sophie sah sich um, sie war im Garten eines prächtigen Palastes gelandet. Das Zeitreisen funktionierte also wirklich!

Entschlossen schritt sie auf das Gebäude zu, doch die Wachen wiesen sie ab. Enttäuscht ging sie hinaus auf die belebte Straße, wo sich die Gespräche der Leute nur um Theseus drehten. „Er soll es mit dem Minotaurus aufnehmen und ihn töten wollen, um den Tributzahlungen der Athener ein Ende zu bereiten", sagte ein alter Mann zu seiner Frau. Eine behäbige Magd tuschelte mit ihrer Freundin: „Wenn er den Minotaurus umbringt, dann müssten die Athener nicht mehr jedes Jahr sieben junge Männer und Frauen opfern", und eine grell geschminkte Frau berichtete einer anderen: „Prinzessin Ariadne soll sich Hals über Kopf in Theseus verliebt haben, obwohl sie bereits dem Weingott Dionysos versprochen und mit ihm verlobt ist." Dionysos? Sophie wurde hellhörig. Sie glaubte, jemanden zu kennen, der so hieß. „Er soll gerade bei Dädalus eingekehrt sein", riss sie eine Stimme aus ihren Gedanken. Dädalos! Bei einer Stadtführung mit ihren Eltern hatte der Führer ihnen gezeigt, wo das Haus von ihm früher gestanden haben soll. Eilig machte sie sich auf den Weg. Als sie ankam, bekam sie die letzten Teile eines Gespräches zwischen Theseus und Ariadne mit. Anscheinend hatten sie soeben den Plan mit dem Zauberschwert, dem roten Tuch und dem Garn geschmiedet.

Wie verabredet brach das Paar zum Labyrinth auf. Sophie folgte ihnen mit einigem Abstand. Ungeschickt trat sie auf einen Ast, es knackte laut. Verflixt! Hoffentlich dachten die beiden, es wäre ein Tier gewesen, schoss es Sophie durch den Kopf. Theseus blickte kurz auf, murmelte etwas und ging dann weiter, während Sophie sich hinter einem knorrigen Olivenbaum versteckte. Puh! Das war gerade noch einmal gutgegangen, so etwas durfte ihr nicht noch mal passieren!

Am Labyrinth angekommen, knotete Ariadne das Ende des Garnes an einem Felsen fest. Dann ging Theseus in den Irrgarten. Sophie überlegte gerade fieberhaft, wie sie an Ariadne vorbei in das Labyrinth gelangen sollte, da hörte sie in der Ferne ein Geräusch. Ariadne blickte kurz in die Richtung, aus der das Geräusch kam. Diese Chance nutzte Sophie und schlüpfte mit klopfendem Herzen in die verzweigten Gänge. Mit einigem Abstand folgte das Mädchen Theseus und dem roten Garn. Einen Moment lang wollte sie schon zurücklaufen und wieder in die Gegenwart reisen, doch dann fasste sie sich ein Herz und lief weiter. Beim Minotaurus angekommen, verbarg sich Sophie in einer Nische der Höhlenwand. Gebannt beobachtete sie, wie Theseus den Minotaurus mit dem roten Tuch reizte. Das Ungetüm, halb Mensch, halb Stier, sah wirklich grauenhaft aus: In seinem verfilzten, zottligen Fell hatten sich Dreck und allerlei Getier verfangen, seine Augen funkelten blutrot und gefährlich aus ihren Augenhöhlen, und seine Füße waren schlammverkrustet. Sophie machte sich ganz klein in ihrem Versteck. Mit gesenkten Hörnern und seinem vor Wut schäumendem Maul preschte er auf das rote Tuch zu. Das Mädchen hielt die Luft an. Im letzten Moment ließ Theseus es fallen. Der tobende, jähzornige Minotaurus versuchte das Tuch mit seinen gewaltigen Hörnern aufzuspießen. Diesen Augenblick nutzte Theseus, um ihn mit einem einzigen Hieb seines magischen Schwertes niederzustrecken. Röchelnd und blutüberströmt brach der Minotaurus zusammen. Erleichtert atmete Sophie in ihrem Versteck auf, während Theseus siegestrunken zur sehnsüchtig wartenden Ariadne zurückeilte. Glücklich segelte das Liebespaar davon. Sophie reiste wieder in ihre Zeit zurück, wo sie von Dionysos, dem Herren des Spiegels, erfuhr, dass er der Verlobte und spätere Mann von Ariadne war. Aber das wäre eine andere Geschichte ...

Leonie Prillwitz
Maria-Ward-Gymnasium, Klasse 5b

Die Aufwachmaschine

Das ist eine Aufwachmaschine.
Die weckt mich jeden Morgen auf.
Sie gibt mir ein Frühstück und sie gibt mir meine Anziehsachen.

Timo Engelmann
Franz-von-Assisi-Schule, Klasse 1 grün

Drachtastisch

„Noch eine, bitte!" Vorsichtig nahm ich das leere Glas entgegen und stellte es auf mein Tablett. „Kommt sofort!", rief ich ihr im Gehen zu. Ihre Augen blitzten nervös. Ich ging hinter den Tresen und befüllte das Glas mit Limonade. „Was wollte sie?", zischte mir mein Kollege zu und sah mich fragend an. „Eine Limonade", sagte ich irritiert, „was denn sonst?" Ich nahm das volle Glas und balancierte es zurück zu der Kundin, die ich bediente. „Bitte sehr, haben Sie noch einen Wunsch?" Ich bekam keine Antwort. Ich räusperte mich und sah nach draußen, als sich plötzlich eine eiskalte Hand um mein Handgelenk schloss. Ich erstarrte. Die Frau mit der Limonade, die sich nun schon öfters in unserer Kneipe mit dem Namen „Drunk" aufgehalten hatte, umklammerte ihr Glas, aber nicht mein Handgelenk. Und auch sonst war kein Kunde in meiner Nähe, der mich hätte festhalten können. „Hör auf!", ertönte es. „Was?", flüsterte ich mit zitternder Stimme. „Dich so auffällig umzuschauen!", lautete die Antwort. Bei unserem Gast konnte ich allerdings keine Lippenbewegungen erkennen. Ich schauderte. Was ging hier vor sich? Verzweifelt trat ich einen Schritt nach hinten, was den Griff um meine Hand noch verstärkte. Hilfesuchend sah ich mich zu Tom, meinem Kollegen, um, doch er war gerade damit beschäftigt, neue Gäste zu ihrem Tisch zu führen. Mit meiner freien Hand griff ich zu dem nächstgelegen Glas und drohte der Frau, die ich seit einiger Zeit bediente und von der ich vermutete, dass sie mich hier festhielt, mit dem Glas. „Lassen Sie mich los!", schrie ich. Einige Gäste drehten sich verstört um und lachten, als sie sahen, dass unsere Hände sich nicht annähernd berührten. Die Dame legte fünf Euro auf den Tisch, murmelte: „Er hat sie gefunden!", warf mir einen verächtlichen Blick zu und verschwand, nicht jedoch ohne vorher ihren tiefschwarzen Mantel zu holen. „Ins Büro, Fräulein Peters!", tönte es von dem kleinen Zimmer nebenan, das mein Chef „Büro" zu nennen pflegte. Verlegen sah ich zu Boden und lief missmutig in das Zimmerchen nebenan.

„Halluzinierst du?", schrie Herr Baumgartner, mein Chef und Besitzer der Kneipe, mich an. „Wie kann es sein, dass unsere neue Stammkundin behauptet, du hättest sie bedroht, weil sie dich angeblich festgehalten habe?" Ich vermochte es nicht, eine wirkliche Antwort zustande zu bringen. „Raus!", war sein einziger Kommentar und ich machte mich daran, schleunigst hinter der Theke zu verschwinden. „Was ist passiert?" Tom sah mich entsetzt an. „Nichts wirklich Schlimmes, nur ..." In diesem Moment aber wurde er von unserem Chef in die Küche gebeten. Den restlichen Abend half ich beim Abspülen und wagte mich nicht mehr unter die Gäste.

„Was soll daran eine Überraschung sein?", entgeistert blickte ich meine Mutter an. „Du bist in letzter Zeit so anders geworden und da du ja so viel in der Kneipe zu tun hast, habe ich mir gedacht, dass vier Wochen Urlaub im Bayerischen Wald genau das Richtige für dich wären!", entgegnete sie überzeugt. „Ich bin nicht anders, nur …" Seit dem Erlebnis mit der seltsamen Frau hatte ich jede Nacht von dieser ungewöhnlichen Begegnung geträumt. Und immer an genau derselben Stelle war ich aufgewacht, in dem Moment, wo sich mir etwas Mächtiges zeigen wollte. Ich trottete nach oben in mein Zimmer und warf sämtliche Kleidungsstücke in meinen Koffer. Vielleicht hatte meine Mutter ja Recht und es würde mich etwas von dem Alltag ablenken. Mein Chef wusste Bescheid und auch unser Vermieter versprach, sich um die Wohnung zu kümmern. Unter diesen Voraussetzungen konnten wir am nächsten Tag entspannt in den Bayerischen Wald aufbrechen.

Nach einer anstrengenden Autofahrt kamen wir an unserem kleinen Ferienhüttchen an. Mehr war wegen unseres geringen Gehaltes nicht drin gewesen. „Ich geh kurz nach draußen, die Autofahrt war anstrengender als ich dachte", mit diesen Worten verabschiedete ich mich nach draußen und ging in das angrenzende Waldstück. Mehrere Schritte war ich schon in den dunklen Wald hineingegangen, als ich wieder diese durchdringende Stimme der Frau hörte. Gespenstisch hallte die Stimme durch den finsteren Wald. „Na, du neugieriges Biest? Wie kommt's, dass du dich in diesen Wald traust?", zischte es. Ich ging weiter und ignorierte die abschätzige Bemerkung. Ein Knallen ertönte. Ein immer näherkommendes Geräusch jagte mir einen eiskalten Schauer über den Rücken. Der Erdboden erzitterte und die lauten, gewaltigen Schritte waren nun erschreckend nahe. Ich trat einen Schritt zurück. Erst das gewaltige Maul, dann kamen goldene, große Augen zum Vorschein. Ein schuppiger Körper wand sich um einen großen Baumstamm herum und zog einen langen, schuppenüberzogenen Schwanz hinter sich her. Vor Staunen blieb mir der Mund offenstehen. Auch die seltsame Frau trat hinter einem Baum hervor. Der wunderschöne Drache sah mich neugierig an. „Hallo!", ich streckte ihm vorsichtig meine Hand entgegen. „Lange habe ich nach einer neuen Besitzerin gesucht. Meine jetzige kennst du ja schon." Seine Stimme war tief und freundlich, aber in seinen Augen lag Trauer. „Sie langweilt sich mit mir!" Ich ging vorsichtig nach vorne und legte ihm meine Hand auf die Stirn. „Ich habe keine Aufgabe mehr, ich habe ausgedient." Traurig sah er zu Boden und legte seinen Schwanz niedergeschlagen auf dem Boden ab.

„Eine Legende lebt", der Moderator gab das Wort an die Schauspieler ab. Ich besuchte mit meiner Mutter das alljährliche Schauspiel mit dem Namen „Drachenstich". Jedes Jahr wurde das Schauspiel mit verschiedenen Darstellern aufgeführt. Es handelte von dem Drachenstich, der den grausamen Krieg beendete. Ein Drachenroboter, der vor über fünf Jahren mit Technik versehen worden war, lief, rauchte und spuckte Feuer wie ein echter Drache und sah auch so aus. Gespannt blickte ich hinab auf das Spektakel, als mir plötzlich eine Idee kam. Ich stürzte von der Tribüne hinab und bahnte mir einen Weg durch die Menschenmassen. Ich rannte wie eine Irre zu unserer Hütte und dann in den mir inzwischen vertrauten Wald hinein. „Smokey?", ich schrie in den Wald und meine Stimme hallte erschreckend laut. Ich hörte ein Grollen.

„Eine Legende lebt!", der Moderator gab wieder das Wort an die Schauspieler ab und zwinkerte mir zu. „Und zwar wirklich!", dachte ich mir. Ich besuchte die Vorstellung nun zum zweiten Mal und wartete auf den großen Augenblick, wenn nicht der Roboter, sondern Smokey den großen Platzt betrat. Keiner außer mir, dem Moderator und dem Techniker wussten davon. „Und hier kommt das Ungetüm!" Das Tor ging auf und der prächtige Drache trat herein. Ein Staunen ging durch das Publikum, so wirklich sah er aus und so wirklich war er ja auch. Mit seinen wunderschönen goldenen Augen zog er alle in seinen Bann und unterhielt die Zuschauer den restlichen Abend lang.

„Danke!" Ich gab dem Vermieter unseres Ferienhäuschens den kleinen silbernen Schlüssel und schob meine Tasche in unseren kleinen Kofferraum. „Ich muss noch schnell was erledigen!", rief ich meiner genervten Mutter zu, die gerade vergeblich versuchte, ihren Schminkkoffer zu verstauen. Schnell wie der Wind stürmte ich erneut in den Wald, direkt auf Smokeys Höhle zu. „Sie ist jetzt gegangen!", begrüßte er mich und wies mit dem Kopf auf die großen Fußabdrücke. Mara, seine alte Besitzerin, war nun endgültig gegangen und hatte mir ihr Amt übergeben. Ich bekam ein furchtbar schlechtes Gewissen. „Smokey, ich muss auch weg, nach Hause, um genauer zu sein, aber ich komm dich bald besuchen!", flüsterte ich in sein riesiges Drachenohr. Eine dicke Drachenträne rollte ihm über das Gesicht und seine großen Augen glänzten gespenstisch. Er legte seine Stirn gegen meine und brummte leise: „Ich habe so lange nach dir gesucht! Aber ich bin zu alt, um mit dir zu kommen! Du musst mich besuchen! Versprochen?" Ich blickte in seine Augen und verlor mich in der goldenen Tiefe. „Versprochen!"

Melanie Stöwe
Gymnasium Friedberg, Klasse 8b

Meine fantastische Eismaschine

Das ist meine Eismaschine. Wenn ich Lust auf Eis hab, dann hol ich einfach meine Eismaschine raus und wenn ich keine Lust mehr habe, dann pack ich sie wieder weg. Aber man muss Geld einwerfen. Und überall, wo ich bin, kommt sie mit, aber nicht mit dem Flugzeug, weil sie ja Flügel hat.

Valentina Ensenmeier
Franz-von- Assisi-Schule, Klasse 1 hellblau

Die Erbin Iridias

Als er in ihre sorgenvollen, von dichten, schwarzen Wimpern umrahmten grünen Augen blickte, versetzte es ihm einen Stich. Sie sah so wunderschön aus. Er hätte ihr so gerne geholfen, um ein Lächeln auf ihr tieftrauriges Gesicht zu zaubern. Aber er wusste nicht, was er sagen sollte, wie er ihr helfen konnte. Denn er war selbst so hilflos und alles, was er, was alle tun konnten, war zu hoffen. Sie nahm seine Hand und blickte zu ihm hoch: „Ich vermisse sie so!" Seufzend nahm er sie in den Arm: „Sei nicht traurig. Sie wird kommen." Und er fügte im Stillen hinzu: „Das hoffe ich zumindest …"

Ich wurde vom Wind geweckt, der gegen die Bretter des alten Holzhauses peitschte. Ich setzte mich auf und blickte auf den Wecker: fünf Uhr morgens. Tante Molly würde mich umbringen, wenn ich sie um diese Uhrzeit wecken würde. Beim Gedanken an die mollige Dame musste ich lächeln.

Meine Tante war unglaublich lieb, aber sie konnte mit ihrem Temperament Berge versetzen. Ich lebte bei meiner Tante, seit ich denken konnte, denn meine Eltern waren bei einem Flugzeugabsturz über dem Pazifik verschollen. Manchmal fragte ich mich, ob sie vielleicht noch lebten und wie es ihnen dann wohl gerade ging. Es hatte keinen Zweck mehr liegenzubleiben, zu viele Gedanken schwirrten mir durch den Kopf. Seufzend stand ich auf und tapste auf Zehenspitzen ins Bad. Dort betrachtete ich mich nachdenklich im Spiegel. Tante Molly hatte immer gesagt, die leuchtenden grünen Augen hätte ich von meiner Mutter, das glänzende schwarze Haar aber stammte von meinem Vater.

Ein lauter Aufprall riss mich aus den Gedanken. Erschrocken rannte ich nach unten in den Garten, um zu sehen, was geschehen war. Dort konnte ich meinen Augen nicht trauen: Ein riesiges Wesen befand sich in unserem Garten und sah sich benommen um. Vor Aufregung vergaß ich zu atmen und schnappte nach Luft. Das Tier wandte mir den Kopf zu und jetzt konnte ich in der Dämmerung einen spitzen Schnabel und ein Paar wachsame Augen erkennen. Es schien den Kopf und die Flügel eines gigantischen Adlers zu besitzen, doch ich konnte auch einen peitschenden Schwanz und vier riesige Tatzen erkennen. Fast so, als gehörten sie zu einem Löwen. Völlig reglos verharrte ich auf meinem Beobachtungsposten und für einen Augenblick schien sich niemand mehr zu bewegen. Da vernahm ich plötzlich polternde Schritte auf der Treppe: Tante Molly musste von dem Krach aufgewacht sein! Schon riss sie die Gartentür auf, um nun vor Schreck zu erbleichen: „Diana, was zum ..." Weiter kam sie nicht, denn das riesige Wesen rappelte sich auf und unterbrach sie mit grollender Stimme: „Es tut mir leid, Fräulein Molly, Sie um diese Uhrzeit zu stören, aber ich bin mit diesen Glasscheiben immer noch nicht sehr vertraut." Es ließ ein Lachen vernehmen, das sich anhörte, als ließe man zweihundert Pauken auf einmal spielen. Fassungslos starrte ich erst das Wesen, dann meine Tante und schließlich wieder das Wesen an. Da platzte es aus mir heraus und ich schrie Tante Molly an: „Du kennst dieses Geschöpf?! Und es kann sprechen?!" Das Gesicht meiner Tante nahm einen hellrosa Ton an und sie kaute auf ihrer Unterlippe herum: „Ich habe dir wohl einiges zu erzählen, hm? Aber erst mal besorgen wir Nyx", sie deutete mit dem Kinn auf das Ungetüm, das nun dasaß und sich seine riesige Pranke schleckte, „etwas zu fressen!"

Knapp zwanzig Minuten später saß ich mit Tante Molly bei einer dampfenden Tasse Kakao am Küchentisch und wiederholte ungläubig, was sie mir gerade versucht hatte beizubringen: „Und Nyx ist wirklich ein echter Greif?" Ich warf einen Blick auf das Tier, das sich, eine Riesenmenge von Mollys Apfel-Ingwer-Kuchen verdrückend, auf dem Rasen breitgemacht hatte.

Tante Molly nickte fast stolz: „Ja, er ist den ganzen weiten Weg bis hierher zu uns geflogen." Da stellte ich die Frage, die mir schon die ganze Zeit auf der Zunge gebrannt hatte: „Woher kommt eigentlich ein Greif wie Nyx?" Du kannst mir nicht erzählen, dass hier, in dieser Welt, ein Geschöpf wie er unentdeckt bleibt!" Tante Molly seufzte. Es schien ihr nicht leichtzufallen, diese Frage zu beantworten. „Ich hatte gehofft, es dir nie erzählen zu müssen. Nyx kommt aus einer Welt namens Iridia, die für normale Menschen nicht sichtbar ist. Für sie ist da einfach … na ja, nichts. Genauso wenig können sie die Wesen, die aus dieser Welt stammen, sehen oder hören." – „Und warum können wir Nyx dann sehen?" Tante Molly zögerte, doch kaum als sie den Mund geöffnet hatte, um mir zu antworten, hatte Nyx den Kopf durch das offene Küchenfenster geworfen. Es lag eine gewisse Ernsthaftigkeit in seiner Stimme, als er sprach: „Ich will ja nicht drängen, aber es ist Zeit." Tante Molly nickte betreten, beugte sich zu mir herunter und sah mir fest in die Augen: „Hör mir gut zu, Diana: Es würde zu lange dauern, wenn ich dir jetzt versuchen würde, alles zu erzählen. Und selbst ich weiß nicht über alles Bescheid. Du musst mir vertrauen: Nyx bringt dich nach Iridia. Dort wirst du eine Antwort auf all deine Fragen finden. Und er wird nicht von deiner Seite weichen, dir wird nichts passieren, verstanden?"

Ich schluckte: Molly würde mich bestimmt nicht ohne Grund dorthin schicken und mich niemals in Gefahr bringen. Also fasste ich mir nach kurzem Zögern ein Herz und nickte. Meine Tante umarmte mich zum Abschied und, als sich Nyx hinunterbeugte, um mich aufsteigen zu lassen, raunte sie dem Greif ein „Pass auf sie auf, ja?" zu. Dieser nickte gelassen: „Ich werde Sie nicht enttäuschen, Fräulein Molly!" Dann ging es los: Nyx erhob sich und unter mir wurden die winkende Molly und das ganze Haus immer kleiner und kleiner. Der Wind blies mir ins Gesicht und vor Schreck klammerte ich mich an dem dichten Federkleid des Greifen fest.

Nach einer Zeit hatte ich mich an Nyx' gleichmäßigen Flügelschlag angepasst und konnte nun die verschiedenen Landschaften bewundern, die wir durchflogen. Mit der Zeit wurde ich müde und kuschelte mich in die warmen Federn meines Begleiters, als mir schließlich die Augen zufielen … Ein näherkommendes Rauschen ließ mich aufschrecken. Als ich aufblickte, sah ich, dass wir auf einen riesigen Wasserfall zusteuerten. „Nyx!", rief ich panisch, „Wir müssen diesem Wasserfall ausweichen!" Dieser antwortete erheitert: „Nein, Diana. Da müssen wir durch!" – „Was?!", schrie ich entsetzt und kniff vor Schreck die Augen zu. Als ich sie wieder öffnete, lag das Rauschen schon hinter uns. Verwundert blickte ich an mir herunter. Ich hatte nichts gespürt und war auch sonst völlig trocken geblieben. Aber eigentlich wunderte mich das schon gar nicht mehr, denn dieser ganze Tag war so verrückt gewesen, dass ich glaubte, jeden Moment aufzuwachen.

Aber jetzt erst fiel mir die Landschaft auf, die sich hier verbarg. Ich konnte mich an dem wunderschönen Anblick kaum sattsehen: Wir flogen durch eine Höhle, an deren Wänden Lichtpunkte in allen erdenklichen Farben tanzten. Seltsame Pflanzen in unglaublichen Formen und Farben mit mindestens genauso skurrilen Früchten wuchsen an Wänden und zwischen hell leuchtendem Gras. Nyx bemerkte mein atemloses Staunen und lächelte: „Das ist die Höhle der Lichter. Sie ist die Verbindung zwischen eurer und unserer Welt. Die Welt, die du jetzt kennenlernen wirst."

Wir näherten uns einem hellen Fleck, der immer größer und größer wurde, bis Nyx und ich schließlich in das gleißende Tageslicht eintauchten. Behutsam segelte der Greif mit mir über einen scheinbar endlosen Wald, dessen Bäume ihre smaragdgrünen Blätter sanft im Wind wiegten. Genießerisch sog Nyx den würzigen Duft der Luft ein: „Endlich zu Hause! König Larin und Königin Amanda werden über unsere Ankunft höchst erfreut sein." Ich wurde hellhörig: „Amanda und Larin, sagst du? Aber so heißen doch meine ..." – „Ganz genau. König Larin und Königin Amanda sind deine Eltern", ergänzte Nyx. „Aber das bedeutet ja ... aber, dann bin ich ja ...", stotterte ich. „Wieder richtig, Diana. Oder sollte ich sagen ‚Prinzessin' Diana? Du hast wohl ziemlich viele Fragen, aber die stellst du ihnen später am besten selbst!" Ich war so benommen, dass ich kein Wort herausbrachte. Eine Weile segelten wir wortlos weiter, während der Wald unter uns kein Ende zu finden schien. Plötzlich lichtete sich das Dickicht und der Wald gab eine weite Lichtung frei. Der Greif steuerte zielstrebig darauf zu und setzte sanft auf dem Waldboden auf. Nach dem Abstieg schwankte ich unsicher umher, denn ich war das Laufen nach der ganzen Fliegerei nicht mehr gewohnt. Haltlos klammerte ich mich an Nyx fest. „Was tun wir eigentlich hier?" Dieser blickte mich aus seinen klugen gelben Augen an: „Es tut mir leid, aber ich habe noch etwas zu erledigen, bevor ich in den Palast komme. Ihr werdet den Rest der Reise ohne mich fortsetzen müssen, Prinzessin. Aber ein Freund wird dich begleiten. Warte hier auf ihn!" Ich schluckte, nickte aber: „Ist gut. Ich vertraue dir."

Daraufhin erhob sich mein Begleiter in die Lüfte und rief noch „Wir sehen uns im Palast!", bevor er endgültig als kleiner Punkt am Horizont verschwand. Etwas hilflos setzte ich mich auf einen Baumstamm und begann fasziniert, einer Gruppe Schmetterlingen zuzusehen. Beim näheren Betrachten fiel mir auf, dass es sich nicht um Schmetterlinge, sondern um winzige Feen handelte, die zusammen über die Wiese tanzten. Plötzlich ließ mich ein Rascheln im Unterholz aufhorchen. Ich erstarrte: Welche gefährlichen Geschöpfe lebten eigentlich in Iridia? Ängstlich umklammerte ich schlagbereit einen Stock, der im Gras gelegen hatte. Atemlos hörte ich Schritte näher und näher kommen. Langsam entspannte ich mich: Es handelte sich sicher um den Freund, von dem Nyx gesprochen hatte, denn diese Schritte hörten sich nicht an wie das bedrohliche Stapfen von riesigen Monstertatzen. Und wirklich: Im Dickicht knackte es noch einmal und es kam ein Junge zum Vorschein. Doch es war kein normaler Junge: Überwältigt ließ ich den Stock fallen. Vor mir stand ein Elf! Das schmale Gesicht mit den hohen Wangenknochen zierten zwei bernsteinfarbene Augen mit goldenen Sprenkeln und aus dem seidigen, silbernen Haar ragten zwei spitze Ohren. Erst jetzt fiel mir auf, dass ich den wunderschönen Elf immer noch ungläubig anstarrte. Dieser hatte es bemerkt und lächelte. Ich merkte, wie ich vor Verlegenheit rot anlief und wäre am liebsten im Erdboden versunken. Der Elf sagte mit einer melodischen Stimme: „Ich bin Shanouk und heute auch Führer für eine gewisse Diana. Das musst wohl du sein!" Ich nickte nur stumm. Ich musste ihm vorkommen wie ein begriffsstutziges Schaf und wurde schon wieder rot: „Ja, ja das bin ich. Wollen wir los?", krächzte ich. Shanouk nickte: „Gut, also lass uns gehen!" Er bedeutete mir, ihm zu folgen und verschwand abermals im Gestrüpp. Flink wie ein Wiesel schlängelte er sich zwischen Bäumen und Schlingpflanzen hindurch und ich hatte Mühe, ihm zu folgen.

Nach einer gefühlten Ewigkeit erreichten wir endlich einen Weg. Shanouk lächelte mir aufmunternd zu: „Von hier aus wird die Reise bequemer!" Jetzt erst entdeckte ich das Pferd, das am Wegrand graste. Es war schneeweiß und der Schweif reichte fast bis zum Boden. Zwischen den Strähnen der schönen Mähne blitzten zwei sanfte und doch aufgeweckte Augen hervor. Leichtfüßig tänzelte die schöne, zarte Stute auf uns zu und blieb vor mir stehen. Ebenso leichtfüßig wie sein Reittier schwang sich Shanouk auf dessen Rücken und reichte mir die Hand zum Aufstieg. Zögernd nahm ich sie und saß hinter ihm auf. „Du brauchst keine Angst zu haben. Die Pferde aus dem Königsstall sind schnell und stark, aber es lässt sich sehr bequem auf ihnen reiten", beruhigte mich mein Begleiter und gab der Stute die Sporen. Diese fiel sofort in einen rasanten Galopp, wobei man das Gefühl hatte, ihre Füße setzen nicht auf dem Boden auf, sondern flögen darüber hinweg. Ich entspannte mich etwas und löste den Klammergriff um Shanouks Bauch ein bisschen.

Einige Stunden später lichtete sich der Wald und schließlich standen die Bäume nur noch vereinzelt am Wegesrand. Jetzt jedoch steuerten wir auf einen Berg zu, dessen Gipfel in den Wolken versteckt zu sein schien. Als wir ihn erreichten, wurde mir klar, dass der Berg ganz und gar aus einem einzigen schimmernden Kristall bestand. Ich vermutete, wir würden laufen müssen, da die Hufe der Stute keinen Halt an dem glatten Kristallboden finden

würden, doch scheinbar mühelos erklomm sie Meter um Meter des Höhenwegs. Oben angekommen, waren wir endlich am Ziel: dem Königspalast.
Der Palast besaß viele Türmchen und schien völlig in Gold und schimmernde Edelsteine gefasst zu sein. Glücklich ritten wir unter einem fein gearbeiteten Marmortorbogen hindurch, vorbei an einigen Mitgliedern der Elfengarde, die uns mit freundlichen Blicken aus ihren schönen Gesichtern bedachten. Wir ritten die große Auffahrt entlang, bis wir zum großen Eingangstor gelangten. Shanouk saß ab und half mir galant vom Pferd. Nach einigem Loben übergaben wir die Stute einem Wachmann, der sie versorgen sollte. Nun widmete sich Shanouk dem Tor. Während meine Finger bewundernd über die kunstvollen Schnitzereien streiften, glitten die Augen meines Begleiters suchend über die Bilder und blieben schließlich am Abbild eines feuerspeienden Drachen hängen. Er hielt einen Ring, den er am Finger getragen hatte, vor das Auge des Drachen, worauf uns die Tür sofort Einlass gewährte.
Drinnen stand schon ein Diener für uns bereit, anscheinend ein Troll oder dergleichen, und flüsterte Shanouk etwas ins Ohr. Daraufhin nahm dieser mich an der Hand, zog mich hinter sich her und sagte: „Wir müssen uns beeilen, im Thronsaal werden wir schon erwartet!" Aufgeregt betrat ich den Saal. Am anderen Ende standen nebeneinander zwei goldene Throne. Mit rasendem Herzen trat ich näher. Das waren also meine Eltern: Meine Mutter hatte leicht schrägstehende, smaragdgrüne Augen und das hüftlange, silberne Haar umrahmte ihr zartes Gesicht. Mein Vater dagegen hatte glänzendes, schwarzes Haar, das ihm fast bis zu den Schultern reichte, seine Augen aber schimmerten golden. Die Ähnlichkeit zu ihnen konnte ich nicht leugnen, doch die beiden waren unverkennbar Elfen. „Diana!" Meine Eltern hatten sich von ihren Thronen erhoben und nahmen mich überglücklich in die Arme. „Wir haben dir ja so viel zu erzählen. Am besten bei einem Essen, wie wär's? Ich konnte nur nicken, so überglücklich und überwältigt war ich zugleich.
Als ich zwischen Shanouk und meinen Eltern am reich gedeckten Tisch saß, begann mein Vater mit der Geschichte: „Seit Anbeginn der Zeit wird Iridia von einem Königspaar regiert. Eigentlich hätte mein Cousin der neue König werden sollen, doch er war auch in deine Mutter verliebt und wollte sie entführen. Deshalb flohen wir getarnt in die Menschenwelt. Er aber verfolgte uns sogar bis dorthin und versuchte, in das Haus von Amandas Tante Molly, zu der wir geflohen waren, einzubrechen. Aber als er versuchte, durch das Fenster hineinzusteigen, stürzte er hinunter und kam dabei ums Leben. Das bedeutete, dass ich der nächste Thronfolger war. Da wir Iridia nicht im Stich lassen konnten, mussten wir umgehend dorthin. Doch zu dem Zeitpunkt

warst du gerade einmal drei Monate alt und die Welt hinter dem Wasserfall war gefährlich für so ein kleines Kind. Also übergaben wir dich schweren Herzens Tante Molly, die versprach, für dich zu sorgen.
Doch wir haben im Schlossarchiv eine Prophezeiung entdeckt, in der stand, dass nur du Iridias Untergang, der sonst sogar sehr bald bevorsteht, verhindern kannst!" Ich hatte die ganze Zeit mit offenem Mund zugehört und stellte noch ein paar Fragen: „Aber warum sehe ich nicht aus wie eine Elfe? Und wie kann ich Iridia retten?" Mein Vater schien diese Fragen erwartet zu haben, denn er antwortete sofort: „Nur in der Menschenwelt sahst du so aus! Schau doch später mal in den Spiegel! Du musst eine Prüfung lösen, die die Rettung bringen wird. Nur du kannst diese Aufgabe bestehen! Es ist aber erlaubt, einen Begleiter mitzunehmen." – „Wow! Ich sehe jetzt so aus wie ihr? Und nur ich allein kann Iridias Untergang verhindern?" – „Zweimal ja", antwortete jetzt meine Mutter lächelnd.
Ich starrte mich seit einer halben Stunde im Spiegel an. Ich sah großartig aus! Mein langes, schwarzes Haar ging mir bis zur Hüfte und glänzte wie Seide. Über meinen hohen Wangenknochen befanden sich leicht schrägstehende, leuchtend grüne Augen in meinem schmalen Gesicht. Eine Kammerzofe hatte meine schmutzigen Klamotten gegen ein mit Perlen besticktes, wunderschönes Kleid ausgetauscht. Plötzlich spürte ich eine Hand auf meiner Schulter und ohne mich umzudrehen, wusste ich, dass es Shanouk war. „Ich kann dich nicht allein gehen lassen, lass mich dich begleiten." – „Nein, Shanouk, ich mag dich nicht in Gefahr bringen!" – „Bitte!" Er sah mich flehend an. „Na gut, ich kann es dir sowieso nicht verbieten", gab ich schließlich nach, „aber beeil dich, wir dürfen keine Zeit verlieren!"
Wir befanden uns viele Meter unter der Erde in einem der Verliese des Palastes. Vor uns befand sich eine schwere Eisentür, die in einer Karte, die der Prophezeiung beigelegt worden war, als „Prüfungstür" markiert war. Der Orakelspruch besagte, wir müssten hinein und heil wieder herauskommen. Mit pochendem Herzen blickte ich in die Runde der Anwesenden, mein Vater, meine Mutter und auch Nyx, der soeben eingetroffen war. „Pass auf dich auf, ja?", bekam ich von meinen besorgten Eltern zu hören, die mich nicht begleiten konnten, da der Raum für Erwachsene nicht zugänglich war. Nachdem mich die beiden umarmt hatten, verabschiedete sich auch Nyx mit einer galanten Verbeugung und einem „Viel Glück, Prinzessin!" Shanouk stupste mich an: „Ich will ja nicht stören, aber die Zeit drängt!" – „Du hast Recht, lass uns gehen", schluckte ich und trat durch die Tür. Ein modriger Geruch kam uns entgegen. Neugierig sah ich mich um: Wir befanden uns in einem runden Raum, auf dessen anderer Seite eine Sphinxstatue stand. Sie war aus Sandstein gearbeitet und stand

auf einem Sockel aus Marmor. Wie ferngesteuert bewegte ich mich darauf zu. Plötzlich schlug sie die Augen auf und sang mit einer mechanischen Stimme: „Löset folgendes Rätsel und gelanget zum Schatz: ‚Wer folgt dir immer, zu jeder Zeit, ist mal lang mal kurz, stets dabei?'" Die Statue verstummte und verschloss die Augen wieder. Shanouk sah mich ratlos an und zuckte die Schultern. Er wusste die Antwort auf das Rätsel nicht. Mir wurde heiß: Wenn ich das Rätsel nicht lösen konnte, wäre Iridia verloren! Ich malte mir den Untergang der Elfenwelt schon aus, wie er in der Prophezeiung geschrieben stand. Ein Schatten würde den Himmel verdunkeln und ... da fiel es mir wie Schuppen von den Augen: „Ich hab's! Der Schatten!" Abermals erwachte die Sphinx zum Leben und ihre katzengelben Auge schienen zu glühen, als sie erwiderte: „Die Antwort ist ... richtig!" Die Statue surrte zur Seite und gab ein Loch in der Wand frei. Ein sorgfältig in feine Seide eingewickeltes Päckchen verbarg sich darin. Auf Shanouks aufmunterndes Kopfnicken hin wickelte ich es mit zittrigen Händen auf. „Ein Ring! Der ist wunderschön!", hauchte ich andächtig und betrachtete den in Gold gefassten Rubin. Das Licht schien sich in dem geschliffenen Edelstein hunderte Male zu brechen, was den Anschein verursachte, dass der Stein vor Freude leuchtete. Ohne nachzudenken, steckte ich ihn mir an den Finger. Das war ein Fehler: Plötzlich hörte ich über mir ein lautes Rumpeln. „Pass auf, Diana!", schrie Shanouk warnend. Doch zu spät: Ein Stein polterte mit rasender Geschwindigkeit aus einer Falltür, die sich über mir geöffnet hatte. Doch starr vor Schreck konnte ich mich nicht rühren. Das Geschoss traf mich an der Schläfe und ich schlug hart auf dem Boden auf. Das Letzte, was ich sah, bevor ich in Ohnmacht fiel, war Shanouks verzweifeltes Gesicht über meinem. Verschwommen bemerkte ich, wie mich zwei starke Arme hochhoben und wegtrugen. Aufgeregtes Stimmengewirr flog an mir vorbei, doch ich konnte nichts verstehen. Und auf einmal wurde alles schwarz.
Gleißendes Licht empfing mich. Shanouk, der neben meinem Bett auf einem Stuhl gesessen hatte, blickte auf: „Diana! Ich habe mir solche Sorgen gemacht!" Benommen sah ich mich um: „Wo bin ich? Was ist passiert?" Shanouk lächelte milde: „Als du dir den Ring angesteckt hast, hast du damit eine Falle ausgelöst – ein Stein hat dich deswegen am Kopf getroffen. Du warst bewusstlos und ich habe dich in letzter Sekunde zu deinen Eltern bringen können. Die königlichen Ärzte haben eine starke Gehirnerschütterung festgestellt. Jetzt befindest du dich in einem der Schlafzimmer des Schlosses, wo du fast zwei Tage geschlafen hast."
Noch etwas schwach lächelte ich und blickte aus dem Fenster: Die Sonne stand hoch über dem blühenden Schlosspark, vermutlich war es um

die Mittagszeit. Shanouk erhob sich: „Ich werde jetzt deine Eltern holen. Nyx hat Tante Molly eingeflogen, sie sind gerade angekommen und das Königspaar hat sie empfangen." Beim Gedanken daran, wie sich Nyx an meiner molligen Tante abschleppte, musste ich grinsen. Doch eine wichtige Frage brannte mir auf der Zunge: „Wie schön, Tante Molly wiederzusehen! Aber haben wir es geschafft? Konnten wir Iridia vor seinem Untergang retten?" Shanouk lächelte und streichelte meine Wange: „Ja! Der Ring verhindert den Untergang von Iridia , wenn die Auserwählte, also du, Prinzessin, ihn trägt. Du und Tante Molly werden von nun an auch hier in Iridia leben!" – „Aber dann können wir uns ja jetzt jeden Tag sehen!", rief ich überglücklich. Doch Shanouk antwortete nicht, denn unsere Lippen berührten sich bereits zu einem perfekten Kuss.

Elena Slansky
Paul-Klee-Gymnasium Gersthofen, Klasse 7a

Eine Weihnachtsgeschichte

Es war einmal vor langer, langer Zeit, als die Menschen noch dachten, dass es Trolle, Zwerge und den Weihnachtsmann geben würde. Von dieser Zeit reden wir. Es begann in der Schweiz in einem Tal zwischen zwei Bergen. Den einen Berg kannten sie recht gut. Der andere Berg war gefährlich. Gletscherspalten, wilde Tiere und Lawinen machten ihn unsicher. Dennoch versuchten manche den Gipfel zu bezwingen, jedoch vergeblich.

Es war schon früh am Abend, da sah Johann Greilich vom Tal zu dem seltsamen Berg hinauf. „Der muss doch irgendwie zu bezwingen sein", dachte er. Dann schlief er ein. Mitten in der Nacht wurde er von einem Geräusch geweckt. Da sprach eine Stimme zu ihm: „Johann, hab keine Angst! Bitte geh morgen auf den Gipfel des Berges. Ich warte auf dich."

Am nächsten Morgen tat Johann das, was ihm die Stimme gesagt hatte. Und es verlief reibungslos. Dann erreichte der Schweizer den Gipfel und sah eine Gestalt, die sich ihm näherte: „Willkommen auf meinem Gipfel!", rief die Gestalt. Ein dicker, fast kugelrunder Mann reichte Johann die Hand. Er trug einen großen Umhang, der rot war. Er trug außerdem einen schneeweißen Vollbart. Der Weihnachsmann! Dieser führte Johann zu einem Haus. Drinnen räusperte er sich: „Ich brauche deine Hilfe. Ich bin alt und schwach. Ich gehe bald in Rente. Bitte übernimm meinen Job!" Johann stockte der Atem. Doch dann sagte er entschlossen: „Das

klingt nach Spaß. Natürlich mach ich das. Hauptsache ich muss mir keinen Bart wachsen lassen. Hahahahahahahahahaha."
„Das ist gut!", dachte sich der Weihnachtsmann. Von diesem Tage an war der Weihnachtsmann: Johann Greilich

Etienne Dame
Birkenau-Grundschule, Klasse 4c

Wunderwelt

Ich höre Schritte, die sich auf trockenen Ästen langsam fortbewegen. Die Person, der diese Füße gehören, kommt auf mich zu. Aber ich stehe nicht auf den Ästen. Ich stehe gar nicht. Ich liege und das an einem Ort, wo kein normaler Mensch hinkommt! Ich halte die Luft an, damit er mich auch ja nicht hört. Ich mache mich auch ganz klein, doch … „Hab ich dich!", ruft die Stimme eines Jungen. „Du hast bestimmt gespitzelt!", meine ich gespielt beleidigt. „Niemand hat gesagt, dass man beim Verstecksspielen mehr als zwei Augen zumachen muss!", erwidert er. Ich fange an zu lachen, fliege von der Wattewolke runter und umarme meinen Bruder. „Ich bin dran mit Zählen!"

Zita Mödl
A. B. von Stettensches Institut, Klasse 9a

Die drei Trolle und die Aufgaben des Drachen

Es lebten einmal drei Trolle, der eine war blau und dick, der zweite war grün und muskulös, der letzte war schwarz und schlau. Ihre Heimat Feuerland wurde von Orks bedroht. Um ihr Zuhause von den Orks zu befreien, mussten die drei Trolle jeweils drei Aufgaben erfüllen. Die erste Aufgabe war es, den Wasserfall runterzuspringen. Sie mussten beachten, die Felsen nicht zu treffen. Die zweite Aufgabe war es, den Vulkan zu überqueren. Sie mussten versuchen, von den Vulkangesteinen nicht getroffen zu werden. Die letzte Aufgabe war, in den Feuerhöhlen den giftspuckenden Drachen zu besiegen. Und so machten sie das auch: Sie gingen zum Wasserfall und sprangen zehn Meter hinunter. Sie liefen zum Vulkan, überquerten ihn und machten sich auf den Weg zur Feuerhöhle und besiegten den Drachen. Sie fanden bei ihm das Schwert der Macht und nahmen es an sich. Am Ende besiegten sie damit die Orks. Die drei Trolle wurden tagelang gefeiert und von allen umarmt.

Brian Broyld, Berkhan Canser und Daniel Riffert
Reischlesche Wirtschaftsschule, Klasse 7b

Der Junge, der eine Riesenmuschel findet

Ein Junge ging am Strand spazieren. Er hatte ein bisschen Angst, weil er ganz allein war. Er wusste nicht, woher er kam und er hatte auch keinen Namen. Plötzlich sah er eine Riesenmuschel vor sich. Er fand es merkwürdig, dass er sie nicht davor gesehen hatte und dann entdeckte er auch noch eine Spur, die von der Muschel wegführte. Er folgte der Spur. Er war ein bisschen traurig, dass er ganz allein ein Abenteuer erleben musste, aber er lief trotzdem der Spur nach und im großen Bogen wieder zur Muschel. Erst war er erschrocken, als er merkte, dass es seine Spur war. Aber dann war er doch froh, weil er dann erkannte, dass er aus der Muschel gekommen und in der Muschel entstanden war. Aber er kapierte nicht, warum. Er hatte deswegen auch keinen Namen. Dann ging er weiter und traf eine nette Familie, die ihn mit nach Hause brachte und er entschied sich, dass er für immer bei ihnen bleiben wollte und sie nannten ihn Jonathan.

Sequoia Konietschke
St.-Anna-Grundschule, Klasse 2cgt

Mintgrün

Man hat nicht viele Chancen, im Leben etwas zu finden, das so lebendig und doch so unreal ist. Man hat nicht viele Möglichkeiten, so nah an etwas so Unfassbares zu kommen, das man so gerne greifen, aber nicht in Worte fassen kann. Man hat nicht viele Erlebnisse, die so prägend sein können, wie seine Begegnung mit ihr.
Er kann sich noch daran erinnern, wie sie da im Gras lag; still, leise und ohne sich auch nur einen Millimeter zu rühren. Ihre Flügel waren gebrochen und man konnte durch das pergamentartige Muster die Risse sehen, die ihre Angreifer bei ihr hinterlassen hatten. Die Sonne war gerade untergegangen und hatte den Tag mit sich verschluckt, hatte kleine Glühwürmchen geweckt, die wie wild um ihren kleinen, zerbrechlichen Körper flogen, als hätte sie sie angezogen. Ihre braunen Locken waren nass vom Regen, durch den sie sich gekämpft hatte. Stundenlang hatte sie dagelegen und er hatte sie von seinem Zimmer aus beobachtet.
Eiskalte Luft blies an diesem Novembertag durch die letzten Blätter, die sich verzweifelt an die Äste der Bäume klammerten. Plötzlich stand er auf, holte seine Jacke aus seinem Schrank, der viel zu überfüllt für den Schrank eines Jungen war, und stürmte nach draußen in den ungemütlichen Herbstabend. Die Straßenlaternen leuchteten in einem warmen Orange, das ihn immer wieder an die Wärme der Sommertage, die er so vermisste, erinnerte. Eine alte Dame mit Hut und einem dicken Dackel

passierte gerade die Stelle, an der das leuchtende Mädchen lag. Sah sie sie denn nicht? Er überquerte vorsichtig die Straße und näherte sich langsam den tausend Glühwürmchen. Doch als er nur noch einen guten Meter von dem seltsamen Licht entfernt stand, erkannte er, dass das keine Glühwürmchen waren – es waren Funken, die aus einer Wunde am zerbrechlichen Arm des Mädchens mit den gebrochenen Flügeln strömte. Sofort stürzte er nach vorne und hielt eine Hand über die Haut. Aber es fühlte sich nicht an wie Haut, eher wie Seide – genauso dünn und fein. Das Mädchen zuckte zusammen und begann heftig zu zittern. Er kniete sich neben ihr nieder. Ihre Hand griff nach seiner und sie versuchte mit aller Kraft zuzudrücken, aber sie hatte keine Kraft mehr.

Von Nahem konnte er erkennen, dass ihre Haut von innen leuchtete. Er strich sich durch die wirren Haare und plötzlich fühlte er eine Wärme in sich aufsteigen, die ihn zum Lächeln brachte. Was tat dieses Mädchen mit ihm? Was war sie? Wieso war sie hier? Sie sah so hilflos aus in dieser Welt. Sie ließ seine Hand los und sofort spürte er wieder den kalten Wind über seine rauen Wangen schneiden. „Ich helfe dir. Ich bin da …", murmelte er und sie nickte. Sie verstand also. Vorsichtig hob er sie hoch und sie seufzte kurz unter Schmerzen auf. Selbst dieser Laut klang wie ein Glockenspiel, als würde ihre sanfte Stimme schwingen. Sie war nicht schwer und man konnte die mintgrüne Farbe ihrer Flügel erahnen. „Was bist du nur?", fragte er und strich ihr eine kristallschimmernde Träne von der leicht rötlichen Wange.

Caroline Kappler
A. B. von Stettensches Institut, Klasse Q11

Das Einhorn und die kleine Fee

Eines Nachts, als alles schlief und der Schnee rieselte, trabte ein kleines, schneeweißes Einhorn mit goldenem Horn und kleinen Flügeln durch einen Wald. Es suchte verzweifelt nach seiner Herde, die es verloren hatte. Das Einhorn hieß Schneesturm. Es wieherte traurig vor sich hin. Doch plötzlich sah Schneesturm ein winzig kleines Etwas daher fliegen. Das Wesen sprach Schneesturm an: „Was machst du denn hier in diesem dunklen, unheimlichen Wald?" Schneesturm antwortete darauf traurig: „Ich bin mit meiner Herde hier durch den Wald galoppiert und dann hab ich mich einmal umgedreht, um zu schauen, ob noch jemand hinter mir war und schon waren alle verschwunden." Das kleine Ding überlegte kurz und piepste dann: „Oh, ich hab mich noch gar nicht vorgestellt. Ich bin die Waldfee Lillit.

Ich bin noch in der Lehre, eine Waldfee zu werden. Wir finden deine Herde bestimmt bald wieder. Aber komm mit mir." Das Einhorn stimmt ihr zu und so lief Schneesturm der Fee hinterher. Nachdem sie eine Weile gegangen waren, sah Schneesturm plötzlich etwas, das es noch nie in seinem Leben gesehen hat. Auf einer Lichtung flatterten genauso große Wesen herum wie Lillit. Jetzt rief sie Schneesturm zu: „Das hier ist unser Lager. Das Lager der Feen. Jeder hier hat seine eigene Aufgabe. Ich bin für den Wald und die Tiere zuständig", die Fee und das Einhorn flogen weiter, „und hier ist mein kleines Reich." Die beiden zwängten sich durch das Gewühl und landeten neben einer großen Blüte, die für die Fee groß, aber für das Einhorn klein war. Lillit faltete die Blüten auseinander und Schneesturm steckte seine kleine Schnauze hinein. Überall waren Bilder von Tieren aufgehängt, in der Ecke standen ein Kühlschrank und ein kleiner Tisch und gegenüber des Tisches standen ein kleines Bett und ein Schrank. „Hier ist es ja richtig schön", bemerkte Schneesturm staunend. „Danke", bedankte sich die kleine Fee, „aber komm, wir wollen doch morgen deine Herde suchen. Deswegen sollten wir uns jetzt schnell schlafen legen. Die beiden suchten ein Plätzchen für Schneesturm und legten sich dann schlafen. Schneesturm wurde von den hellen Strahlen der Sonne geweckt. Es streckte sich genussvoll und blinzelte sich den Schlaf aus den Augen. Dann guckte es sich um. Viele Feen schwirrten schon umher und arbeiteten fröhlich vor sich hin. Da flatterte auf einmal Lillit zu Schneesturm und fragte es: „Bist du bereit zum Aufbrechen, um deine Eltern zu suchen?" – „Ja, das bin ich. Ich kann es gar nicht erwarten", antwortete Schneesturm darauf. Die beiden flogen zusammen aus dem Ausgang des Platzes. Lillit fragte Schneesturm auf einmal: „Weißt du denn, in welche Richtung deine Herde geflogen ist?" – „Ja, sie sind nach Norden galoppiert. Sie sagten, sie wollten in den großen Wald, um dort vor den Menschen geschützt zu sein", fiel es dem Einhorn ein. „Dann brechen wir dahin auf!" Die beiden gingen viele Stunden und sahen eine Lichtung in der untergehenden Sonne. Auf der Lichtung standen viele große Gestalten, die sich die ganze Zeit hin und her bewegten. Sie suchten anscheinend etwas. „Mama, Papa!", schrie Schneesturm plötzlich. Zwei Einhörner, die etwas abseits standen und ihre Köpfe hängen ließen, schauten auf und galoppierten auf Schneesturm und die kleine Fee zu. Als sie angekommen waren, schmiegten sich die beiden an Schneesturm und flüsterten dem Einhorn zu: „Wo warst du denn? Wir haben dich gesucht und furchtbar vermisst!" Schließlich bedankten sich die Eltern von Schneesturm bei

Lillit. Lillits letzte Worte, bevor sie wieder nach Hause flog, waren: „Ich werde dich nie vergessen. Die Reise mit dir war einfach fantastisch! Auf Wiedersehen!"

Theresa von Mirbach
Gymnasium bei St. Stephan, Klasse 5d

Zwei Freunde

Eines Morgens wachte Paul auf, es war sechs Uhr. Eigentlich wollte er an seinem ersten Ferientag viel länger schlafen und so drehte er sich noch einmal um. Es war sehr leise im Haus, fast zu leise. Da hörte Paul ein Geräusch. Kam es aus der Ecke, wo seine etwa 5000 Legosteine lagen? Die hätte er gestern aufräumen sollen ... Da war das Geräusch schon wieder, nur diesmal etwas lauter. Langsam, und noch immer müde, drehte er sich um. Komisch, alle grünen Steine lagen auf einem Haufen, sie bewegten sich. SIE BEWEGTEN SICH? „Paul, steh endlich auf!", sagte eine Stimme aus dem Nichts. „Dies ist ein magischer Moment, den willst du doch wohl nicht verschlafen!" – „Na, das fängt ja gut an mit meinen Ferien", dachte Paul, der seinen Augen und Ohren nicht traute. Er zog die Bettdecke über seinen Kopf. Er zitterte mächtig, als er schon wieder diese Stimme hörte: „Paul, jetzt komm und bau mich!" Er stand auf, um nachzuschauen, was da los war. An Schlafen war jetzt eh nicht mehr zu denken. Es zog ihn zu den Legosteinen und bevor er noch denken konnte, bauten seine Hände auch schon etwas aus den grünen Steinen. Er wusste nicht, wie ihm geschah. Aber es war, als würde er nach einem Plan bauen, den er selber nicht kannte. So nahm das Gebaute immer mehr Form an. Paul war sehr aufgeregt, so schnell hatte er noch nie gebaut. Es sah aus wie ein Krokodil, nein, wie eine Eidechse, nein, wie ein ... „Das wird ein Drache!" – „Na, das wurde aber auch Zeit. Jetzt hast du mich endlich erkannt. Ich dachte schon, das wird nichts mehr", sprach es aus den Steinen. Paul bekam so einen Schreck, dass ihm der Drache fast aus der Hand gefallen wäre. Er schaute in seine Hände und da bewegte sich der kleine Drache – was für ein fantastischer Moment! „Wollen wir Freunde werden?", sagte der Drache. Paul war überglücklich und es wurden seine spannendsten Ferien, denn er musste dem kleinen Kerl erst mal die Welt da draußen zeigen.

Luca David Bernhard
Gymnasium bei St. Stephan, Klasse 5d

La poulpe

Der Oktopus

Eines Tages stieg ein Oktopus aus dem Wasser, lief zur Stadt, kaufte sich eine Sonnenbrille und betrat eine Diskothek.
Er aß viele Kebaps
Er baggerte vier Mädchen gleichzeitig an
Er trank eine Menge Biere
Er tanzte Krump und Twerk *(Namen zweier französischer Modetänze)*
Er nahm an fünf Tanzwettbewerben teil und gewann sie alle
... und dann kehrte er ins Meer zurück.

Antoine Barberon (14 ans)
Collège Jean Renoir, Bourges, France

Etre sois-même

Je n'ai ai pas été moi-même
Et les autres ne l'ont pasété
Ce qui ont été eux-même sont ecourageux
Mais maintenant tout a changé
Je suis moi
Je suis moi-même
Et ça je trouve que c'est fantastique
Et toi, es-tu toi même?

Sarah Linget (12 ans)
Collège Jean Renoir, Bourges, France

Ich selber sein

Ich war nicht ich selbst
Und die anderen auch nicht
Die, die sie selbst waren, sind mutig
Fast niemand ist er selbst
Aber jetzt hat sich alles geändert
Ich bin ich
Ich bin ich selbst
Und das finde ich fantastisch
Und du, bist du du selbst?

Übersetzung: Lisa Schmidt (13 Jahre)
Maria-Theresia-Gymnasium, Klasse 7c

Les animaux fantastique

Un homme regarde par la serrure d'une chambre d'hotel et voit pleins d'animaux faire quelque chose extraordinaire...
Un éléphant joue du piano
Un chat coud une robe
Un lapin fait du vélo
Un oiseau fait du parapente
Un crcodile mange une pizza
Un lion parle russe
Un renard lit un livre
Un girafe répare un camion
Un mouton nage dans les toilettes
Un poisson danse la zumba

Un dauphin chante une chanson
Un hérisson saute dans la chambre
Une vache escalade un arbre
Un chameau embrasse une souris
Une baleine peint la Joconde
L'homme tombe dans les pommes et devient un animal, un castor.

Clémentine Bausson (12 ans)
Collège Jean Renoir, Bourges, France

Die fantastischen Tiere

Ein Mann schaut durch ein Schlüsselloch eines Hotelzimmers und sieht viele Tiere, die verrückte Dinge tun ...
Ein Elefant spielt Klavier
Eine Katze näht ein Kleid
Ein Hase fährt Fahrrad
Ein Vogel fliegt mit einem Gleitschirm
Ein Krokodil frisst Pizza
Ein Löwe spricht russisch
Ein Fuchs liest ein Buch
Eine Giraffe repariert einen LKW
Ein Schaf schwimmt im Klo
Ein Fisch tanzt Zumba
Ein Igel springt durchs Zimmer
Eine Kuh klettert auf einen Baum
Ein Kamel küsst eine Maus
Ein Wal malt die Mona Lisa
Der Mann fällt in Ohnmacht. Als er wieder aufwacht, ist er ein Biber.

Übersetzung: Theresa Baur (13 Jahre)
Maria-Theresia-Gymnasium, Klasse 7b

Histoire Fantastique

Une guitare nagea pendant 2 ans
A 3 ans, un homme la trouva et la ramena chez lui
A 4 ans, il joua beaucoup avec
A 5 ans, il commença à ne plus jouer avec
A 6 ans, il ne joua plus du tout avec
A 7 ans, cet homme eu un enfant
A 8 ans, l'homme joua de la guitare pour son enfant

A 9 ans, l'homme n'a plus le temps de jouer pour son enfant
A 10 ans, la guitare est dans la cave, car personne ne veut jouer avec
A 11 ans, l'enfant trouve la guitare et commence à jouer avec, mais le son n'est pas bon
A 12 ans, la famille jette la guitare, puis en rachète une autre
Et le cycle se répète encore.

Elisa Chagnon (13 ans)
Collège Jean Renoir, Bourges, France

Fantastische Geschichte

Mit 2 Jahren will eine Gitarre schwimmen
Mit 3 Jahren findet ein Mann sie und nimmt sie mit nach Hause
Mit 4 Jahren spielt er sie oft
Mit 5 Jahren spielt er immer weniger
Mit 6 Jahren überhaupt nicht mehr
Mit 7 Jahren kriegt der Mann ein Kind
Mit 8 Jahren fängt er für sein Kind wieder zu spielen an
Mit 9 Jahren fehlt ihm die Zeit
Mit 10 Jahren wird sie in den Keller gestellt
Mit 11 Jahren findet das Kind sie und versucht sie zu spielen, doch der Klang ist nicht mehr schön
Mit 12 Jahren wirft die Familie sie weg und kauft eine neue
Und der Zyklus fängt wieder von vorne an.

Übersetzung: Dara Alifa (13 Jahre)
Maria-Theresia-Gymnasium, Klasse 8c

Les fées

Elles vivent cachées dans les forêts.
Mais pendant la nuit elles dansent
toutes ensemble elles lancent des sorts
pour veiller sur les enfants

Flavic Maintenant (13 ans)
Collège Jean Renoir, Bourges, France

Die Feen

Sie leben versteckt im Wald.
Aber während der Nacht tanzen sie

alle zusammen sprechen Flüche aus
um die Kinder zu beschützen
Übersetzung: Luisa Glaser (12 Jahre), Maria-Theresia-Gymnasium, Klasse 7b

Fantastique

Qu'
est ce
qui est fantastique?
La vie ou bien
vivre?

Remi Picard (14 ans)
Collège Jean Renoir, Bourges, France

Les amies sont comme les étoiles

Les amies sont comme les étoiles.
Nous ne pouvons pas toujours les voir mais nous savans pourtant
qu'elles son là.

Eloise Cabanne (14 ans)
Collège Jean Renoir, Bourges, France

Freundinnen sind wie Sterne

Freundinnen sind wie Sterne.
Wir können sie nicht immer sehen, aber wir wissen,
dass sie da sind.

Übersetzung: Larissa Sailer (13 Jahre)
Maria-Theresia-Gymnasium, Klasse 7

Fantastique

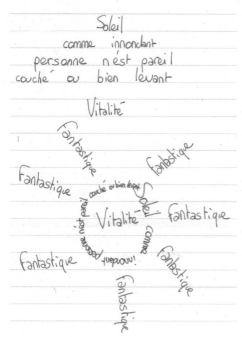

Mathieu Clairenbeaud (15 ans), College Jean Renoir, Bourges, France
Luis Römer (14 Jahre), Maria-Theresia-Gymnasium, Klasse 8

Fantastic!

山东省实验中学 2014 级 22 班 蔡久悦
"你好呐， 风先 生~"
推开 门的瞬间，他吓了 一跳，屋 里的 小床上，坐着 一个扎着双 麻花辫的 小 女孩，七 八岁的样 子， 黑瘦的 皮肤，两颗葡萄似得 黑眼球滴溜溜的转，神采奕奕。
但 无论多么欢乐的表情，都藏不住她的瘦弱。 小 人 儿囊在单薄的睡 衣 里，脸颊上颧 骨 高起，也没有正常孩 子应有的红润的 气 色。落着正午倾斜阳光的房间，枯了的鲜花躺在瓶 子 里垂 着头，半开的窗户， 风卷着窗帘在空中划过奇怪的弧度，向阳的玻璃窗外，是她所居住的这个 世界。 大概因为这座楼 比别的房 子 高出来好 几倍，窗外的视野尤为开阔，都可以抬头冲着远 山 仰脸微笑。

他，就是推开了这样一个房间半掩的门，迎来了床上小姑娘歪着头甜甜的微笑作欢迎。

这个欢迎可把他吓得不轻。他，是风，没有实体，连自己都看不到自己，这个女孩更不会知道自己的存在。难道，她有什么魔力……

其实并没有，不过是一个七八岁的小姑娘凭空的幻想，问过好后，她自嘲式的笑笑，安静躺下睡午觉。她的性格是这样，爱幻想，爱做白日梦，爱凭空假设一个不存在的人物，像童话里那样，很少有人能理解她的这种孩子气式的幻想，所以那只是她自己一个人世界里对自己的娱乐和充实。

但她不知道的是，这一次的幻想，是真实的。那天半开的屋门后，真的有一个谁也不会看

到的风先生。他是风的旅行者，如果人类的穿衣镜可以倒影他的模样，那应该是个穿着卓别林一样西装高顶圆帽和风衣的样子，宽大的风衣斗篷，还有一条冬天时围上的红黄交织的围巾，像格兰芬多的颜色。其实这个世界上有好几个风先生，他们四处旅行，居住在世界的各个角落，掌控着这一片的对流换季，他们还会定期轮换位置，轮着值班，这样大概，就是周游世界。

搞清楚这不过是小女孩的脑洞之后，风先生小心翼翼的挪到她的床前，生怕吵醒了她。睡梦中的女孩嘴角上挂着甜蜜的笑，仿佛沉浸在刚才自己给自己开的这个玩笑里。

他静静的看着她，看着她瘦的跟失去水分的稻草一样的皮肤，看着她还因为有点发烧而红彤彤的脸，看着被窗纱筛过的阳光落在她的前额。他仿佛看到了一片暖色，像从烤箱里新蹦出来的香喷喷软绵绵的面包，像蜜一样闪光的糖浆，像梵高的《夜间咖啡屋》晚风里暖洋洋的灯火，像航海员在只听得到大海呼吸的夜里，呆呆的凝望着的天空中的星，像北极笼罩在漫长黑夜里孕育的极光……

他不知道自己是从哪里来的，会去向哪里，他从来都没有亲人，没有朋友，但却在世界间走了好几转，斗转星移，物是人非，他看过了无数人类的故事。但从来没有一个人是需要他保护的，也从来没有一个人可以保护他……这个女孩喃喃的微笑，似是还有梦中的低语，却让他回想起所有快乐幸福温暖美好的事情。

莫名其妙的，风先生经常爬上这个小姑娘的窗台。

小姑娘有一个好听的名字，洛祺。

她体质不好，从小就经常生病，发烧感冒打吊瓶都是常有的事。父母平时忙于工作，她经常一个人在家，牵着自己的小熊，早上送走了爸爸妈妈，自己烧水吃药温饭洗漱，然后

在书香和睡梦中迷迷糊糊的过一天。这个家里，父母似乎是非常的辛苦，已经很少回来同女儿共进晚餐……
大概是生病的缘故，她也很少去学校，性情也比较怕生而孤僻，班里大概长期都觉得她是个可有可无的存在。但她因为经常自己在家里看书，成绩一直很好，也许只有期末发成绩时候，她的名字会被惦记起来。

这么好听的名字，一顿一挑，一压一高，音韵对账的正好，简简单单，朗朗上口，念起来就和嘴里含了快糖一样，为什么大家会忘记呢？

很奇怪的，平常在家，她虽小小年纪，却经常只是坐在没开灯的房间，望着窗外太阳偏西，云影变换，地板上窗框的倒影被压扁又拉长，时长一个人发呆到四壁黑暗，才起身开灯。

他听得见她的孤独，她的寂寞，她的难过，看得见她即使只有自己一个人也在装作坚强的样子，却一层层把心紧紧地包起来，把自己围在保护壳里，越缩越小。

他想，也许他就可以这样陪着她，坐在她的身边。至少一年里有三个季节，他可以吹着清凉的风，洛祺喜欢看到外面大树在风里呼啦啦的响，喜欢这种温柔的风温柔的力量刚好也蹭过她的侧脸。洛祺特别爱笑，好像一丁点的事她都会笑。但他走不进她的心里，不会到这笑是不是真心的快乐。

洛祺似乎决定把风先生的存在想象到底，这让他超级开心。他很清楚洛祺并不能看见他，很多时候洛祺假象着在同他对话，向他发牢骚，给他讲故事，但都没有看着他实际站着的方向。

他没法与她交流，这时常让他急的跳脚，他想告诉她，陪着她笑，安慰她但都不可能，他尝试去学人类的字，但他没有拿起笔的力气。

后来，他妥协了，他只是这么安静的陪着她，他也有他的用处。他记得洛祺读书读到了哪一页，每一本都记得，他会帮她翻好。他有的时候在窗帘前走来走去，让窗帘的帘尾为洛祺跳舞，优哉游哉的划着轻盈的弧线。他还可以帮她梳起侧脸的一点零碎头发。他可以帮她把吹起的蒲公英顶的很高很高，消失在天空彼岸……

一次，他在老街上发现了一个亮晶晶的风车，操控风的力量，将它带回了家，风车旋转的声音像踢踏舞的木屐，清脆响亮。后来洛祺还爬上老式衣柜翻出了多年不见阳光的旧竹风筝，在小区院子里疯跑，他追在后面，将线拖得很长很长，高高的直冲云霄。

冬天，他多数时候都呆在屋外，这样窗户上结了厚厚的水雾，他看不见屋里的世界，只能望到没有界限的光晕。但洛祺喜欢在窗户上写字，用手指划过水雾画笑脸。他透过划出的范围，看到屋里的洛祺，依然很开心的样子。

那年冬天，他在黑夜里，一个人，疯狂的舞蹈，使出最强的力气，换来了一场十年一遇的大雪。雪花纷飞，包囊这整个世界，所有的浮躁、复杂、矛盾烦恼全都隐没在银装素裹之中，失去了锋利的棱角，缓和了所有的不悦。

也许不只是洛祺，全城的小孩子，或不只是小孩子，全城的居民，男女老少，都享受在这场出人意料的天空的礼物中。很多很多年之后，连风先生自己都不敢想象，那年冬天这座城市的梦幻。让一个说惯了不可能的社会，融化心里的不安，开始相信奇迹。

仿佛一切都在好起来，仿佛那个冬天拥有什么魔力，洛祺的爸爸妈妈调了岗位，终于不再那么忙，一家人欢欢乐乐的在水雾蒸腾间吃火锅，洛祺也因为在学校里打雪仗，慢慢的融入了集体，拥有了一帮不错的朋友。

那年春天，其实是初春，农历春节的时候，外面依然很冷，冷风里放炮仗。洛祺生日，烛光盈盈，屋子里是她的同学，她的父母，她的朋友，她的熊，还有窗外的一个风先生，她所有重要的一切都在祝福她。不明原因的，她许着愿，却止不住的留着眼泪。真奇怪，明明在笑，为什么还会溜眼泪呢？风先生想不通，但他想着，一滴水珠蹭着脸颊，滑进嘴里，咸咸的，是什么呢？

大概是生病的缘故，她也很少去学校，性情也比较怕生而孤僻，班里大概长期都觉得她是个可有可无的存在。但她因为经常自己在家里看书，成绩一直很好，也许只有期末发成绩时候，她的名字会被惦记起来。

这么好听的名字，一顿一挑，一压一高，音韵对账的正好，简简单单，朗朗上口，念起来就和嘴里含了快糖一样，为什么大家会忘记呢？很奇怪的，平常在家，她虽小小年纪，却经常只是坐在没开灯的房间，望着窗外太阳偏西，云影变换，地板上窗框的倒影被压扁又拉长，时长一个人发呆到四壁黑暗，才起身开灯。他听得见她的孤独，她的寂寞，她的难过，看得见她即使只有自己一个人也在装作坚强的样子，却一层层把心紧紧地包起来，把自己围在保护壳里，越缩越小。

他想，也许他就可以这样陪着她，坐在她的身边。至少一年里有三个季节，他可以吹着清凉的风，洛祺喜欢看到外面大树在风里呼啦啦的响，喜欢这种温柔的风温柔的力量刚好也蹭过她的侧脸。洛祺特别爱笑，好像一丁点的事她都会笑。但他走不进她的心里，不会到这笑是不是真心的快乐。洛祺似乎决定把风先生的存在想象到底，这让他超级开心。他很清楚洛祺并不能看见他，很多时候洛祺假象着在同他对话，向他发牢骚，给他讲故事，但都没有看着他实际站着的方向。他没法与她交流，这时

常让他急的跳脚，他想告诉她，陪着她笑，安慰她，但都不可能，他尝试去学人类的字，但他没有拿起笔的力气。后来，他妥协了，他只是这么安静的陪着她，他也有他的用处。他记得洛祺读书读到了哪一页，每一本都记得，他会帮她翻好。他有的时候在窗帘前走来走去，让窗帘的帘尾为洛祺跳舞，优哉游哉的划着轻盈的弧线。他还可以帮她梳起侧脸的一点零碎头发。他可以帮她把吹起的蒲公英顶的很高很高，消失在天空彼岸……

一次，他在老街上发现了一个亮晶晶的风车，操控风的力量，将它带回了家，风车旋转的声音像踢踏舞的木屐，清脆响亮。后来洛祺还爬上老式衣柜翻出了多年不见阳光的旧竹风筝，在小区院子里疯跑，他追在后面，将线拖得很长很长，高高的直冲云霄。

冬天，他多数时候都呆在屋外，这样窗户上结了厚厚的水雾，他看不见屋里的世界，只能望到没有界限的光晕。但洛祺喜欢在窗户上写字，用手指划过水雾画笑脸。他透过划出的范围，看到屋里的洛祺，依然很开心的样子。

那年冬天，他在黑夜里，一个人，疯狂的舞蹈，使出最强的力气，换来了一场十年一遇的大雪。雪花纷飞，包囊这整个世界，所有的浮躁、复杂、矛盾、烦恼全都隐没在银装素裹之中，失去了锋利的棱角，缓和了所有的不悦。

也许不只是洛祺，全城的小孩子，或不只是小孩子，全城的居民，男女老少，都享受在这场出人意料的天空的礼物中。很多很多年之后，连风先生自己都不敢想象，那年冬天这座城市的梦幻。让一个说惯了不可能的社会，融化心里的不安，开始相信奇迹。

仿佛一切都在好起来，仿佛那个冬天拥有什么魔力，洛祺的爸爸妈妈调了岗位，终于不再那么忙，一家人欢欢乐乐的在水雾蒸腾间吃火锅，洛祺也因为在学校里打雪仗，慢慢的融入了集体，拥有了一帮不错的朋友。

那年春天，其实是初春，农历春节的时候，外面依然很冷，冷风里放炮仗。洛祺生日，烛光盈盈，屋子里是她的同学，她的父母，她的朋友，她的熊，还有窗外的一个风先生，她所有重要的一切都在祝福她。不明原因的，她许着愿，却止不住的留着眼泪。真奇怪，明明在笑，为什么还会溜眼泪呢？风先生想不通，但他想着，一滴水珠蹭着脸颊，滑进嘴里，咸咸的，是什么呢？

生在上方看得着急，这会发生踩踏事故啊。

"嘭"的一声，世界全被高光打亮了，烟火在风先生身后绽开，而他眼睁睁的看着，洛祺匆忙的一回头，拉着少年的手被人活生生的挤开，随着人流挤向两端。那盛夏的烟火

会，似乎预示了这段感情的结局，少年将洛祺弄丢了，两个人活生生的被分隔在人海两端，伸出手也触不到彼此的指尖。

秋天的公园，老银杏树下，他们在这结束了一切。这个少年终究不是能够理解洛祺的那个世界的人，他不曾看到她的世界是多么的温暖，一直到现在，依然保留着孩子气的单纯和爱着这个危险的世界的执着。他不知道的事，风先生却知道。

疲惫吞噬着这座城市，所有的繁华所有的装饰，流年似水的声音似乎可以听清。可笑的巧合，分手这天，洛祺穿的是第一次约会时买的裙子。她一个人落魄的失神的走过街区，看着火烧云慢慢消失，蓝色的星球笼罩在夜幕层层翻滚的夕阳里，街灯一盏接一盏的亮过去，华美的广告牌象征着城市荣耀和绚丽。

她也许忘记了，她的裙尾，依然跟着一个风先生，看着她越来越伤心的神色，也跟着一起垂头丧气。

忽然身边亮起的橱窗，回头，是一家婚纱摄影店。纯白的礼服，薄如蝉翼的头纱，水袖一样的缎带，天鹅一样的羽毛花一般绽开在地面。那是所有女孩的梦想，一场童话的婚礼，一个王子一样的人在人们的祝福声另一端等你。

"呐，风先生，你说，我会有一个怎样的婚礼呢？"

一个最棒的婚礼！她听不见的回答。

"其实，也真可笑呢，你明明是不存在的呀，这么多年了，我还这样跟你说话，分明也不过我一个人在自言自语罢了。"他听到她的苦笑声。

我存在的！他多想告诉她，他多想让她知道，她不是一个人，他一直在保护她！这是他生命中第一次保护一个人，第一次把自己的情绪与一个人拴在一起，看着她长大，与她共着相同的喜怒哀乐，担心她关注她，这是他第一次觉得自己是有意义的存在！

网上写的句子：世界上最远的距离，不是生与死的距离，而是我站在你面前，你却看不到我，或者说，你不知道我存在着……

又一年冬天，这个城市有下起了一场大雪，所有人都惊奇，所有人都惊呼它的梦幻。而这不过又是一个风先生在天寒地冻之间狂舞的杰作，只不过这一次，是道别……

他终是要换班去世界别的地方，有的时候他也觉得他不用再陪着洛祺了，她也过得很好，会有别的风先生来到这个城镇，或许他能听到自己留下的愿望——请为她把夏天的树叶吹得呼啦呼啦的响，就像无数的山妖在鼓掌，就像世界上所有幸福的喝彩声。

临别的雪，洛祺确确实实感觉到了好像被抽空了似的悲伤。

大概是又过了这么几年，风先生去了很多地方旅行，欧洲的教堂、农场、水乡、山岭，所有的人都爱笑，他发现一个世界质朴的微笑其实还是很多的，那种简单的透明的幸福，像玻璃

一样,不易被发现,但折射的阳光是 比任何事物都要雄壮的证明了它的存在。

他觉得 自 己在 一点 一点变充实,从前他觉得 自 己是透明的, 一点颜 色都没有,现在,他被世界涂鸦成五颜六 色。多数时候他选择天蓝,这种颜 色令 人 心安, 而且 自 由,好像空间很 大很远,很神秘 又很简单。

但这 一切的开始,应该都是那天那声问好之后,那个暖 色的微笑。也许不是世界上最灿烂最幸福最美丽的笑容,但于他 而 言却是绝对的独 一 无 二!

每次想到这,他就淡淡感伤,他想她了,毕竟是在 自 己 生命中交叉过那么多轨迹的存在。他想回去 一趟,哪怕就是去看望 一眼也好。于是,他踏着星星,就起程了。那个执着的干劲,就像多年前他在冬夜 里呼唤着天降 大雪,就像多年前他穿过 车流去追逐那个 黄色的对她 而 言 非常重要的 小纸 片。

然 而,当他爬上那熟悉的窗台,等待他的,虽然还是多年前他们第 一相遇的 小屋,但却有些不 一样了。

屋 子正中央的桌 子上,是那天橱窗 里他们 见过的婚纱,旁边, 是 一捧淡紫 色的捧花,和 一叠玫红的请束。

洛祺站在教堂的这边,阳光穿过彩 色玻璃的棱角,管 风琴的声音在 高耸的哥特式房顶回荡,红 色的地毯,洁 白的婚纱,天使的翅膀,唱诗班的童谣,她 生命中那些陪伴她 长 大的 人都在过道的两边祝福她,为她 鼓掌,她看到妈妈 一个劲的抹眼泪。仿佛所有的梦境都成真,仿佛所有的快乐都被寄托,仿佛所有的事都像童话 里 一样。她,挽着 父亲的 手臂,因为兴奋和紧张 而满脸通红。 而红地毯的另 一端,是许诺给她 一辈 子幸福的那个 人。所有的 一切,如同 一个不敢想象的梦!但似乎,还少了一 个 人……

"怎么了?" 父亲挽着她的 手,看到她有些害怕似得犹豫。

"太紧张了。"她笑了笑。

像做梦 一样,她被 父亲的 手,交到她的 王 子 手 心,仿佛整个世界都在幸福的旋转,都在 鼓掌。

而就是那个瞬间, 一阵 风 高 高吹起她的头纱,让她的裙 子像花朵 一样展开了涟漪。所有的紧张 一瞬间都消失了,她不曾察觉那个瞬间她 高兴地哭了出来。"呐,哭什么?"新郎冲她开玩笑。"因为太开 心了!"她的声 音仿佛 飘上了天。

终于等到了, 一个 非常 非常重要的 老朋友!

此时,鲜花和 音乐,泪 水与欢笑包围着洛祺的世界。 而 高高的教堂顶上,仿佛只有天使才听得 见 风先 生的独 白:

终于,看到你笑的这么开 心了!

终于,有 一个 人 走进了你的世界,可以全 心全意的保护你了!

傻丫头终于 长 大了！
也许你不知道我曾在你 身边，看着你的喜怒哀乐。
我也不能永远陪伴着你呢！
但 至少，现在我很安 心！
等你 老了以后，很 老很 老， 老到眼 皮都没 力 气抬起来。
我会为你 用 力摇晃，所有的树叶刷拉拉的响，在 风中，仿佛全世界都在 鼓掌，都在欢笑。
你只需要，静静地听着就好！

蔡久悦
山东省实验中学2014 级22 班

Fantastisch!

„Hallo, Herr Wind."

Er war überrascht, als er die Tür aufmachte: Im Bett saß ein Mädchen mit zwei Zöpfen, ungefähr sieben oder acht Jahre alt, dunklere Haut. Seine Augen waren so rund wie zwei Trauben und leuchteten hell.

Doch auch wenn sein Gesichtsausdruck sehr fröhlich war, so konnte dies seine Schmächtigkeit nicht verbergen. Der kleine Mensch steckte in seinem dünnen Schlafanzug, seine Wagenknochen wirkten ziemlich hoch, sein Gesicht hatte auch nicht die zarte rosa Farbe eines normalen Kindes. Die Welt, die es bewohnte, war ein Zimmer voller Sonne. Welke Blumen hingen mit gesenkten Köpfen aus der Vase, das Fenster war halboffen, der Fenstervorhang, vom Wind wehend, zeichnete in der Luft komische Linien. Draußen war ein sonniger Tag. Weil das Gebäude, in dem das Mädchen wohnte, wesentlich höher war als die umliegenden Häuser, war sein Blick nach außen sehr frei, es konnte sogar den Kopf heben und zu den Bergen in der Ferne lächeln.

Er, der Windgeist, hatte die angelehnte Tür des Zimmers geöffnet und wurde von einem Mädchen im Bett mit süßem Lächeln in Empfang genommen. Diese Begrüßung überraschte ihn sehr. Er, der körperlose Windgeist, konnte nicht einmal sich selbst sehen. Das Mädchen konnte sicherlich nichts von seiner Existenz wissen. Hatte sie irgendwelche magischen Kräfte?

Eigentlich nicht. Das war nur die Einbildung eines siebenjährigen Mädchens. Es sagte „Hallo!", dann lächelte es ein wenig ironisch, legte sich hin und schlief ruhig ein. Das war ihr Charakter, es träumte gern, stellte sich gerne Figuren vor, die nicht existieren, wie die in den Märchen. Es gab nur wenige Leute, die seine kindliche Fantasie verstanden, daher lebte es in seiner eigenen Welt.

Aber es wusste nicht, dass es diesmal keine Einbildung war. An dem Tag, hinter der angelehnten Tür, war wirklich ein „Herr Wind", den niemand sehen konnte. Er war der Windgeist. Wenn der Spiegel ihn widerspiegeln könnte, dann könnte man erkennen: Er hatte einen Anzug und eine Melone wie Charlie Chaplin, trug einen Mantel mit weitem Kragen und einen rotgelben Winterschal, wie die Farbe von Gryffindor. Es gab auf der Welt einige Windgeister; sie reisten überall hin, wohnten in verschiedenen Ecken der Welt und beherrschten den Jahreszeitwechsel in den Regionen. Sie tauschten auch regelmäßig ihre Stelle und arbeiteten in Schicht. Daher war das auch eine Weltreise.

Nachdem er festgestellt hatte, dass das nur die Fantasie eines Mädchens war, bewegte er sich vorsichtig bis zu seinem Bett, trotz der Befürchtung, es zu erwecken. Auch im Schlaf lächelte das Mädchen, als ob es noch über ihre eigene Einbildung lachte. Er betrachtete es ruhig: Seine Haut war so trocken wie dürres Stroh, sein Gesicht rot aufgrund des Fiebers. Das von dem Fenstervorhang gefilterte Sonnenlicht streichelte ihre Stirn. Der Windgeist nahm eine warme Farbe wahr, wie duftendes weiches Brot, frisch aus dem Ofen …

Er wusste nicht, woher er kommt, wohin er geht. Er hatte keine Verwandten, keine Freunde, war aber schon mehrfach um die Welt gereist. Die Zeit verging, die Menschen veränderten sich. Er hat zahlreiche menschliche Geschichten erlebt, aber es gab keine einzige Person, die seinen Schutz benötigen würde, aber es gab auch keine, die ihn beschützen könnten… Das Mädchen murmelte und lächelte, als ob es träumte, es erinnerte ihn an alle fröhlichen, glücklichen und warmen Momente seines Daseins. Er begriff auch nicht, warum er immer öfter auf den Balkon des Mädchens stieg. Das Mädchen hatte einen schönen Namen: Luòqí. Qí bedeutet friedlich und glücklich.

Es war stets ein anfälliges Kind, sehr häufig krank. Die Eltern waren sehr beschäftigt, daher war es oft allein zu Hause, mit seinem Kuschelbären. Es verabschiedete sich in der Früh von den Eltern, kochte sich dann selbst Wasser, nahm Medikamente, wärmte das Essen auf, putzte sich die Zähne und verbrachte dann den Tag mit Büchern und langem Schlafen. Aber weil es zu Hause lernte, hatte es immer gute Noten. Vielleicht erinnerte man sich nur bei der Zeugnisvergabe wieder an seinen Namen. Luòqí, so ein schöner Name: der erste Ton nach unten, der andere nach oben. Die Töne widerspiegelten sich, sie waren leicht zu artikulieren. Wenn man den Namen aussprach, fühlte man sich so, als ob man ein Bonbon im Mund hätte. Wie konnte man so einen Namen vergessen?

Der Windgeist konnte seine Einsamkeit hören, und auch seine Traurigkeit. Er konnte sehen, auch wenn sie allein war, dass es so tat, als ob es sehr stark wäre. Doch es wickelte sein Herz Schicht für Schicht ein und versteckte sich in einer Schutzhülle.

Er dachte, vielleicht sollte er es einfach so begleiten, einfach so neben ihr sitzen. Mindestens in drei Jahreszeiten des Jahres konnte er kühle Luft wehen lassen. Luòqí mochte es gerne, wenn der große Baum draußen im Wind raschelte. Es mochte auch gerne, dass dieser zarte Wind mit seiner feinen Kraft gerade ihre Wangen strich. Sie lachte besonders gerne, sogar Kleinigkeiten konnten sie zum Lachen bringen. Aber der Windgeist konnte sein Herz nicht ergründen, daher konnte er nicht nachvollziehen, ob dieses Lachen von Herzen kam. Luòqí schien sich zu entscheiden, die Fantasie mit dem „Herrn Wind" durchzusetzen, das freute ihn sehr. Er wusste auch ganz genau, dass Luòqí ihn nicht sehen konnte. Mehrmals sprach Luòqí zu ihm, beschwerte sich über ihn, erzählte ihm Geschichten, aber ihr Blick richtete sich an eine andere Stelle als die, wo er sich befand.

Er konnte nicht mit ihr sprechen, das regte ihn manchmal auf. Er mochte mit Luòqí sprechen, mochte mit ihr lachen und mochte sie trösten, aber das ging alles nicht. Er wollte die menschliche Schrift erlernen, aber es fehlte ihm die Fähigkeit, den Stift zu halten. Am Ende gab er auf. Er begleitete Luòqí einfach so. Er konnte ihr auch nützlich sein. Er wusste genau, auf welcher Seite eines Buches Luòqí stehengeblieben war, daher blätterte er immer auf genau diese Seite. Manchmal ging er immer vor dem Fenster hin und her, damit der Fenstervorhang für Luòqí tanzte, und erzeugte dabei gemütliche Schwingungen. Er konnte auch das Haar des Mädchens von den Wangen hochkämmen. Oder er half Luòqí, den Löwenzahn höher zu pusten, so dass die „Fallschirmchen" im Himmel verschwanden ...

Einmal entdeckte er auf den alten Straßen ein glitzerndes Windrad. Mit der Kraft seines Atems brachte er es zu ihm nach Hause. Das Geräusch des Windrades hörte sich nach Holzschuhen an, klangvoll und silberhell. Später stieg Luòqí auf den alten Schrank und entdeckte einen alten Drachen aus Bambus, der jahrelang nicht in der Sonne war. Im Hof ließ sie ihn fliegen; der Wind lief hinterher. Es ließ den Faden länger und länger, der Drache flog hoch zu den Wolken.

Im Winter blieb er meistens draußen. Da die Fenster stark angelaufen waren, konnte er die Welt auf der anderen Seite des Fensters nicht sehen, sondern nur unendlichen Lichtschein. Luòqí vermochte aber mit dem Finger auf der Fensterscheibe zu schreiben und Gesichter zu malen. Nur durch die von Luòqí gemalten Bilder sah er, wie glücklich sie immer noch war.

In dieser Winternacht tanzte er allein wie verrückt, mit seiner ganzen Kraft. Das verursachte den größten Schneefall seit Jahrzehnten. Die Schneeflocken fielen herunter und bedeckten die ganze Welt. Auch die ganzen Komplikationen, Konflikte und Sorgen wurden von den silbernen Flocken bedeckt und verloren ihre scharfen Kanten.

Nicht nur Luòqí, sondern auch die Kinder der ganzen Stadt, ach nein, gar die Menschen der ganzen Stadt, egal welchen Alters, ob Mann oder Frau, genossen anscheinend diese Überraschung des Himmels. Auch nach Jahren dachte der Windgeist immer noch an diesen Traum von Winter. Diese an Unmöglichkeiten gewohnte Gesellschaft fing da an, ihre Ungläubigkeit wegzuschmelzen und an das Wunder zu glauben. Alles schien seit dem magischen Winter besser zu werden. Luòqís Eltern fanden neue Arbeit und mussten nicht mehr so häufig weg. Die ganze Familie konnte glücklich zusammen an einem Tisch sitzen und gemeinsam essen. Bei der Schneeballschlacht lernte Luòqí noch mehr Leute kennen und es fand sich auch eine Gruppe von guten Freunden zusammen.

Der Frühling kam. Luòqí hatte Geburtstag. Im Haus waren Luòqís Freunde, ihre Eltern und ihr Kuschelbär, draußen aber war der Windgeist. Alle, denen Luòqí wichtig war, wünschten ihr alles Gute. Unbegreiflich war, dass, während Luòqí sich etwas wünschte, ihr die Tränen herunter liefen. Komisch, das Mädchen lächelte, aber warum waren die Augen nass? Der Windgeist war irritiert und ein Tropfen lief entlang seiner Wangen und floss in seinen Mund hinein. Es schmeckte salzig. Was war denn das?

Das waren vielleicht ... Sternschnuppen? Er murmelte lächelnd.

Die Zeit machte auch Geräusche. In der Welt gab es unterschiedliche Melodien, die stammten von den verschiedenen Uhrzeigern, wenn sie gingen und standen, das wirkte im Ohr wie eine Symphonie. In der Welt von Luòqí gab es auch eine Art Zeitgeist. Er hatte das Aussehen eines alten Mannes, klein, krumm, mit einem Leinensack und einer Cordmütze auf dem Kopf, rauchte eine alte Pfeife. Er zeigte immer ein unfreundliches Gesicht, konnte aber auf nur einer Hand stehend mit den Füßen gegeneinander stampfen.

Endlich war Luòqí in der Abschlussklasse der Grundschule. (Die Grundschule in Cina geht von der 1.–6. Klasse.) Es gab dort eine Gruppe von Kindern, die klagten immer übereinander, sie verstanden einander nicht, sie stritten und weinten miteinander, aber sie arbeiteten jahrelang zusammen in einer Klasse, lachten miteinander, teilten das Essen und lernten hart zusammen. In einem alten Gedicht wurde das so geschrieben:

Menschen erleben Kummer und Freude, Trennung und Zusammensein.

Der Mond hat eine dunkle und eine helle, eine volle und eine halbe Zeit.
Solche Dinge waren schon immer kompliziert.
Man ging auseinander, das war auch ein Teil des Erwachsenseins. Eine eng zusammengebundene Gruppe ging nun auseinander, jeder musste jetzt für sich selbst kämpfen. Der Windgeist sah zum ersten Mal, dass Luòqí so traurig weinte. Sie saß allein in der Ecke, blätterte im Erinnerungsalbum und sang dabei:
Aber ich hoffe, wir werden ein langes Leben haben,
auch wenn uns tausend Meilen trennen,
können wir doch die Schönheit des Mondes zusammen genießen.
In der Mittelschule bedrückte die Schule das Mädchen so, dass es manchmal nicht mehr richtig atmen konnte. Die Herzlosigkeit der Gesellschaft und die eigene Verwirrtheit konfrontierten es häufig. Luòqí jammerte immer wieder vor dem Windgeist, sie wollte aufgeben, sie wollte nicht mehr so weiter leben, sie wollte zu einem Ort flüchten, wo es keinen Wetteifer gab. Am aussichtslosesten war einmal, als es während der Busfahrt seinen Prüfungsausweis aus der Tasche verlor und dieser im dichten Verkehr verschwand. Es wusste ganz genau, was für eine Konsequenz das ergab, wenn man keinen Prüfungsausweis dabei hatte. Auf einmal erschien ihm das als ein schrecklicher Witz.
Aber auch diesmal rannte der Windgeist durch die ganze Stadt. Er wusste auch nicht, woher er diese Ausdauer hatte, um nach dem gelben Kärtchen zu suchen. Als Luòqí am nächsten Tag in der Früh aufwachte, lag der Prüfungsausweis des Mädchens auf seinem Tisch. Er, der Windgeist hatte es geschafft. Er wollte, dass es auf keinen Fall aufgab.
„Herr Wind, warst du das?" Als er vor Erschöpfung einschlief, hörte er die Stimme von Luòqí.
Als das Mädchen achtzehn war, begegnete es einem wundervollen Mann. So eine Luòqí sah der Windgeist nun zum ersten Mal. Es wartete unruhig den ganzen Abend lang auf einen Anruf, der nicht länger als eine halbe Minute dauerte. Nur ein paar wenige Worte im Telefon brachten das Mädchen schon zum Lachen …
„Man sagt, die erste Liebe vergisst man nie." Er lehnte sich an die Wand und sah, wie das traurige Mädchen auf einmal laut lachte. Scheinbar von Luòqí beeinflusst, stellte er sich vor, wie es denn wäre, wenn es eine „Frau Wind" gäbe. Haha.
Er sah, dass Luòqí ein neues Kleid kaufte, wehte daher dem Kleid hinterher, zu seinem ersten Date. Das war ein sonniger Tag, er kreiselte mehrmals um den jungen Mann herum und beobachtete ihn ernsthaft wie ein Prüfer. Natürlich bemerkte der junge Mann das alles nicht. Glücklich

zu sein war so einfach, sie bummelten in der Stadt, spielten mit bunten Seifenblasen, tranken kühlen Saft und schrien auf der Achterbahn, abends gingen sie in ein kleines Restaurant und schlürften Nudeln. Auch wenn der Windgeist sehr schnell war, konnte er den beiden trotzdem nicht nachkommen, er war schon fast außer Atem. In den letzten Monaten redete Luòqí schon weniger mit ihm. Er schaute dem Mädchen hinterher und stöhnte: „Du bist schon groß geworden…"
„Heute Abend gibt es eine Feuerwerkshow!" Schnell aßen die beide das Nudelgericht, sprangen auf und verschwanden in der Menschenmenge, die dem Feuerwerk zuschauen mochten. Alle wollten zum Park im Zentrum. Es kamen immer mehr Leute, sie drückten und jammerten, sie wurden immer ungeduldiger. Der Windgeist sah das von oben und wurde auch nervöser: Das könnte doch zu einem Unfall führen!
Alle wollten zum Blumentempel rennen, es wurden immer mehr und mehr. Im Gewimmel herrschte volle Ungeduld. Der Windgeist beobachtete das und wusste, es würde eine Katastrophe passieren. „Duang" – die ganze Welt blitzte und anschließend breitete sich das Feuer schnell hinter dem Windgeist aus. Er sah Luòqí hilflos und allein, die beide wurden vom Menschenmeer getrennt. Dieser Sommerabend mit dem Feuerwerk hat scheinbar auf eine Auseinandersetzung hingedeutet: Der Junge hat Luòqí verloren. Sie blieben einander fern. Ihre Hände konnten nicht mehr die Wärme voneinander spüren …
Herbst. Unter den Ginko-Bäumen in einem Garten war alles aus. Der Junge war ja nicht unbedingt der Mensch, der Luòqí und ihre Welt tief verstand. Sie ging einsam durch die Stadt. Die Wolken verschwanden langsam und die Straßenlaternen leuchteten in der Dunkelheit auf. Die Werbeplakate erinnerten Passanten an die Vielfalt und den Ruhm der Stadt. Luòqí hatte wahrscheinlich vergessen, dass der Windgeist ihr noch immer folgte. Er war genauso deprimiert wie Luòqí. Plötzlich blickte sie in das Schaufenster eines Foto-Studios. Das weiße Brautkleid, der Schleier war dünn wie Zikadenflügel, das breite Atlasband, alles traumhaft. Das Kleid sprang seitlich auf wie eine Knospenfülle. „Na, Windgeist, sage mir, was für eine Hochzeit werde ich haben?" – „Die schönste!" beantwortete ihr der Windgeist lautlos. „Lächerlich, du existierst eigentlich nicht! Lange Jahre rede ich so intensiv mit dir. Ich habe bloß ein Selbstgespräch geführt." – „Ich existiere!" Der Windgeist mochte Luòqí wissen lassen, dass sie nicht allein ist; er war immer bei ihr und beschützte sie pausenlos. Das war das erste Mal für ihn, dass er jemanden im Leben so beschützte und seine Emotionen so eng mit einer Person verband. Er hatte sie aufwachsen sehen. Er fühlte sich genauso, wie sie

sich fühlte. Er dachte an sie und kümmerte sich um sie. Dadurch hat der Windgeist den Sinn seines Daseins endlich erkannt. Ihm ist warm ums Herz geworden. Man sagt oft, dass die wahre Entfernung zwischen den Menschen nicht die zwischen Leben und Tod ist, sondern dass man oft hautnah voreinander steht und sich trotzdem übersieht ...
Im Winter des folgenden Jahres schneite es in dieser Stadt sehr heftig. Die Menschen wunderten sich darüber. Es war wieder ein Kunstwerk, das der Windgeist zwischen Himmel und Erde entworfen hat. Nur – dieses Mal war es ein Abschied. Der Windgeist musste abreisen an das andere Ende der Welt. Manchmal hatte er aber auch gedacht, dass Luòqí ihn nicht mehr brauche. Sie lebte nun glücklich. Es würden allerdings auch andere Windgeister zu diesem Städtchen kommen, dann würde er seine Wünsche doch für sie hinterlassen. „Kollegen, bitte weht die Blätter der Bäume auf, als wäre überall auf der Welt freudiger Jubel." Das war Abschiedsschnee ... Luòqí fühlte sich unbeschreiblich leer und traurig.
Es waren wieder ein paar Jahre vergangen. Der Windgeist war um die Welt gereist. Er fühlte sich jeden Tag zunehmend erfüllt. Früher fand er sich farblos; nun wurde er von dieser Welt schön eingefärbt. Alle seine Veränderung fingen an dem Tag an, an dem Luòqí ihn lächelnd begrüßt hatte. Es war vielleicht nicht das schönste Lächeln der Welt, aber sicher das einzigartigste! Er fühlte sich ein wenig traurig, solange er sich an Luòqí erinnerte, weil der Windgeist sie ja vermisste. Es haben sich so viele Spuren in seinem Leben überschnitten ... Er wollte einfach einmal zurück wehen, selbst wenn er Luòqí nur kurz sehen konnte.
In der dunklen Nacht ist er mit Sternen zusammen aufgebrochen. Er war beharrlich darauf, genauso wie damals im eiskalten Winter, als er ihretwegen hinter dem gelben Zettelchen her jagte, das für sie ziemlich wichtig war. Als er an ihrem bekannten Fenster ankam, empfand er doch ein wenig Fremdheit, auch wenn das Häuschen nicht verändert war. Mitten im Zimmer auf dem Tisch lag das Brautkleid, das er damals schon mal im Schaufenster gesehen hatte; daneben lagen ein Strauß violetter Blumen und noch jede Menge Einladungen.
Luòqí stand in der Kirche. Die Sonne schien herein und die Musik erscholl berührend. Viele Leute waren anwesend, die sie in ihrem vergangenen Leben begleiteten. Sie ordneten sich in zwei Schlangen auf den beiden Seiten. Sie sah, dass Mama die Tränen von den Wangen wischte. Luòqí wurde von ihrem Vater zum Bräutigam geführt, der ihr lebenslanges Glück versprach. Ein unglaublicher Traum, den man kaum träumen kann! Jedoch fehlte jemand ...

„Was ist los?", fragte sie ihr Vater ahnungslos. Luòqí geriet in ein unbeschreibliches Verzweifeln. „Ich bin wahnsinnig nervös ...", antwortete sie lächelnd. Genau in diesem Moment wehte ihr Brautschleier in der Luft hin und her. Die Nervosität verschwand auf einmal völlig aus ihrem Körper. Das war der Moment, in dem sie Tränen vergoss. „Wieso weinst du?", fragte sie ihr Bräutigam. „Weil ich mich so glücklich fühle!" Ihre Stimme tönte in den Himmel hinauf. Endlich, der ALTE FREUND war gekommen! Blumen und Musik, Tränen und Lachen, Luòqí ist heute die Hauptrolle der Welt! Auf der Spitze des Kirchendaches konnte man den Monolog des Windgeists hören: „Endlich sehe ich dich so glücklich lachen! Endlich ist der Richtige in deinem Leben aufgetaucht. Ab heute kann er dich voll und ganz beschützen! Endlich bist du groß geworden! Vielleicht wusstest du nicht, dass ich immer bei dir war, deine Trauer und dein Glück miterlebt habe. Ich kann dich nicht weiter begleiten, aber jetzt mache ich mir keine Sorgen mehr! Irgendwann, wenn du ganz ganz alt bist, wenn du keine Kraft mehr hast, deine Augen aufzumachen, werde ich dir alle Blätter aufwehen, huahuahuahua! Sie werden laut in der Luft wehen, du wirst es wie Beifall und Lachen in deiner Gegend hören. Du brauchst nur in Ruhe zuzuhören."

Jiuyue Cai
Experimental Highschool Jinan, Klasse 2014-22, China

ジェムとドラゴンの旅

あるところに、男の子がいました。名前は、ジェム。お母さんは、小さい頃に病気でなくなりましたが、お父さんと2人楽しく暮らしていました。ところが、ジェムが6歳の時突然、銃を持った男2人がやってきて、お父さんを連れ去りました。ジェムは、必死に走り回りお父さんを探しましたが、見つかりませんでした。お父さんが殺されたという噂も流れました。ジェムは悲しい気持ちをひきずりながら親戚の家で暮らすことになりました。ジェムは12歳になりました。親戚の人たちはやさしく育ててくれましたが、お父さんのことが、やはり忘れられません。そこでジェムは、お父さんを探す旅に出ることを決意しました。反対する人もいましたが、ジェムの決意は、固くみんなに気が付かれないように夜こつそり旅にでました。3週間ほど、歩き続けると砂漠に着きました。砂漠を歩いていると、見たこともない大きな生き物が倒れていました。よく見ると足を引きずりながらうごいていました。ジェムが恐る恐る近ずくと、なんと伝説のドラゴンでした。ジェムに気が付いたドラゴンはひどくおびえた様子でした。ジェムはやさしく声をかけゆっくリドラゴン

のそばにいきました。「この足が痛いの?」と聞くと、ドラゴンは、首を上下にふりうなずきました。ジェムはカバンから薬を取り出し、痛めたドラゴンの足に塗ってあげました。食べ物もわけてあげました。そして、心西己なのでしばらくドラゴンと一緒に過ごすことにしました。3日ほどすると、ドラゴンの足はだいぶんよくなり、元気も出てきました。もう大丈夫そうなので、ドラゴンと月けれてまた旅にでようとしました。ところが、ドラゴンがジェムのあとをついてきました。そこでジェムは「君も一緒に来るかい?」とドラゴンに聞きました。ドラゴンはまた、うれしそうに首を上下にふりました。そして、ジェムとドラゴン2人の冒険の旅がはじまりました。砂漠をぬけると海が広がっていました。ジェムは船を探しましたが見当たりません。困つているとどこからか「ぼくの背中に乗つて」と言う声がしました。「誰の声?」ジェムが言いました。「ぼくの声だよ!」とドラゴンが言うと、ジェムはびっくりしてしりもちを着きました。「ほんとうにきみの声なの?」「ほんとうだよ、ぼくの声だよ!さあジェム、背中に乗つてI!」そう言うとドラゴンは、ジェムが乗りやすいように、体を低くしました。ジェムは、すこし怖かったけれど思い切ってドラゴンの背中に乗りました。すると、ドラゴンは翼をパッと広げ空高くまいあがりました。Fぉぉすごい!!本当にとんだぞ!!」ジェムは、目を見開いてギュタつとドラゴンにしがみつきました。「わあけごい。君つてすごいんだね!!」ジェムは大喜びです。ドラゴンは、調子にのってどんどんスピードをあげました。ところが、だんだんドラゴンの勢いがなくなり、フラフラになつてきました。「どうしたの?」ジェムが心配になつてききました。「お腹がぺこぺこで力がでない。・」ドラゴンはますますフラフラになってきました。ジェムはあせりましたが、深呼吸して何か方法がないか考えました。そして、下を見下ろすと小さな島があることに気が付きました。「ドラゴン!!ほら、あそこに島があるよ!!あそこまで頑張つて!!」ジェムはドラゴンをはげまし続け、やつとの思いで島にたどり着きました。島に着くと、ドラゴンは倒れこんでしまいました。「ドラゴン、待つててね。何か食べる物がないか探してくるから」ジェムは、そう言うと急いで探しに行きました。島は人けがなく、うつそうとした森が広がつていました。ひとりでは、ちょっと怖かつたけれど、森の中を探し回りました。すると、バナナのような物が見つかりました。食べてみるとまあまあ美味しかつたので、ドラゴンに持つて行くことにしました。ドラゴンは「ありがとう」と言ってバナナをむしゃむしゃと食べました。けれどまだ、「お腹がいっぱいにならない—」と、ドラゴンは言いました。またジェムは、うちそうとした森に行

きましたそしたら，釣竿が落ちていました。それを持つて海の方へ行きました。魚つりをしました。 2匹つれたのでドラゴンにもつて行き、たき火をして焼くことにしました。ジェムは本を集め折ろうとした時、本の妖精が出てきました。「君は、誰なの」と、ジェムは言いました。「ぼくたちは、木の妖精です。本を折るのをやめてください。そのかわり、おいしいごちそうをあげますから」ジェムは木を折るのをやめ、妖精からもらつたごちそうを、ドラゴンとお腹いっぱい食べました。ジェムが妖精たちにお礼を言いました。「どうしてここにきたの?」と妖精たちが聞いてきたので、お父さんを探していることを伝えました。すると妖精が「君のお父さん知ってるよ、地図をあげるから、ここへいってごらん」と言つて地図をくれました。ジェムたちは、本の妖精にお礼をいって、その場所に行くことにしました。元気を取り戻したドラゴンは、ジェムを乗せて高くたかく空に舞い上がりました。地図の場所に着きました。人がたくさんいる都会でした。 ドラゴン達もたくさんいました。町の人にお父さんのことを聞くと向こうすの曲にいることが、わかりました。 ドラゴンに乗つてその出に行くと、小屋が見つかりました。その小屋には鍵がかかうていなかつたので、中に入りました。そしたら、元気なお父さんがいました。「お父さん?お父さんなの?」「ジェムI!よくここまで来たな!!」ジェムはお父さんに、どうしていなくなつたのか聞きました。「勝手にいなくなつてすまなかつたね。実はお父さんは命にかかわる病気にかかつてしまったんだ。伝染力があるから、連れていかれたんだ。銃を持つた人たちは、お医者さんだったんだよ。病気を治すためにこの町にきたんだ。そして、治療にかかつたお金をかせぐために、ここで働いていたんだ。あと少しお金を全部返せたら帰ろうと思っていたんだよ。ジェムに心配をかけたくなっかたから黙つていてごめんよ。」「そうだつたの、でも心酉己したよ」「本当に、ごめんよ。」「ところで、そのドラゴンは?」「ぼくの友達」「そうか、じゃ、お金を返すまで一緒にここで暮らそう」そうして、しばらくたつてお金を返すことができ故郷に帰れる日がきました。「ドラゴン、君はどうする?」ジェムが聞くと「君たちと、一緒に行くよ!さあ、背中に乗つて!!」こうして、ジェムはとお父さんとドラゴンは、無事に故郷に帰ることができました。すっかり家族の一員になつたドラゴンもジェムたちと、仲良く暮らすことになりました。
おしまい＿

Takehito Nakamura (12 Jahre)
Nagahama Elementary School, Nagahama, Japan

Jems Reise mit dem Drachen

An einem Ort lebte ein Junge namens Jem. Seine Mutter war gestorben, als er noch klein war, aber mit seinem Vater lebte er glücklich.
Als er sechs Jahre alt war, kamen plötzlich zwei Männer mit Waffen zu ihnen und rissen seinen Vater mit fort. Jem hatte seinen Vater verzweifelt gesucht, konnte ihn aber nicht finden. Es ging das Gerücht, dass er wohl ermordet worden sei. Jem entschloss sich, traurig wie er war, im Hause von Verwandten zu leben.
Jem war inzwischen ein zwölfjähriger Junge geworden. Obwohl die Verwandten ihn sehr gütig großzogen, konnte er seinen Vater nicht vergessen. Deshalb entschloss er sich aufzubrechen und seinen Vater zu suchen. Die Verwandten waren dagegen, deshalb reiste er heimlich ab.
Drei Wochen lang ging er zu Fuß und erreichte dann die Wüste. Dort sah er auf einmal ein großes Tier liegen. Bei genauerem Hinsehen bemerkte er, dass es sich langsam vorwärts schleppte. Er näherte sich ihm vorsichtig: Es war ein Drache wie aus dem Märchen! Der Drache bemerkte Jem und sah ihn mit ängstlichen Augen an. Jem versuchte ihm langsam näher zu kommen und fragte ihn mit sanfter Stimme: „Tut dieser Fuß weh?" Der Drache nickte stumm. Jem nahm eine Salbe aus seiner Tasche und strich sie ihm auf die Wunde. Dann teilte er etwas Essen mit dem Drachen. Jem entschloss sich, bei dem Drachen zu bleiben, bis sein Fuß geheilt war. Nach drei Tagen konnte er schon weiter reisen, aber der Drache folgte Jem. „Willst du mit mir kommen?", fragte Jem. Der Drache nickte erfreut. Dann mussten Jem und der Drache einige Abenteuer überstehen.
Die Wüste ging in ein Meer über. Jem suchte ein Schiff, konnte aber keines finden. Dann hörte er eine Stimme: „Steig mal auf meinen Rücken!"– „Wer spricht?" – „Ich!", antwortete der Drache. Jem fiel vor Überraschung auf seinen Hintern. „Bist du ein echter Drache?" – „Ja, bin ich! Komm, steig auf meinen Rücken!"
Der Drache senkte seinen Körper zu Boden, dass Jem leichter hinauf kam. Der Junge hatte zunächst ein bisschen Angst, aber dann wagte er es doch. Der Drache breitete blitzschnell seine Flügel aus und flog in die Höhe. „Wow! Wir fliegen wirklich!" Jem bekam große Augen. „Du meine Güte! Du bist großartig!" Jem freute sich, hielt sich aber gut fest. Der Drache hatte die Geschwindigkeit erhöht, deshalb kam allmählich die Erschöpfung. „Was ist denn los?", fragte Jem besorgt. „Ich habe großen Hunger … keine Kraft mehr …" Der Drache war mehr und mehr erschöpft. Jem atmete tief ein und überlegte scharf. Er sah mutig nach unten und entdeckte eine kleine Insel. „Drache! Da unten gibt es eine kleine Insel. Halte durch!" Jem

spornte ihn an, bis er endlich auf der Insel gelandet war und erschöpft umfiel. „Drache, hab etwas Geduld! Ich suche uns hier etwas zu essen."
Auf der Insel war niemand zu sehen, nur dichtbelaubte Bäume drängten sich aneinander. Endlich fand Jem eine Banane, die er gleich probierte und als sehr lecker empfand. Daraufhin nahm er einen Haufen Bananen für den Drachen mit. „Danke dir!", mampfte der Drache. „Aber ich bin noch nicht satt …" Jem ging daraufhin nochmals in den Wald, fand eine Rute und angelte schnell zwei Fische. Als er einige Zweige von einem Baum abbrechen wollte, erschien ein Elf, der in dem Baum wohnte.
„Wer bist du?", fragte Jem erstaunt. „Wir sind Elfen des Baumes. Bitte brich keine Zweige ab! Als Ersatz geben wir dir auch etwas Leckeres." Jem hörte damit auf und bedankte sich bei dem Elf für das Essen, das er und der Drache bekommen hatten. Der Elf fragte: „Warum seid ihr beide hierhergekommen?" Dann erzählte Jem, dass er seinen Vater suche.
„Wir kennen deinen Vater!!! Komm mal her, wir geben dir diese Karte, dann kannst du deinen Vater finden." Jem und der Drache bedankten sich, dann erhoben sie sich wieder kräftig in die Luft. Wie die Karte sie wies, kamen sie in eine große Stadt. Dort gab es auch viele Drachen. Jem befragte die Menschen, wo sein Vater sein könnte. Er erfuhr, dass er in einer Hütte auf dem Berg lebt. Der Drache flog über den Berg, so dass sie die Hütte sehen konnten. Sie landeten, öffneten die unversperrte Tür und traten ein. „Papa? Bist du da, Papa?" – „Jem?! Wie bist du doch gut hierhergekommen!" Jem wollte wissen, warum sein Vater damals plötzlich weg war. „Ich muss dich um Verzeihung bitten, Jem. Es verhält sich in Wahrheit so: Ich war schwer krank, hatte ein ansteckendes Virus in mir, deswegen haben sie mich herausgeholt. Die Männer mit den Waffen waren Ärzte. Ich bin hierhergekommen, um meine Krankheit zu heilen. Danach musste ich arbeiten, um Geld zu verdienen, damit ich meine Arztkosten zahlen kann. Ich habe es fast geschafft, fertig zu zahlen, dann wollte ich nach Hause zurückkommen." – „Ach so … ich hatte mir aber ganz große Sorgen gemacht, Papa!" – „Entschuldige bitte, Jem. Übrigens: Was ist mit diesem Drachen?" – „Ach, er ist mein Freund." – „Gut, dann bleiben wir zusammen hier, bis ich alles zurück gezahlt habe."
Nach einiger Zeit war der Vater mit den Zahlungen fertig und sie konnten endlich nach Hause zurückkehren. „Drache, wie möchtest du es haben?", fragte Jem. „Ich komme mit euch. Steigt mal auf meinen Rücken!" Sehr sicher landeten alle drei zu Hause. Der Drache wurde zum Familienmitglied. Sie lebten auf ewig sehr glücklich zusammen.

Takehito Nakamura (12 Jahre)
Nagahama Elementary School, Nagahama, Japan

Zauberland

魔法の国を…

魔法の国には笑顔が少ない
それは魔法を悪いことに使っているから
たとえば：
魔法で人を傷つけたり、魔法で人を悲しませたり…
こんなことをいつまでもつづけていたから、
魔法の国には笑顔がなくなってしまった

一人のやさしい魔女はあれこれ考えた
いっしょうけんめい考えた
そして一つ、いい方法を思いついた
それは、笑顔いっぱいの国にするために、
魔法を変えたらいいんじゃないかということだった
そしてその魔法は
「みんなが笑顔になる」という魔法だ
そうすれば、これにかかった人たちは、
みんな笑顔になるだろう！と思った
そして変えてみる
みんな笑顔になーれ！

すると、あちこちから笑い声やはしゃぎ声がする
魔女の魔法は成功したんだ
魔法で傷ついていた人や、悲しんでいた人も、
みんなすっかり笑顔になって笑っている

こうして、魔法の国はみんな笑顔を取りもどした
みんなみんな、本当にうれしそうな笑顔を
うかべている
これもやっぱり魔女のおかげ

そしてその魔女は、もっとたくさんの人たちに
笑顔をくばるため、今でもきっと言い続けてるよ
「みんな笑顔になーれ！」ってね

髙山穂実

Honomi Takayama (12 Jahre)
Nagahama Elementary School, Nagahama, Japan

Zauberland

Es gibt wenig Lächeln im Zauberland, weil die Menschen den Zauber verwenden, um etwas Böses zu bewirken. Zum Beispiel wollen sie durch einen Zauber jemanden verletzen oder jemanden traurig machen. Weil die Dinge so sind, gibt es kein Lächeln mehr im Zauberland.
Eine gutherzige Zauberin hat darüber nachgedacht, sehr eifrig nachgedacht. Dann ist ihr eine gute Idee gekommen, wie sie dabei helfen könnte, den Zauber zu ändern. Das würde bedeuten: Alle werden lächeln.
Ein Zauberspruch könnte allen Menschen das Lachen wieder bringen! Und jetzt … „Ihr werdet lächeln!" Jetzt hörte die Zauberin sie lachen und ausgelassen sein. Die Zauberin hatte vollen Erfolg! So ist das Lächeln ins Zauberland zurückgekehrt – dank einer gutherzigen Zauberin.
Und sie zaubert immer noch, um Lächeln zu bringen.
„Ihr werdet lächeln!"

Honomi Takayama (12 Jahre)
Nagahama Elementary School, Nagahama, Japan

炎の昆虫レース世界一月物語

長浜市立南郷里小学校　５年い組　呉竹　駿之死
レースと言えばＦ１やバイクのイメージがありますが、今回は常識では考えられないレースがいよいよ始まります。
ある日、人が犬と散歩していると、小さな広告がひらひらと落ちてきました。
そこには【昆虫世界一周レースを開催する。】
と、書かれていました。
今回の主人公は虫のエファレス。レースには一度も出場していません。エファレスは、きりかぶ町からフオレストシテイーに向かいました。予選が始まりエファレスは、見事に予選を勝ち抜きました。次の日はフオレストシテイーからのスタートです。これから海を越えて飛びます。何千キロも何万キロも滑走路を走り、飛び立ちました。レースには前のレースで優勝したスズメバチがいます。そしてほかにも全部で五十匹ぐらいレーサーがいます。まずは、木が多いところを行きます。エファレスは、右へ左へとかわします。どうくつのトンネルを飛び、日本の町が見えてきました。日本の子ども達に捕まらないように進みます。そこで何匹かが捕まってしまいました。エファレスは、なんとか町並みをぬけ、宿で一夜を過ごしました。実はこのレースは、　一位だった虫は、次の日は一番最初にスタートできます。日本を超え、ついに太平洋まで来ました。水は虫にと

つて最大の敵です。エフアレスは、いつの間にか１０位くらいになっていたのでした。
すると、大変なことが起こりました。
一匹のスズメバチがボートにぶつかり、羽が折れてしまったのです―テレビの中継で放送され、
「緊急事態発生！」
と、鳴り響きました。
スズメバチはだんだんフラフラと落ちていきます。
ゴールは目の前です。それに気づいたエフアレスは、大きな体でスズメバチを持ち上げました。するとスズメバチが、
「何をしているんだ。ゴールは目の前だぞ。」
と、言いました。エフアレスは、
「べつにいいよ。」
と、言いました。エフアレスは、　一位にはなれなかつたけれど、とてもいい気分でした。

Shunnosuke Kuretake (11 Jahre)
Nangouri Elementary School, Nagahama, Japan

Heißes Wettrennen – eine Geschichte über die Weltreise eines Insekts

Wettrennen kennt man von der „Formel 1" oder als Motorradrennen. Hier beginnt ein ungewöhnliches Wettrennen.
Als ein Mann eines Tages seinen Hund spazieren führte, fiel ein Flugblatt vom Himmel: „Es findet ein Wettrennen statt: Die Weltreise des Insekts"– das war in dieser Anzeige zu lesen.
Effales ist ein Insekt, der Held dieser Geschichte. Er hat noch nie an einem Wettrennen teilgenommen.
Diesmal fliegt er am ersten Tag von der Station „Baumstumpf" zur Station „Wald" und hat damit doch glatt schon die Vorrunde bestanden.
Die Wespe, der Sieger vom letzten Rennen, nimmt auch wieder teil, außerdem noch 50 weitere Insekten. Am nächsten Tag beginnt das Rennen an der Station „Wald". Die Teilnehmer fliegen tausende, zehntausende Kilometer über das Meer. Zuerst müssen sie fliegen, wo viele Bäume sind. Effales weicht nach rechts und nach links aus. Dann müssen sie vorsichtig durch die Stadt fliegen, dass sie nicht von japanischen Kindern gefangen werden. Ein paar Teilnehmer wurden allerdings eingefangen. Effales ist der Stadt entkommen und übernachtet in einem Gasthaus. Am nächsten Tag darf der zuerst abfliegen, der am Tag zuvor

als Erster angekommen ist. Sie sind endlich über Japan zum Pazifischen Ozean gelangt. Wasser ist der größte Feind der Insekten. Effales ist, ohne es zu wissen, schon auf dem zehnten Platz.
Dann passiert etwas Unerwartetes: Eine Wespe ist gegen ein Boot gestoßen und hat sich den Flügel gebrochen.
„Notfall!" - Das wird in einer Live-Sendung im Fernsehen übertragen.
Die Wespe fällt schwankend zu Boden … Effales bemerkt, dass das Ziel gleich erreicht ist. Dann aber hebt er die Wespe auf.
„Was machst du, Effales? Du bist doch gleich im Ziel!", sagt die Wespe zu ihm. „Das ist mir egal!", antwortet Effales. Effales konnte nicht Sieger werden, aber er fühlte sich gut.

Shunnosuke Kuretake (11 Jahre)
Nangouri Elementary School, Nagahama, Japan

Mein Leben als Hirschkäfer

Junsei Nakagawa (10 Jahre)
Biwakita Elementary School, Nagahama, Japan

Mein Leben als Hirschkäfer

Es ist Nacht geworden.
Endlich kann ich Baumsaft trinken.

Ich trinke in der Nacht, weil ich ein Nachttier bin.
Ich muss meine Antennen an die Luft bringen.
Das ist mühsam.
Dieser Kampf macht meine Scheren glänzend.
Meine kämpferische Gestalt ist cool!

Junsei Nakagawa (10 Jahre)
Biwakita Elementary School, Nagahama, Japan

Sonnenschirm

Chiyu Yoshii (10 Jahre)
Biwakita Elementary School, Nagahama, Japan

Sonnenschirm

Ich frage meine Freunde in der Wiese, wenn die Sonne aufsteigt:
„Wie ist die Sonne für euch? Ist sie euch zu viel? Zu wenig?"
„Ein bisschen zu viel", sagt einer.
Dann bewege ich mich, um die Sonne zu verdecken.
„Aber jetzt ein bisschen zu wenig."
Ich bin wie ein Sonnenschirm für Freunde in der Wiese.

Chiyu Yoshii (10 Jahre)
Biwakita Elementary School, Nagahama, Japan

繭姫

今は昔、とある王国があった。
王国の民は皆、豊かで平和に暮らしていた。
この国の王には、一人娘がいた。名をキナといい、幼いが明るく、賢く、美しかった。
そんなある日のことだった。
「火事だーっ！」使用人の声で、王宮は騒然となった。何者かが王妃の部屋に火をかけたのだ。王妃は、脱出する間もなく、火にのまれてしまった。
「パパ！」王も、逃げ遅れてしまった。
「キナ、逃げろ。伯父さんについて行け。お前に神の加護のあらんことを！」それが、王の最期の言葉だった。
王妃の兄ギルベルトは、キナを連れ出した。
ただ、キナは見てしまった。キナが脱出した瞬間、焼け落ちた王宮を見て、にやりと笑う、伯父の姿を・・・
「パパ・・・ママ・・・」
当時キナは３才。彼女は、幼くして、国の全てをその背に背負わされたのだ。
十五年後。
キナは、あの日以来、変わってしまった。以前の明るさは影をひそめ、人をよせつけなくなった。
まるで、炎の繭の中に閉じこもるように。
キナは、度々家臣、とくにギルベルトと政治のことで対立した。ギルベルトは、キナの後見人として力を持ちはじめていた。
そんな政治のこと以外にも、キナには悩みがあった。
婚約者問題である。キナの元には、毎日のように国内外を問わず結婚を申し出る者たちが集まっているのだ。彼女が美しいという噂と、彼女が持つ権力にひかれて。
「帰れって言ってきて。彼らはどうせ私そのものには興味はなく、私を手に入れることで手に入る力がほしいだけよ。」
キナは、衛兵のアーロンにそう命じた。
アーロンは、キナより少し年上の青年で、キナが幼い頃からよくいっしょに遊んでいた。
彼にはエレンという姉がいる。エレンはキナの家庭教師で、キナも慕っている。この姉弟の仲のよさは、宮内でも有名だ。
「何故、人は地位や権力を欲するの？それを手にするだけで、人はごうまんになり、狙われることだってある。いい事ないのに。」
帰ってきたアーロンに、私はたずねた。

「陛下が苦しいのもわかります。しかし、俺みたいな一介の衛兵には、わかりません。」彼は、ため息をつくと、真剣な表情で言った。
「ただの衛兵がこんなことを言うのをお許し下さい。俺は、少しでもその苦しみから陛下をお救いしたいのです。ですから、俺と、結婚してくれませんか？」キナにとっては、うれしい申し出だった。元々アーロンのことは大好きだったし、これ以上の適任はいなかったからだ。
「相談してみます。」
「ヤツのプロポーズ、受けるの？」
アーロンが去ったあと、残念そうな顔をした少年がバルコニーにあらわれる。
彼はジャン。１５年前の家事のとき、匿ってくれた家の息子だ。やんちゃな下町っ子で、よくキナの部屋のバルコニーによじ登って会いに来てくれる。アーロンによく捕まっているので、彼とは顔見知りだ。私の部屋が７階にあることには触れないでおく。
「一応、今のところ。家臣に相談して承諾を得たらね。あ、アーロンは外にいるわよ。」「へいへい。あ、アイツの姉貴、何か企んでそうだから、気をつけろよ。じゃあな！」そう言ってジャンが消えるのといれかわりに、エレンが入ってきた。
「キナ様。婚約者の話、おききしました。ギルベルト様は、貴族か他国の王子がいいとおっしゃってましたが・・・」
そう言った瞬間、キナは後悔した。エレンに、バルコニーから突き落とされたからだ。
去り際、彼女の唇が動いた。
「弟をたぶらかすんじゃない。」
そっか。私は、エレンにとって、ギルベルトにとって、いらない子だったんだ・・・。
ふと、そんなことが頭をよぎった。
次の瞬間、父の最期の祈りが届いた。
神の加護のあらんことを。と。
キナは、地面に激突する瞬間、氷の繭で自らの体をおおった。例えでなく、本物の氷で。
その知らせはすぐ、国中をかけ巡った。
キナの氷に誰も近づくことができなかったため、神託を行うと、それはキナと深く愛し合う者にしかできないことだ、と告げられた。
国中の男たちが王宮におしかけたが、ある出来事が起こって以来、志願者は減った。
ギルベルトが挑み、蒸発したという。
神は、見えない炎の繭も創りだしたのだ。

そんな中、婚約者アーロンが挑んだ。彼は、炎の繭を通り抜けたが、ふと、氷を前にして、姉のことを思い出した。それが命取りだった。アーロンは炎と氷の繭の間に挟まれたのだ。
そのとき、ジャンもキナのもとに辿り着いた。彼はアーロンの姿を見ると、果敢にも炎の繭を突破し、氷の繭を抱きしめた。
すると、不思議なことが起こった。繭が割れ、中からキナが出てきたのだ。ジャンとキナは、お互いに深く愛し合っていたのだ。
「婚約者は、ジャンにします!」
キナの高らかな宣言が響いた。
それから、キナはまた、明るさをとり戻し、幸せな王国を築いていくのだった。
めでたし、めでたし。

Ayaka Hasegawa (15 Jahre)
Sonoda-Higashi-Mittelschule, Amagasaki, Japan

Die Kokon-Prinzessin

Es gab einmal ein Königreich, dort lebten die Menschen in guten Verhältnissen. Der König hatte eine Tochter; sie hieß Kina, Prinzessin Kina. Sie war noch klein, aber sehr fröhlich, klug und hübsch.
Eines Tages geriet der Palast in Aufruhr. „Feuer! Feuer!" Jemand hatte das Zimmer des Königspaares in Brand gesetzt. Sie konnten sich nicht mehr retten, doch bevor sie im Feuer umkamen, waren die letzten Worte des Königs: „Kina, flieh! Geh mit deinem Onkel! Möge Gottes Gnade mit dir sein!" Gilbert, der Bruder des Königs, rettete Kina aus dem Palast. Aber Kina war erstaunt, dass ihr Onkel lächelte, als der Palast bis auf die Grundmauern abgebrannt war.
„Papa! Mama!"
Kina war drei Jahre alt, als sie schon die Verantwortung als kleine Königin auf sich nehmen musste. Nach fünfzehn Jahren war Kina eine Andere geworden. Sie war nicht mehr fröhlich wie früher und hielt sich fern von allen. Es sah so aus, als ob sie in einem Feuerkokon eingeschlossen wäre. Kina hatte oft mit ihrem Onkel Gilbert zu tun, der als ihr Vormund Macht gewonnen hatte. Kina hatte aber noch andere Sorgen: Fast täglich kamen Männer zu ihr, um ihr einen Heiratsantrag zu machen, da sie eine schöne, machtvolle Königin war. Ihrer Wache Aaron befahl sie: „Sage jedem, er soll zurück nach Hause gehen! Sie wollen nur meine Macht, sie haben kein Interesse an mir." Aaron war etwas älter als Kina; als Kinder hatten sie schon immer zusammen gespielt. Aarons Schwester Ellen, die

sie sehr mochte, war Kinas Hauslehrerin. Aaron und Ellen waren wie Geschwister für Kina.

Kina fragte Aaron eines Tages: „Warum wollen die Menschen Posten und Macht haben? Das ist doch nicht gut, denn man wird arrogant, wie ich es geworden bin." Aaron antworte: „Ich verstehe, dass sich Ihre Majestät, die Königin, in einem Dilemma befinden. Aber ich weiß das nicht … ich bin nur eine Wache." Mit einem tiefen Seufzer sagte er dann sehr ernst zu ihr: „Entschuldigen Sie bitte, dass ich so etwas als Wache zu sagen wage: Ich will Sie von Ihrem Leid befreien. Bitte verheiraten Sie sich mit mir!"

Kina freute sich über seinen Heiratsantrag. Sie mochte Aaron und dachte, dass er die geeignete Person sei. „Ich werde mich beraten."

Nachdem Aaron gegangen war, tauchte ein Junge mit sorgenvollem Gesicht auf Kinas Balkon auf. Er hieß Jan. Beim Feuer vor fünfzehn Jahren hatte seine Familie Kina in Obhut genommen. Jan war ein Schelm und kletterte immer wie ein Affe auf Kinas Balkon im siebten Stock. Aaron kannte ihn schon, denn er hatte ihn schon oft am Kragen gepackt deswegen.

„Willst du dich mit ihm verheiraten?" – „Ich glaube schon, wenn die Vasallen in die Heirat einwilligen. Ach, Vorsicht! Aaron ist noch draußen!"– „Ja, ja. Übrigens – nimm dich in Acht vor seiner Schwester Ellen! Sie plant nichts Gutes … bis dann!"

In diesem Moment trat Ellen ins Zimmer. „Ihre Majestät, die Königin, ich habe gerade von Aaron von der Heirat gehört. Herr Gilbert will Sie aber mit einem Adeligen oder königlichen Prinzen aus einem anderen Land verheiraten." – „Ich möchte lieber den heiraten, der mich von Herzen liebt, als nur einen, der Posten und Macht haben will." In dem Augenblick, als sie das sagte, bereute sie es: Ellen stieß sie vom Balkon hinab. „Du betrügst meinen Bruder nicht!", murmelte Ellen.

Im nächsten Moment erfüllte sich die letzte Anrufung von Kinas Vater: „Möge Gottes Gnade mit dir sein!" Kurz bevor sie auf die Erde prallte, wurde Kina mit einem Kokon aus echtem Eis umhüllt. Diese Nachricht machte schnell die Runde. Niemand konnte sich der gefrorenen Kina nähern; nur wer sie wirklich liebt, so hat das Orakel gedeutet, kann in ihre Nähe kommen. Viele Männer sind ungebeten gekommen und waren gescheitert. Sogar Onkel Gilbert versuchte es, woraufhin er von diesem Erdboden verschwand. Deshalb kamen auch immer weniger Mutige. Gott hatte ihr nicht nur einen Eiskokon, sondern auch einen Feuerkokon geschaffen. Kinas Verlobter Aaron versuchte auch, sich ihr zu nähern. Zuerst durchdrang er den Feuerkokon, doch vor dem Eiskokon erinnerte er sich an seine Schwester. Deshalb wurde er zwischen Feuer- und Eiskokon eingeklemmt – das endete tödlich für ihn.

Jan versuchte es auch, obwohl er wusste, was mit Aaron geschehen war. Unerschrocken durchbrach er den Feuerkokon und umarmte dann den Eiskokon ganz fest. Schließlich passierte das Wunder: Der Eiskokon platzte und Kina sprang befreit heraus. In Wirklichkeit nämlich hatten sich Jan und Kina verliebt. „Ich habe mich entschieden. Mein Verlobter ist Jan!", manifestierte Kina laut. Seitdem ist Kina wieder ein fröhlicher Mensch und regiert ein glückliches Land.

Ayaka Hasegawa (15 Jahre)
Sonoda-Higashi-Mittelschule, Amagasaki, Japan

Die Worinru

今回のお話は、裏世界
バック・ワールド
と呼ばれる、人間界とかかわりを持つ世界が舞台です。住人は、人間界から見ると少し変わった種族が住んでいます。今回の主人公は、はたから見て、不幸になった
ことがなさそうな人〔この人達のことを"幸せの人"といいます〕を、守る仕事のヴォリンルという種
族です。ヴォリンルのことを知ってもらうため説明しますと、ヴォリンルは、人間界でいう立った猫
の様な姿をしています。そして、ヴォリンルは、ヴォリンルの国――ヴォリンルカンチュリに住んで
います。
これは、そんなヴォリンルの中の、一匹のお話です。
初めまして。あたしはシャルアーネというヴォリンルです。今日からあたし、女の子でゆとという
名前の"幸せの人"を守りにいくんだ!――と。
ピッポーン。
あたしの家の、少し変わったインターホンが鳴った。
「ハーイ」
歩いてあたしはドアに向かう。
「あ、シャルアーネさんですね。私は城仕えの者です。今からお城に向かいますよ」
城仕えのヴォリンルが来た。ようっし!あたしは気合を入れた。仕事、がんばるぞっ!
「顔をお上げなさい、シャルアーネ」
ああ、ヴォリンテーネ様は、なんてきれいなんだろう。今あたしは、壮麗なお城にて、女王様である

ヴォリンテーネ様との謁見の最中。あたしが夢見心地でいると、いつのまにかお話は終わってい
た。

そしてあたしは、人間界の入り口となる、オーロラのような光のトビラを開けようとしている。光の
トビラを開けてとびこむと——おお、ここが人間界なんだ！ものすごく、なんというか、裏世界とは、
決定的な『何か』がちがう。——そうそう。ゆとちゃんは、人間界の日本てとこに住んでいるらしん
だけれど——どうやったらゆとちゃんに会えるのだろうか？あたしは、"猫らしく"四つ足で歩く。と
——二人の女の子が歩いてきた。"ランドセル"なるものを背負っているから、小学校の帰りだ（こ
れはがんばって学習した成果だ）。
「ねえ、ゆた。あの猫、ほしいよ〜」
「ええっ！ゆと、今週の土曜日、猫買うよ」ゆと？指さされたあたしの耳がピクンと動く。あ、確か、
「ゆとはふたごで、もう一人はゆた」と女王様が言っていた。そして、「最初に関わってきた人は"幸
せの人"」と。
「嫌々っ！ゆとはこのこがいいっ！——ねぇ、名前は？」
ヴォリンルの能力を使おう。あたしはシャルアーネ。それをひたすら思う。伝わるかな？失敗確率
80％の、自分が思ってる事を伝える技を使う。と、
「あ、あなた、シャルアーネっていうんだ」
通じた！やった！ゆとちゃんは不思議そうだ。
「ゆと、いこーう」
「あ、うん」
ゆとちゃんはあたしをかかえて、歩きだした。よおっし！お仕事、がんばるぞぉっ！
あたしがもらわれたのは、8年前。
今、あたしはゆとの部屋にいる。でもってクッションに座り、うつらうつらと、考え事をしていた。ポ
カポカ、日光が気持ちいい。
ゆとは、本当に"幸せの人"なのかな？
幸せ度合いを考察するため、ゆとの経歴を思いだす。高校受験は追加合格。けれど、大学は第一志望に何日か前に合格した。ではゆた

ちゃんは？高校は推薦入試で合格だったけど、確か大学は滑り止めに受かってた。
もし、ゆたちゃんが"幸せの人"なら。
あたしが守ってなかったから、不幸ふしあわせになったの？で、ゆとはなんらかの理由で、幸せになった、
のか！？もう、訳わ　け判わかんない──！こうなれば。
よっと。
両手を合わせ、パッと開く。と、見覚えのあるオーロラのトビラが。そう、これは、人間界に行ったとき、帰れるように、裏世界バック・ワールドの者ならだれでもできる技だ。よし。今は部屋には誰もいない。
えいやさっ！
あたし、その中に飛びこんだ。
「──と、いうわけです。」
あたしは女王様と二人、話していた。
「ではあなたに、ヴォリンルの秘密を教えます。実は、ヴォリンルは、自分の主人を幸せにする力もあるのです。だからでしょう。そして、係りの者が名をとりちがえたのでしょう。ゆたとゆとを」
そうなんだ──あたしは思った。
「ゆとも幸せになったならば──シャルアーネ。あなたは、二人共守らなければなりません。」
女王様はいいきった。でも、どうやって？
あたしの頭の上に？が浮かんだ。
あたしが裏世界
バック・ワールド
に行ったのは半年前。実は、今日から二人共を一度に守ることができるように
なるんだ！何故なら、今日、引っこしをするんだけれど、パパさんが家を設計したから、ゆととゆた
の部屋は隣で、かべには小さくて押したら開く猫用ドアがとりつけられた。だから──連れていか
れなくても、二人の部屋を行き来できるの！これで二人を、同時に守れちゃうんだっ！やった〜！
これからもがんばって、ふたりの"幸せの人"をあたし、守っていかなきゃ！
これで、一匹のヴォリンルのお話はおしまいです。

Mo Miyaki (12 Jahre)
Hama-Grundschule, Amagasaki, Japan

Die Worinru

Diese Erzählung spielt in einer anderen Welt, der sogenannten „Back-World", die aber zu der ganz normalen Welt, in der wir Menschen leben, eine Beziehung hat. Da, in der „Back-World", leben etwas andere, außergewöhnliche Lebewesen.

In der Erzählung spielt ein Stamm spielt die Hauptrolle, der die Verpflichtung hat, Menschen zu beschützen, die nie ein Unglück erlebt haben. Die Menschen, die nie unglücklich waren, nennen wir „Glücksmenschen". Unser Stamm heißt Worinru. Der Worinru-Stamm lebt in „Worinru-Country". Wir, die Worinrus, schauen aus wie Katzen, die sich aber mit nur zwei Beinen fortbewegen.

Also lesen Sie hier eine kurze Erzählung von einer Worinru.

Hi, ich heiße Charlane und bin eine Worinru. Ich soll ab heute ein Mädchen namens Yuto, die ein „Glücksmensch" ist, beschützen.

Die Klingel an meiner Haustür hat „Dong Ding" geläutet. (Bei uns ist eben alles ein wenig anders. Deswegen klingt es bei uns nicht „Ding Dong".) Ich gehe mit meinen zwei Beinen und öffne die Eingangstür. Da steht ein Bediensteter von unserer Stammeskönigin. „Fräulein Charlane, Sie sollen mit mir zum Schloss kommen, die Königin erwartet Sie." Wow! Die Königin ruft mich! Ich tue alles, was mir die Königin befiehlt!

„Schau mich an, Charlane", sagt die Königin. Ich sehe vor mir die wunderschöne Königin. Ist es nur ein Traum? Nein, ich stehe wirklich vor unserer verehrten, wunder-, wunderschönen Königin. Ich schwebe vor Glück die ganze Zeit, deswegen erinnere ich mich nur schleierhaft daran, was die Königin gesagt hat. Aber ich soll ein Mädchen aus der Menschen-Welt beschützen. Das weiß ich noch!

Also jetzt mache ich die Tür auf, die zur Menschen-Welt führt; sie besteht aus blinkenden Lichtern wie eine glitzernde Aurora. Die Tür ist offen und ich springe in die Menschen-Welt. Ohhhh, das ist also der Ort, wo die Menschen wohnen. Das ist völlig anders als dort, wo wir, die Worinru, wohnen. Ich kann nicht sagen, was anders ist, aber irgendetwas ist völlig anders. Übrigens lebt Yuto, das Mädchen, das ich beschützen soll, natürlich in der Menschen-Welt, wo ich mich jetzt auch befinde, aber in einem Land namens „Japan". Wie kann ich Yuto finden? Ich gehe sie suchen, aber doch auf vier Beinen wie eine echte Katze (in der Menschen-Welt muss ich ja eine Katze sein). Da kommen mir gerade zwei Mädchen entgegen. Sie haben Schulranzen auf dem Rücken. Hmmm, wenn sie Ranzen haben, müssen sie doch Grundschülerinnen sein, denke ich. Sicher haben sie brav gelernt. Die zwei Mädchen sprechen miteinander.

„Yuta, da ist eine Katze! Oh, die möchte ich nach Hause mitnehmen", sagt eines der Mädchen und zeigt auf mich. Mein Ohr wackelt, als ich dieses Gespräch höre. „Nein, Yuto, wir haben schon geplant, dass wir an diesem Samstag eine Katze kaufen." Da erinnere ich mich plötzlich, dass die Königin mir erzählt hat, Yuto habe eine Zwillingsschwester, die Yuta heißt. Die Königin hat auch gesagt, der erste Mensch, den ich in der Menschen-Welt treffe, ist der „Glücksmensch", den ich beschützen soll. Yuto sagt: „Nein, ich will diese Katze! Hey, wie heißt du?" Wir, die Worinru, beherrschen überirdische Techniken, aber die Fehlerquote ist leider 80%. Ich hoffe also, dass es mir gelingt: Ich muss intensiv denken, um meinem Gegenüber meine Gedanken zu übertragen. Da sagt Yuta plötzlich: „Klar, du heißt Charlane!" Ha, meine Worinru-Technik ist doch super! Yuto nimmt mich in den Arm und geht nach Hause.

Acht Jahre ist es nun her, seit Yuto mich mit nach Hause genommen hat. Jetzt liege ich angenehm auf dem Kissen in ihrem Zimmer, das die Sonnenstrahlen wärmen. Manchmal denke ich, ob Yuto wirklich ein „Glücksmensch" ist. Ich muss doch ernst nachdenken, was in ihrem Leben bis jetzt passiert ist, damit ich ermessen kann, ob Yuto zu den „Glücksmenschen" gehört. Sie hat die Eignungsprüfung fürs Gymnasium gerade als Nachrücker geschafft, auch die nächste Hürde, die Eignungsprüfung für ihre Wunsch-Uni, hat sie sehr gut gemacht und seit ein paar Tagen die Zusage der Uni in der Hand. Aber was ist mit ihrer Zwillingsschwester? Yuta hat die Eignungsprüfung fürs Gymnasium gar nicht machen müssen, weil sie in der Schule außergewöhnlich gut war. Aber bei der Eignungsprüfung für die Uni hat sie das Glück verlassen. Sie musste sich mit der schlechtesten Uni begnügen. Oh, wenn Yuta früher ein „Glücksmensch" war und ich sie nicht beschützt habe, ist sie deswegen vielleicht nicht in die gute Uni gekommen? Und was ist mit Yuto? War sie doch kein „Glücksmensch"? Oh weh, oh weh, ich kann das nicht mehr verstehen!

Ich drücke meine beiden Hände kurz zusammen und lasse sie sofort wieder los – das ist eine Technik, mit der ich wieder die Tür zwischen der menschlichen und der Worinru-Welt aufmachen kann. Die Aurora glitzert wieder, die Tür ist offen, und ich springe dieses Mal zurück in die Worinru-Welt.

Ich erzähle der Königin also alles, was ich in der Menschen-Welt erlebt habe. Die Königin sagt: „Du weißt noch nicht das ganze Geheimnis unseres Stammes; ein Worinru kann nicht nur ‚Glücksmenschen' beschützen, sondern sein Herrchen oder Frauchen auch glücklich machen. Aber da ist wahrscheinlich ein banaler Irrtum passiert, weil die Zwillingsschwester so ähnlich heißt. So, jetzt musst du aber beide Mädchen beschützen, Charlane!" – „Aber wie?", verzweifle ich! Mein Kopf ist voller Fragezeichen!

Seit einem halben Jahr bin ich wieder in der „Menschen-Welt". Ich bemühe mich nun, beide, Yuto und Yuta, zu beschützen. Juhu! Ich glaube, ab heute kann ich beide beschützen, denn der Herr Papa der Zwillingsschwestern hat selbst ein Haus entworfen und die zwei Mädchen kriegen jeweils ein Zimmer, die nebeneinander liegen. Und zu meinem Glück hat der Papa zwischen den beiden Zimmern eine Katzentür gebaut! Also kann ich immer auf beide aufpassen.

Mio Miyaki (12 Jahre)
Hama-Grundschule, Amagasaki, Japan

Fantastic

Fun all year round
Amazing staff and pupils
Next year will still be better
Teachers get soaked by the pupils at Gala Day
All different subjects for pupils to do
Summer holidays just around the corner
The canteen is the place to be
Inverness High School is the best
Concerts at Christmas and summer

Chloe Cooper (15)
Inverness High School, Inverness, Scotland

Inverness

Inverness is fantastic
Nature is lovely
Very beautiful
Eden Court
Rain a lot of the time
Nairn is close by
Events are held like Highland Games
Snow on mountains all year round
Spring is beautiful with all the birds and flowers

Eilidh Stewart (15)
Inverness High School, Inverness, Scotland

Fantastic

Fun
Amusement
Night time
Teenagers
Adventurous
Summer
Twister
Inverness
Candy

The Fun Fair is so much fun,
especially when we get some sun.
Making memories with your friends,
you'll wish the fun fair never ends.
The rides are the best.
Better than the rest.
The fun fair is FANTASTIC.

Laura Ozola (15) and Caitlin Aitkinhead (14)
Inverness High School, Inverness, Scotland

My dog

My dog is called FANTASTIC
Because he can run and jump
He can even talk my Mum said
He is fantastic as he helps her do the dishes and the washing
So he must be fantastic
Dad says he is fantastic too

Seren Jones (15)
Inverness High School, Inverness, Scotland

Jurymitglieder

Gertrud Hornung	Projektleitung, Maria-Theresia-Gymnasium
Iris Aigner	Städt. Berufsschule IV
Heidemarie Brosche	Schiller-Mittelschule, Autorin
Barbara Brunner	Bildungs- und Schulreferat
Kirsten Denk	Blériot-Volksschule
Jürgen Fergg	Stadtwerke Augsburg, Pressesprecher
Jutta Fiege	Realschule Maria Stern
Dr. Michael Friedrichs	Wißner-Verlag, Autor
Doris Friemel	Franz-von-Assisi-Schule
Verena Fritz	Bildungs- und Schulreferat
Dr. Melanie Haisch	Bildungs- und Schulreferat
Thomas Hausfeld	PSD-Bank München
Harald Horn	Städt. Berufsschule IV
Hedwig Jordan	ehem. Grundschullehrerin
Werner Kruse	Reischlesche Wirtschaftsschule
Udo Legner	Fachstelle für Schulentwicklung und -ergänzung
Erich Pfefferlen	A.B. von Stettensches Institut, Autor
Sigrid Prinz	ehem. Agnes-Bernauer-Realschule
Anja Regler	Regionales Übergangsmanagement
Alfred Schmidt	Augsburger Allgemeine
Wolfgang Schmid	Schulverwaltungsamt
Sieghard Schramm	Stadtrat
Prof. em. Dr. Kaspar Spinner	Universität Augsburg
Ulrike Stautner	Vorsitzende des gemeinsamen Elternbeirats der Grund- und Mittelschulen
Helga Treml-Sieder	Stifterin
Anna Unglert	Lehramtsstudentin
Julia Voit	Realschule Maria Stern
Elfriede Wagner von Hoff	Agnes-Bernauer-Realschule
Katharina Wieser	ehem. Elternvertretung Gymnasien

Schulen und Klassen

A. B. von Stettensches Institut, Klasse 5a _ 225
A. B. von Stettensches Institut, Klasse 5b _ 272
A. B. von Stettensches Institut, Klasse 8b _ 270
A. B. von Stettensches Institut, Klasse 9a _ 200
A. B. von Stettensches Institut, Klasse 9a _ 335
A. B. von Stettensches Institut, Klasse Q11 __ 336
Agnes-Bernauer-Realschule, Klasse 6a(n) 274
Agnes-Bernauer-Realschule, Klasse 6a(n) 275
Agnes-Bernauer-Realschule, Klasse 6a(n) 275
Agnes-Bernauer-Realschule, Klasse 6a(n) 277
Agnes-Bernauer-Realschule, Klasse 6b __ 271
Agnes-Bernauer-Realschule, Klasse 8c __ 298
Agnes-Bernauer-Realschule, Klasse 9c __ 266
Albert Einstein Mittelschule, Klasse 6aGT _ 33
Albert-Einstein-Mittelschule, Klasse 6aGT _ 78
Albert-Einstein-Mittelschule, Klasse 6aGT 207
Albert Einstein Mittelschule, Klasse 7aGT 240
Amberieu Grundschule Mering, Klasse 4c 47
Bertolt-Brecht-Realschule, Klasse 6c ____ 276
Bertolt-Brecht-Realschule, Klasse 6d ____ 279
Bertolt-Brecht-Realschule, Klasse 9d ____ 280
Berufsschule Neusäß, Klasse 12 BK b____ 226
Berufsschule V, Klasse ST10A_____ 58
Berufsschule V, Klasse ST10A_____ 182
Berufsschule V, Klasse 10a_____ 195
Berufsschule V, Klasse ST 10B _____ 106
Berufsschule V, Klasse ST10B _____ 230
Berufsschule V, Klasse VW 10A _____ 26
Berufsschule V, Klasse MF10C _____ 173
Birkenau-Grundschule, Klasse 3d _____ 109
Birkenau-Grundschule, Klasse 4a_____ 53
Birkenau-Grundschule, Klasse 4b _____ 120
Birkenau-Grundschule, Klasse 4c_____ 335
Birkenau-Grundschule, Klasse 4d _____ 203
Biwakita Elementary School,
    Nagahama, Japan_____ 362
Biwakita Elementary School
    Nagahama, Japan _____ 363
Biwakita Elementary School,
    Nagahama, Japan_____ 363
Biwakita Elementary School,
    Nagahama, Japan_____ 364
Blériot-Grundschule, Klasse 3b _____ 299
Collège Jean Renoir, Bourges, France ___ 336
Collège Jean Renoir, Bourges, France ___ 336
Collège Jean Renoir, Bourges, France ___337
Collège Jean Renoir, Bourges, France ___338
Collège Jean Renoir, Bourges, France ___339
Collège Jean Renoir, Bourges, France ___339
Collège Jean Renoir, Bourges, France ___339
Dr.-Max-Josef-Metzger-Realschule, Klasse 9 __ 246
Elias-Holl-Grundschule, Klasse 3a_____112
Experimental Highschool Jinan,
    Klasse 2014-22, China _____354
Franz-von Assisi-Schule, Klasse 1 grün____32
Franz-von Assisi-Schule, Klasse 1 grün___221
Franz-von-Assisi-Schule, Klasse 1 grün___322
Franz-von- Assisi-Schule, Klasse 1 hellblau _ 326
Franz-von Assisi-Schule, Klasse 2 oliv___217
Franz-von Assisi-Schule, Klasse 3 blau ____76
Franz-von Assisi-Schule, Klasse 3 blau ___123
Franz-von Assisi-Schule, Klasse 3 blau ___223
Franz-von Assisi-Schule, Klasse 3 orange __58
Franz-von Assisi-Schule, Klasse 3 orange _119
Franz-von Assisi-Schule, Klasse 3 orange _248
Franz-von Assisi-Schule, Klasse 4 lila _____54
Franz-von Assisi-Schule, Klasse 4 lila ____104
Franz-von Assisi-Schule, Klasse 4 lila ____113
Franz-von Assisi-Schule, Klasse 4 lila ____126
Franz-von Assisi-Schule, Klasse 4 lila ____165
Franz-von Assisi-Schule, Klasse 4 lila ____208
Franz-von Assisi-Schule, Klasse 4 lila ____250
Franz-von Assisi-Schule, Klasse 4 lila ____128
Franz-von Assisi-Schule, Klasse 8 türkis __128
Frère-Roger-Schule Augsburg, Klasse 5b _307
Friedrich-Ebert-Grundschule, Klasse 3bgt _27
Friedrich-Ebert-Grundschule, Klasse 3d ___73
Friedrich-Ebert-Grundschule, Klasse 3d __222
Friedrich-Ebert-Grundschule, Klasse 4a ___76
Friedrich-Ebert-Grundschule, Klasse 4bgt _67
Friedrich-Ebert-Grundschule, Klasse 4bgt 103
Friedrich-Ebert-Grundschule, Klasse 4bgt 147
Friedrich-Ebert-Grundschule, Klasse 4bgt 158
Friedrich-Ebert-Grundschule, Klasse 4bgt 196
Friedrich-Ebert-Grundschule, Klasse 4bgt 218
Friedrich-Ebert-Grundschule, Klasse 4c ___36
Friedrich-Ebert-Grundschule, Klasse 4c ___40
Friedrich-Ebert-Grundschule, Klasse 4c ___80
Friedrich-Ebert-Grundschule, Klasse 4c __101
Friedrich-Ebert-Grundschule, Klasse 4c __152

Friedrich-Ebert-Grundschule, Klasse 4c _ 194
Friedrich-Ebert-Grundschule, Klasse 4c _ 233
Fröbel-Grundschule, Klasse 2b _____ 170
Fröbel-Grundschule, Klasse 2b _____ 197
Fröbel-Grundschule, Klasse 4a _____ 77
Fröbel-Grundschule, Klasse 4a _____ 156
Fröbel-Grundschule, Klasse 4a _____ 218
Fröbel-Grundschule, Klasse 4a _____ 224
Fröbel-Grundschule, Klasse 4b _____ 107
Fröbel-Grundschule, Klasse 4b _____ 153
Fröbel-Grundschule, Klasse 4b _____ 202
Fröbel-Grundschule, Klasse 4b _____ 223
Fröbel-Grundschule, Klasse 4c _____ 85
Goethe-Mittelschule, Klasse 6c _____ 42
Goethe-Mittelschule, Klasse 6c _____ 68
Goethe-Mittelschule, Klasse 6c _____ 74
Goethe-Mittelschule, Klasse 6c _____ 129
Goethe-Mittelschule, Klasse 6c _____ 134
Goethe-Mittelschule, Klasse 6c _____ 138
Goethe-Mittelschule, Klasse 6c _____ 211
Grundschule Altenmünster, Klasse 2a _ 300
Grundschule Centerville-Süd, Klasse 2c _ 101
Grundschule Centerville-Süd, Klasse 2c _ 103
Grundschule Centerville-Süd, Klasse 2c _ 117
Grundschule Centerville-Süd, Klasse 2c _ 166
Grundschule Centerville-Süd, Klasse 2c _ 201
Grundschule Centerville-Süd, Klasse 2c _ 206
Grundschule Centerville-Süd, Klasse 2c _ 243
Grundschule Centerville-Süd, Klasse 2c _ 243
Grundschule Centerville-Süd, Klasse 2c _ 249
Grundschule Firnhaberau, Klasse 4a _____ 85
Grundschule Firnhaberau, Klasse 4a ____ 121
Grundschule Firnhaberau, Klasse 4a ____ 129
Grundschule Firnhaberau, Klasse 4a ____ 131
Grundschule Firnhaberau, Klasse 4a ____ 153
Grundschule Göggingen-West, Klasse 3d _ 242
Grundschule Hammerschmiede, Klasse 4 agt 164
Grundschule Hammerschmiede, Klasse 4c114
Grundschule Hammerschmiede, Klasse 4c141
Grundschule Herrenbach, Klasse 3c ____ 301
Grundschule Inningen, Klasse 2a _____ 217
Grundschule Inningen, Klasse 4a _____ 198
Grundschule Kissing, Klasse 3d _____ 198
Grundschule Kriegshaber, Klasse 4e ____ 146
Grundschule Kriegshaber, Klasse 4e _____ 34
Grundschule Vor dem Roten Tor, Klasse 3b _ 171
Grundschule Vor dem Roten Tor, Klasse 3b _ 183
Grundschule Vor dem Roten Tor, Klasse 3b _ 220
Grundschule Vor dem Roten Tor, Klasse 3b _ 228
Grundschule Vor dem Roten Tor, Klasse 3b _ 238
Gymnasium bei St. Anna, Klasse 6b _____ 197
Gymnasium bei St. Anna, Klasse 7b _____ 246
Gymnasium bei St. Anna, Klasse 8c _____ 137
Gymnasium bei St. Stephan, Klasse 5b __ 313
Gymnasium bei St. Stephan, Klasse 5d __ 337
Gymnasium bei St. Stephan, Klasse 5d __ 339
Gymnasium bei St. Stephan, Klasse 6b __ 314
Gymnasium bei St. Stephan, Klasse 6c __ 312
Gymnasium bei St. Stephan, Klasse 6c __ 311
Gymnasium bei St. Stephan, Klasse 7b __ 314
Gymnasium bei St. Stephan, Klasse 8e __ 319
Gymnasium Friedberg, Klasse 8b _____ 325
Gymnasium Königsbrunn, Klasse 5c ____ 261
Gymnasium Königsbrunn, Klasse 5d ____ 259
Gymnasium Königsbrunn, Klasse 5d ____ 260
Gymnasium Königsbrunn, Klasse 5d ____ 261
Gymnasium Maria Stern, Klasse 5a _____ 294
Gymnasium Maria Stern, Klasse 5a _____ 296
Gymnasium Maria Stern, Klasse 5c _____ 265
Gymnasium Maria Stern, Klasse 6b
    (Kreatives Schreiben) _____ 266
Gymnasium Maria Stern, Klasse 7c _____ 270
Gymnasium Maria Stern, Klasse 8b _____ 27
Gymnasium Maria Stern, Klasse 10c ____ 268
Gymnasium Maria Stern, Klasse Q11 ____ 264
Gymnasium Mering, Klasse 5b _____ 303
Hama-Grundschule, Amagasaki, Japan __ 371
Hama-Grundschule, Amagasaki, Japan __ 373
Hans-Adlhoch-Grundschule, Klasse 1c __ 246
Hans-Adlhoch-Grundschule, Klasse 3c ___ 51
Holbein-Gymnasium, Klasse 5a _____ 216
Holbein-Gymnasium, Klasse 5c _____ 18
Holbein-Gymnasium, Klasse 9d _____ 201
Inverness High School, Inverness, Scotland _ 373
Inverness High School, Inverness, Scotland _ 374
Inverness High School, Inverness, Scotland _ 374
Inverness High School, Inverness, Scotland _ 375
Jakob-Fugger-Gymnasium, Klasse 5b ____ 60
Jakob-Fugger-Gymnasium, Klasse 5b __ 117
Jakob-Fugger-Gymnasium, Klasse 5b __ 175
Jakob-Fugger-Gymnasium, Klasse 5c ____ 37
Jakob-Fugger-Gymnasium, Klasse 6b ____ 83
Jakob-Fugger-Gymnasium, Klasse 6e ___ 214
Jakob-Fugger-Gymnasium, Klasse 7 ____ 104
Jakob-Fugger-Gymnasium, Klasse 7b ____ 28
Jakob-Fugger-Gymnasium, Klasse 7b ____ 29

Jakob-Fugger-Gymnasium, Klasse 7b _____ 83
Jakob-Fugger-Gymnasium, Klasse 7b ____ 115
Jakob-Fugger-Gymnasium, Klasse 7b ____ 150
Jakob-Fugger-Gymnasium, Klasse 7b ____ 250
Jakob-Fugger-Gymnasium, Klasse 10a ____ 99
Johann-Strauß-Grundschule, Klasse 3b__ 304
Kapellen-Mittelschule, Klasse 7cMGT ____ 308
Kerschensteiner-Mittelschule, Klasse 6 b_ 256
Leonhard-Wagner-Gymnasium
    Schwabmünchen, Klasse 8e_____ 66
Lichtenstein-Rother-Schule, Klasse 3 ____ 111
Lichtenstein-Rother-Schule, Klasse 3 ____ 170
Löweneck-Mittelschule, Klasse 5b_____ 62
Löweneck-Mittelschule, Klasse 5b_____ 191
Löweneck-Mittelschule, Klasse 5c_____ 131
Löweneck-Mittelschule, Klasse 5c_____ 193
Löweneck-Mittelschule, Klasse 5CDL ____ 202
Löweneck-Mittelschule, Klasse 5CDL ____ 213
Luitpold-Grundschule, Klasse 4c_____ 113
Mädchenrealschule St. Ursula, Klasse 6a _ 110
Mädchenrealschule St. Ursula, Klasse 6a _ 141
Mädchenrealschule St. Ursula, Klasse 6a _ 193
Mädchenrealschule St. Ursula, Klasse 8a _ 164
Maria-Theresia-Gymnasium, Klasse 5c ____ 62
Maria-Theresia-Gymnasium, Klasse 5c ___ 135
Maria-Theresia-Gymnasium, Klasse 5c ___ 204
Maria-Theresia-Gymnasium, Klasse 6b __ 240
Maria-Theresia-Gymnasium, Klasse 6b __ 200
Maria-Theresia-Gymnasium, Klasse 7 ____ 339
Maria-Theresia-Gymnasium, Klasse 7b __ 337
Maria-Theresia-Gymnasium, Klasse 7c __ 118
Maria-Theresia-Gymnasium , Klasse 7c __ 336
Maria-Theresia-Gymnasium, Klasse 8a ____ 13
Maria-Theresia-Gymnasium, Klasse 8a __ 158
Maria-Theresia-Gymnasium, Klasse 8a __ 167
Maria-Theresia-Gymnasium, Klasse 8a __ 175
Maria-Theresia-Gymnasium, Klasse 8a __ 212
Maria-Theresia-Gymnasium, Klasse 8a und 5c _35
Maria-Theresia-Gymnasium, Klasse 8c __ 220
Maria-Theresia-Gymnasium, Klasse 8c __ 338
Maria-Theresia-Gymnasium, Klasse 9b ___ 79
Maria-Theresia-Gymnasium, Klasse 9b __ 241
Maria-Theresia-Gymnasium, Klasse 9c __ 204
Maria-Theresia-Gymnasium, Klasse 10a _ 214
Maria-Theresia-Gymnasium, Klasse 10c _ 124
Maria-Theresia-Gymnasium, Klasse 10c
    (Schreibwerkstatt) _____ 169
Maria-Theresia-Gymnasium, Klasse 10d __ 48

Maria-Theresia-Gymnasium, Klasse 10d ___51
Maria-Theresia-Gymnasium, Klasse 10d ___96
Maria-Theresia-Gymnasium, Klasse 10d __137
Maria-Theresia-Gymnasium, Klasse 10d __186
Maria-Theresia-Gymnasium, Klasse 10d
    (Schreibwerkstatt) _____227
Maria-Theresia-Gymnasium, Klasse Q11 _190
Maria-Ward-Gymnasium, Klasse 5b _____322
Maria-Ward-Gymnasium,
    Klasse 6b und Q11_____318
Maria-Ward-Gymnasium, Klasse Q11 ____318
Maria-Ward-Realschule, Klasse 5a _____290
Maria-Ward-Realschule, Klasse 5b _____281
Maria-Ward-Realschule, Klasse 5b _____287
Maria-Ward-Realschule, Klasse 5c _____292
Maria-Ward-Realschule, Klasse 6a _____286
Maria-Ward-Realschule, Klasse 6a _____289
Maria-Ward-Realschule, Klasse 6a _____293
Maria-Ward-Realschule, Klasse 6a _____294
Maria-Ward-Realschule, Klasse 7c _____291
Maria-Ward-Realschule, Klasse 8a _____289
Maria-Ward-Realschule, Klasse 9a _____290
Maria-Ward-Realschule, Klasse 9b _____291
Maria-Ward-Realschule, Klasse 9b _____293
Maria-Ward-Realschule, Klasse 9c _____286
Maria-Ward-Realschule, Klasse 10b _____295
Maria-Ward-Realschule, Klasse 10c _____281
Maria-Ward-Realschule, Klasse 10c _____287
Mittelschule Gersthofen, Klasse 9mb _____96
Montessorischule Augsburg, Feuerklasse __ 177
Montessorischule Augsburg, Luftklasse___210
Montessorischule Dinkelscherben, Klasse 7 _ 39
Montessorischule Dinkelscherben, Klasse 7 _ 62
Nagahama Elementary School,
    Nagahama, Japan _____356
Nagahama Elementary School,
    Nagahama, Japan _____358
Nagahama Elementary School,
    Nagahama, Japan _____359
Nagahama Elementary School,
    Nagahama, Japan _____360
Nangouri Elementary School,
    Nagahama, Japan _____361
Nangouri Elementary School,
    Nagahama, Japan _____362
Paul-Klee-Gymnasium Gersthofen,
    Klasse 7a _____334
Peutinger-Gymnasium, Klasse 8b _____34

Realschule Maria Stern, Klasse 5c _____ 108
Realschule Maria Stern, Klasse 5c _____ 49
Realschule Maria Stern, Klasse 5c _____ 50
Realschule Maria Stern, Klasse 5c _____ 55
Realschule Maria Stern, Klasse 5c _____ 136
Realschule Maria Stern, Klasse 5c _____ 155
Realschule Maria Stern, Klasse 5c _____ 196
Realschule Maria Stern, Klasse 5c _____ 203
Realschule Maria Stern, Klasse 8b _____ 87
Realschule Maria Stern, Klasse 8b _____ 139
Realschule Maria Stern, Klasse 8b _____ 153
Realschule Maria Stern, Klasse 8b _____ 189
Reischlesche Wirtschaftsschule, Klasse 7b 135
Reischlesche Wirtschaftsschule, Klasse 7b 213
Reischlesche Wirtschaftsschule, Klasse 7b 227
Reischlesche Wirtschaftsschule, Klasse 7b 256
Reischlesche Wirtschaftsschule, Klasse 7b 335
Reischlesche Wirtschaftsschule, Klasse 8AM _ 189
Reischlesche Wirtschaftsschule, Klasse 8CM _ 109
Reischlesche Wirtschaftsschule, Klasse 8DH _ 206
Reischlesche Wirtschaftsschule, Klasse 9b _ 55
Reischlesche Wirtschaftsschule, Klasse 9cM _ 232
Reischlesche Wirtschaftsschule, Klasse 9cM _ 55
Reischlesche Wirtschaftsschule, Klasse 10eh 184
Reischlesche Wirtschaftsschule, Klasse 10fh 70
Reischlesche Wirtschaftsschule, Klasse 11ZB 248
Reischlesche Wirtschaftsschule, Klasse 11ZC _ 16
Reischlesche Wirtschaftsschule, Klasse 11ZC 145
Rudolf-Diesel-Gymnasium, Klasse 5d _____ 17
Rudolf-Diesel-Gymnasium, Klasse 6d _____ 82
Rudolf-Diesel-Gymnasium, Klasse 6e _____ 180
Rudolf-Diesel-Gymnasium, Klasse 7e _____ 41
Rudolf-Diesel-Gymnasium, Klasse 8a _____ 84
Rudolf-Diesel-Realschule, Klasse 5 _____ 133
Rudolf-Diesel-Realschule, Klasse 5 _____ 171
Rudolf-Diesel-Realschule, Klasse 5 _____ 237
Rudolf-Diesel-Realschule, Klasse 5/7 _____ 165
Rudolf-Diesel-Realschule, Klasse 5/7 _____ 186
Rudolf-Diesel-Realschule, Klasse 6 _____ 216
Schiller-Mittelschule, Klasse 7a _____ 185
Schmuttertal-Gymnasium Diedorf,
    Klasse 7c _____ 307
Sonoda-Higashi-Mittelschule,
    Amagasaki, Japan _____ 366
Sonoda-Higashi-Mittelschule,
    Amagasaki, Japan _____ 368
St. Anna Grundschule, Klasse 2c _____ 168
St.-Anna-Grundschule, Klasse 4a _____ 100
St.-Anna-Grundschule, Klasse 2cgt _____ 205
St.-Anna-Grundschule, Klasse 2cgt _____ 336
St.-Anna-Grundschule, Klasse 4a _____ 221
St.-Anna-Grundschule, Klasse 4a _____ 231
Staatliche Fachoberschule Augsburg,
    Klasse 7b _____ 299
Staatliche Realschule Zusmarshausen,
    Klasse 5b _____ 31
Staatliche Realschule Zusmarshausen,
    Klasse 5b _____ 236
Städtische Berufsoberschule, Klasse 11a _ 130
Städtische Berufsoberschule, Klasse 11a _ 149
Städtische Berufsoberschule, Klasse 11a _ 235
Städtische Berufsoberschule, Klasse 11a _ 238
Werner-von-Siemens-Grundschule,
    Klasse 4b _____ 121
Werner-von-Siemens-Grundschule,
    Klasse 4c _____ 70
Westpark-Grundschule, Klasse 3c _____ 211
Wittelsbacher Grundschule, Klasse 4a ___ 119
Wittelsbacher Grundschule, Klasse 4a ___ 126
Wittelsbacher Grundschule, Klasse 4a ___ 208
Wittelsbacher Grundschule, Klasse 4c ___ 122
山东省实验中学 2014 级 22 班_____ 347